भारत के आदिवासी : चुनौतियाँ एवं सम्भावनाएँ

भारत के आदिवासी

चुनौतियाँ एवं सम्भावनाएँ

सम्पादक

डॉ. जनक सिंह मीना

डॉ. कुलदीप सिंह मीना

वाणी प्रकाशन

वाणी प्रकाशन
4695, 21-ए, दरियागंज, नयी दिल्ली 110 002
शाखा
अशोक राजपथ, पटना 800 004
फ़ोन : +91 11 23273167 फ़ैक्स : +91 11 23275710

www.vaniprakashan.in
vaniprakashan@gmail.com
sales@vaniprakashan.in

BHARAT KE AADIWASI : CHUNAUTIYAN EVAM SAMBHAVNAYEN
Edited by Dr. Janak Singh Meena, Dr. Kuldeep Singh Meena

ISBN : 978-93-87648-07-4
Criticism/Aadiwasi Literature

प्रथम संस्करण

मूल्य : ₹ 595

सिटी प्रेस, दिल्ली-110 095 में मुद्रित

वाणी प्रकाशन का लोगो मक़बूल फ़िदा हुसेन की कूची से

आत्मकथ्य

आदिवासी विमर्श की चर्चा न केवल भारतीय सन्दर्भ में की जा रही है अपितु इसे अन्तर्राष्ट्रीय स्तर पर चिन्तन एवं मनन के रूप में नये सन्दर्भों में देखा जाने लगा है। ऐसा नहीं है कि यह नवीन विषय या विमर्श है अपितु प्राचीनकाल से लेकर वर्तमान में विविध पड़ावों में होते हुए एक लम्बी यात्रा का प्रतिफल है अथवा यों कहें कि इस पर प्रत्येक युग एवं काल में चिन्तन-मनन अवश्य हुआ है परन्तु यह उस स्वरूप एवं अवस्था में नहीं आ सका है, जहाँ इसे होना चाहिए। ऐसा भी नहीं है कि इसके लिए किसी व्यक्ति विशेष को उत्तरदायी या जवाबदेह ठहराया जा सके अपितु इसमें शासन व्यवस्थाओं का योगदान सर्वाधिक रहा है। इस दिशा में जब भी प्रयास होते हैं या सकारात्मक दिशा में पहल की जाती है तथाकथित विचारधारा के लोग कुछ ऐसा करने का प्रयास करते हैं जिससे इसका मूल स्वरूप ही परिवर्तित होता नज़र आता है। नकारात्मक विचारधारा ने आदिवासी विमर्श के साथ हर सम्भव छल-कपट, प्रपंच, धोखा, गद्दारी एवं विनाश करने का माद्दा दिखाया है, जो विवादों के भँवर में दिशाभ्रमित होता दृष्टिगोचर होता है।

किसी भी विषय की उत्पत्ति एवं विकास उसके वैज्ञानिक निरपेक्ष सिद्धान्तों पर निर्भर करती है और विषय के नवीन सिद्धान्त, विकास एवं प्रगति के द्योतक हैं। ऐसे में हमें चाहिए कि आदिवासी विमर्श के सुदृढ़ सिद्धान्तों को स्वीकार करें और इस दिशा में सिद्धान्तों के पथ पर आगे बढ़ें। कभी आदिवासी के नाम को लेकर आवश्यक विवाद और बहस छेड़ दिये जाते हैं, कभी इस शब्द की मौलिकता एवं अर्थ को बिगाड़ने के लिए एड़ी से चोटी का जोर लगा दिया जाता है, आखिर ऐसा क्यों? भारतीय सन्दर्भ में देखते हैं तो आदिवासी शब्द को संवैधानिकता का दर्जा दिये जाने का इन्तज़ार है। इस मुद्दे को गम्भीरता से लेने के

प्रयास नहीं हुए हैं, इस हेतु सार्वभौमिक तथ्यों एवं सिद्धान्तों का सहारा लेकर पूर्वाग्रह रहित होकर अग्रसर होने की आवश्यकता है। कई बार मुद्दे से ध्यान हटाने के लिए ऐसे सुझाव, राय एवं अभिमत सामने आते हैं जो समाजविज्ञानियों एवं साहित्यकारों को धड़ों में बाँटने का काम करते हैं जिनमें आदिवासी विमर्श की आवश्यकता पर ही सवालिया निशान लगा देते हैं कि वंचित, शोषित, पीड़ित, सर्वहारा वर्ग का अध्ययन दलित विमर्श में ही किया जाना चाहिए। ऐसी बिना माँगी सलाह एवं परामर्श प्रत्येक स्तर पर देने के निरर्थक प्रयास होते रहे हैं। आदिवासी को मूल निवासी कहना भी अनेकानेक लोगों को नहीं सुहाता, आखिर ऐसा क्यों? क्या वे नहीं चाहते कि शोषण एवं अन्याय से मुक्ति पाकर ये लोग विकास की मुख्यधारा में जुड़कर अपना योगदान जारी रखें। क्या वे लोग ये भूल गये हैं कि इन आदिवासियों ने राष्ट्रहित में अपना सब कुछ न्यौछावर कर इसकी जड़ों को सींचा है। इन्होंने अपने अदम्य साहस, वीरता एवं धैर्य से गुलामी की ज़ंजीरों को तोड़ने में अहम भूमिका का निर्वहन किया है। ऐसी स्थिति में भी अनेक लोगों ने निःस्वार्थ प्राणों की आहुति देकर मिशाल कायम की परन्तु इतिहास के पन्नों के साथ छेड़छाड़ एवं गलत तथ्य एवं सूचनाएँ देकर उनके साथ अन्याय करने में भी कोर-कसर नहीं छोड़ी। आज आवश्यकता है आदिवासियों की समस्याओं एवं चुनौतियों पर गहन चिन्तन-मनन हो और समस्या की जड़ तक जाकर उनका उचित समाधान ढूँढ़ा जाये। इनके साथ हो रहे अनाचार-अत्याचार, शोषण पर प्रहार किया जाना चाहिए अन्यथा इसके खिलाफ उठने वाली चिनगारी भीषण होगी और सब कुछ तबाह कर देगी।

हमारे देश के समक्ष राष्ट्रीय एवं अन्तर्राष्ट्रीय स्तर की समस्याएँ एवं चुनौतियाँ हैं, जिन पर ध्यान केन्द्रित करने की आवश्यकता है परन्तु जब तक आन्तरिक समस्याओं एवं चुनौतियों से पार नहीं पा लिया जाये तब तक पूरी तरह उन पर ध्यान केन्द्रित करना सम्भव नहीं है। इसके लिए व्यापक, सकारात्मक, न्यायपूर्ण, निरपेक्ष एवं वैज्ञानिक दृष्टिकोण अपनाने की आवश्यकता है। कर्तव्यों एवं अधिकारों की ओर भी इशारा करना चाहूँगा कि जिस व्यक्ति को जो अधिकार दिये गये हैं, वे उसे हर स्थिति में प्राप्त होने चाहिए और इसमें अनावश्यक हस्तक्षेप नहीं होना चाहिए, वहीं सभी को अपने कर्तव्यों का शतप्रतिशत पालन करना चाहिए तभी राष्ट्र विकास की ओर द्रुतगति से बढ़ेगा। देश में शासन एवं प्रशासन

को चिकनी-चुपड़ी बातों के बजाय व्यावहारिकता का दम्भ भरे जाने की आवश्यकता है। आदिवासियों के लिए झूठे एवं निराधार दम्भ भरने वालों को अपने गिरेबान में झाँककर यथार्थ तथ्यों एवं स्थिति पर मंथन करना चाहिए।

पूरे विश्व में साहित्य को समाज का दर्पण कहा जाता है। इसके साथ ही इतिहास को संरक्षण एवं महत्त्व दिया जाता है। क्योंकि इतिहास वर्तमान को सँवारने और भविष्य को गढ़ने की विधा है। प्रायः यह कहा जाता है कि जिस समाज का इतिहास नहीं होता, उस समाज की पहचान मिट जाती है। आदिवासियों के इतिहास, साहित्य, संस्कृति, परम्पराओं, बोलियों, भाषाओं की दुर्गति किसी से छिपी हुई नहीं है। परन्तु आज वैश्विक परिप्रेक्ष्य में इतिहास के पुनर्लेखन की आवश्यकता है क्योंकि जिन वास्तविक घटनाओं, तथ्यों एवं विचारों को जगह नहीं दी गयी उन्हें समुचित स्थान प्रदान कर गरिमा प्रदान करें। राजस्थान में स्थित 'मानगढ़ धाम' को इतिहास से नदारद किया गया परन्तु अनेक अध्ययनों एवं शोधों ने यह प्रमाणित कर दिया है कि भारत में सर्वाधिक शहीद होने वाला स्थल मानगढ़ धाम है जिसमें आदिवासियों का बलिदान, किसी भी आन्दोलन से कई गुना अधिक रहा है।

यह पुस्तक जयनारायण व्यास विश्वविद्यालय, जोधपुर एवं मीणा विकास संस्थान, जोधपुर के संयुक्त तत्वावधान में आयोजित दो दिवसीय अन्तर्राष्ट्रीय संगोष्ठी (9-10 अगस्त, 2016) में प्रस्तुत किये गये शोध-पत्रों का संशोधित एवं विस्तृत स्वरूप है। इस पुस्तक में प्रकाशित आलेख समाज विज्ञान एवं साहित्य के विद्वानों, आदिवासी चिन्तकों, आधार स्तर पर कार्यरत विशेषज्ञों, ग़ैर-सरकारी संगठनों से जुड़े पदाधिकारियों, शासन एवं प्रशासन के क्षेत्र में सक्रिय राजनीतिज्ञों एवं अधिकारियों के ज्ञान का प्रतिफल है। इसमें कई आलेख आनुभविक, मौलिक, क्षेत्रीय अध्ययनों पर आधारित तथा प्राथमिक स्रोतों से संकलित सामग्री पर आधारित हैं जो पुस्तक में विविधता का पुट लिए हुए हैं।

पुस्तक के प्रकाशन में प्रत्यक्ष एवं अप्रत्यक्ष रूप से अनेक लोगों का योगदान रहा है जिनमें प्रमुख हैं—प्रो. (डॉ.) आर.पी. सिंह (कुलपति, जे. एन.वी.यू), प्रो. पूनम बाबा (निदेशक, के.एन. कॉलेज), प्रो. डी.सी. जैन (संकाय अधिष्ठाता), प्रो. होशियार सिंह (पूर्व कुलपति), श्री शंकर लाल मीणा (वरिष्ठ साहित्यकार), श्री हरिराम मीणा (से.नि. आई.पी.एस.),

श्री वेद व्यास (पूर्व अध्यक्ष, राजस्थान साहित्य अकादमी), डॉ. बेलाराम घोगरा (आदिवासी चिन्तक), श्री कैलाश चन्द मीणा (आयुक्त जोधपुर विकास प्राधिकरण), श्री हेमराज मीणा (पूर्व विधायक), प्रो. एस.के. मीणा (प्रोफेसर), हिन्दी विभाग जे.एन.वी.यू आदि। मैं सभी विद्वान साथियों, सहकर्मी शिक्षकों, शोधार्थियों का आभार प्रकट करता हूँ जिनके अथक प्रयास, मेहनत, सहयोग तथा प्रोत्साहन से यह पुस्तक इस स्वरूप में प्रकाशित हो सकी। अन्ततः आभार वाणी प्रकाशन, नयी दिल्ली के श्री अरुण माहेश्वरी का, जिन्होंने पुस्तक प्रकाशन के दायित्वों का निर्वहन किया।

–डॉ. जनक सिंह मीणा

–डॉ. कुलदीप सिंह मीणा

अनुक्रम

भारतीय स्वतन्त्रता आन्दोलन में आदिवासियों का योगदान

डॉ. जनक सिंह मीना, डॉ. कुलदीप सिंह मीना

औपनिवेशिक दौर ने भारत के आदिवासियों की जीवन-शैली, संस्कृति, परम्परा आदि को बुरी तरह प्रभावित किया। आदिवासी क्षेत्रों में दिकू (बाहरी लोगों) और औपनिवेशिक सत्ता की घुसपैठ ने उनके सामाजिक जीवन में उथल-पुथल मचा दिया। उनकी धरोहर जल, जंगल, ज़मीन उनके हाथ से निकलते गये और वे अपनी ही ज़मीन पर मज़दूर बनने को विवश हो गये। इस औपनिवेशिक हमले ने जल, जंगल, ज़मीन से गहरे रिश्ते को तोड़ने का प्रयास किया और आदिवासी समाज पर प्रभुत्व स्थापित करने की कोशिश की। यहाँ तक कि उनकी जंगल की भूमि, वन-उत्पादों व गाँवों की ज़मीन पर भी तरह-तरह के प्रतिबन्ध लगा दिये गये। पुलिस, जमींदार, साहूकार व अन्य अधिकारियों द्वारा किये जाने वाले अत्याचारों, शोषण, जबरन महाजनों द्वारा कर वसूलने आदि परिस्थितियों के कारण आदिवासियों में असन्तोष पनपता गया। आदिवासी लोग जो सदा से ही स्वतन्त्रता प्रेमी और स्वाभिमानी रहे हैं ब्रिटिश हुकूमत की स्थापना से और गैर-आदिवासी कारिन्दों के आगमन से इनके स्थानीय और आजीविका के स्रोतों पर उन तथाकथित सत्ताधारी विदेशी लोगों के नियन्त्रण का ख़तरा पैदा हो गया था। आदिवासी कई उपजातियों और समूहों में बँटे हुए थे। इसलिए इन्होंने अंग्रेज़ों के खिलाफ अपनी स्वायत्तता की लड़ाई अलग-अलग लड़ी जो आगे चलकर भारतीय स्वतन्त्रता आन्दोलन की आधारशिला बनी। भारत के राष्ट्रीय आन्दोलन को खड़ा करने में आदिवासी आन्दोलनों की महत्त्वपूर्ण भूमिका रही है जिसे भारतीय इतिहासकारों ने नज़रअन्दाज़ किया है।

इतिहास का अवलोकन करने के पश्चात् स्पष्ट होता है कि अंग्रेज़ों ने भारतीय जनता पर सीधे-सीधे शासन नहीं किया। उन्होंने भारत में राजतन्त्र के अगुवा राजा-महाराजाओं, सामन्तों, जमींदारों के माध्यम से हुकूमत चलाई। कोई नियम-कानून लागू करना हो तो इन्हीं के द्वारा किया जाता था। इतना ही

नहीं सामन्तों, जमींदारों के माध्यम से ही राजस्व कर व अन्य वसूली करते थे। भारत के मूल निवासी आदिवासी समुदाय शोषण की इस सत्ता को स्वीकार नहीं करते थे। सामन्तों, राजाओं, जमींदारों के नियन्त्रण से बाहर जब आदिवासी रहे तब वे अंग्रेज़ी सेना से मदद माँगते थे। ऐसी स्थिति में आदिवासियों व अंग्रेज़ी सेना तथा जमींदारों से सीधा मुकाबला होता था। ऐसी स्थिति में स्वाभिमानी आदिवासियों को अपनी स्वायत्तता और स्वतन्त्रता के लिए ब्रिटिश शासन और राजा, सामन्तों, साहूकारों से लोहा लेना पड़ा। सही मायने में यह स्वतन्त्रता आन्दोलन ज़्यादा व्यापक था। किन्तु इतिहासकारों ने इन आन्दोलनों को विद्रोह करार दिया। यूँ तो भारतीय इतिहासवेत्ताओं ने 1857 की क्रान्ति को भारत के स्वतन्त्रता संग्राम का पहला आन्दोलन बताया है। किन्तु इस क्रान्ति के लगभग 100 साल पहले आदिवासी समुदायों ने स्वतन्त्रता आन्दोलन का बिगुल बजा दिया था जिसे भारतीय इतिहासकारों ने नज़रअन्दाज़ किया है। जबकि भारत का आदिवासी जो भारत में ब्रिटिश सत्ता तथा उनके द्वारा संरक्षित जमींदारों, साहूकारों के विरुद्ध 1781 से ही अनवरत संघर्ष करता रहा है। उनका यह संघर्ष अभी भी इतिहास के पन्नों में 'विद्रोह' के रूप में ही दर्ज है जिस पर नये सिरे से लिखने की आवश्यकता है।

सन्थाल परगना में तिलका माँझी ने 1781 में अंग्रेज़ों के विरुद्ध विद्रोह की शुरुआत की। जल्दी ही विद्रोह की ज्वाला सम्पूर्ण सन्थाल परगना और उसके आसपास के इलाकों में फैल गयी। अंग्रेज़ी हुकूमत से पूर्व यहाँ पहाड़ियाँ आदिवासियों का शासन था। तिलका माँझी के नेतृत्व में किये गये विद्रोह में आदिवासियों के पास केवल परम्परागत धनुष-बाण थे वही अंग्रेज़ों के पास हथियार बन्दूक व तोपें थीं। आदिवासियों के इस मुक्तिकामी संघर्ष में अंग्रेज़ सेनानायक क्लीवलैंड को मार गिराया था। इस आन्दोलन ने अंग्रेज़ी सेना की नाक में दम कर दिया था। परिणामस्वरूप उन्हें फाँसी की सजा दे दी गयी। अपने बल प्रयोग से इस आन्दोलन को तो दबा दिया गया किन्तु आदिवासी समाज में स्वतन्त्रता के प्रति एक चेतना जाग्रत हुई और धीरे-धीरे वे अंग्रेज़ी सत्ता के विरुद्ध हुंकार भरने लगे थे।

सन् 1781 में तिलका माँझी ने अंग्रेज़ी हुकूमत को अस्वीकार कर आन्दोलन किया। स्थायी बन्दोबस्ती के बाद आदिवासियों का आक्रोश सन् 1798 में 'तमाड विद्रोह' के रूप में निकला। सन् 1800 में तमाड में ही दुखन माँझी तथा सन् 1819 में ही रुदन-कोंता मुण्डा के नेतृत्व में आन्दोलन हुए। सन् 1831 में सिंह भूमि में बिन्दराई-सिंगराई मानकी के नेतृत्व में 'कोल विद्रोह' और सन् 1855 में सिद्धो, कान्हू, चाँद और भैरव मुर्मू चार सन्थाल भाइयों के नेतृत्व में

सन्थाल क्रान्ति 'उलगुलान', सन् 1828 से 1832 तक बुधू भगत द्वारा चलाया गया 'लरका आन्दोलन', सन् 1913 में राजस्थान में गोविन्द गुरु के नेतृत्व में 'मानगढ़ आन्दोलन', पालचितरिया विद्रोह, भूला विलोरिया विद्रोह (1922), खासी विद्रोह (1829), कूकन और बरुआ का विद्रोह (1830), नया संग्राम (1879), भूटिया-लोचा विद्रोह आदि ऐसे आदिवासियों द्वारा किये जाने वाले आन्दोलन हैं जिन्हें भारतीय इतिहासकारों ने इतिहास में जगह नहीं दी है। वर्तमान में इन पर सकारात्मक दृष्टिकोण से शोध कार्य किया जाना चाहिए जिससे आदिवासियों के स्वतन्त्रता संग्राम में दिये गये योगदान की जानकारी मिल सके।

सन् 1820 में 'हो' आदिवासियों ने सिंहभूम का विद्रोह किया। जब मीर कासिम ने बंगाल की गद्दी के एवज में मेदिनीपुर का क्षेत्र ईस्ट इण्डिया कम्पनी को दे दिया तब यह क्षेत्र प्राकृतिक संसाधनों से सम्पन्न था जिस पर अंग्रेज़ों की नजर थी। खरसवान के ठाकुर चेतन सिंह और सेराईकेला के युवराज विक्रम सिंह इस समझौता के ख़िलाफ़ थे। इन दोनों के नेतृत्व में आदिवासियों ने विद्रोह कर दिया। अंग्रेज़ी शासन द्वारा आदिवासियों पर अनेक इल्जाम लगाये। मेजर रफसेज के नेतृत्व में इस इलाके में फ़ौज भेजी गयी। अंग्रेज़ी सेना जब चाईवासा पहुँची तो उस क्षेत्र के आदिवासियों का गुस्सा फूट पड़ा। अंग्रेज़ी फ़ौज को आदिवासियों ने घेर लिया और अंग्रेज़ों से समझौता कर चुके छोटा नागपुर तथा सिंहभूमि के राजाओं को आदिवासियों ने इलाका छोड़ने के लिए विवश कर दिया। मेजर की मदद के लिए लेफ्टिनेंट मेलर्ड अतिरिक्त फ़ौज लेकर पहुँचा। उसे आदिवासी क्रान्तिकारियों के एक दल ने बीच में ही रोक लिया। इस दौरान भीषण मुठभेड़ हुई। अंग्रेज़ी सैनिकों ने आदिवासी गाँवों को जलाकर भय पैदा करने की कोशिश की। जिसमें मेजर गमदिया क्षेत्र में 'हो' आदिवासियों से बड़ी भिंड़त हुई जिसमें मेजर रफसेज को अपने सैनिकों सहित क्षेत्र को छोड़ना पड़ा। इसके बाद 'हो' आदिवासियों ने 1821 को सिनेपुर किले पर आक्रमण किया और क्षेत्र के सभी रास्तों पर नाकेबन्दी कर दी जिससे अतिरिक्त फ़ौज नहीं आ सके। इस किले को आदिवासियों ने छीन लिया था। अंग्रेज़ों को हारकर सन्धि करनी पड़ी। बाद में अंग्रेज़ों ने आदिवासियों से धोखा किया जिसमें विद्रोह दुबारा उठ खड़ा हुआ।

1830 में पुनः यह आन्दोलन फैला जिसमें जयन्तगढ़ पर आदिवासियों ने आक्रमण किया। वहाँ नियुक्त ईस्ट इण्डिया कम्पनी का एजेण्ट वहाँ से भाग गया। जयन्तगढ़ के किले को आदिवासियों ने पूरी तरह नष्ट कर दिया। अंग्रेज़ों को विवश होकर हो, मुण्डा व मानकिया आदिवासियों के साथ समझौता करना पड़ा। सिंहभूम विद्रोह सन् 1837 तक चलता रहा।

छोटानागपुर के आदिवासी गाँवों में जमींदारों द्वारा आये दिन अत्याचार किये जा रहे थे जिनको ईस्ट इण्डिया कम्पनी का संरक्षण प्राप्त था। यह कम्पनी इन जमींदारों के जरिये इस क्षेत्र में अपना प्रभाव फैला रही थी। आदिवासियों ने 1831 में कुमांग के जमींदार पर हमला बोल दिया। 1831 में ही एक बड़ा धावा बोला जिसमें वहाँ जमींदारों के महलों को नष्ट कर दिया। यही आन्दोलन आगे चलकर 'कोल विद्रोह' के नाम से इतिहास में जाना गया। यहाँ के क्रान्तिकारी नेतृत्वकारियों ने यह दृढ़ निश्चय कर लिया था कि इस क्षेत्र में किसी भी जमींदार को ज़िन्दा नहीं छोड़ेंगे। इसी क्रम के करीब 4000 आदिवासियों ने गोविन्दपुर पर आक्रमण किया। वहाँ के शासक को अपनी जान बचाकर परिवार सहित भागना पड़ा। इस घटना के बाद अंग्रेज़ पूरी तरह बौखला चुके थे।

झारखण्ड में आदिवासी जमींदारों, साहूकारों के अत्याचारों से तंग आ चुके थे। इसी बीच 'मुण्डा आन्दोलन' के नेतृत्वकर्ता बिरसा मुण्डा ने यह तय किया कि जब तक बाहरी (दिकू) लोगों को नहीं भगाया जायेगा तब तक दुःखों से मुक्ति नहीं है। बिरसा अब स्वतन्त्रता संग्राम की घोषणा कर चुका था। मुण्डा, उराव, हो, कोल आदि आदिवासियों का वह सर्वमान्य नेता बन चुका था। अंग्रेज़ी हुकूमत को पता चला कि बिरसा नामक आदिवासी युवक सत्ता के खिलाफ लोगों को बहका रहा है। प्रशासन द्वारा बिरसा को पकड़ने की नाकाम कोशिशें होती रहीं। अब बिरसा द्वारा आन्दोलन को तेज कर दिया गया। 1898 में चालकाड के निकट डुम्बारी पहाड़ियों में आदिवासियों की पंचायत बुलाई गयी। वहीं बिरसा ने आदिवासी सेना का गठन किया। सन् 1899 को 'बड़ा दिन' तिथि को आक्रमण का दिन निश्चित किया गया। पुलिस थानों, जागीरदारों व अंग्रेज़ों के ठिकानों को निशाना बनाना तय किया गया। अलग-अलग दलों ने कई जगह सफल आक्रमण किये। क्रान्तिकारी बिरसा ने आदिवासी धनुर्धर लड़ाकों के साथ खूँटी थाना पर आक्रमण किया। दरोगा व उसके एक साथी को मार दिया गया। बिरसा के इस आन्दोलन से अंग्रेज़ अफसर आतंकित हो गये। रांची के कमिश्नर फीवर्श और डिप्टी कमिश्नर जून फील्ड ने इस बड़े आन्दोलन को दबाने की कोशिश की। डम्बारी गाँव के निकट आदिवासियों और अंग्रेज़ों के बीच लड़ाई हुई। आदिवासियों के पास धनुष बाण थे और अंग्रेज़ों के पास बन्दूकें। फिर भी आदिवासी लड़ाकों ने जमकर लोहा लिया। लगभग दो सौ आदिवासी शहीद हुए। बिरसा को गिरफ्तार करने की कोशिश असफल रही। अब तक देश में आजादी की लड़ाई की सुगबुगाहट ही हो रही थी। जब क्रान्तिकारी बिरसा आजादी की बड़ी लड़ाई लड़ चुका था। बिरसा को धोखे से गिरफ्तार कर 1900 में रांची की जेल में जहर देकर मार दिया गया।

इसके पश्चात् 1855 में सबसे बड़ा सन्थाल विद्रोह हुआ जिसका नेतृत्व सिद्धो-कान्हू, चाँद और भैरव मुर्मू नामक चारों सन्थाल भाइयों ने किया। इन आदिवासी क्रान्तिकारियों ने घोषणा की कि अब हमारे ऊपर कोई सरकार नहीं होगी, थानेदार नहीं होगा। हाकिम नहीं होगा। अब केवल सन्थाल राज्य होगा। जब दो बेकसूर आदिवासियों को महाजन के प्रभाव में आकर गिरफ्तार कर लिया गया। सिद्धो-कान्हू ने आदिवासियों को एकत्रित कर उन्हें छुड़ाने का प्रयास किया। इस दौरान स्थिति ज़्यादा खराब हो गयी और महाजन व थानेदार को मार दिया गया। यही टकराव बड़े आन्दोलन 'सन्थाल विद्रोह' के रूप में बदल गया। बैलापुर में अंग्रेज़ों की छावनी पर आदिवासी सन्थाल क्रान्तिकारियों ने हमला कर दिया जिसमें सिद्धो-कान्हू के साथ कई सन्थाल क्रान्तिकारी शहीद हुए। इस आन्दोलन को कुचलने को अंग्रेज़ी सेना द्वारा भरसक प्रयास किये गये। 1856 में दुबारा अंग्रेज़ी सेना और सन्थाल क्रान्तिकारियों के बीच भीषण संघर्ष हुआ। इस क्रान्ति में लगभग तीस हजार आदिवासी लड़ रहे थे, यहाँ अंग्रेज़ी सेना को आदिवासियों के संघर्ष और साहस को देखकर दाँतों तले अँगुली दबानी पड़ी। अंग्रेज़ी सरकार ने घोषणा की कि कोई भी यदि अंग्रेज़ी सरकार के विरुद्ध खड़ा होगा तो उसे कठोर से कठोर सजा दी जायेगी। लेकिन सन्थाल क्रान्तिकारियों पर उसका कोई असर नहीं पड़ा। उन्होंने अपना संघर्ष जारी रखा। तब विद्रोह को कुचलने के लिए लगभग चौदह हजार सेना और भेज दी गयी। इस स्वतन्त्रता आन्दोलन में लगभग दस हजार सन्थाल आदिवासी शहीद हुए थे।

एक तरफ जब 1857 की क्रान्ति को अंग्रेज़ों द्वारा पूरी तरह दबा दिया गया था। उसके बावजूद बस्तर में आदिवासियों का अन्सतोष अंग्रेज़ी सत्ता के विरुद्ध विद्रोह की तैयारी कर रहा था। आम की हरी शाखा जिसे 'मीरो' कहा जाता है उनके प्रतीक चिह्न थे।। इन्हें घर-घर पहुँचा कर आदिवासियों को एकत्रित किया गया। 1910 में शासन की लगाम अंग्रेज़ों द्वारा नियुक्त दीवान राय बहादुर पण्ड्या बैजनाथ के माध्यम से ब्रिटिश एजेंट के हाथ में थी। करीब एक लाख से अधिक क्रान्तिकारी जगदलपुर के भीतर और बाहर इकट्ठे हो गये थे। सरकारी इमारतों में आग लगा दी गयी थी। और ड्यूटी कर रहे पुलिस व अन्य राज्यकर्मियों की हत्या कर दी गयी। कर्नल गेयर के नेतृत्व में आन्दोलन को दबाने के लिए बड़ा भारी दस्ता भेजा गया। अंग्रेज़ी सेनानायक इस आन्दोलन से पहले ही भयभीत था। एक षड्यन्त्र रचकर आदिवासियों के समक्ष शान्ति का प्रस्ताव भिजवाया, आदिवासी मुखिया उनके विश्वास में आ गये। कर्नल गेयर ने मौका देखकर आधी रात को आदिवासी क्रान्तिकारियों के पड़ाव को घेरकर उन्हें गोलियों से

भून डाला। शेष बचे हुए क्रान्तिकारियों को जगदलपुर में सरेआम फाँसी दे दी गयी। इस नरसंहार में हजारों की संख्या में आदिवासी शहीद हुए।

सन् 1914 में झारखण्ड में उराँव आदिवासी आन्दोलनकारियों ने जात्रा उराँव के आदिवासियों को अंग्रेज़ों के विरुद्ध एकत्रित करने के लिए इसकी शुरुआत की। उन्होंने कहा कि समाज में फैली बुराइयों को दूर करो तथा अंग्रेजों से मुक्ति की लड़ाई शुरू करो। अंग्रेज़ अधिकारियों तथा उनके अधीन सामन्ती सत्ता के विरुद्ध इन क्रान्तिकारियों ने संघर्ष प्रारम्भ किया और यह निश्चित किया कि वे कोई सरकारी काम नहीं करेंगे, कोई कर नहीं देंगे तथा जमींदारों के खेतों में काम नहीं करेंगे। इस असहयोग आन्दोलन की शुरुआत रांची के निकट धोबी टोली गाँव के निकट की गयी जबकि आदिवासी श्रमिकों ने एक सरकारी भवन के निर्माण में कार्य करने से मना कर दिया। यहाँ जात्रा उराँव सहित कुछ क्रान्तिकारियों को गिरफ्तार कर लिया गया। लेकिन इन्हें चेतावनी देकर छोड़ दिया गया। 1921 में गाँधी जी राँची आये तब उन्हें इस आन्दोलन का पता चला, आगे चलकर इन्हीं से प्रेरणा लेकर 1930 में गाँधी ने ब्रिटिश सरकार के कहने पर भारतीय नेताओं ने युद्ध में अंग्रेज़ों की मदद करने के लिए धन एकत्रित करना प्रारम्भ किया तो ताना भगतों ने इसका विरोध किया और यह घोषणा की कि अंग्रेज़ देश के दुश्मन हैं इसलिए इन्हें किसी प्रकार की मदद देना पाप है।

राजस्थान के मानगढ़ में गोविन्द गुरु ने 1913 में 'सम्प सभा' का गठन किया। इसका उद्देश्य आदिवासियों को एकजुट कर सामाजिक कुरीतियों, धार्मिक अन्धविश्वासों के प्रति सचेत करते हुए शोषण के विरुद्ध आदिवासियों को जाग्रत करना था। मेवाड़ झील कोर के कमांडेंट आई.पी. स्टोकले थे। जिसका काम आदिवासियों की इस एकजुटता को कुचलना और सम्भावित विद्रोह की आशंका को समाप्त करना था। 30 अक्तूबर 1913 को दो सिपाहियों को वहाँ जाँच-पड़ताल के लिए भेजा। अत्याचार व शोषण से पीड़ित आदिवासियों ने उन्हें पकड़ कर पीट दिया जिससे एक की मृत्यु हो गयी और दूसरे को बन्दी बना लिया गया। इसके बाद आदिवासियों ने प्रतापगढ़ रियासत पर हमला कर दिया। 1913 में आदिवासी मानगढ़ धूणी स्थल पर वार्षिक मेले के रूप में एकत्रित हुए थे। गोविन्द गुरु उन्हें उनकी समस्याओं, समस्याओं के कारण और उनको दूर करने के लिए संगठित होकर प्रतिरोध का आह्वान कर रहे थे। उसी समय देशी व अंग्रेज़ी सत्ता ने विशेष रणनीति बनाकर मानगढ़ के लिए फ़ौज भेज दी। 17 नवम्बर 1913 को गुप्त रणनीति के साथ अंग्रेज़ी फ़ौजें चुपचाप अलग-अलग रास्तों से मानगढ़ पर्वत पर चढ़ गयीं। बिना किसी चेतावनी दिये आदिवासियों पर बन्दूकों और मशीनगनों

से आक्रमण किया। आदिवासियों ने अपने परम्परागत हथियारों धनुष-बाण से जमकर संघर्ष किया पर आखिर कहाँ तक करता। यह था देश का सबसे बड़ा नरसंहार जिसमें हजारों की संख्या में आदिवासी शहीद हुए थे।

उपर्युक्त विवेचन के आधार पर कह सकते हैं कि देश की स्वतन्त्रता में आदिवासियों ने जिस अदम्य साहस एवं वीरता का परिचय दिया निःसन्देह ऐसा अद्वितीय उदाहरण नहीं मिलता। जल, जंगल, ज़मीन तक सिमटे आदिवासियों में स्वाभिमान कूट-कूट कर भरा हुआ था और स्वतन्त्रता के लिए सब कुछ न्यौछावर करने की ललक उनमें सदैव रही। अपने त्याग, समर्पण एवं देश प्रेम की खातिर प्राकृतिक अस्त्रों (धनुष-बाण) से अंग्रेज़ी सेना से डटकर मुकाबला किया और उनके बन्दूक, गोलियों एवं तोपों का साहसिक जवाब दिया। इतना ही नहीं अंग्रेज़ों को कई मौकों पर पीछे हटने को मजबूर किया परन्तु अंग्रेज़ों की कुटिल चाल, धोखेबाजी एवं अन्य पैंतरों ने आदिवासियों के साथ छलावा ही किया और शेष रही कसर उनकी नीति 'फूट डालो और राज्य करो' ने पूरी कर दी।

उक्त अध्ययन से स्पष्ट है कि 18वीं एवं 19वीं सदी में आदिवासियों के आन्दोलन ने स्वाभिमान एवं स्वतन्त्रता की लड़ाइयाँ लड़ीं, अनेक आन्दोलन किये परन्तु उनको आज तक मान्यता की दरकार है। इतिहासवेत्ताओं ने उनके आन्दोलनों को अपने लेखन में जगह प्रदान नहीं कर अथवा कमतर आंककर सत्यता से मुँह मोड़ा है। उनकी शहादत को कभी न सम्मान दिया गया और न उन्हें शहीद का दर्जा, ऐसे में उनके इतिहास पर ही प्रश्नचिह्न लगे हैं। परन्तु आज आवश्यकता है आदिवासियों के स्वतन्त्रता आन्दोलन में किये गये योगदान को उचित स्थान देने, सम्मान देने और प्रेरणा लेने की। इस हेतु आदिवासी शहीदों के स्मारक बनें, विद्यालय से लेकर विश्वविद्यालय पाठ्यक्रम का हिस्सा बनें, प्रत्येक विश्वविद्यालय में ऐसे शोध केन्द्र स्थापित किये जायें, सरकारों द्वारा स्मारक एवं उच्च अध्ययन संस्थानों की स्थापना की जाये। इतिहास के जानकारों को प्रोत्साहित किया जाये और तर्काधारित तथ्यों एवं सूचनाओं का संकलन करते हुए पुनर्लेखन किया जाये।

अस्तित्व के लिए जूझते अण्डमान-निकोबार के आदिवासी

कृष्ण कुमार यादव

अण्डमान-निकोबार द्वीप समूह सदैव से रहस्य का केन्द्र बिन्दु रहा है। समुद्र से चारों तरफ घिरे एवं घने जंगलों के बीच अण्डमान-निकोबार द्वीप समूह कब और किस प्रकार आबाद हुआ, यह अभी तक एक रहस्य है। मानव विज्ञानियों और पुरातत्वविदों के अनुसार मध्य पाषाण काल के पत्थरों से हथियार बनाने वाले मानव समूहों ने इन द्वीपों को कम से कम दो हजार साल पहले आबाद किया। द्वीपवासी कभी भी पूरी तरह अलग-थलग नहीं रहे। विश्व के विभिन्न क्षेत्रों के नाविकों और समुद्री लुटेरों (जल दस्यु) ने उल्लेख किया है कि उन्होंने प्राचीन काल से भिन्न-भिन्न उद्देश्यों से इस क्षेत्र का भ्रमण किया है। जनजीवन से भरपूर अण्डमान के सम्बन्ध में यह एक अजीब इत्तफाक है कि इसे भगवान श्रीराम ने श्रीलंका पर चढ़ाई हेतु सबसे पहले चुना था पर बाद में इसे बदलकर रामेश्वरम् (धनुषकोडि) कर दिया। श्रीराम के दूत हनुमान जी यहाँ पर आये भी थे, जिसके चलते इस द्वीप का नामकरण भी उन्हीं के नाम पर हुआ। प्रकृति के आगोश में लिपटे इस खूबसूरत द्वीप के चारों तरफ विस्तृत समुद्री लहरों की अठखेलियाँ दीर्घ-काल तक लोगों की निगाहों से बची रहीं पर उनके इस अनछुएपन को न जाने किसकी नजर लग गयी कि 'काला पानी' के रूप में कुख्यात हुईं। 'अण्डमान' शब्द की उत्पत्ति मलय भाषा के 'हांदुमन' शब्द से हुई है जो भगवान हनुमान शब्द का ही परिवर्तित रूप है। 'निकोबार' शब्द भी इसी भाषा से लिया गया है जिसका अर्थ होता है 'नग्न लोगों की भूमि।'

अण्डमान-निकोबार द्वीप समूह के वनों में अभी भी दुनिया की सबसे पुरानी जनजातियाँ पायी जाती हैं, जो कि सभ्यता से काफी दूर पाषाण काल में रह रही हैं। ये कपड़े नहीं पहनते और पूरी तरह शिकार और वनोपज पर आश्रित हैं। गुप्तांगों के आसपास कुछ लपेट लिया यही उनकी लज्जा है। धनुष, तीर और बल्लम से जंगली सूअर, गोह, मछली, केंकड़ा और कछुआ का शिकार करने के

साथ-साथ शंख-सीपियों में पाया जानेवाला मांस भी ये बड़ी रुचि से खाते हैं। जबकि वनोपज में पांडुनस, जंगली केला और शहद इकट्ठा करते हैं। यह एक अजीब संयोग है कि यहाँ के जंगल हिरणों से भरे हुए हैं लेकिन आदिवासी उनका शिकार नहीं करते। कुछ लोगों की मानें तो इन आदिवासियों को हिरण का मांस अच्छा नहीं लगता तो कोई हिरणों में बुरी आत्माओं के निवास होने की बात भी करता है और कोई उन्हें पवित्र मानता है। ऐसे में हिरण यहाँ पर बिना किसी भय के स्वच्छन्द घूमते रहते हैं।

वर्ष 2001 की जनगणनानुसार द्वीप समूह की कुल आबादी 3,56,152 तथा आदिवासियों की कुल आबादी 29,469 है। इनमें पुरुष 15,127 व महिला 14,342 हैं। इनमें ग्रेट अण्डमानीज (43), ओंगी (96), जारवा (240), सेंटीनली (39), निकोबारी (28653) व शोम्पेन (398) हैं। यहाँ पर 3279 वर्ग कि.मी. क्षेत्र आदिवासी सुरक्षित क्षेत्र घोषित है। द्वीपों के आदिवासी विशेषकर जोखिम वाले समूह में आते हैं और इनकी सामाजिक और सांस्कृतिक परम्परा काफी भिन्न है। ये मुख्यतः शिकार पर निर्भर रहते हैं और समूह में रहते हैं। द्वीपों में कुल 6 आदिम जनजातियाँ हैं, जिनमें ग्रेट अण्डमानी, ओंगी, जारवा, सेंटीनली, निकोबारी तथा शोम्पेन शामिल हैं। अण्डमान में बसी हुई प्रथम चार आदिम जनजातियाँ नेग्रिटो समूह से सम्बद्ध हैं, जबकि निकोबार में बसी हुई आखिरी दो आदिम जनजातियाँ मंगोलियाई समूह से सम्बद्ध हैं। अण्डमान निकोबार द्वीपसमूह में बसे सभी आदिवासी समूहों के इलाकों को अण्डमान निकोबार द्वीपसमूह (आदिम जनजातियों के संरक्षण) विनियम-1956 के तहत शामिल किया गया है। इस विनियम के अन्तर्गत कोई भी गैर-आदिवासी सम्बन्धित उपायुक्त द्वारा जारी परमिट अथवा पास के बिना आदिवासी क्षेत्रों में प्रवेश नहीं कर सकते।

अण्डमान-निकोबार द्वीप समूह के जनजातियों में निकोबारी काफी उन्नत व सभ्य हैं, जबकि अन्य पाँच आदिवासी अब भी आदिम स्तर पर हैं। निकोबारी, मंगोलियाई मूल की उन्नत आदिम जनजाति है। निकोबार द्वीप समूह के निवासी उत्पत्ति विषयक सन्दर्भों में निकोबारी कहलाते हैं। वास्तव में अलग-अलग द्वीपों में रहने वाले निकोबारी अलग-अलग बोली बोलते हैं और वे अलग-अलग नाम एवं अलग-अलग पहचान रखते हैं। उदाहरण के लिए कारनिकोबार के निवासी 'तारिक' हैं जबकि चौरा के 'समपाई' कचाल, कमोटा और ट्रिंकेट के 'सम-इटा' हैं। फिर भी ये लोग पूरी तरह अलग पहचान रखने वाले नहीं हैं। ये लोग अपने क्षेत्र के सामाजिक और सांस्कृतिक समारोहों में मिल-जुलकर हिस्सा लेते हैं। निकोबारियों के लिए विस्तृत परिवार या 'टुहेट' एक महत्त्वपूर्ण सामाजिक समूह

है। 'टुहेट' का मुख्य कार्य अपने सदस्यों की सामाजिक और आर्थिक गतिविधियों पर नियन्त्रण रखना है। निकोबारी मुख्य रूप से बागानी, शिकारी, मछुआरे और नाविक हैं। ये लोग वृक्ष के तने से बनी नौका के माध्यम से एक द्वीप से दूसरे द्वीप में जाकर वस्तु-विनिमय करते हैं। इनके निवास क्षेत्रों में शिक्षा, स्वास्थ्य सेवाएँ, पेयजल आपूर्ति, बिजली आपूर्ति, डाक सेवा तथा दूरसंचार सेवा जैसी आवश्यक सेवाएँ भी प्रदान किये गये हैं। हाल के कुछ वर्षों में औपचारिक शिक्षा उनके लिए वरदान सिद्ध हुई है। बहुत से निकोबारी विभिन्न सरकारी सेवाओं जैसे—पुलिस, जहाजरानी एवं सचिवालय में कार्यरत हैं।

19वीं शताब्दी के मध्य ग्रेट अण्डमान द्वीपसमूह में 10 आदिम जनजातियाँ निवास करती थीं। उस समय उनकी अनुमानित जनसंख्या 7,000 थी। उन आदिम समूहों के नाम हैं—आका-कारी, आका-कोरा, आका-बो, आका-जेरू, आका-केड़े, आका-कोल, ओकु-जुवोई, आका-पुकिक्वार, आका-बेले और आका-बीअ। उपनिवेशियों के साथ सम्पर्क होने के बाद वे अनेक प्रकार की संक्रामक बीमारियों के शिकार हुए। जब अंग्रेज़ी हुकूमत ने अण्डमान में दण्डी-बस्ती बनाने का अभियान छेड़ा तो इन आदिवासियों के अस्तित्व पर संकट मँडराने लगा। अपनी आजादी के लिए उन्होंने 14 मई, 1859 को विद्रोह किया। पोर्टब्लेयर के हृदय स्थल में हुई इस भयंकर लड़ाई को अबर्डीन युद्ध के नाम से जाना जाता है। कई अण्डमानी इस युद्ध में खत्म हो गये। इसके बाद इनसे मित्रता और मुख्यधारा में लाने हेतु तमाम प्रयास किये गये। इन्हें काम करने का अवसर दिया गया। प्रशासन ने इनके लिए 1863 में अण्डमानी गृह की भी स्थापना की। 1942 में जापानियों द्वारा यहाँ बमबारी किये जाने पर बड़ी संख्या में अण्डमानी मारे गये। दिन-ब-दिन इनकी स्थिति विलुप्त होने के कगार पर पहुँच गयी। 1971 की जनगणनानुसार उनमें से मात्र 19 ही शेष बचे थे, जिन्हें स्ट्रेट आइलैंड में फिर से बसाया गया। इसके पश्चात् उनकी स्थिति में कुछ सुधार हुआ। ग्रेट अण्डमान की वही 10 जनजातियाँ ग्रेट अण्डमानी के नाम से जानी जाती हैं।

वर्ष 2001 की जनगणनानुसार स्ट्रेट आइलैंड में बसे ग्रेट अण्डमानीज की छोटी सी दुनिया मात्र 43 लोगों की बची है। इस द्वीप में दो ग़ैर-आदिवासी महिलाएँ भी हैं, जिन्होंने अण्डमानी आदिवासी युवाओं से विवाह किया है। यद्यपि ग्रेट अण्डमानीज आदिवासी अधिकांश समय अपनी परम्परागत गतिविधियों जैसे शिकार और मछली पकड़ने में व्यस्त रहते हैं, फिर भी उन्हें मुख्य धारा में जोड़ने हेतु स्ट्रेट आइलैंड में पूरक पोषाहार के लिए प्रत्येक अण्डमानी परिवार को निर्धारित मात्रा में महीने में राशन उपलब्ध कराया जाता है। इस द्वीप में एक

स्वास्थ्य उपकेन्द्र भी है, जहाँ फार्मेसिस्ट द्वारा चिकित्सा सेवाएँ प्रदान की जाती हैं। गम्भीर रूप से बीमार आदिवासी मरीजों को परीक्षण तथा इलाज के लिए पोर्टब्लेयर स्थित जी.बी. पन्त अस्पताल रेफर किया जाता है। ग्रेट अण्डमानीज बस्ती में सरकार द्वारा निःशुल्क पेयजल, बिजली, स्वास्थ्य, शिक्षा तथा आवास जैसी सुविधाएँ मुहैया कराई गयी हैं। आदिवासियों के लाभ के लिए इस द्वीप में नारियल का बागान भी विकसित किया गया है। पोर्ट ब्लेयर के विवेकानन्द केन्द्र विद्यालय में 12 अण्डमानी बच्चे अध्ययनरत हैं, जिनका खर्च अण्डमान आदिम जनजाति विकास समिति द्वारा वहन किया जाता है। विभिन्न सरकारी विभागों में 19 ग्रेट अण्डमानियों को रोजगार भी उपलब्ध है।

विश्व की दस आदिम प्रतिनिधि जनजातियों में से एक मानी जानी वाली 'ओंगी' समुदाय के लोग भी अण्डमान-निकोबार द्वीप समूह में हैं। लिटिल अण्डमान के डूगोंग क्रीक और साउथ बे में बसी ओंगी आदिवासियों की कुल आबादी 96 है। स्वस्थ, फुर्तीले और साहसी ओंगी शिकार और भ्रमण कर जीवनयापन करने वाली अर्द्ध ख़ानाबदोश आदिम जनजाति है, जो पूरी तरह से प्रकृति द्वारा प्रदत्त भोजन पर निर्भर है। तीर से सूअर का शिकार और समुद्र में कछुए और मछली का शिकार उनका नित्य कर्म है। उनकी निशानेबाजी अचूक है। नेग्रिटो मूल के ओंगी कद में छोटे, छोटे-छोटे हाथ और सर पर घुँघराले बाल लिए हुए है। उनका शरीर स्वस्थ और गठा हुआ है। उनमें ए-पॉजिटिव रक्त समूह की प्रमुखता है। वे सभ्यता का आवरण नहीं ओढ़ते। पुरुष सिर्फ लँगोटी धारण करते हैं तो स्त्रियाँ गुप्तांग ढकने के लिए सुपाड़ी के पत्तों का गुच्छा बनाकर सामने की तरफ लटकाए रखती हैं, जिसे ओंगी भाषा में 'नाबुइयांगे' कहा जाता है। ओंगी आदिवासियों का बाहरी लोगों के साथ सम्बन्ध मिलनसार है। लिटिल अण्डमान के ओंगी अनेक समूहों में विभाजित हैं। प्रत्येक समूह में कई परिवार हैं। एक समूह के सभी सदस्य एक ही साथ एक 'बेयरा' (सामुदायिक झोपड़ी) में रहते हैं। एक 'बेयरा' के सभी सदस्यों का एक विशिष्ट नाम होता और उनकी एक सामाजिक इकाई है। ओंगी आदिवासी भी अधिकांश समय अपनी परम्परागत गतिविधियों जैसे शिकार और मछली पकड़ने में व्यस्त रहते हैं, फिर भी उन्हें मुख्य धारा में जोड़ने हेतु डूगोंग क्रीक और साउथ बे में पूरक पोषाहार के लिए प्रत्येक ओंगी परिवार को निर्धारित मात्रा में महीने में एकमुश्त राशन उपलब्ध कराया जाता है। गम्भीर रूप से बीमार आदिवासी मरीजों को परीक्षण तथा इलाज के लिए पोर्टब्लेयर स्थित जी.बी. पन्त अस्पताल रेफर किया जाता है। ओंगी समुदाय को सरकार द्वारा निःशुल्क पेयजल, बिजली, स्वास्थ्य, शिक्षा तथा आवास जैसी सुविधाएँ

मुहैया कराई गयी हैं। आदिवासियों के लाभ के लिए इस द्वीप में नारियल का बागान भी विकसित किया गया है।

जारवा दुनिया की सबसे पुरानी जनजातियों में से एक है। कुछ मानव विज्ञानियों का विचार है कि जारवा आदिवासी लिटिल अण्डमान से आकर ग्रेट अण्डमान द्वीप समूह में बस गये। दक्षिण तथा मध्य अण्डमान द्वीपसमूह के पश्चिमी तटों पर बसी जारवा आदिवासियों की कुल जनसंख्या 240 है। नेग्रिटो मूल के जारवा आदिवासियों का रंग गहरा काला, औसत ऊँचाई 5 फुट, बाल घुँघराले और शरीर एकदम स्वस्थ, बेहद चुस्त और फुर्तीला होता है। ये समूह में रहते हैं और शिकार से अपना गुजर-बसर करते हैं। ये शिकार कर जंगली सूअर, गोह, मछली, केंकड़ा और कछुआ जैसे जीवों को आग में भूनकर खाते हैं। ये सभ्यता का आवरण माने जाने वाले वस्त्र नहीं धारण करते। अण्डमान-निकोबार के द्वीपों के सर्वेक्षण के दौरान अंग्रेज़ अफसरों ने सबसे पहले इन्हें 1790 में देखा। आजादी पश्चात् इनसे प्रथम आत्मीय सम्पर्क 1974 में हुआ, जब उन्होंने समुद्र किनारे पर रखे गये उपहार स्वीकार किये। गुरिल्ला युद्ध में माहिर जारवा मूलतः हिंसक आदिम जाति हैं और अन्य लोगों के साथ सम्पर्क से परहेज करती हैं। गौरतलब है कि 1997 में पहली बार कुछ जारवा अपनी सीमाओं से परे निकलकर रिहायशी इलाकों में आये थे, पर अधिकतर संक्रमण का शिकार हो गये और बाहरी स्थितियों से तालमेल न बिठा सके। 1999 से 2006 के दौरान जारवा भारी तादाद में खसरा रोग के शिकार हुए थे और काफी तो काल-कवलित भी हो गये पर धीरे-धीरे उनमें बदलाव आने लगा है और अब वे सभ्य/आदमी को अपना शत्रु नहीं मानते।

भारत सरकार के गृह मन्त्रालय द्वारा आदिवासी मामलों के मन्त्रालय तथा अण्डमान निकोबार प्रशासन के परामर्श से द्वीपों की जारवा आदिम जनजाति के लिए नीति को अन्तिम रूप दिया गया है, इसमें विभिन्न क्षेत्रों के विशेषज्ञों द्वारा सिफारिशें की गयी हैं। दिसम्बर 2004 में इस नीति को अधिसूचित किया गया और जारवाओं के संरक्षण तथा कल्याण सुनिश्चित करने के लिए इस नीति का कड़ाई से क्रियान्वयन किया जा रहा है। वन के समृद्ध संसाधनों के परम्परागत भोजन जैसे जंगली सूअर, कछुआ, मछली तथा शहद इनके लिए सुनिश्चित करने के वास्ते जारवा आरक्षित क्षेत्र का दायरा बढ़ाया गया है। आदिवासी आरक्षण के रूप में ज्वार रेखा से पाँच किलोमीटर तक के तटीय सागर को अनन्य समुद्री संसाधन तट घोषित किया गया है। अनुभवी डॉक्टरों से सम्बद्ध स्थायी स्वास्थ्य दल द्वारा समय-समय पर जारवाओं के परीक्षण तथा इलाज के लिए जारवा

आरक्षित क्षेत्र का दौरा किया जाता है। जारवाओं के लिए टूसनाबाद, कदमतला के प्राथमिक स्वास्थ्य केन्द्रों तथा पोर्ट ब्लेयर के जी.बी. पन्त अस्पताल में अलग से वार्ड उपलब्ध हैं। इन वार्डों को आदिवासी आरक्षित घोषित किया गया है, जहाँ ग़ैर आदिवासियों के आने-जाने तथा मिलने-जुलने पर प्रतिबन्ध है। इन केन्द्रों में जारवा मरीजों का इलाज किया जाता है।

सेंटीनल शत्रुतापूर्ण रवैया रखने वाली नेग्रिटो मूल की आदिम जनजाति है, जो उत्तरी सेंटीनल द्वीप नामक अलग-थलग पड़े द्वीप में बसे हुए हैं। इन द्वीपों में यही एकमात्र जनजाति है, जिससे अभी तक आत्मीय सम्पर्क नहीं हो पाया है। ये समूह में रहते हैं और शिकार करते हैं। ये अभी भी बाहरी लोगों के प्रति शत्रुतातापूर्ण रवैया रखते हैं और तीर-धनुष से वार करते हैं। सेंटीनल आदिवासी जातियाँ अन्य लोगों के साथ सम्पर्क से परहेज करती हैं अतः उनके बारे में बहुत कम जानकारी है। 2001 की जनगणना के अनुसार इनकी अनुमानित जनसंख्या 39 बताई गयी है। अण्डमान निकोबार द्वीपसमूह (आदिम जनजातियों के संरक्षण) विनियम-1956 के प्रावधानों के तहत ग़ैर-आदिवासियों को आदिवासी आरक्षित क्षेत्र में जाने की मनाही है। आदिवासी आरक्षित क्षेत्र में बाहरी लोगों के घुसपैठ के प्रयास को रोकना सुनिश्चित करने के लिए उत्तरी सेंटीनल द्वीप के आस-पास सामुद्रिक निगरानी के लिए प्रशासन द्वारा भारतीय तटरक्षक से मदद ली जाती है, ताकि दूसरे लोगों द्वारा सेंटीनलियों के संसाधनों के दोहन को रोका जा सके।

ग्रेट निकोबार द्वीपसमूह के विशाल क्षेत्र में रहने वाले शोंपेन अर्द्ध ख़ानाबदोशी आदिम जनजाति हैं। ग्रेट निकोबार में उन्हें शंपे अथवा शंहप के नाम से जानते हैं। शोंपेन आदिवासी आधे बंजारे हैं। वे जंगलों और समुद्री तटों पर फल और शिकार की तलाश में घूमते रहते हैं। शोंपेन में दो क्षेत्रीय समूह हैं। द्वीप के पश्चिमी तटीय हिस्से में रहने वाले शोंपेन स्वयं को श्कलायश तथा पूर्वी तट के नजदीक रहने वाले 'केएट' कहलाते हैं। 2001 की जनगणना के मुताबिक इनकी अनुमानित आबादी 398 हैं। प्रशासन इन आदिवासियों को इनके शिविरों में निःशुल्क स्वास्थ्य सेवाएँ और राशन सामग्रियाँ उपलब्ध कराता है। शोंपेन के लिए कैम्पबेल के प्राथमिक स्वास्थ्य केन्द्र तथा गम्भीर रूप से बीमार मरीजों को परीक्षण तथा इलाज के लिए पोर्टब्लेयर स्थित जी.बी. पन्त अस्पताल रेफर किया जाता है।

अण्डमान-निकोबार द्वीप समूह के जनजाति समूहों में निकोबारी काफी उन्नत और सभ्य हैं, जबकि अन्य पाँच आदिवासी अब भी आदिम स्तर पर ही हैं। अण्डमान आदिम जनजाति विकास समिति नामक स्वायत्त निकाय द्वारा इन पाँच विशेष जोखिम आदिवासी समूहों का विशेष ध्यान रखा जा रहा है। अण्डमान

निकोबार द्वीपसमूह के उपराज्यपाल इस समिति के प्रमुख हैं। इसमें सामान्य निकाय और कार्यकारी परिषद् भी हैं, जो समय-समय पर आदिम जनजातियों के कल्याण और विकास के लिए नीतियाँ एवं कार्यक्रम तैयार करती है। आदिवासी उप योजना के तहत प्रशासन के विभिन्न विभागों द्वारा निकोबारियों के कल्याण और विकास के लिए कार्य किया जा रहा है। अण्डमान आदिम जनजाति विकास समिति को वार्षिक योजना में से आदिवासी कल्याण विभाग द्वारा शत-प्रतिशत अनुदान सहायता दी जाती है। पोर्टब्लेयर के जवाहरलाल नेहरू राजकीय महाविद्यालय तथा मायाबन्दर के महात्मा गाँधी राजकीय महाविद्यालय में आदिवासी बच्चों को व्यावसायिक, स्नातक व स्नातकोत्तर पाठ्यक्रमों के लिए प्रति माह छात्रवृत्ति की मंजूरी, गम्भीर रूप से बीमार आदिवासियों की जाँच व आगे के इलाज के लिए मुख्यभूमि भेजने हेतु वित्तीय सहायता तथा आदिवासी क्षेत्रों में स्ट्रीट लाइटों का रखरखाव शामिल है।

अण्डमान-निकोबार द्वीप समूह के आदिवासी उस दौर की याद दिलाते हैं, जब सभ्यता का प्रादुर्भाव नहीं हुआ था। धीरे-धीरे वे मुख्य धारा से जुड़ने का प्रयास कर रहे हैं, पर इसी के साथ अपनी जड़ों से कटते भी जा रहे हैं। परिवेश में परिवर्तन तो हो रहा है पर ये आदिवासी शायद कहीं-न-कहीं उसके साथ साम्यता नहीं बिठा पा रहे हैं। ये शिकारी जनजातियाँ अब सरकार द्वारा उपलब्ध कराए जा रहे अन्न के चलते कुछ हद तक अपनी मूल प्रवृत्ति से भी विमुख हुई हैं। घर बैठे भोजन किसे कमजोर और आलसी नहीं बनाता, ऐसे में ये आदिवासी भी इसके अपवाद नहीं हैं। इससे उनकी प्रजनन क्षमता पर भी विपरीत असर पड़ रहा है और अधिकतर जनजातियाँ विलुप्त होने के कगार पर हैं। जनजातियों की परम्परागत सामाजिक एकता और सामुदायिकता खतरे में पड़ गयी है। यह सब कुछ उनके जीवन में बाहरी हस्तक्षेप के कारण ही हुआ है।

दुर्भाग्यवश लोग जनजातियों को एक अजूबे उत्पाद के रूप में देखते हैं। वे उनके बारे में सब कुछ जानना चाहते हैं, पर उनके लिए कुछ करना नहीं चाहते। सभ्यता का संक्रमण इन जनजातियों में उन गलत आदतों को भी प्रोत्साहित करता है, जिनसे वे अछूते थे। मसलन, जारवा लोगों के कौतूहल का केन्द्र-बिन्दु बने हुए हैं और इनके नाम पर तमाम बंदिशों के बावजूद लोग पर्यटन का धंधा भी चला रहे हैं। सुबह और शाम जारवा पोर्टब्लेयर से बाराटांग जाने वाली सड़क के किनारे खड़े होकर पर्यटकों के आकर्षण का केन्द्र बिन्दु बनते हैं। लोग जारवाओं को खाद्य-सामग्री व कभी-कभी कपड़े देते हैं और बदले में उनकी तस्वीरों को कैद कर लेते हैं। अभी भी पाषाण काल में जी रहे जारवा कई बार पें-पे (पैसे)

की माँग भी करते हैं और न मिलने पर कैमरा इत्यादि लेकर भाग जाते हैं। जारवा-महिलाएँ सज-धजकर सड़कों के किनारे छुपी रहती हैं और मौका पाकर अचानक गाड़ियों पर झपट्टा मारकर खाद्य-सामग्री लेकर जंगलों में कूद जाती हैं। समस्या यह है कि जारवा मुख्यधारा में तो आना चाहते हैं, पर सरकार उन्हें उनकी सीमाओं में ही कैद रखना चाहती है। अचूक निशानेबाजी उनका लक्षण है पर उनके इलाके के बीच दौड़ रही सड़क और तथाकथित सभ्य जन उन्हें भयभीत करते हैं। वर्ष 2002 में ही सुप्रीम कोर्ट ने इन सबके मद्देनजर 1970 में निर्मित अण्डमान ट्रंक रोड को बन्द करने का आदेश दिया था, पर यह सड़क आज भी चालू है। नतीजतन, पेट की भूख शान्त करने के लिए जारवा पर्यटकों के सामने हाथ फैलाते हैं तो पर्यटक उनकी फोटोग्राफ कैद करने के लिए लालची बना रहे हैं।

हाल ही में जारी संयुक्त राष्ट्र संघ की (द स्टेट ऑफ द वर्ल्ड्स इंडीजीनस पीपुल्स) नामक रिपोर्ट में भी कहा गया है कि मूलवंशी और आदिम जनजातियाँ पूरे विश्व में अपनी सम्पदा, संसाधन और ज़मीन से वंचित व विस्थापित होकर विलुप्त होने के कगार पर हैं। गौरतलब है कि भारत सरकार ने 29 सितम्बर 2010 को महाराष्ट्र में प्रतीकात्मक रूप से 10 आदिवासियों को 12 अंकों वाली विशिष्ट पहचान संख्या सौंप कर बहुचर्चित 'आधार' परियोजना के शुभारंभ की घोषणा की। पर यह हैरतअंगेज है कि जिसे हर भारतीय की पहचान के लिए पहल रूप में देखा जा रहा है उससे अण्डमान-निकोबार द्वीप समूह के आदिवासी महरूम रहेंगे। दुनिया की सबसे पुरानी जनजातियों में शामिल यहाँ के आदिवासियों को सरकार का यह बयान मानो चिढ़ाता है कि विशिष्ट संख्या जारी करना नये आधुनिक भारत का संकेत देता है। हर आदिवासी के मन में यह सवाल उठता है कि क्या वे आधुनिक भारत नहीं बल्कि पाषाणकालीन भारत के अवशेष हैं। आखिरकार अण्डमान-निकोबार के आदिवासी भी आधुनिक भारत का ही अभिन्न अंग हैं। द्वीपों में अक्सर विदेशियों द्वारा घुसपैठ बढ़ रही है, डर लगता है कहीं वे इन्हें भी न बरगलाने लगें। मुख्यभूमि के आदिवासियों पर नक्सलवाद-माओवाद के आरोप लगाए जा रहे हैं, शुक्र है यहाँ के आदिवासी इन सबसे बचे हुए हैं। पर उनकी लगातार अनदेखी कठिनाइयाँ भी पैदा कर सकती हैं। शिकार के अभाव में कमजोर होते इन आदिवासियों की जनसंख्या वैसे भी विलुप्त होने के कगार पर है, पर हर भारतीय की पहचान के लिए पहल करती सरकार यदि इनकी पहचान व अस्तित्व-रक्षा के लिए भी प्रबन्ध करती तो बेहतर होता। अन्यथा, अभी तक तो ये उस आधुनिक भारत से कोसों दूर हैं, जहाँ प्रतीकात्मक रूप में आदिवासियों के नाम पर हो रही हलचल को समझने का प्रयास किया जा रहा

है। दुर्भाग्यवश अण्डमान-निकोबार के आदिवासियों को मतदान का अधिकार भी नहीं है। वे भारतीय संविधान में 18 वर्ष से ऊपर की आयु के हर व्यक्ति को मतदान के अधिकार के अपवाद हैं....? यदि समय रहते सरकार ने इन्हें मुख्यधारा से जोड़कर इनके अस्तित्व को बचाने का प्रयास नहीं किया तो वो दिन दूर नहीं, जब इनके बारे में मात्र किताबों में पढ़ने को मिलेगा।

आदिवासियों की आबादी विश्व की जनसंख्या की महज 5 फीसदी है, लेकिन दुनिया के 90 करोड़ गरीब लोगों में मूलवासी लोगों की संख्या एक तिहाई है। गरीबी, बीमारी, बेरोजगारी और अशिक्षा के कारण आज आदिवासी समाज अपनी संस्कृति से दूर होता जा रहा है। साथ ही वे कई तरह की बीमारियों से भी लड़ रहे है। अगर विकसित देश अमेरिका की ही बात की जाये तो आम आदमी की तुलना में आदिवासी समूहों के लोगों को तपेदिक होने की आशंका 600 गुना अधिक है। उनके आत्महत्या करने की आशंका भी 62 फीसदी ज़्यादा है। आस्ट्रेलिया में कोई भी आदिवासी समुदाय का कोई बच्चा किसी अन्य समूह के बच्चे की तुलना में 20 साल पहले मर जाता है। नेपाल में अन्य समुदाय के बच्चे की तुलना में आदिवासी समुदाय के बच्चे की आयु का अन्तर 20 साल, ग्वाटेमाला में 13 साल और न्यूजीलैंड में 11 साल है। विश्व स्तर पर देखें तो आदिवासी समुदाय के कुल 50 फीसदी लोग टाइप-2 मधुमेह से पीड़ित हैं और इस संख्या में इजाफा होने के भी आसार हैं। ऐसे में जिस तरह से अण्डमान-निकोबार द्वीप समूह के इन आदिवासी जनजातियों की संख्या नित घट रही है, वह बेहद चिन्ता का विषय है। क्योंकि इनके साथ ही बहुत कुछ ऐसा भी विलुप्त हो जायेगा जिससे हम अभी तक अनजान हैं। इन जनजातियों ने संस्कृतिकरण के दुष्परिणाम को न समझते हुए धीरे-धीरे अपनी मूल भाषा-बोली का भी परित्याग करना आरम्भ कर दिया है। सच तो यह है कि प्रत्येक समूह की भाषा में उसके प्रतीकों को व्यक्त करने की क्षमता होती है और यदि भाषा में परिवर्तन हो जाये तो समूहों के मूल्यों और उपयोगी व्यवहारों में भी परिवर्तन होने लगता है। आशंका तो यह भी जताई जा रही है कि इस सदी के अन्त तक जनजातीय समाज की 90 फीसदी भाषाएँ विलुप्त हो सकती हैं।

फरवरी-2010 में अण्डमान में रहने वाले बो कबीले की आखिरी सदस्य 85 वर्षीय बोआ सीनियर के निधन के साथ ही इस आदिवासी समुदाय द्वारा तकरीबन 65000 साल से बोली जाने वाली 'बो' भाषा भी लुप्त हो गयी। 'बो' भाषा के बारे में भाषाई विशेषज्ञों का मानना है कि यह भाषा अण्डमान में प्री-नियोलिथिक समय से इस समुदाय द्वारा उपयोग में लायी जा रही थी। बोआ सीनियर के

साथ लम्बे समय तक अण्डमान के आदिवासियों और उनकी भाषा-संस्कृति पर शोध करने वाली जवाहरलाल नेहरू विश्वविद्यालय की प्रोफेसर अन्विता अब्बी तो बोआ की मौत के बाद काफी विचलित हुईं और बताया कि जंगल से लाये जाने के बाद बोया सीनियर हमेशा वापस जंगल लौटने की इच्छा व्यक्त करती थीं, इससे उनकी बेचैनी समझी जा सकती थी। वस्तुतः परसंस्कृति ग्रहण की समस्या ने आदिवासी समाज को एक ऐसे दोराहे पर खड़ा कर दिया है, जहाँ वे न तो अपनी संस्कृति बचा पा रहे हैं और न ही आधुनिकता से लैस होकर राष्ट्र की मुख्य धारा में ही शामिल हो पा रहे हैं। बीच की स्थिति के कारण ही उनके जीवन और संस्कृति पर संकट मँडराने लगा है। वाकई आज इन जनजातियों के जीवन को बचाने के साथ-साथ इन बिखरी संस्कृतियों और इनके तत्वों को भी सहेजने की जरूरत है, अन्यथा संस्कृति और समाज की टूटन जनजातियों को राष्ट्र की मुख्य धारा से अलग ही कर देगी।

क्या आदिवासी विकास विरोधी हैं?

हरिराम मीणा

भारतीय समाज के मूल तत्व अनेकता में एकता का पूरा सम्मान करते हुए जब हम इस समाज के विभिन्न घटकों पर विहंगम दृष्टिपात करते हैं तो इस देश के सैकड़ों आदिवासी समुदाय हमारा ध्यान खींचते हैं जो सामाजिक, आर्थिक, राजनीतिक, सांस्कृतिक व मानसिक स्तरों पर भारतीय मुख्य समाज से अलग-थलग जंगल-पहाड़ों में युग-युगों से रहते आये हैं। कुल मिलाकर इस आधुनिक काल में भी वे प्रकृति पर आधारित जीवन जीते जा रहे हैं। उनके लिए लोकतन्त्र तथा भौतिक विकास अभी पराया लगता है। आदिम अवस्था से वैश्वीकरण तक की यात्रा कर चुकी मानव सभ्यता उन आदिम समुदायों के लिए बहुत कम मायने रखती है। राष्ट्र के भौगोलिक हृदयस्थल छत्तीसगढ़ के अबूझमांड के लँगोटीधारियों से लेकर दूरदराज बंगाल की खाड़ी के काले समुद्र के बीच यहाँ-वहाँ बिखरे टापुओं में वन्यजीवों की तरह जीवन से जूझते हुए अण्डमानी कबीलों तक के मन में अभी वायुयान एक आसमानी अजूबा बना हुआ है। जहाँ भारतीय नागरिक की औसत आयु बासठ बरस है वहीं राजस्थान-मध्यप्रदेश की सीमा पर अवस्थित अरावली पर्वत श्रृंखला की गोद में बसे सहरिया आदिवासी समुदाय में यह औसत सिर्फ पैंतालीस साल का है। यह भी किसी आश्चर्य से कम नहीं है।

अधिकांश आदिम समुदाय अलग-थलग भौगोलिक अंचलों में बसते हैं फिर भी उनकी जीवन-शैली में समानताएँ दृष्टिगोचर होती हैं जिसकी एकमात्र वजह है उनका 'आदिम' होना, यानी कि प्रकृति पर निर्भरता। व्यक्तिवादी मनोवृत्ति के नकार के साथ कबीलाई सामूहिकता, आखेट व वनोपज पर आश्रित आजीविका, बाहरी लोगों के प्रति झिझक व प्रतिरोध किन्तु स्वयं के भीतर पूरा खुलापन व आत्मीयता, निजी सम्पत्ति की अवधारणा का नहीं के बराबर होना आदि ऐसे गुण हैं जो उन्हें भले-भोले, सहज-सरल, सीधे-सादे बनाते हैं।

विभिन्न आदिम समुदायों के बीच की अनेकानेक समानताओं के बावजूद राष्ट्रीय

स्तर पर उनमें एकता का अभाव हमें चौंकाता भी है और चिन्तित भी करता है। समानता में एकता का अभाव शेष समाजों में नहीं दिखाई देता। वहाँ तनिक समानताएँ समूहों को निकट लाने का काम आसानी से कर देती हैं। इसलिए यह बात चौंकाने वाली लगती है। चिन्ता का विषय इस कारण है कि लोकतान्त्रिक प्रणाली में समान अतीत, समान समस्याएँ, समान आशाएँ आदि कारक एक जैसे समुदायों के मध्य एकजुटता पैदा करने का आधार बननी चाहिए ताकि ऐसे मानव समुदाय दबाव समूह के रूप में अपनी समस्याओं के प्रति व्यवस्था का ध्यान आकर्षित करते हुए बिना किसी अन्य के अधिकारों पर कुठाराघात किये अपने पक्ष में सकारात्मक निर्णय करवाने की स्थिति में आ सकें। ऐसे लोकतान्त्रिक दबाव समूह जब सकारात्मक दृष्टिकोण अपनाते हुए काम करते हैं तो लोकतन्त्र एवं विकास की यात्रा सही पटरी पर चलती है। इसके विपरीत जब ये ही दबाव समूह अतिवादी मानसिकता में अपने पक्ष में किन्तु नाजायज फायदा उठाने के लिए दबाव डालने की स्थिति में आ जाते हैं तब अन्य समुदायों को इसकी कीमत चुकानी पड़ जाती है। सवाल सामाजिक न्याय के प्रति सकारात्मक सोच का है। प्रगति के पथ पर जो वर्ग आगे बढ़े हुए थे अथवा बढ़ रहे हैं, उनकी सहमति व सहयोग से पिछड़ों के उत्थान के कार्य को आगे बढ़ाना सभ्य व संस्कारयुक्त समाज का दायित्व होना चाहिए। इसी लक्ष्य की प्राप्ति हेतु भारतीय संविधान में आरक्षण जैसे प्रावधान सम्मिलित किये गये हैं ताकि जो परम्परागत भारतीय समाज वर्णाश्रमी व्यवस्था के दुरुपयोग के कारण एलीफेंटाइसिस से ग्रसित चला आ रहा था, उसका उपचार सम्भव हो सके। भौतिक विकास, शिक्षा व एकजुटता के सहारे दलित समाज के सर से 'अछूत' का भूत धीरे धीरे उतर रहा है। आदिवासी समाज 'अछूत' की पीड़ा न सही, किन्तु आदिम अवस्था की 'जड़ता' का शिकार वह अब तक है।

सामान्यीकृत रूप से यह कहा जा सकता है कि 'लोकतान्त्रिक विकास आदिवासी समाज की देहरी तक नहीं पहुँच रहा है अथवा आदिवासी समाज उस विकास के समीप नहीं आ पा रहा है।' यहाँ सवाल यह है कि संविधान और परवर्ती योजनाओं में पर्याप्त प्रावधान होने के बाद भी आखिर 'खोट' कहाँ है? यह तो आसानी से कहा जा सकता है कि यह 'खोट' क्रियान्विति के स्तर पर है मगर ऐसा क्यों है? इस प्रश्न के उत्तर कई खाँचों में तलाशे जा सकते हैं जिनमें से मुख्य है लोकतान्त्रिक राजनीतिक नेतृत्व और नौकरशाही की मानसिकता में गड़बड़ी। इसके अलावा सरकारी एवं निजी स्तरीय बुद्धिजीवियों ने हमारे आदिवासी समाज को सही रूप में समझने में कहीं न कहीं भूल की है। मैं इस सन्दर्भ में कतिपय उदाहरणों से अपनी बात स्पष्ट कर रहा हूँ।

जनतान्त्रिक विकास से जुड़ी एक घटना है भारत भूमि के केन्द्र में अवस्थित मध्य प्रदेश के अत्यन्त पिछड़े आदिवासी जिला झाबुआ की। सन् 2002 में इन्दिरा आवास योजना के अन्तर्गत आदिवासी परिवारों के लिए द्विकक्षी पक्के मकान निर्मित किये जाने थे। आदिवासी लोग इसका विरोध करने लगे। सारे सरकारी प्रयास विफल होते देखकर सरकार ने अन्ततः यह निर्णय लिया कि किसी तरह पक्के मकान बनाने का 'टारगेट' पूरा किया जावे।

पुलिस दलबल सहित लोक निर्माण विभाग स्थल पर पहुँचा। आदिवासी बस्ती खाली हो गयी। वहाँ के निवासी जंगल-पहाड़ों में शरण लेने के लिए निकल पड़े। दो-चार महीनों में सरकारी 'टारगेट' पूरा कर दिया गया। सरकारी अमला अपने ठिकानों पर लौट आया यह सोचकर कि 'अब आदिवासी लोग अपने नये पक्के मकानों में आराम से रहने लग जायेंगे।' तत्काल बाद जो घटित हुआ, वह इस उम्मीद के उलट था। आदिवासी वापस अपनी बस्ती में लौटे। पहला काम यह किया कि सारे पक्के मकानों को ध्वस्त किया। उनकी जगह अपनी परम्परागत झोंपड़ियाँ खड़ी कर दीं। उन्हीं में रहने लग गये। अब क्या करें उन आदिवासियों का? सरकार ने उन मकानों को यह सोचकर जबरदस्ती निर्मित कर दिया कि 'आदिवासी आकर रहने लग जायेंगे।' आदिवासियों ने यह सोचकर उन मकानों को तोड़ दिया कि 'सरकार ने उनकी पुश्तैनी आवासीय भूमि पर कब्जा कर लिया।' दोनों पक्ष अपनी-अपनी जगह सही हो सकते हैं किन्तु परिणाम निराशाजनक रहा। दरअसल हुआ यह था कि सरकार और आदिवासियों के मध्य सही तालमेल नहीं था। यह कहना गलत होगा कि सरकारी मनसा में कमी रही। यह भी कह देना नितान्त मिथ्या होगा कि 'आदिवासी विकास विरोधी होते हैं।' दुनिया का कौन इन्सान चाहेगा कि उसे अत्याधुनिक भौतिक सुख-सुविधाएँ नहीं मिलें। जब संसार की समस्त मानवता अपने-अपने हिसाब और रफ्तार से ठेठ आदिम अवस्था से निकल कर आधुनिक युग तक पहुँच गयी तो फिर आदिवासी समुदाय क्या इसका अपवाद हो सकते हैं? इस स्थिति की जिम्मेदारी सरकार के माथा पर थी कि वह आदिवासियों को 'विश्वास' में लेती जो नहीं लिया गया।

दूसरा दृष्टान्त है भारत की मुख्य धारा से बहुत दूर बंगाल की खाड़ी के काले पानी में अवस्थित अण्डमानी टापुओं का। मैं समझता हूँ कि इस हाई-टैक भूमण्डलीकरण के वर्तमान में यदि ठेठ आदिमताई इन्सानी कबीले देखने हैं तो पहुँच जाइयेगा उन टापुओं में जहाँ घने जंगलों में वन्य जीवों की तरह रह रहे हैं जारवा, सेंटीनेली व ओंग नामधारी आदिम समूह। सन् उन्नीस सौ सत्तर के दशक में इस देश की मूल धारा के उन आदिमानवों को तथाकथित मुख्य धारा में

ला सकने के लिए एक मुहिम चलायी गयी जिसमें सरकार के साथ ग़ैर-सरकारी संगठन भी शामिल हुए थे। लघु वायुयान व हेलीकॉप्टरों से खाना, कपड़े आदि के पैकेट गिराये गये। यहाँ तक कि वे दवाइयाँ भी पटक दी गयीं जिनसे सम्बन्धित बीमारियाँ उन्हें कभी नहीं हुईं। यह सब कुछ बिना यह सोचे किया गया कि वे लोग हम जैसा जीवन नहीं जीते हैं। वे कपड़ों से तन नहीं ढँकते। वे पका हुआ खाना नहीं खाते। कौतूहल, जिज्ञासा, नयी सामग्री कुछ भी समझो, वे इन वस्तुओं का इस्तेमाल करने लगे। कुछ ही दिनों बाद वे मरने लगे। जनसंख्या तेज गति से घटने लगी। सरकार चिन्तित हुई। अन्ततः उन आदिवासियों को 'उनके हाल' पर पुनः छोड़ देने का फैसला किया गया। कुछ साल पश्चात् उनकी जनसंख्या फिर से सामान्य होने लग गयी। यहाँ फिर से 'सभ्यों' का वही पूर्वाग्रह सामने आता है कि 'ये चाहते ही नहीं कि मुख्य धारा में आयें।'

आप अपने हिसाब से उन आदिवासियों के बीच मत जाइये, उनकी मानसिकता को समझ कर उनके हिसाब से जाइये। वे आपका और आपकी योजनाओं को बड़े सम्मान के साथ अंगीकार करेंगे। आदिवासी समाज का एक हिस्सा विकास से जुड़ता जा रहा है। जो शेष रह गया वह भी जुड़ेगा। शर्त इतनी सी है कि विकास को उनके लिए 'अजूबा' मत बनाइये। उसे 'मिशन' मानकर चलिए।

इसमें कोई सन्देह नहीं कि भारत ही नहीं, प्रत्युत विश्व के समस्त आदिवासी समुदाय अपनी आदिम मानसिकता से चिपके हुए हैं जिसका सकारात्मक पक्ष यह है कि वे उस प्राकृत अवस्था को अभी भी प्यार किये जा रहे हैं जिसमें प्रकृति तत्वों के साथ बहतरीन ताालमेल, वन्य जीवों के प्रति सह अस्तित्व की भावना, सामूहिकता, जीवन से गहरे रूप में जुड़ी कलात्मकता आदि उपस्थित हैं. साथ ही वह नकारात्मक पहलू भी सामने आता है जिसमें ढेर सारे अन्धविश्वास भरे पड़े हैं। यथा—जादूटोना, लोक देवता के थान पर समस्त रोगों का उपचार, डायन प्रथा, शकुन-अपशकुन वगैरा जो वैज्ञानिक चेतना एवं प्रगतिशीलता के विरुद्ध है। इनके दर्शन का सकारात्मक पक्ष नाइजीरिया के उस आदिम कबीला तक हमें ले जाता है जिसके जंगल में गाय-भैंस-बकरियों जैसी दुधारू मवेशियों के अनगिनत झुण्ड हैं और जब उन्हें यह सलाह दी गयी कि 'आप लोग इन्हें पालतू बनाकर इनके दूध का सेवन व व्यवसाय क्यों नहीं करते।' इस सलाह का वे लोग सरल तथा नैसर्गिक सा जवाब यह कहते हुए देते हैं कि 'यह कैसे सम्भव है? इनके दूध पर तो इनके बछड़ों का प्राकृतिक अधिकार है। हम उस दूध को कैसे छीन सकते हैं?' जहाँ तक नकारात्मकता का प्रश्न है तो यह कहा जा सकता है कि यह सब करने वाले अशिक्षित व पिछड़े लोग हैं। इसके समानान्तर जब हम अपनी हाई-टैक सरकारों, राजनेताओं,

नौकरशाहों, पूँजीपतियों की सोच पर दृष्टिपात करते हैं तो धर्म-स्थलों, तीर्थ-यात्राओं, गंगा-प्राथमिकता, पूजा-चढ़ावा सहित वास्तु, ज्योतिष व अनेकानेक कर्मकाण्डों में उनकी अटूट श्रद्धा-आस्था से लेकर गाय व गीता को राष्ट्रीय प्रतीकों के रूप में बाकायदा स्थापित करने की उनकी जिद हमें किस वैज्ञानिक-आधुनिक-प्रगतिशीलता का पाठ पढ़ाने लग जाती है, यह हमारी समझ से बाहर है? चाहे पिछड़ा हो अथवा अगड़ा, मनुष्य के अपने 'मैन्यूफैक्चरिंग डिफेक्ट्स' होते हैं। आधारभूत आधुनिक मानवीय मूल्यों की जननी फ्रांस जैसी महान क्रान्ति के वैचारिक जनक प्रख्यात दार्शनिक रूसो रात-रात भर अपने कुत्ते 'सुलतान' से भयभीत रहा करता था।

हमें यह नहीं भूलना चाहिए कि दुनिया की समस्त मानवता आदिम दशा से निकल कर बहुत लम्बी यात्रा करके इस आधुनिक वर्तमान तक पहुँच गयी है। फिर क्या आदिवासी समाज किसी अन्य ग्रह से टपका है जो इस विकास यात्रा से नहीं जुड़ सकेगा? इसलिए यह कह देना कि 'आदिवासी समाज विकास विरोधी है' सर्वथा और नितान्त एक तार्किक विसंगति है जिससे हमें मुक्त होना पड़ेगा तभी हम इस पूर्वाग्रह से बाहर निकल सकेंगे। गड़बड़ आदिवासी की मानसिकता में नहीं होकर कहीं न कहीं हमारी दृष्टि में है जिसे पहचानने की आवश्यकता है। यह काम आदिवासी समाज का नहीं है। यह काम हम विकसित लोगों का है।

समझदारी के अपने-अपने मानदण्ड होते हैं। शिक्षा व विकास की दृष्टि से देश का अति-समृद्ध अंचल दिल्ली, पंजाब व हरियाणा है। यही वह इलाका है जहाँ लिंगानुपात सर्वाधिक असन्तुलित हुआ है। इसके बनिस्बत जिन्हें हम अति-पिछड़ा तबका मानते हैं यानी कि आदिवासी समुदाय, वहाँ यह अनुपात सबसे अच्छा है। क्या हमारे विकास की यही कसौटी होगी?

नयी आर्थिक नीति के अवतरण के साथ यानी कि गत करीब डेढ़ दशकों में हमारे देश ने वैश्विक तथा हाई-टैक की स्पीड पकड़ी है। इसी दौरान जेसिका लाल, नैना साहनी, शिवानी भटनागर, प्रिय दर्शिनी मट्टू, पोंटी चड्ढा, रति पासी, आरुषि, निर्भया, सुनन्दा पुष्कर (सभी दिल्ली), रिजवानूर रहमान (कोलकाता), क्नन्या (केरल), हेमा उपाध्याय (मुम्बई) से लेकर एम.एम. कलबुर्गी (कर्नाटक) जैसे लोगों की हत्याएँ हुईं।

अन्त में एक उदाहरण दे रहा हूँ जो पुनः उन मानव समूहों से ताल्लुक रखता है जो ठेठ आदिम दशा में अण्डमान के टापूई जंगलों में विचरण करते हैं। उनके इर्द-गिर्द जंगली सूअर बहुतायत में हैं, वे उनका शिकार करते हैं। हिरण कम हैं, जिनमें वे लोग अपने मृत बुजुर्गों की आत्मा का वास मानकर चलते हैं तथा उन्हें संरक्षित करते हैं। तीतर-बटेर काफी हैं उन्हें खाते हैं। हरियल यानी

कि हरा कबूतर तादाद में कम हैं, उनमें अपने होने वाले शिशुओं की आत्मा का वास मानते है और उनके हाथ भी नहीं लगाते जबकि उनका मांस बड़ा ताकतवर व जायकेदार होता है। वे लोग सी फूड के शौकीन हैं। नीले रंग की स्टार फिश विरली होती है। उन्हें संरक्षित करते हैं, इस विश्वास के साथ कि वह उन कबीलों की आद्यजननी परी दादी का रूप है। अब आप कहते रहिए कि आदिवासी जंगली, गँवार, पिछड़े, अशिक्षित वगैरा वगैरा होते हैं और हम आप बहुत समझदार हैं जो जिंदा आदमी का रक्त चूस कर डकार भी नहीं लेते।

मानवीय क्षमता-सम्भावनाओं और परिस्थितियों के बीच गहरा रिश्ता-नाता होता है। योग्यता रक्त में नहीं होती, प्रत्युत अवसरों पर निर्भर करती है। 'मोगली' की कहानी से हम सब परिचित हैं। संगत व शिक्षा से संस्कार पनपते हैं। इतिहास साक्षी है कि जड़ व परम्परागत मानसिकता प्रगतिशील आधुनिकता में परिवर्तित होती रही हैं। बाबा साहेब आंबेडकर ने 'शिक्षा-संगठन-संघर्ष' के अपने त्रिसूत्री दर्शन द्वारा दलित समाज में चेतना भरने का अद्भुत काम किया है। आदिवासी समाज ने अपने 'जल-जंगल-ज़मीन' के लिए बाहरी देशी-विदेशी शोषक-लुटेरों के विरुद्ध हमेशा जमकर प्रतिरोध एवं संघर्ष किया है। इतिहास इसका गवाह है, किन्तु शेष दुनिया में भौतिक स्तर पर क्या प्रगति होती रही है, इसके प्रति ना अपनी आँखें खुली रखीं, ना उसकी परवाह की और ना ही उससे सीख ली। अधिकांश आदिवासी अपनी आदिम-अल्हड़ मस्ती में मस्त रहते आये। उनके सुख भी उनके से ही रहे और उनके दुःख भी उनके से ही रहे। बाहरी दुनिया से यह जो अलगाव अथवा अरुचि रही, मानसिक स्तर पर शायद यही एक बड़ी वजह और बाधा रही जिसने आदिवासियों को आधुनिक भौतिक विकास की राह से दूर रखा। इस मानसिकता के पीछे भी जो प्रमुख कारण रहा, वह मुझे लगता है बाहरी लोगों का आदिवासी समाज के प्रति दृष्टिकोण है। ठेठ भारतीय मिथकों से लेकर ब्रितानी उपनिवेशवाद तथा वर्तमान लोकतान्त्रिक व्यवस्था तक इस नजरिया को देखा जा सकता है। प्राचीनयुगी वेद-पुराण-महाकाव्यों के 'असुर-राक्षसी' संज्ञाओं, ब्रिटिश कालीन 'आपराधिक जनजातीय अधिनियम' की अनुसूची से लेकर आज के 'विकास विरोधी' ठप्पों तक से यह मानसिकता स्वतः सिद्ध हो जाती है। यदि किन्हीं लोगों ने सहानुभूतिपूर्ण दूसरा दृष्टिकोण अपनाया तो वह रहा 'रोमांटिक' यह कहते हुए कि 'समृद्ध प्रकृति की गोद में आदिवासीजन अपनी 'मस्ती में नाचते-गाते रहते हैं।' वास्तविकता तो यह है कि आदिवासी जीवन की झाँकी में झाँक कर हमने देखा ही नहीं। हम आदिवासियों से परिचित हुए भी तो केवल गणतन्त्र दिवस की झाँकियों को देखकर जो सारी की सारी कृत्रिम होती हैं। झाँकियाँ वास्तविक होती भी कहाँ हैं?

आदिवासी विकास का एक नमूना यहाँ सन्दर्भ के लिए पेश कर रहा हूँ।

तेलंगाना कैडर के वरिष्ठ आई.पी.एस. अधिकारी श्री महेश भागवत मेरे परिचित हैं। आन्ध्र-तेलंगाना संयुक्त प्रान्त में वे आदिलाबाद जिला के पुलिस अधीक्षक रहे थे। आदिवासी समाज का विकास कैसे किया जा सकता है? इस प्रश्न का उत्तर वे अपने एक सफल अभियान के मार्फत दे देते हैं जो उन्होंने सामुदायिक पुलिस योजना के तहत आदिलाबाद जिला में किया। यह वह जिला है जो नक्सली आतंकवाद के जबरदस्त प्रभाव में रहा है। अभियान की रिपोर्ट में यह पुलिस अधिकारी बताते हैं कि 'आदिलाबाद जिला का 46 प्रतिशत भौगोलिक हिस्सा जंगल हैं। इस जिला में बीस प्रतिशत आबादी आदिवासियों की है। यह जिला सन् उन्नीस सौ नवासी से आतंकवाद से बुरी तरह ग्रसित था। सैकड़ों की संख्या में पुलिसकर्मी तथा आम नागरिक मारे गये और नक्सल नियन्त्रण के लिए करोड़ों रुपये की सरकारी राशि खर्च कर दी गयी। सरकार से असन्तुष्ट आदिवासियों ने नक्सलियों से हाथ मिला लिया। उन आदिवासियों के दिलोदिमाग को जीतने के लिए पुलिस ने सामुदायिक पुलिस का 'मी कोसम' अर्थात् पुलिस 'आपके लिए' अभियान सन् 2001 में चलाया। मानवीय संवेदना के साथ पुलिस ने अन्य संस्थाओं के साथ मिलकर सेवा तथा विकास कार्यक्रम शुरू किये। आदिवासियों का विश्वास जीत सकने में कामयाबी हासिल की। वर्ष 2004 तक जिला में नक्सलियों की संख्या 170 से घटकर मात्र 25 रह गयी। भौगोलिक दृष्टि से 90 प्रतिशत भू-भाग आतंकियों से मुक्त करा लिया गया। वे ही आदिवासी जो नक्सली तत्वों के संग थे अब आतंकवाद के खिलाफ सरकारी व्यवस्था के मजबूत हाथ बन गये। प्रान्त के तत्कालीन मुख्यमन्त्री द्वारा आदिलाबाद पुलिस को दो अन्तर्राष्ट्रीय पुरस्कारों से नवाजा गया।'

श्री महेश भागवत और उनकी टीम ने जो रणनीति अपनाई वह एक तरफ विकास कार्यों से तथा दूसरी ओर नक्सलवाद को पुलिस बल द्वारा कुचलने की थी। इसमें विकास से सम्बन्धित कदमों को महत्त्वपूर्ण कहा जा सकता है जिनमें आर्थिक दशा में सुधार, शिक्षा, स्वास्थ्य, सड़क, संचार, पानी, बिजली आदि बहुआयामी योजनाओं को शामिल किया गया था।

उन पुलिस अफसर से हुई मेरी चर्चा के मुताबिक मैं यहाँ बतौर बानगी दो उदाहरण देना चाह रहा हूँ जिनमें से एक विकास का है और दूसरा नक्सलवादी तत्वों को कुचलने का है।

आदिलाबाद जिला में गंगापुर नाम का एक गाँव है। उसकी आबादी उन दिनों थी ढाई हजार। कदम बाँध की वजह से यह गाँव शेष दुनिया से अलग-थलग पड़ा हुआ था। सड़क सम्पर्क का पूर्णतः अभाव था। अलग-थलग बस्ती होने के

कारण नक्सलियों ने इसे अपना अच्छा अड्डा बना लिया था। मण्डी या बाजार तक पहुँचने में आसानी नहीं होने की वजह से कृषि उत्पाद को बनिया लोग मनमर्जी के भाव से बदले खरीद लिया करते थे इसलिए ग्रामीणों की माली हालत अच्छी फसल के बावजूद ठीक नहीं हो पा रही थी। संक्रामक रोगों तथा सर्प-दंश के कारण असामयिक मृत्यु दर बहुत अधिक थी। सामुदायिक पुलिस योजना के तहत किये गये दीगर कामों के अलावा पुलिसकर्मियों और आदिवासियों ने मिलकर पच्चीस दिन के भीतर बारह किलोमीटर लम्बी सड़क बना दी जिसने उस बस्ती को बाहरी दुनिया से जोड़ दिया। विकास के अन्य बहुतेरे कामों में 106 जोड़ों का सामूहिक विवाह भी पुलिस ने करवाया ताकि बिना खर्चे के यह संस्कार सम्पन्न हो सके। पुलिस और उन गोण्ड आदिवासियों का संयुक्त नारा था 'जयम मानादे' अर्थात् जीत हमारी होगी। कुल मिलाकर उस आदिवासी गाँव का कायाकल्प हो गया। मजा तो तब आया जब सड़क बनते ही क्षेत्र का सांसद महाशय सड़क का उद्घाटन करने पहुँच गया और आदिवासियों ने उसे ऐसे खदेड़ा कि शायद उसके कीमती सैंडल वहीं कहीं रह गये होंगे।

सन् 2004 की 14 जनवरी को भारत के राष्ट्रपति ए.पी.जे. अब्दुल कलाम साहब हैदराबाद के दौरे पर गये तब उन्होंने पुलिस के उस अभियान की भूरि-भूरि प्रशंसा की थी। कलाम साहब के मुँह से की गयी तारीफ अपने आप में कमाल की बात थी।

हिमालय की बर्फीली चोटियों पर रहने वाले लेप्चा-भूटिया आदिम समुदायों से लेकर पूर्वोत्तर, पश्चिमी बंगाल-ओडिशा-झारखण्ड में बसने वाले लखड़ा-सन्थाल-मुण्डा-उराँवों से बात करता मध्य प्रदेश-छत्तीसगढ़ के बैगा-गोण्ड-जंगलों से निकल कर राजस्थान-गुजरात-महाराष्ट्र के मीणा-भील-सहरिया-गरासिया समुदायों के हाल चाल पूछता दक्षिण के तेलंगाना-आन्ध्र प्रदेश-नीलगिरी हिल्स के बंजारा-चेंचू-कुरुम्बा-टोडा-कोट्टा से गुजरता हुआ मैं पहुँचा हूँ अण्डमानी द्वीपों के जारवा-ओंगी-सेंटेलीज तक। जिन आदिवासियों को हमारी पुस्तकों, फिल्मों, टी.वी. सीरियलों, गणतन्त्र दिवसीय झाँकियों, इण्टरनेट तथा ड्राइंग रूमों में दिखाया जाता रहा है उस सबसे बहुत भिन्न वे मुझे दिखाई दिये। इसलिए अनिवार्य है कि हम आदिवासियों को उनके असल रूप में देखने का प्रयास करें। उनकी मानसिकता को समझकर विकास की योजनाओं को लेकर उनके यहाँ जायें। इस देश के सम्माननीय नागरिकों की तरह उनके साथ व्यवहार करें। वे लोग पहले झिझकेंगे फिर आपके हाव-भाव देखकर खुलेंगे। योजनाओं को समझेंगे। अन्त में स्वागत करेंगे और वैसे ही अपनाएँगे जैसे उन्होंने अपनाया था महेश भागवत को।

आदिवासी अस्मिता का संकट और भूमण्डलीकरण

प्रो. श्रवण कुमार मीना

आदिम सभ्यता के उत्तरोत्तर विकार क्रम में समुदाय, समाज, परिवार आदि इकाइयों के साथ-साथ रहते हुए तद्‌युगीन मानव ने शिकार करना, अन्न उत्पादन तथा प्राकृतिक उपादानों एवं खनिजों का दोहन करना सीख लिया था। उक्त सन्दर्भों में न केवल भारत अपितु अखिल विश्व सभ्यता का विकास क्रम करीब-करीब एक जैसा ही है। आदिम काल से आधुनिक काल तक की विकास यात्रा में उत्तरोत्तर सभ्य होता मानव समुदाय सर्वहारा और पूँजीपति वर्ग मे बँटता चला गया। 'मालिक और मज़दूर', 'शोषक और शोषित' आदि जुमले भले ही कालान्तर में गढ़े गये हों। मनुष्य तो सभ्यता के विकास से ही उन भेदों-विभेदों में बँटा दिखायी पड़ता है। 'मनुस्मृति' का हवाला देकर आदिम मानव पर वर्ण व्यवस्था थोप दी गयी, जो शोषण का सशक्त जरिया साबित हुई। सनातन धर्म के पुरोधाओं, तथाकथित पण्डे-पुरोहितों, कर्मकाण्डियों, वणिक-वृत्ति के लोगों तथा शासकों-शोषकों के गठजोड़ ने भारत के आदिम समुदाय को जी-भर 'लूटा-खसोटा', 'नोचा कुचला', दबाया-दफनाया फिर भी उसने चूँ नहीं की। यह भारत का दुर्भाग्य रहा कि वेदों-पुराणों के अवतरण और सभ्यता के विकास ने भारत के सर्वजनों में भेदों-विभेदों में विभक्त किया, जिससे मानव सभ्यता का उत्तरोत्तर विकास क्रम बेहद प्रभावित हुआ। दूसरा दुर्भाग्य 'वास्कोडिगामा' का समुद्र में भटकना माना जा सकता है, जिसने विदेशी व्यापारियों को भारत पहुँचाया और तीसरा दुर्भाग्य हूण, शक, कुषाण, अफगान, मुगल जैसे आक्रान्ताओं का भारत भूमि तक पहुँचना कहा जा सकता है। आदिम समुदाय के लिए उक्त स्थितियाँ दुर्भाग्यपूर्ण हो रहीं अर्थात् 'लूटना' उनकी स्थायी नियति हो गयी।

'भारतवासी' स्थानीय लुटेरों से तो कभी मुक्त हुआ ही नहीं और मुक्त होने की सम्भावना भी क्षीण है। अफगानों, मुगलों और अंग्रेज़ों से हम काग़ज़ी तौर पर तथाकथित 'लोकतान्त्रिक व्यवस्था' के ज़रिये मुक्त मानने का भ्रम अवश्य पालने

लगे हैं, वस्तुतः मुझे मुक्ति का कोई मार्ग नहीं सूझता, जो सर्वहारा वे आदिवासी समाज को शोषण से मुक्त करे। सोलहवीं-सत्रहवीं सदी के भारतीय शासकों ने अंग्रेज़ों को कर मुक्त व्यापार की छूट प्रदान की और अंग्रेज़ व्यापारियों ने उस कर मुक्त व्यापार प्रणाली का बेज़ा फायदा उठाते हुए भारत की आर्थिक सम्पदा तथा श्रम शक्ति का अकूत दोहन किया। भारतीय किसानों को अनचाही फसल उगाने के लिए बाध्य करना, उत्पादन से अधिक कर वसूलना, फसल उत्पादन के लिए अग्रिम ऋण, भारी ब्याज, फसल बोते ही क्रय करने का कान्ट्रेक्ट आदि ऐसी नीतियाँ अपनाईं जिससे आदिवासी किसान मज़दूर होता चला गया, भूमि का स्वामी होते हुए भी अंग्रेज़ों का 'हाली' (हाली : मज़दूरी के एवज में कृषि कार्य करने वाला व्यक्ति) होता चला गया। उसी पीड़ा से मुक्ति के संघर्ष का आगाज महात्मा गाँधी को करना पड़ा था। टंट्या मामा, बिरसा मुण्डा, गोविन्द गुरु, सिद्धू-कान्हू आदि कई कई ऐसे आदिवासी समाज सेवक थे, जिन्होंने तत्कालीन व्यापारिक कम्पनियों से मुक्ति का अलख जगाया था। लगभग 250 वर्षों की लम्बी संघर्ष यात्रा, बलिदान और लाखों बेजुबानों-बेकसूरों को फाँसी या कालापानी की यातना से गुजरना पड़ा और अन्ततः भारत विदेशी व्यापारिक कम्पनियों की कूटनीतिक चालों से मुक्त हुआ।

लेकिन सवाल यह उठता है कि क्या भारत सचमुच विदेशी व्यापारिक कम्पनियों से मुक्त हो गया है? विदेशी भाषा एवं संस्कृति के प्रभाव से मुक्त हो गया है। क्या भारत विदेशी मानसिकता को छोड़ सका है? क्या भारतवासियों का अपना कोई उद्देश्य (विजन), लक्ष्य, विकास के पैमाने हैं? मेरी दृष्टि में इन सारे सवालों का जवाब 'ना' ही होगा, क्योंकि कहने को हम भले ही मुक्त हो गये हों, वस्तुतः हमारी लोकतान्त्रिक व्यवस्था, राजनीतिक व्यवस्था, न्यायिक व्यवस्था, चिकित्सा विज्ञान, तकनीकी और अर्थव्यवस्था के पैमाने गढ़ने में हम अभी भी मुक्त नहीं हैं तो फिर भाषा, संस्कृति साहित्य और विकास के पैमाने स्वदेशी कैसी हो सकते हैं? कहने को तो बीसवीं सदी के मध्य में हम मुक्त हुए लेकिन इसी सदी के उत्तरार्द्ध तक आते-आते भारत में सूचना प्रौद्योगिकी, पूँजीवाद, बाज़ारवाद, वैश्विकवाद (भूमण्डलीकरण) का डंका बजने लगा। ये सभी प्रवृत्तियाँ विदेशी शासन व्यवस्था की देन है। आज चारों ओर फैले हुए सरकारी 'विकास के मॉडल' का भ्रमजाल सर्वहारा को भ्रमित कर रहा है। नयी-नयी योजनाएँ, नित-नित नये-नये उत्पाद, उनको बेचने के लिए नये-नये विज्ञापन, नयी-नयी अवधारणाएँ आदि सभी ने व्यक्तिगत अहंवाद को कमजोर किया है जिससे उसका दृढ़ निश्चयी होना और सन्दिग्ध हुआ आशय यह कि

अगर मनुष्य ढुलमुल होगा तो प्रतिरोध कर ही नहीं सकता और प्रतिरोध नहीं करेगा तो उसकी अस्मिता पर अवश्य ही संकट होगा।

मेरा प्रश्न है 'आदिवासी अस्मिता के संकट का' आदिवासी को सबसे अधिक खतरा 'भूमण्डलीकरण' से है और भूमण्डलीकरण पूँजीवाद और बाज़ारवाद का ही प्रतिरूप है। ये दोनों अवधारणाएँ सर्वहारा और आदिवासी के विकास से सरोकार कदापि नहीं रख सकतीं। ऐसे में सर्वहारा या आदिवासी की पहचान तो मिट ही जाती है। आज के परिप्रेक्ष्य में देखें तो भारतीय राजनीति में नैतिकता, चरित्रशीलता और ठोस विचारधारा का जो अभाव द्रष्टव्य है उसने पूँजीवाद, बाज़ारवाद और पेड न्यूज को बदल दिया है, 'विदेशी पूँजी निवेश' के नाम पर 'एफ.डी.आई.' को भारत में बाज़ार दिया है, जो पराधीन भारतीयों की अंग्रेज़ों द्वारा लागू की गयी 'कर मुक्त व्यापार प्रणाली' का ही संशोधित-परिवर्धित प्रतिरूप है, जिसका उद्देश्य भारतीय कृषि व्यवस्था एवं खुदरा बाज़ार को सीधे तौर पर अपने नियन्त्रण में ले लेना है। भूमण्डलीकरण ने उपभोक्ता संस्कृति को जन्म दिया, जिसमें उपभोक्ता वह नहीं है जो ज़रूरत-मुताबिक उपभोग करता है, अपितु वह है जो भोग करने के लिए भोग करता है और भारतीय अर्थव्यवस्था, बाज़ार उससे लाभान्वित होता है। उपभोक्तावादी संस्कृति ने लोकतन्त्रीय भारत के निर्माता-नेता, आला अधिकारी, ठेकेदार, पूँजीपति धनकुबेर, उद्योगपति, मीडिया संस्थानों के मालिक आदि सभी को संगठित होने का अवसर प्रदान किया। आजाद भारत के प्राकृतिक संसाधनों तथा निःसहायजनों को उपभोग का असीमित अवसर दिया। इन सबने अघोषित एका करके आदिवासी के अधिकार क्षेत्रों पर जोर-जबर्दस्ती षड्यन्त्रपूर्वक कब्जा हथिया लिया जिससे आदिवासी अस्मिता पर संकट गहरा रहा है। आजाद भारत में शिक्षा के प्रचार-प्रसार के साथ शहरीकरण, औद्योगिकीकरण की प्रक्रिया तेजी से विकसित हुई, कालान्तर में संचार क्रान्ति, भूमण्डलीकरण और उदारीकरण की नीतियाँ बलवती हुई जिसने आधुनिक विकास के मॉडल का प्रारूप दिया। विगत दो-ढाई दशकों में भारतीय अर्थव्यवस्था में पैठ बनाने वाले विकास के इन मॉडल्स ने भारत को क्या दिया? आप सब वाकिफ़ हैं—चौड़े-चौड़े चमचमाते हाइवे, गगनचुम्बी आकाशीय बिजली की चकाचौंध युक्त मल्टीप्लेक्स मॉल्स, संचार माध्यमों का मायाजाल, पेड न्यूज, सनसनीखेज खबर, परिवहन के द्रुतगामी साधन, आधुनिक सुविधायुक्त शैक्षणिक कम व्यावसायिक अधिक संस्थान। लेकिन क्या इन सबने गाँधी के ग्रामीण भारत का विकास किया, क्या स्वदेशी को बढ़ावा मिला, क्या नैतिकता, चरित्रशीलता या साम्यवादी धारणा की संरक्षा की? कदापि नहीं। इसने तो गरीब की गरीबी को बढ़ाया, गाँवों का अस्तित्व मिटा दिया,

पारम्परिक सांस्कृतिक मूल्यों आदर्शों का सर्वनाश कर दिया, परिवार-समाज जैसी इकाई को नष्ट कर दिया। संक्षेप में कहे तो विकास के इन मॉडल्स ने विनाश ही विनाश किया है। दरअसल वह विकास नहीं विध्वंस है और इस विध्वंस को बल देती है—'भूमण्डलीकरण की वैश्विक व्यवस्था'।

'भूमण्डलीकरण' की इस इस वैश्विक अवधारणा में सर्वाधिक पिसता वर्ग है—'आदिवासी समुदाय'। भारत की आबादी का लगभग 8 प्रतिशत आदिवासी समुदाय भारत के लगभग 20 प्रतिशत भू-क्षेत्र पर बसता रहा है, लेकिन कानूनी रूप से उसे ज़मीन का स्वामित्व सिर्फ एक प्रतिशत भूमि पर ही है, भारत की लगभग 90 प्रतिशत खनिज सम्पदा के क्षेत्र आदिवासी की अधिकार भूमि में है। वन एवं अन्य प्राकृतिक संसाधन भी उसकी अधिकार भूमि में है। भारत की अर्थव्यवस्था का लगभग आधा हिस्सा आदिवासी अधिकार के भू-क्षेत्र से प्रभावित होता है फिर भी लगभग 84 प्रतिशत आदिवासी भूखा सोता है, उसके पास स्थायी पक्की छत नहीं है अर्थात् रोटी-कपड़ा-मकान जैसी मूलभूत आवश्यकताओं से वह वंचित है। आधुनिक विकास के मॉडल्स ने उसके अधिकार क्षेत्र जल, जंगल, ज़मीन से उसे वंचित किया है। उपभोगवादियों तथा भूमण्डलीकरण के पुरोधाओं ने धरती की अन्तड़ियाँ चीरकर खनिजों का दोहन किया है, पर्वतों-नदियों को श्रीहीन कर दिया है जिससे आदिवासी का अस्तित्व ही मिट चला है, उसकी अस्मिता खतरे में है। आँकड़े बताते हैं कि अकेले झारखण्ड राज्य में दस लाख से अधिक आदिवासी विस्थापित हुए हैं जो महानगरों में घरेलू दिहाड़ी मज़दूर हैं या फिर अपनी ही भूमि पर खोदी गयी खदानों या विकास के ठेकेदारों के आवास पर दिहाड़ी करने को विवश हैं। आधुनिक भूमण्डलीकरण की पूँजीवादी व्यवस्था की दो विशेषताएँ हम देखते हैं—प्रथमतः जन्मजात व्यवस्था ने हमारी जीवन पद्धति, जीवन मूल्यों, मान्यताओं, भाषा-संस्कृति की विरासत को विनाश की स्थिति में धकेल दिया है। मैनेजर पाण्डेय कहते हैं कि—"जब राष्ट्र-राज्य और ग्लोबल गाँव के देवताओं का गठजोड़ हो जाता है तो वह विनाश को जन्म देता है।" तथाकथित ग्लोबल गाँव के देवता (दानव कहना अधिक संगत होगा) आदिवासी बहुल क्षेत्रों की भू-सम्पदा, खनिज सम्पदा, प्राकृतिक एवं वन सम्पदा जल संसाधनों पर कब्जा हथिया कर आदिवासी को पलायन करने पर मजबूर कर देता है। इन दानवों ने अन्तर्राष्ट्रीय मुद्रा कोष, विश्व बैंक एवं विश्व व्यापार संगठन का सहारा लेकर वैश्विक बाज़ारवाद के सहारे भारतीय सर्वहारा एवं आदिवासी का सर्वनाश ही किया है। आज आजाद भारत का आदिवासी अपने भू-अधिकार, प्राकृतिक संसाधनों तथा अस्मिता एवं अस्तित्व के लिए संघर्ष कर रहा है। यह विडम्बना ही है कि

जो भारत के आदिम समुदाय है, जो मूल निवासी हैं, जो प्रकृति एवं पर्यावरण प्रेमी है, जो स्वाभिमानी है और नैतिक एवं चारित्रिक रूप से बलवान है, जो राष्ट्र का रक्षक है वही समुदाय आज अपनी पहचान बचाये रखने के लिए जूझ रहा है। दूसरे शब्दों में कहें तो 'भूमण्डलीकरण' आर्थिक साम्राज्यवाद की एक ऐसी नीति है जिसने दुनिया को उत्पाद और उपभोक्ता के रूप में तब्दील कर दिया है, जहाँ बाज़ार ने आदिवासियों की पहचान, समानता, भाईचारे वे आजादी को संकट में डाल दिया है। विकास बनाम विनाश की इस आँधी में पूँजीपतियों, उद्योगपतियों, राजनेताओं, आला अधिकारियों की तिजोरियाँ उफन रही हैं और पीढ़ियों से जंगल के स्वामी आदिवासियों का विस्थापन, पलायन और विनाश हो रहा है। आधुनिक औद्योगीकरण और वैश्वीकरण ने आदिवासियों को अपनी जड़ों से उखाड़ते पुश्तैनी धन्धे खत्म करने, रोजगार के अवसर छीनने तथा स्वास्थ्य, शिक्षा, आवास जैसी मूलभूत आवश्यकताओं को निजी हाथों में सौंपने व महँगी करने के सिवाय क्या किया है? सिर्फ आदिवासी की अस्मिता कैसे बची रह सकती है? इन्हीं सवालों के जवाब तलाशने को प्रतिबद्ध आदिवासी ने कलम उठा ली है। तीर-कमान, बन्दूक तो उसके हाथों में पहले से ही थी। क्रान्तिकारी बदलाव अगर देखा गया है तो वह है—'आदिवासी साहित्य लेखन'। वैसे भी जब सवाल अस्मिता का हो तो प्रतिरोध स्वाभाविक है। सामाजिक-राजनीतिक प्रतिरोध के साथ-साथ साहित्य लेखन द्वारा प्रतिरोध के स्वर मुखरित करना स्वाभाविक किया है या उसे भूमण्डलीकरण के प्रभाव की प्रतिक्रिया भी कह सकते हैं।

'आदिवासी साहित्य' लेखन विद्या, भाषा तथा काव्य शास्त्रीय सिद्धान्तों की परवाह किये बग़ैर आदिवासी समुदाय की मूल समस्याओं उसकी आवश्यकताओं ज़मीन एवं ज़मीर से जुड़ी भावनाओं तथा स्थानीयता की वैश्विक परिदृश्य पटल पर समझने की सोच प्रदान करता है। दूसरे शब्दों में कहे तो आदिवासी विमर्श 'इंडिया' और 'भारत' के पूँजीगत भेद के प्रतिरोध में खड़ा नज़र आता है। डॉ. गिरिजा शंकर मोदी—'हथियार उठा लिया है। लोगों ने साठ वर्ष की घुटनभरी ज़िन्दगी के खिलाफ।' यूँ ही नहीं कहते। आज आदिवासी के सर्वनाश पर उतारू सरकारों की उनसे नींद उड़ा दी है। वर्तमान विश्वव्यापी उदारीकरण की नीति ने आदिवासी को ख़तरे में डाला अवश्य है लेकिन अब उसमें चेतना का संचार हो गया है वह 'डूब', 'पार' (वीरेन्द्र जैन), 'ग्लोबल गाँव के देवता' (रणेन्द्र), 'काला पहाड़' (भगवानदास मोरवाल), 'पठार पर कोहरा' (राकेश कुमार सिंह), 'धार', 'जंगल जहाँ से शुरू होता है' (संजीव), 'जहाँ बाँस फूलते हैं' (श्री प्रकाश मिश्र), 'परजा' (गोपीनाथ), 'गमना' (हबीब कैफी), 'अल्मा कबूतरी' (मैत्रेयी पुष्पा), 'कगार

की आग' (हिमांशु जोशी), 'सहराना' (पुन्नी सिंह) 'मीणा घाटी' (सोहन शर्मा), 'धूणी तपे तीर' (हरिराम मीणा), 'जंगल के दावेदार' (महाश्वेता देवी) आदि उपन्यासों के सहारे आदिवासियों के विनाश की कथा कह रहा है तो दूसरी ओर आगाह करता आदिवासी कहानीकार 'परती ज़मीन', 'राजकुमारी के देश में' (पीटर पॉल एक्का), 'झुनिया की माँ' (डॉ. रामकुमार तिवारी), 'समायोजन' (सुरेन्द्र नायक), 'जंगल की आग' (डॉ. मंगल सिंह), 'जंगल का दाह' (स्वयं प्रकाश), 'पहचान' (कोमल), 'साजिश' (डॉ. पूरण सिंह), 'दंशकथा' (विपिन बिहारी) आदि भूमण्डलवाद और सरकार की विकास नीति का घोर विरोध करते दिखायी पड़ते हैं। वहीं आदिवासी कवि भी क्योंकर चुप रहते उन्होंने कहना शुरू कर दिया है—

'अरण्यपुत्रों के लिए कुछ भी नहीं बदला है। वही गरीबी, अशिक्षा, बेरोजगारी, सेठ-साहूकारों के शोषण। भ्रष्ट पूँजीपति, नेताओं, माफियों के दमनचक्र। हमारी ज़मीन हमारे जंगल से, हमें बेदखल करने के भीषणतम षड्यन्त्र। अमानवीय उत्पीड़न। हक माँगने पर हमें मिलता है, चरमपन्थी का तमगा और पुलिस की गोली।'

आशय यह है कि भारत भूमि के आदिवासी आजादी के पूर्व और पश्चात् ठगे गये लूटे गये, शोषित हुए फिर भी उन्होंने जल, जंगल, ज़मीन, आबरू, अस्मिता और स्वाभिमान के साथ-साथ भाषा व संस्कृति को बचाये रखने का संघर्ष तत्परता से किया। भले सरकार का विकास बनाम विस्थान कार्यक्रम लगातार जारी रहा हो, उसके पुनर्वास का सिलसिला थम नहीं रहा हो फिर भी वह निराश नहीं है, प्रतिरोध के लिए उन्मुख है। वर्तमान दौर में भूमण्डलीकरण के साथ एक विकल्पहीन अवस्था में पूँजीवाद मौजूद है, जिसका आदिवासी साहित्य में प्रतिरोध स्वाभाविक है। यह प्रतिरोध नयी आर्थिक नीतियों एवं आदिवासियों के शोषण उत्पीड़न की प्रतिक्रिया है। इस प्रतिरोध का स्वरूप अब राष्ट्रीय रूप धारण करता जा रहा है। यह भूमण्डलीकरण की उस नीति का प्रतिरोध है जो आदिम जाति, देश के मूल निवासियों के वंशजों के विनाश के लिए प्रतिबद्ध व्यवस्था है।

मौजूदा भूमण्डलीय वैश्विक मुक्त बाज़ार एवं पूँजीवाद व्यवस्था ने बहुराष्ट्रीय निगम, विदेशी विनिमय कोष, बौद्धिक सम्पदा अधिकार, मुद्रा की परिवर्तनीयता आदि के सहारे भारत की अर्थव्यवस्था, भाषा एवं संस्कृति के साथ धर्म, राजनीति, समाज आदि सभी को प्रभावित किया है लेकिन उसमें आदिवासियों का सर्वाधिक नाश हुआ है। सरकारी विकास की नीति ने जिसका दुष्परिणाम-विस्थापन व पलायन तो है ही साथ ही पर्यावरण का अस्तित्व भी संकट में है। सन् 2010 में संयुक्त राष्ट्र संघ की 'द स्टेट ऑफ द वर्ल्ड्स इंडीजीनस पीपुल्स' की रिपोर्ट के

अनुसार, 'मूलवंशी और आदिम जनजातियाँ पूरे विश्व में अपनी सम्पदा, संसाधन और ज़मीन से वंचित व विस्थापित होकर विलुप्त होने के कगार पर है।' जल, जंगल, ज़मीन से आदिवासी बेदखल किया जा रहा है। साथ ही प्राकृतिक एवं वन सम्पदा भी पूँजीपतियों को हस्तगत की जा रही हैं। इन सबसे आदिवासी का अस्तित्व मिटने लगा है।

भारत के सन्दर्भ में कहा जा सकता है कि आदिवासी बहुल क्षेत्रों में विकास ने नाम पर चलाई जा रही परियोजनाओं के कारण उनका विस्थापन हो रहा है। उसी से बेचैन आदिवासी कवयित्री निर्मला पुतुल आदिवासियों से पूछती हैं–

'दिन-रात मेहनत-मजूरी कर जैसे-तैसे। गुजर-बसर करते कभी सोचा है तुमने, आखिर कब तक, तुम भी वैसे क्यों जीते रहे? जैसे तुम्हरे बाप-दादा ज़िन्दगी भर?'

कवयित्री के ऐसे भावों ने जागरूक आदिवासी में नयी ऊर्जा, जोश, आत्मविश्वास का संचार किया है तो ऊषा किरण आत्राम ने आग में घी डालने का जोखिम उठाते हुए कहा–

'इस भूमि के बारिशदार, भारत देश के शिल्पकार।' ईंट-मिट्टी गारा करने वाली सुन्दर आवास महल पत्थर ईंट भट्ठा रचने वाला,
सड़क, खेत, खलिहान कारखाने में, स्वयं का ख़ून औटाने वाला जूझ रहा है जीवन की रणभूमि में?'

आशय यह है कि विकास विस्थापन की यह सरकारी नीति वस्तुतः एक अघोषित विध्वंस है जिसने विकास का मुखौटा धारण कर लिया है। इस भूमण्डलीय विकास नीति ने देश में जहाँ 30 से 50 प्रतिशत मूल्य वृद्धि की है वहीं लगभग 80 प्रतिशत आदिवासियों को उजाड़ने का दुस्साहस भी किया है। उपभोगवाद की इस नीति में आज देश का आदिवासी एवं सर्वहारा चीख-चीख कर पूछ रहा है कि यह कैसा विकास है? जहाँ अमीर आदमी हजारों रुपये का भोजन जीमकर भी भूखा है और चना-चबैना खाने वाला वर्ग दाल-भात को तरस रहा है। एक तरफ हजारों की थाली और दूसरी तरफ मात्र 20 रुपये का भोजन। विकास का यह कैसा सन्तुलन है। इसी असन्तुलन, असन्तुष्टि और विनाश की साजिश से वाकिफ़ सदियों से मौनधारित आदिवासी ने अपने अनुभूत सत्य को प्रतिरोधात्मक स्वर में शब्दबद्ध किया है। बीसवीं शताब्दी के उत्तरार्द्ध के साहित्यिक परिदृश्य में आदिवासियों का सृजनात्मक पहलू उसे व्यापक समाज से जोड़ता है। जो वर्तमान पश्चिमी 'ग्लोबल विलेज' अर्थात् भूमण्डलीकरण एवं बाज़ार आधारित अवधारणा का प्रत्यक्ष-परोक्ष विरोध करता है। भूमण्डलवाद से सर्वाधिक प्रभावित आदिवासियों को यह समझ आने लगा है कि आज हमारी मूल्यवान खनिज सम्पदा, वनौषधियाँ,

जलाशय और ज़मीन हड़प कर बाज़ार के हवाले कर दिया है जिसने आदिवासियों की तरक्की एवं विकास के पहियों को मशीनी ब्रेक की भाँति जकड़ लिया है। 'ग्लोबल विलेज' की अवधारणा ने आदिवासियों को बिकाऊ बना दिया है यथा :

'बिकाऊ है हमारी बोझिल, पुरातन कबीलाई जड़ें।
जिन्होंने हमारी तरक्की के चक्कों को जकड़ रखा है।
बिकाऊ है हमारा स्वाभिमान, हमारी मान्यताएँ, हमारी कार्य संस्कृति,
हमारा लज्जा भाव, हमारी सांस्कृतिक चेतना।'

अब आदिवासी जागरूक होने लगा है, उसे अपने माल होने या 'बिकाऊ उत्पाद' होने का अहसास हो गया है इसलिए 'भूमण्डलीकरण' का प्रतिरोध करने को उद्यत है।

भूमण्डलीकरण के प्रतिफल में होने वाला 'विस्थापन' आदिवासियों को न केवल उनकी जड़ों से काटता है अपितु उनकी रोजी-रोटी के संसाधन (जल, जंगल, ज़मीन) भी छीनता है और उन्हें पलायन के लिए मजबूर करता है। पलायन से आशय है—'उसकी भाषा संस्कृति और ज़मीन से बेदखली।' आदिवासी विमर्श उसी बेदखली, अस्मिता और अस्तित्व के संकट के प्रति सचेत करता है, संघर्ष की प्रेरणा देता है, अर्थसत्ता के नियन्ताओं का प्रतिरोध करता है। फलस्वरूप जागरूक आदिवासी कवि सवाल उठाता है—

'ये किसने आग लगायी, आदिवासी तेरी छान में?
औरों के ये कोठी बंगले, सत्ता की ठेकेदारी क्यों?
टूटी छान तेरी, शासन में कम है, भागेदारी क्यों?
ये क्यों नहीं करते कोटा पूरा? करते हेरफेर नियमों में क्यों?
औद्योगीकरण व विकास के नाम पर विस्थापन तेरा हुआ,
जल, जंगल, ज़मीन गयी, तू भारत का मूल निवासी बेघर हुआ
क्यों न पसीजा कलेजा इनका? आया न आँसू आँख में।'

यह भूमण्डलीकरण के दौर की सच्चाई है कि आदिवासी हमेशा खदेड़ा गया चाहे नर्मदा घाटी परियोजना हो या फिर नन्दीग्राम का मसला, बस्तर की नक्सली हिंसा हो या फिर काला हांड़ी के भूखे आदिवासियों की आत्महत्या का मसला, बलसाड़ में भूमि अधिग्रहण हो या फिर बीजपुर (छत्तीसगढ़) में आदिवासियों की हत्या का मामला। ऐसे दो-चार नहीं सैकड़ों उदाहरण हैं जो आदिवासियों के शोषण, उत्पीड़न, विस्थापन, पलायन की दास्ता बयाँ करते हैं। अन्तर्राष्ट्रीय मापदण्डों पर भले ऊँचाई की ओर अग्रसर हो, भारत का आदिवासी तो वहीं उसी धरातल पर अधनंगा, बेरोजगार, शोषित, उत्पीड़ित ही है।

आदिवासी भारतभूमि की ऐसी आदिम जाति है, जिसने भारत को कर्तव्यनिष्ठा, ईमानदारी, स्वाभिमान, आत्मविश्वास, प्रकृति प्रेम, सन्तोष आदि का पाठ पढ़ाया है। यह अद्भुत समुदाय है जो विस्थापन और पलायन के कारण लुप्त होने के कगार पर है, उसकी बोली, भाषा, संस्कृति भी नष्ट प्रायः हो रही है। ऐसे में सरकारों ने यदि उसे उचित संरक्षण नहीं दिया, उसकी भूमि का अधिग्रहण नहीं रोका तो वह इतिहास की वस्तु हो जायेगा। विकास के नाम पर किया जाने वाला विस्थापन उसके जीवन का संकट बन गया है। ऐसे में सरकारों को चाहिए कि विकास भी अवरुद्ध न हो और आदिवासियों को उग्र आन्दोलन भी नहीं करना पड़े। आखिर वे भी भारत भूमि की सन्तान है। सरकारों को चाहिए कि योजनाबद्ध विस्थापन, पर्याप्त मुआवज़ा देते हुए उसके रोजगार की गारण्टी, शोषण से मुक्ति, उसके स्वाभिमान की रक्षा, उसकी भाषा और संस्कृति का संरक्षण किया जाये। सरकारें ऐसा नहीं करती इसीलिए आदिवासी साहित्यकार अर्थसत्ता, बाज़ारवाद, पूँजीवाद, भूमण्डलीकरण आदि आर्थिक विकास के सरकारी फण्डों का प्रतिरोध करते हैं। प्रतिरोध की यह साहित्यिक लहर आदिवासी समुदाय को संगठित कर उसे खतरों से अवश्य निज़ात दिलायेगी।

सन्दर्भ

1. साहित्य के समाजशास्त्र की भूमिका, मैनेजर पाण्डेय, पृ. 84
2. अरावली उद्घोष, सं. बी.पी. वर्मा 'पथिक', क्रमांक 87, पृ. 71
3. अरावली उद्घोष, सं. बी.पी. वर्मा 'पथिक', अप्रैल-जून, पृ. 64
4. अरावली उद्घोष, सं. श्रवण कुमार मीणा, अक्तूबर 12, पृ. 62
5. युद्धरत आम आदमी, सं. रमणिका गुप्ता, अप्रैल-जून, 2007, पृ. 84
6. अरावली उद्घोष, सं. बी.पी. वर्मा 'पथिक', जुलाई-सितम्बर, 2007, पृ. 84
7. अरावली उद्घोष, सं. बी.पी. वर्मा 'पथिक', अप्रैल-जून, 2008, पृ. 64
8. अरावली उद्घोष, सं. बी.पी. वर्मा 'पथिक', जुलाई-सितम्बर, 2005, पृ. 25

आदिवासी कथा-साहित्य : परम्परा और इतिहास

डॉ. रमेश चन्द्र मीणा

हिन्दी साहित्य में आदिवासी जीवन पर लेखन कार्य कब से आरम्भ होता है निश्चित तौर पर यह कह पाना मुश्किल है। कौन-सी रचना पहली है? किस विधा में पहले-पहल लेखन हुआ? अभी तक आदिवासी जीवन पर लिखा इधर-उधर बहुत बिखरा हुआ है। भारतीय भाषा में कब से लेखन चल रहा है यह तब तक नहीं कहा जा सकता है जब तक हर प्रदेश का साहित्य हिन्दी में अनुवाद हो के नहीं आ जाता है। सही तरह से आदिवासी पर लिखने का सिलसिला बीसवीं सदी के नवें दशक से आरम्भ होता है। कई पत्रिकाएँ विशेषांकों के साथ सामने आती है, जिनमें कविता, कहानी और विविध विषयों पर लेखन होता है। इक्कीसवीं सदी के आरम्भ से ही आदिवासी को लेकर राष्ट्रीय व अन्तर्राष्ट्रीय संगोष्ठियाँ आयोजित होने लगती हैं। विश्वविद्यालयों के पाठ्यक्रम में विमर्शवादी साहित्य शामिल किया जाने लगता है। आदिवासी साहित्य चिन्ता व चिन्तन में जगह बनाता चला जाता है। आदिवासी विस्थापन, हिंसा व अस्मिता का सवाल चिन्ता का कारण बनता है तो साहित्य इनकी आवाज बनता है। आदिवासी चिन्ताओं को लेकर प्रखर रूप में साहित्य विविध विधाओं में लिखा जाने लगता है।

आदिवासी कहानी परम्परा व इतिहास

'अरावली उद्घोष' और 'युद्धरत आम आदमी' के सामान्य अंकों के अलावा 'हंस', 'कथादेश', 'पाखी', 'परिकथा', 'कथाक्रम अखड़ा', 'दलित अस्मिता' आदि पत्रिकाओं में कहानियाँ छपने के अलावा 'आदिवासी स्वर और नयी शताब्दी विशेषांक में कई कहानियाँ छपती हैं। कोमल (साहूकार की मछली, पहचान), वाल्टर भेंगरा (केकड़ा,) रोज केरकेट्टा (भंवर), पीटर पॉल एक्का (राजकुमारों के देश में), मंजु ज्योत्स्ना (प्रायश्चित्), शंकर लाल मीणा (कहानी के बाहर की औरत), मीरा रामनिवास (अन्तिम टारगेट) आदि कहानियों में आदिवासी जीवन,

संघर्ष और समस्याएँ आतीं हैं। 'आदिवासी कहानियाँ' केदार प्रसाद मीणा के सम्पादन में 15 कहानियाँ निकलती हैं। रामदयाल मुण्डा की 'उस दिन रास्ते में', संजीव की 'दुनिया की सबसे हसीन औरत', पुन्नी सिंह की 'लकड़बग्घे' आदि मुख्य रूप से उल्लेखनीय हैं। इन कहानियों में नक्सलवादी हिंसा को उजागर करने वाली कहानियाँ लिखने वालों में प्रमुख रूप से आते हैं—परदेशीराम वर्मा 'रास्ते ही रास्ते', विपिन बिहारी 'दंश कथा', जसवंत सिंह 'बेघर', आदि की ऐसी कहानियाँ हैं जो पाठक के सामने नक्सली हिंसा का चेहरा सामने लाती हैं, तो दूसरी तरफ इस ज्वलन्त विषय पर अपनी स्पष्ट सोच तटस्थता के साथ जाहिर करने वाली है कैलाश चन्द की 'अँधेरे में सुगन्ध' और विजयकान्त की 'समर्पण' कहानी। ये कहानियाँ निश्चित ही विवादास्पद होने की हद तक विचारों को तीखे तेवर के साथ प्रस्तुत करती हैं। ध्यान आकर्षित करती हैं। एक जिलाधीश ('समर्पण') पद, प्रतिष्ठा को एक झटके में त्याग कर छात्रजीवन में बनी प्रेमिका की खातिर कैरियर के बजाय मिशन में लग जाता है। पुलिसिया छवि के विपरीत ('अँधेरे में सुगन्ध') एक नक्सली महिला को अँधेरे का फायदा उठाकर भागने का पूरा अवसर देता है। ये दोनों कहानियाँ आदर्शवाद, भाववाद और सहानुभूतिपरक कही जा सकती हैं।

आदिवासी उपन्यास साहित्य परम्परा व इतिहास

हिन्दी साहित्य में अदिवासी जीवन के विविध आयामों पर उपन्यास साहित्य की रचना हुई है। आदिवासी समुदायों पर वैसे कम ही लिखा गया है। हिन्दी में ही नहीं भारतीय भाषाओं में भी आदिवासी साहित्य कम ही रचा गया है फिर भी शुरुआत बीसवीं सदी के पहले दशक से हो जाती है। हिन्दी का पहला उपन्यास रामचीज सिंह का 'वनविहंगिनी' (1909) माना जाता है। यह सन्थाल समुदायों के जीवन पर आधारित रहा है। रामदीन पांडे का 'चलता पिटारा'(1938) हिन्दी का पहला विषय केन्द्रित उपन्यास कहा गया है। यह उराँव समुदायों पर आधारित है। भारतीय भाषाओं में उपन्यास लिखे जा रहे हैं। विभूति भूषण बंद्योपाध्याय का 'आरण्यक' को पहला आदिवासी उपन्यास भी कहा जाता है। यह भी उक्त उपन्यासों की ही तरह झारखण्ड के आदिवासियों पर आधारित रहा है। उड़िया में गोपीनाथ मोहंती का 'अमृत सन्तान' कन्ध समुदायों पर आधारित रहा है। इस उपन्यास को हिन्दी में अनुवाद होकर आने पर आदिवासी जीवन की समझ रखने वाले प्रो. वीर भारत तलवार ने बेहद महत्त्वपूर्ण बताया है।

भारतीय भाषाओं में उपन्यास लिखने की परम्परा ताराशंकर बंद्योपाध्याय

के 'सिद्धू कान्हू डोक' (1885) से उन्नीसवीं सदी से आरम्भ हो जाती है। यह आदिवासी आन्दोलन पर लिखा जाता है। अन्य भाषाओं उड़िया में गोपीनाथ मोहंती का मशहूर 'अमृत सन्तान' और मलयालम में तकषी शिवशंकर पिल्लै का 'मछुआरे', बंगाल में महाश्वेता देवी का 'जंगल के दावेदार'(1975), नागा जीवन पर प्रफुल्ल राय का 'पूर्वा पार्वती', मराठी में श्रीमती विभावरी शिरूरकर का 'बलि' (1950), कन्नड़ में ब.व. कारंत का 'कुडियर कुसु' (1954) आदि हैं।

स्वातन्त्र्योत्तर हिन्दी उपन्यास साहित्य की परम्परा

स्वातन्त्र्योत्तर हिन्दी उपन्यास साहित्य में योगेन्द्रनाथ सिन्हा का नाम दो उपन्यासों के साथ आता हैं–'वन लक्ष्मी'(1956) और 'वन के मन में'। 'वन के मन में' 'हो' समुदाय पर आधारित है और 'हो' समुदाय पर ही गुरुवचन सिंह का 'वन पाखी' (1961) है। यह काम की तलाश में बाहर जाने पर किस तरह से शोषण का शिकार होते हैं इसकी कहानी है। कान्ह जी तोमर का 'तमाम जंगल' भी हो आदिवासियों पर है। 'गोण्ड' आदिवासियों पर देवेन्द्र सत्यार्थी का 'रथ के पहिए' (1953) है। उपन्यास में उनकी यायावरी, यात्रावृत्तान्त और संस्मरण शैली उजागर होती है। उनका लोक मन हावी होने से लोकगीतों की उसमें भरमार होती है जिससे रचना में गीतात्मकता तो आयी है पर उपन्यास शिल्प और आदिवासी जनजीवन कम उभर सका है।

योगेन्द्रनाथ सिन्हा का 'वन लक्ष्मी' (1956) हो आदिवासियों का ईसाई धर्म के अन्तःसम्बन्ध पर है। आदिवासी युवती का ईसाई से प्रेम है। रांगेय राघव का 'कब तक पुकारूँ' (1957) कर नटों की औरतों की मेहनत और पुलिस की मार की कहानी कहता है। मछुआरा जीवन पर दो उपन्यास आते हैं। उदयशंकर भट्ट का 'सागर लहरें और मनुष्य' (1957), नागार्जुन का 'वरुण के बेटे' (1957) एक में समुन्दर के किनारे मुम्बई के मछुआरे हैं दूसरे में बिहार के हैं। एक तालाब में मछली पकड़ते हैं दूसरे समुन्दर में। दोनों के भूगोल में जैसे अन्तर है वैसे ही दोनों के एक ही पेशे के बावजूद रीति-रिवाजों और विश्वासों में होने वाला फर्क शोध का अच्छा विषय बनता है। जयप्रकाश भारती का 'कोहरे में खोए चाँदी के पहाड़' (1959) में देहरादून की जोनसार तहसील में रहने वाले ऐसे पहाड़ी आदिवासियों के जीवन पर है जो पाण्डवों को अपना पूर्वज मानते हैं। 'पाण्डवों के उत्तराधिकारी के रूप में बड़ा भाई ही शादी करता है। इनमें बड़े भाई की पत्नी ही बाकी की पत्नी होकर रहती है। ये अतिथि सत्कार के लिए मशहूर होते

हैं। इनके रिवाजों का दुरुपयोग दिकू और पर्यटक करते रहे हैं।' (साठोत्तर हिन्दी उपन्यासों में आदिवासी जनजीवन पृ. 126, डॉ. श्यामराव राठोड़)

राजेन्द्र अवस्थी का 'जंगल के फूल' (1960) में बस्तर के गोण्ड आदिवासी जनजीवन का रोमांचक, चमत्कारिक रूप घोटुल को केन्द्र में रखने से रचना में गम्भीरता का अभाव रहा है। हालाँकि 1908 का भूमकाल को शामिल किया है पर वह केन्द्र में नहीं रह सका है। शानी ने 'कस्तूरी' में बस्तर के आदिवासी समुदाय को लिया है। इसमें नगर के लोगों से सम्पर्क, संघर्ष और मुठभेड़ से होने वाला बदलाव देखा जा सकता है। जयसिंह ने 'कलावे' (1960) में भीलों की उपजाति कलावे को आधार बनाया है। डॉ. श्याम परमार का 'मोरझाल' (1963) भील जीवन पर आधारित है। इसमें दृश्यों का काव्यमय वर्णन मिलता है। भालचन्द ओझा का 'सांवला पानी' (1963) आता है। बीसवीं सदी के नौवें दशक के बाद से कुछ अधिक रचनाएँ सामने आने लगती हैं। सन्तोष प्रीतम का 'पलाश का फूल' (1985), पीटर पाल एक्का का 'मौन घाटी'(1982), मुण्डा आदिवासियों पर आधारित रहा है। सन् 1986 में दो उपन्यास सामने आते हैं—संजीव का 'सावधान! नीचे आग है' और राकेश वत्स का 'जंगल के आसपास'। अगले ही वर्ष (1987) किशोर कुमार सिंह का 'गाथा भोगनपुरी' आता है। सदी के अन्तिम दशक की शुरुआत में दो उपन्यास संजीव का 'धार' (1990), रमण का 'दहकता झारखण्ड' आते हैं। मनमोहन पाठक का 'गगन घटा घहरानी' (1991) उराँव में आदिवासियों का जीवन चरित सामने लाता है। झारखण्ड के क्षेत्र पलामू पर कई रचनाएँ हैं। इनसे साबित होता है कि आदिवासी आजादी के दशकों बाद भी गुलाम हैं। बांग्ला भाषा में बाद में महाश्वेता देवी ने काफी उपन्यास लिखे हैं जो हिन्दी में अनुवाद होके आते हैं। 'युद्धरत आम आदमी पत्रिका' से अपनी पहचान बनाने वाली रमणिका गुप्ता के आदिवासी महिला प्रधान दो उपन्यास सामने आते हैं—'सीता' (1996) और 'मौसी'(1990), उन्होंने इन दोनों में खदानों में काम करने वाली आदिवासी महिला के शोषण को चित्रित किया है। लेखिका स्वयं खदान श्रमिकों के आन्दोलन में शामिल होती रही हैं। महाश्वेता देवी भी आदिवासियों पर काम करते हुए उनके जीवन पर लिखती हैं ठीक इसी तरह रमणिका गुप्ता ने भी आन्दोलन किये और रचना की हैं फलतः ये रचनाएँ सामने आती हैं। वीर भारत तलवार इनकी रचना में आये जीवन को उथला, हल्का और रिपोर्टनुमा कहते हैं। दो उपन्यास नटों पर सामने आते हैं। शिवप्रसाद सिंह का 'शैलूश' (1989) और रांगेय राघव का 'कब तक पुकारूँ' (1993)। 'शैलूश' भाषा, शैली और संवाद की दृष्टि में कलात्मक रचना है। इसमें नट और ब्राह्मणों

में ज़मीन को लेकर हुए संघर्ष की चमत्कारिक और घटना प्रधान कहानी है। 'कब तक पुकारूँ' नटों की उप जाति करनट की साहसी महिला का चरित्र है जो नट पति के अलावा अन्य से भी सम्बन्ध बना लेती है। पति के साथ कन्धे से कन्धा मिलाकर हर काम में साथ होती है।

एक अलग-थलग पड़ा अछूता व पिछड़ा आदिवासी समुदाय है सहरिया। इस कौम को आधार बनाकर पुन्नी सिंह का 'सहराना' (1991) उपन्यास सामने आता है। मध्य भारत में एक ही जगह पर केन्द्रित सहरिया देश के दो प्रदेशों में फैले हैं। मुख्यतः मध्य प्रदेश के शिवपुरी, श्योपुर, मुरैना, गुना, विदिशा, अशोक नगर और राजस्थान के बारां जिले में ये बहुतायत में हैं। ये विकास करते भारत में लगातार अपनी ज़मीन और जंगल से महरूम होते चले जा रहे हैं। आर्थिक रूप से बेहद कमजोर, शिक्षा से दूर होने से उदारीकरण की मार से ये सांस्कृतिक पहचान खोने के कगार पर हैं। विस्थापन पर आधारित वीरेन्द्र जैन का 'डूब और 'पार' (1994) हैं। संजीव का 'पाँव तले की दूब' (1995) में झारखण्ड आन्दोलन के उतार-चढ़ाव देखे जा सकते हैं।

राजस्थान के सहरियों की तरह ही गरासिया संख्या में बहुत कम है। 'सहराना' के बाद 'गमना' (1999) हबीब कैफी का गरासिया जीवन पर लिखा लघु उपन्यास है। इस लघु उपन्यास की कथावस्तु भी छोटी-सी है। रचना में आदिवासी जीवन को सहानुभूति से देखा गया है। विषय पर शोध किये बिना लिखना पाठक को अखर सकता है। इसे पढ़ने के बाद कुछ ऐसा ही अहसास होता है।

आन्दोलनपरक उपन्यास

झारखण्ड के आन्दोलन की पृष्ठभूमि पर ही 1999 में विनोद कुमार का 'समर शेष है' आता है। वर्तमान में मौजूद आदिवासी राजनेता शिबू सोरेन कथा के पात्र बनते हैं। विनोद कुमार मूलतः पत्रकार हैं। एक पत्रकार के लिए घटना और व्यक्ति चरित्र आकर्षण का विषय हो सकता है। जिस पात्र को पहले में आधार बनाया है उस पर दूसरी बार का लेखन सवाल खड़े करता है। सोरेन के जीवन का पहला दौर जैसे रचना का आधार बना है क्या वैसे ही दूसरा दौर भी बना रह सकता है? वीर भारत तलवार का यह कहना इस बात को साबित करता है कि सोरेन के व्यक्तित्व में जितनी गहराई आन्दोलन को लेकर रही है वैसी राजनीति में आने के बाद नहीं रह सकी है। उनकी छवि लगतार नष्ट हुई, की गयी है। बहरहाल सोरेन पर आधारित उपन्यास आदिवासी स्थिति के कई छोर, रूप और समस्याएँ उजागर करने में सफल रहा है। जीवित व्यक्ति पर रचना करना अपने

आप में कठिन है। 'समर शेष है' उपन्यास जीवनीपरक व्यक्ति चरित्र का ऐसा ही अनूठा उदाहरण है। जीवित व्यक्ति पर लिखने का सबसे बड़ा जोखिम होता है उसकी मानवीय सीमाएँ जो सबके सामने स्पष्ट हो चुकी होती हैं।

इक्कीसवीं सदी का आदिवासी उपन्यास साहित्य

इक्कीसवीं सदी के पहले दशक में सामने आने वाले उपन्यासों में आदिवासी जीवन के रंग विविध होने लगते हैं। संजीव का 'जंगल जहाँ शुरू होता है'(2000), मधु कांकरिया का 'खुले गगन के लाल सितारे'(2000), राकेश कुमार सिंह द्वारा दो उपन्यास लिखे जाते हैं 'पठार पर कोहरा' (2003) और 'जहाँ खिले हैं रक्त पलाश'। ये तीनों रचनाएँ 'गगन घटा घहरानी' झारखण्ड के विशेष क्षेत्र पलामू पर आधारित हैं। ये रचनाएँ क्षेत्र की बारीक निगाह से पड़ताल करती हैं। 'पठार पर कोहरा' शिक्षा की बदहाली, बेहाली और अव्यवस्था पर करारा व्यंग्य ही नहीं कठोर यथार्थ है जो हर आदिवासी क्षेत्र की क्रूर कहानियाँ हैं। 'खुले गगन के लाल सितारे' में आदिवासी जीवन का कटु यथार्थ है--नक्सलवाद। यह रचना नक्सलवाद पर वैसे तो आधारित नहीं है जैसे महाश्वेता देवी का '1084 वें की माँ' है।

सन् 2005 में झारखण्ड के हूल 1885 को आधार बनाकर दो उपन्यास रचे गये हैं। पहला राकेश कुमार सिंह का 'जो इतिहास में नहीं है', दूसरा मधुकर सिंह का 'बाजत अनहद ढोल'। इन दोनों की एक ही घटना, एक ही विषय है। एक ही ऐतिहासिक घटना पर रचना लिखने का संकट हो सकता है कि उन पर किन्तु परन्तु की तलवार बराबर लटकती रहती है। केदार प्रसाद मीणा ने अपने शोधकार्य में यही पाया है कि 'जो इतिहास में नहीं है' काफी मेहनत से लिखा गया है, गहराई और संवेदना के साथ। इसके बराबर दूसरी रचना नहीं हो सकती है। यह कोई चलताऊ टिप्पणी भी नहीं है। फिर भी दूसरा शोधार्थी कुछ नयी खोज के साथ सामने आ सकता है और जिसे कमजोर कहा है उसमें दूसरे कोण से देखे जाने पर अच्छाई भी खोजी जा सकती है।

राजस्थान के आदिवासियों पर 'सहराना' से उपन्यास लिखने की परम्परा आरम्भ होती है। 'गमना' से गरासियों पर और तत्पश्चात् भीलों पर तीन उपन्यास लिखे जाते हैं। हरिराम मीणा का 2008 में 'धूणी तपे तीर' भीलों की मानगढ़ पहाड़ी पर 1500 भीलों के मारे जाने की ऐसी घटना है जो जलियाँवाला से भी बढ़कर है। उपन्यास से यह बरबस सामने आती है। 2011 में इसी घटना पर राजेन्द्र मोहन भटनागर 'मगरी मानगढ़' लिखते हैं। उनका दूसरा उपन्यास मिथकीय पात्र

एकलव्य पर 2010 में 'दंश' शीर्षक से आता है। 'जहाँ बांस फूलते हैं' (2011) श्रीप्रकाश मिश्र का मिजोरम के आदिवासियों की फ़ौज से मुठभेड़ की दिल दहला देने वाली कहानी है। मिजोवासी अनथक संघर्ष करते हैं।

विनोद कुमार का 'रेड जोन' (2015) नक्सलवाद, शिबू और झारखण्ड की पत्रकारिता और राजनीति पर है। 'समर शेष है' उपन्यास के मुख्य पात्र शिबू का राजनीतिक दौर 'रेड जोन' में आता हैं। पहली रचना में शिबू सोरेन केन्द्र में रहते है। 'मिशन झारखण्ड' में झारखण्ड की शुद्ध राजनीतिक उठापटक है फिर 'रेड जोन' में शिबू का चरित्र आता है। शिबू का जो चरित्र पहली रचना में चमकता रहा है वह अन्तिम रचना में बहुत धुंधला जाता है। व्यक्ति चरित्र पर बहुत लिखा गया है पर जीवित पात्र पर लिखना कई तरह से मुश्किल खड़ी करता है।

आदिवासी जीवन पर उपन्यासों में कई रंग, छवियाँ और आदिवासी जीवन व समाज पर इक्कीसवीं सदी में कई तरह से विविध आयामों में उपन्यास सामने आने लगते हैं।

निष्कर्ष

आदिवासी साहित्य की परम्परा सुस्थिर होने लगी है। कोई भी साहित्य शुरुआत में अस्थिर, बिखरा हुआ और अव्यवस्थित होता है। जो धीरे-धीरे स्थिर होने लगता है। जिस तरह से दलित साहित्य आत्मकथा से आरम्भ होकर कहानी उपन्यासों तक आता है वैसे ही आरम्भ में आदिवासी साहित्य में उपन्यास अधिक लिखे गये हैं। तत्पश्चात् कविता, कहानी, साक्षात्कार, संस्मरण और वैचारिकी पर आते हैं। हाँ यह कह सकते हैं कि कथा साहित्य अधिक लिखा गया है या फिर वैचारिकी अधिक हुई है। कविता में निर्मला पुतुल, वाहरू सोनवणे और अब अनुज लुगुन का नाम उभर कर आ रहा है। आज ऐसा कोई विश्वविद्यालय नहीं होगा जो इन विषयों पर शोध न करवा रहा हो या ऐसा प्रकाशक नहीं होगा जिसने आदिवासी विषय पर पुस्तक नहीं प्रकाशित की है। यह नये विमर्श का आगाज है। आदिवासी मूलतः प्रकृति प्रेमी रहे हैं, आज हर सभ्यता को इनसे यह सीख लेनी ही होगी। इन पर लिखे साहित्य में सभ्यता, संस्कृति और पर्यावरण को बचाने की मुहिम प्रचुरता में रही है।

सन्दर्भ ग्रन्थ

अरावली उद्‌घोष, सितम्बर 2009, नक्सल विशेषांक, अतिथि सम्पादक—रमेश चन्द्र मीणा, राजस्थान

सन्दर्भ

1. 'अँधेरे में सुगन्ध' कैलाश चन्द, वर्तमान सहित्य, गाजियाबाद
2. आदिवासी समाज, साहित्य और राजनीति, केदार प्रसाद मीणा, 2014, अनुज्ञा प्रकाशन, दिल्ली
3. आदिवासी स्वर और नयी शताब्दी, खण्ड दो, सं. रमणिका गुप्ता, 2002, वाणी प्रकाशन, दिल्ली
4. आदिवासी समाज, साहित्य और राजनीति, केदार प्रसाद मीणा, 2014, अनुज्ञा बुक्स, दिल्ली
5. आदिवासी विद्रोह, केदार प्रसाद मीणा, 2014, अनुज्ञा बुक्स, दिल्ली
6. उपन्यासों में आदिवासी भारत, रमेश चन्द्र मीणा, 2014, अलख प्रकाशन, जयपुर
7. झारखण्ड में एक एक्टिविस्ट के नोट्स, वीर भारत तलवार, ज्ञानपीठ, दिल्ली
8. 'गगन घटा घहरानी', मनमोहन पाठक, 1998, प्रकाशन संस्थान, दिल्ली
9. 'दंश', राजेन्द्र मोहन भटनागर, 2010, राजपाल एण्ड सन्स, दिल्ली
10. 'धूणी तपे तीर', हरिराम मीणा, 2008, साहित्य उपक्रम, दिल्ली
11. 'मगरी मानगढ़', राजेन्द्र मोहन भटनागर, 2011, वाणी प्रकाशन, दिल्ली
12. 'जहाँ जंगल शुरू होता है', संजीव, 2001, राधाकृष्ण, दिल्ली
13. 'पठार पर कोहरा', राकेश कुमार सिंह, ज्ञानपीठ, दिल्ली
14. 'युद्धरत आम आदमी', सम्पादक रमणिका गुप्ता, दिल्ली
15. 'लालचन असुर और ग्लोबल गाँव के देवता', रणेन्द्र, नया ज्ञानोदय, अगस्त 08, ज्ञापी, दिल्ली
16. 'सहराना', पुन्नी सिंह, 1999, अभिरुचि प्रकाशन, दिल्ली
17. समकालीन आदिवासी कविता, सम्पादक हरिराम मीणा, अलख प्रकाशन, 2013, जयपुर
18. 'समर्पण', विजयकान्त, पत्रिका 'निष्कर्ष', कहानी विशेषांक, 2009
19. 'रेड जोन', विनोद कुमार, 2015, अनुज्ञा बुक्स प्रकाशन, शाहदरा, दिल्ली
20. साठोत्तर हिन्दी उपन्यासों में आदिवासी जनजीवन, 2010, मिलिन्द प्रकाशन, हैदराबाद

भारतीय आदिवासियों के आन्दोलन : समस्याएँ तथा चुनौतियाँ

डॉ. नाथूलाल गुर्जर, सुश्री माया गुर्जर

प्रस्तावना

भारतीय भू-भाग में जनजातीय वर्ग को कमजोर और पिछड़े वर्गों के अन्तर्गत शामिल किया गया है। इस कथन की पुष्टि भारतीय संविधान के अनुच्छेद-15 (4) एवं 16 (4) में मिलती है। संविधान निर्मात्री सभा के पूर्व सदस्य जयपाल सिंह ने जनजाति के लोगों को आदिवासी के नाम से सम्बोधित किया है। जनजातीय समाज का अपना एक संसार रहा है। विश्व एवं भारत में जनजातीय लोग जंगल और पहाड़ी इलाकों में ज़्यादातर निवास करते आ रहे हैं। महात्मा गाँधी इनको गिरिजन के नाम से पुकारते थे। पं. जवाहर लाल नेहरू ने पंचशील के सिद्धान्त के अन्तर्गत वनवासियों, गिरिजन और आदिमजाति के विकास हेतु पर्याप्त वकालत करते हुए यह कहा था कि "राष्ट्र की उन्नति एवं प्रगति जनजाति समाज की उन्नति एवं प्रगति के बिना अधूरी है इसलिए मैं जनजातीय समाज के विकास के लिए पंचशील के सिद्धान्त की रचना करता हूँ जो मैं समझता हूँ कि यह जनजाति समाज के विकास हेतु पथ प्रशस्त करेगा।" (पं. जवाहरलाल नेहरू पूर्व प्रधानमन्त्री भारत सरकार)। जनजातीय समाज से आशय एक ऐसे समूह से लिया जाता है जिसके पास अपना एक विशिष्ट नाम, बोली एवं क्षेत्र हो इसके साथ ही विशिष्ट रीति-रिवाज, विश्वास एवं धार्मिक अनुष्ठान अर्थात् जीववाद हो तथा जो सामान्य उद्देश्य के लिए साथ काम करता हो। आदिवासी, वनवासी, गिरिजन तथा आदिम समूह आदि अन्य नामों से पहचाने जाने वाले इस समूह या वर्ग को जनजाति-आदिवासी का अर्थ : आदिवासी शब्द का शाब्दिक अर्थ अनंतकाल से एक ही स्थान पर निवास करने से है अर्थात् वे जो कई पीढ़ियों से प्राकृतिक पर्यावास या निवास स्थल के एक स्थान को अपने निवास स्थान के

रूप में उपयोग करते हैं उन्हें आदिवासी कहते हैं। इस प्रकार आदिवासी भारत के मूल-निवासी माने व जाने जाते हैं। इम्पीरियल गजेटियर के अनुसार "जनजाति समुदाय परिवारों का वह संकलन है जिसका अपना एक सामान्य नाम होता है जो सामान्य भाषा बोलता है तथा जो सामान्य प्रदेश में रहता है या रहने का दावा करता है और सामान्य तथा अन्तर्विवाही होता है, भले ही आरम्भ में ऐसा न करता हो वह आदिवासी कहलाता है।"

जनजाति आदिवासियों की परिभाषा

ऑक्सफोर्ड शब्दकोश के अनुसार "एक ऐसे जनसमूह के रूप में परिभाषित करता है जो विकास की आदिम या बर्बर अवस्था में रह रहा हो, जिसका एक प्रमुख हो तथा जो अपने को एक वंश के कबीले के रूप में रहते हों।"

गिलीन व गिलीन के मतानुसार "स्थानीय आदिवासियों के किसी भी ऐसे संग्रह को हम जनजाति कहते हैं जो एक सामान्य क्षेत्र में निवास करता है, एक सामान्य भाषा बोलता हो तथा सामान्य संस्कृति के अनुसार व्यवहार करता हो।"

डी.एन. मजूमदार के अनुसार "एक जनजातीय परिवार अथवा परिवारों के समूहों का संग्रह से जिसका एक सामान्य नाम होता है और जिसके सदस्य एक ही भू-क्षेत्र में निवास करते हैं, एक भाषा बोलते हैं और विवाह, वृत्ति या व्यवसाय के प्रति कुछ निषेधों का पालन करते हैं तथा उनमें परस्पर आदान-प्रदान एवं दायित्वों की पारम्परिकता की एक सुनिश्चित व्यवस्था विकसित हो गयी है।"

सन् 1969 में भारत में शिमला में आदिवासियों पर एक विशाल सम्मेलन का आयोजन किया गया था जिसके अन्तर्गत आदिवासी से अभिप्रायः जो अनपढ़ हैं गरीब हैं, पिछड़े हैं, और जो जंगलों और पहाड़ों में रहते हैं वो आदिवासी कहे जाते हैं।

भारतीय संविधान के अनुच्छेद 342 (1) के अनुसार राष्ट्रपति किसी राज्य या संघ राज्य क्षेत्र के सम्बन्ध में और जहाँ वह राज्य है वहाँ उसके राज्यपाल से परामर्श करने के पश्चात्, लोक अधिसूचना में प्रकाशन के द्वारा उन जनजातियों या जनजाति समुदायों अथवा समुदायों के भागों या उनमें यथा को विनिर्दिष्ट कर सकेगा। जिन्हें इस संविधान के प्रयोजनी के लिए यथास्थिति उस राज्य या संघ राज्य क्षेत्र के सम्बन्ध में अनुसूचित जनजातियाँ समझा जायेगा।

नियम-2 (अ) आदिवासी से अभिप्रायः उन व्यक्तियों से है जो निम्नलिखित जातियों से है—1. बाबरिया 2. भील 3. गरासिया 4. मीणा 5. सहरिया 6. अन्य जातियों के नियमों के लिए सरकार द्वारा आदिवासी घोषित की जावें।

इस प्रकार स्वतन्त्रता प्राप्ति के पश्चात् कुल 212 आदिवासी/जनजाति समुदायों की पहचान सुनिश्चित करके अनुसूचित जनजाति आदेश, 1950 के अन्तर्गत किया गया था। जिन्हें हम अनुसूचित जनजाति कहते हैं। वर्तमान में विभिन्न प्रदेशों में 630 आदिवासी क्षेत्र अधिसूचित किये गये हैं। वर्तमान में करीब 700 जनजातियाँ भारत में निवास कर रही हैं। यही जातियाँ सन् 1971 की सूची में कुल 527 जनजातियाँ नामोल्लेखित की गयी थीं।

जनजाति या आदिवासी की अवधारणा

जनजातीय अर्थव्यवस्था मुख्यतया वनों की जंगलात पर आधारित रही है, वे अपनी आजीविका हेतु संग्रहित लघुवन उपज में गोंद, शहद कणक, महुआ-फूल डोलमा, सफेद मूसली धतूरी, बहेड़ा आंवला, रतनजोत एवं मोम आदि पर निर्भर होते हैं। जनजातीय संस्कृति एवं कला प्रकृति के करीब एवं मिलती-जुलती रही है। आदिम संस्कृति अत्यन्त सरल, स्पष्ट और सपाट आडम्बरहीन होते हुए भी अपने आप में एक विशिष्ट, आकर्षक और संरचनात्मक कही जा सकती है। जिसको तथा कथित विकसित संस्कृति मानने वाले मानव ने यह कर-कर के स्वीकारा कि जनजातीय जीवन-शैली को अपनाए बिना मानव संसार के विनाश से नहीं बच सकता है। आदिम संस्कृति प्रकृति के साथ तालमेल रखते हुए, पारिस्थितिकीय एवं पर्यावरण सन्तुलन एवं संरक्षण की हिमायती रही है। स्वामी विवेकानन्द एवं रूसो ने क्रमशः 'वेदों की ओर लौटो' और 'प्रकृति की ओर लौटो' का नारा दिया था। जनजातीय समाज का आर्थिक, सामाजिक एवं सांस्कृतिक ढाँचा ही स्त्री-पुरुष की प्रस्थिति एवं भूमिका को इंगित करता है। प्रकार्यात्मक संस्कृति ही श्रम विभाजन का आधार रही है। चाहे वे आदिम समाज हो या औद्योगिक समाज, परिवार एवं श्रम विभाजन के आधार पर वास्तव में जनजातियों की आर्थिक प्रकार्यात्मक व्यवस्था एवं प्रत्यक्ष रूप से प्रकृति के साथ सह-सम्बन्धित रही है। जनजातीय समाज के अधुनातन बदलाव में नगरीकरण, औद्योगिकीकरण और वैश्वीकरण की भूमिका का महत्त्वपूर्ण स्थान है। आज जनजातीय समाज के असंख्य युवक-युवतियाँ शिक्षित होकर नगरों में कार्यरत हो गये हैं। शिक्षा ने खासकर जनजातीय स्त्रियों का जनजीवन ही बदल दिया है। राष्ट्रीय और अन्तर्राष्ट्रीय हलचलों से कतई दूर जंगलों और पहाड़ी इलाकों में निवास करने वाले ये गिरिजन जिन्हें नगरों और महानगरों की सभ्यता और संस्कृति एक लम्बे काल तक स्पर्श नहीं कर पायी थी। भारतीय सामाजिक परिप्रेक्ष्य में आदिम जनजातियाँ सदा-सर्वदा उपेक्षित तिरस्कृत एवं जरूरी सुविधाओं

से पूर्णतया वंचित रही हैं। सभ्यता के विकास क्रम की मुख्यधारा हमेशा ही आदिम जनजातियों से विमुख रही हैं। स्वतन्त्रता प्राप्ति के बाद जनजातियों को राष्ट्र की मुख्यधारा से जोड़ने के लिए ध्येय बनाकर सरकार ने उनके सामाजिक, आर्थिक, तकनीकी, शैक्षणिक उत्थान और सक्रिय योगदान देकर बढ़ावा दिया है। भारतीय संविधान की प्रस्तावना में समाहित करके राज्य पर यह परमपावन कर्तव्य अधिरोपित किया गया है कि वे आदिम जनजातियों के विकास, उत्थान, पुनर्वास, और जीवनयापन की मूलभूत जरूरतों की पूर्ति करें। भारत में आज भी आदिम जनजातियाँ भूमि सम्बन्धी समस्या, पुनर्वास, ऋणग्रस्तता, कामगारों के शोषण करने, स्वास्थ्य व शिक्षा सम्बन्धी पिछड़ेपन तथा लैंगिक शोषण जैसे ज्वलन्त समस्याओं से ग्रस्त हैं। भारतीय संविधान के अनुच्छेद 366 के खण्ड (24) के अनुसार अनुसूचित जातियों से ऐसी जातियाँ या मूलवंशों या जनजातियों के बाद उनके मूल अभिप्रेत हैं। जिन्हें संविधान के प्रयोजन के लिए अनुच्छेद 342 के अधीन अनुसूचित जनजातियाँ समझा जाता है। भारत एक विशाल देश है जिसमें अनेक विविधताएँ एवं मान्यताएँ हैं। यहाँ अनेक संस्कृति, धर्म, मूल, जाति, प्रजाति एवं जनजाति के लोग निवास करते हैं। इन विविधताओं का एक मूल कारण भारत की भौगोलिक विशेषता कही जा सकती है। यहाँ अनेक ऐसी जनजातियाँ बसती हैं जो आज भी सभ्यता से अत्यधिक दूर है क्योंकि ये लोग अत्यधिक पिछड़े हुए हैं। ये जनजाति, आदिवासी, गिरिजन, पहाड़ी वन्यजाति, वनवासी, आदि नाम से पहचाने जाते हैं। इनको भारत के मूल निवासी के रूप में मान्यता प्राप्त है। भारत में जनजातियों में मुख्यतः भील, मीणा, सन्थाल, मुण्डा, सहरिया, बोडो, गौड़ जनजातियाँ हैं। इन्होंने भारतीय सम्भ्यता को समृद्ध व विविधतापूर्वक बनाने में अपना महत्त्वपूर्ण योगदान दिया है। भारत में जनजातियों को अनुसूचित जनजाति के नाम से जाना जाता है। संयुक्त राष्ट्र संघ जनजातियों को 'इन्डीजिनियस पीपुल्स' (स्वदेश लोग) कहा है। आदिम लोग प्रकृति प्रेमी और कमतीबेशी अन्धविश्वासी माने जाते हैं। वर्तमान समय में जनजातियों के मानवाधिकारों के हनन की घटनाएँ ज़्यादा घटी हैं और घट रही हैं! भूमि सम्परिवर्तन, विस्थापन, उनके शोषण, अत्याचार, स्वास्थ्य, कुपोषण, भुखमरी एवं गरीबी आदि समस्याओं से जूझ रहे हैं। ये स्वदेशी लोग लगातार भेदभाव, बहिष्कार एवं हिंसा का शिकार रहे हैं। जनजातीय वर्ग के लोगों को आज भी प्रशासनिक, धार्मिक, जातीय पंचायत, शिक्षा, आर्थिक तंगी, भौतिक साधनों के अभाव के स्तर का सामना करना पड़ रहा है। परम्परागत रूप से जनजातीय जीवन दर्शन आराम अथवा सुख की अवधारणा पर आधारित है। जनजाति के लोग मद्यपान, संगीत

और नृत्य द्वारा इस सुख को प्राप्त करते थे और कर रहे हैं। आदिवासी पुरुषों और महिलाओं में समादरता का व्यवहार किया जाता है। आदिवासी सधवा एवं विधवा स्त्री को उनके समाज में पर्याप्त सम्मान प्राप्त होता है। महिलाओं की सहभागीदारी प्रत्येक सामाजिक उत्सव के आयोजन में रहती है। यद्यपि अब सांस्कृतिक सम्पर्क एवं अनुकरण की प्रक्रिया में यह भेदभाव नजर आने लगा है। अपनी दीर्घजीवन यात्रा में जनजातियाँ प्रमुखतः पहाड़ और जंगलों में निवास करती रही हैं और अपने अस्तित्व के लिए उन्हीं पर निर्भर रही हैं। जातीय, समाज की तरह इनमें स्तरीकरण का प्रचलन नहीं रहा है। विभक्त आदिवासी कबीले रक्त सम्बन्धों के आधार पर निर्मित थे और स्वतन्त्र समाज के रूप में व्यवहार करते थे। प्रत्येक जनजातीय समाज अपनी जातीय पहचान और विशिष्ट संस्कृति के प्रति संवेदनशील होता था तथा आर्थिक संसाधनों के सामूहिक स्वामित्व को स्वीकार करने वाला होता था। उनकी अपनी विशिष्ट, सरल किन्तु कठोर प्रशासनिक व्यवस्था थी जिसमें अधिकारों एवं कर्तव्यों का स्पष्ट विभाजन रहता था। मुखिया का पद वंशानुगत होता था। जिसका नेतृत्व और आदेश सभी कबीले के सदस्य स्वीकारते थे। आधुनिक समाज से जनजातीय समाज का पहला सम्पर्क 18वीं शताब्दी के उत्तरार्द्ध में हुआ माना जाता है। 1857 ई. के बाद ब्रिटिश ताज ने कम्पनी से सत्ता अपने हाथ में लेली। इसके बाद जनजातीय क्षेत्रों के प्रशासनिक ढाँचे और कानूनों को संहिताबद्ध करने का प्रयास किया गया। साइमन कमीशन द्वारा जनजातियों को शिक्षित और जाग्रत किए जाने की आवश्यकता महसूस की गयी। फलतः सन् 1935 ई. में एक अधिनियम पारित करके इसमें पिछड़े क्षेत्रों का वर्गीकरण करते हुए अपवर्जित तथा आंशिक अपवर्जित क्षेत्रों का निर्धारण किया गया। बाद में सन् 1946 में कैबिनेट मिशन द्वारा गठित तीन उप-समितियों ने आदिवासी क्षेत्र के बसावट वाले क्षेत्रों को अनुसूचित क्षेत्र घोषित किए जाने की सिफारिश की गयी थी। सन् 1947 के बाद स्वतन्त्र भारतीय सरकार ने उपेक्षित एवं मुख्यधारा से कटे हुए इस वर्ग के विकास की ओर विशेष ध्यान दिया। संविधान निर्मात्री सभा ने अपने उद्देश्य को व्यक्त करते हुए कहा कि क्रमजोर एवं पिछड़े हुए वर्गों को विकास के विशेष अवसर दिये जायेंगे। ये वर्ग देश की आर्थिक एवं राजनीतिक मुख्यधारा में स्वयं को आत्मसात् कर सके। भारतीय संविधान में प्रमुख जनजातीय समूहों को उनकी स्थिति के अनुसार अनुसूचित घोषित किया गया और अनुसूचित जनजाति के नाम से सम्बोधित किया गया। निःसन्देह यह बड़ी उपलब्धि थी, क्योंकि इससे उन्हें अपनी जातीय, भाषायी, तथा सांस्कृतिक अस्मिता को मजबूत करने में सहायता मिली। जनजातीय

समाज तथा इनकी संस्कृति की सुरक्षा एवं विकास हेतु भारतीय संविधान ने विविध प्रकार के सुरक्षात्मक तथा विकासात्मक प्रावधान संरक्षित किये जिससे जनजातियाँ स्वयं को प्रगति के सोपानों पर कुछ हद तक स्थापित कर सकें। उन्हें विविध प्रकार के शोषणों से मुक्त कराने, सरकारी नौकरियों में आरक्षण देने, अनुसूचित जनजातीय क्षेत्र बनाने, राजनीतिक पदों पर स्थान सुरक्षित करने जैसे प्रावधान भी संविधान में संरक्षित किये गये हैं। जिनमें नवअनु. 14,15 (4), 16 (4) 16 (4) क 29, 45, 46,164 (1) 225, 243, घ, 244, 275, 330, 335, 338 क, 312, 339, 342, 371 एवं संविधान की पाँचवीं व छठी अनुसूचियों में पर्याप्त प्रावधान किये गये हैं। भारत में 8.6 प्रतिशत जनजातीय जनसंख्या है। चन्दा समिति ने 1960 में तथा केल्कर समिति द्वारा राष्ट्रीय जनजाति नीति 2004 में अनुसूचित जनजाति के अन्तर्गत किसी भी जाति को शामिल करने के लिए 5 मानक तत्व निर्धारित किये गये हैं वे हैं : 1. आदिम जाति के लक्षण 2. विशिष्ट संस्कृति 3. भौगोलिक एकाकीपन 4. संकुचित-शर्मीला स्वभाव तथा 5. पिछड़ापन। ये सभी आदिम जाति के कबिली विशेषताएँ बतायी गयी हैं। इन्हें असभ्य लोग, मौलिक निवासी, आदिवासी, आदिम स्वदेशी लोग इत्यादि के नाम से भी जानते हैं। आज आदिवासियों को कई समस्याओं का सामना करना पड़ रहा है जिससे मुख्यतः 1. ग़ैर आदिम भूमि हस्तान्तरण 2. वनभूमि की हानि 3. विस्थापन 4. आर्थिक शोषण एवं बन्धुवा मज़दूरपन 5. आधारभूत सुविधाओं का अभाव 6. निर्धनता 7. अशिक्षा 8. अन्धविश्वास 9. सरकारी योजनाओं का इन्हें समुचित लाभ नहीं 10. आरक्षण नीति की समुचित पालना नहीं 11. वनों के अधिकारों को सुनिश्चित करने में असफलता 12. विकास योजनाओं में से अपवर्जित करना 13. भाषा एवं संस्कृति की अस्मिता का खतरा आदि की समस्याओं से जूझ रहे हैं। इन सभी समस्याओं में सर्वाधिक ज्वलन्त समस्या वानिकी और जंगलात के हकों से आदिम लोगों के लिए हितबद्ध कानून बन जाने के बाद भी इनको समुचित फायदा नहीं दिया जा रहा है। सरकारी अफसरों की लापरवाही एवं उदासीनतापूर्वक रवैया इनके लिए नुकसानदेह साबित हो रहा है। अब हमें आदिवासी-जनजातियों के वानिकी अधिकारों की दशा और दिशा पर प्रकाश डालना जरूरी हो गया है। राजस्थान के आदिवासियों में मीणा, भील, डामोर, सहरिया और गरासिया आदि प्रमुख जनजातियाँ हैं। यदि हम राष्ट्रव्यापी जनसंख्या के हिसाब से बात करें तो भारत में गोण्ड जनजाति प्रथम, सन्थाल द्वितीय तथा भील जनजाति तृतीय स्थान पर अपनी आबादी रखती हैं। राजस्थान में भील और मीणा जनजातियों के अतिरिक्त डामोर, गरासिया, सहरिया, कथोड़िया आदि भी आदिवासियों में

परिगणित किये गये हैं। भारतीय जनजातीय समुदायों को सात श्रेणियों में विभाजित निम्नानुसार किया गया है, जो कि—1. आखेटक या खाद्य-संग्रहणकर्ता, 2. स्थानान्तरिक झूमिंग कृषक, 3. स्थायी कृषक, 4. कारीगर/दस्तकार, 5. पशुपालक, 6. मज़दूर तथा 7. लोक कलाकार—ये सभी इनके विविध आर्थिक आजीविका के सम्बल माने गये हैं। आज करीब 70 प्रतिशत आदिवासी कृषि एवं वनों में मिल रही औषधियों एवं जड़ी-बूटियों शहद, कत्था, लकड़ी आदि पर आश्रित है। अभी भी केवल 1 प्रतिशत ही नौकरी करते हैं। इन आदिवासियों को निम्नलिखित लक्षणों के आधार पर पहचाना जा सकता है—(1) रहने का आदिकालीन तरीका (2) चलती-फिरती आदतें (3) नृत्य और पेय के बहुत शौकीन (4) दुर्गम एवं सूदरवर्ती इलाकों में बसना (5) राष्ट्रीय मुख्य जीवन धारा से विलग तथा (6) आर्थिक एवं शैक्षणिक दृष्टि से अति पिछड़े हुए होने की खासियतें रखते हैं। इनकी अपनी विशिष्ट संस्कृति होती है। इनकी अपनी-अपनी सामाजिक-सांस्कृतिक कलाएँ और प्रथाएँ प्रमुख धरोहर हैं। इनकी आत्मा एवं शरीर प्रकृति प्रेमी होने के कारण सदावनीय पर्यावरण से औत प्रौत रहे हैं। इन्हें वनचर, वनहारी, वनवासी, वनपुत्र, पहाड़ी, गिरिजन, फिरात, निशाद, विमुक्त जाति, आदिवासी एवं जनजाति के रूप में अलग-अलग क्षेत्रों में बोला जाता है। जनजातीय लोग विश्व में प्रायः सबसे अधिक अभावी समूह है। अफ्रीका एवं दक्षिण अमेरिका के कई देशों में ये लोग बहुसंख्यक हैं, पर वे आज भी वर्तमान पूँजीवादी तन्त्र के कारण शोषित हैं। भारत जैसे देश में जनजातीय लोगों की जनसंख्या सन् 2011 की जनगणना के अनुसार 8.8 प्रतिशत है। ये लोग कई क्षेत्रों में बहुसंख्यक हैं। ज़मीन सम्बन्धी अधिकारों की माँगों की कुठाराघात करने की वजह से ही आज नक्सलवाद हिंसक आन्दोलन जड़ जमा चुका है। वैसे तो प्राचीनकाल में इनका भूमि पर अधिकार था परन्तु धीरे-धीरे आधुनिक सम्भ्यता ने उन्हें केवल वनवासी भ्रमणक जैसा ही बना दिया तथा इनके भूमि सम्बन्धी सारे अधिकार छीन लिए गये हैं। ये लोग मुख्यतः कृषिजीवी तथा परिश्रमशील हैं। कई जनजातीय समुदाय के लोग वनों पर पूर्णतः निर्भर हैं पर अधिकांश कृषि भूमि पर निर्भरशील हैं वे आदिकाल से भूमिस्वामी बने रहे थे पर विकास के नाम पर तथा उत्तम हथियारों के बल पर उन्हें जंगल में धकेल दिया गया तथा उनकी ज़मीन खनिज व वन सम्पदा पर शनैः शनैः विकास या उदारीकरण, निजीकरण एवं वैश्वीकरण के नाम पर धनाढ्य वर्ग का कब्जा होता जा रहा है। आदिवासियों से ज़मीन, जल, जानवर, जीवन, जमीर आदि गैर-आदिवासी लोगों को हस्तान्तरित होते जा रहे हैं। आज हम जिसे आदिवासी, वनवासी, गिरिजन, आदिम समूह, जनजाति, कबीले, अरण्यवासी,

अनुसूचित-जनजाति, विमुक्त जाति, प्राचीन जनजाति, आदिम लोग, निषाद, भ्रमणकारी, जंगली मानव, पहाड़ीजन, वन्यजाति, सचलवासी, अर्द्ध-भ्रमणकारी, वनचरी, वनहारी, वनपुत्र, किरात, पिछड़ा हिन्दू, विलीन मानव, पुलिंद, समुदायी वर्ग, भील, किन्नर, वानरा, राक्षस, कौल, देशज, स्वदेशी लोग, मूलनिवासी, आदिम वर्ग और पौराणिक समाज आदि के नामों से जानते-पहचानते हैं। दुर्गम एवं सुदूरवर्ती पहाड़ी इलाकों में शिकार व वन उत्पादों पर ही जीवन-बसर करने वाला आदिवासी समाज है। पूरा-पूरा प्रकृति पर आदिवासी समाज बहुतायत ऐसे ही जीवन-दर्शन में विश्वास करता है। जहाँ कुदरत के विदोहन करने की मनाही रहती है। यही असली वजह है कि आज भी आदिवासी लोग प्रकृति या कुदरत की कोख में बखूबी रहना पसन्द करते हैं। इन आदिवासी समाजों के लोग जिन-जिन इलाकों में सघन बसे हुए हैं, वहाँ प्रकृति और प्राकृतिक संसाधन पर्याप्त घनी हैं। ये आदिवासी-समुदाय दुर्गम बीहड़ सुदूरवर्ती क्षेत्रों तथा जल, जानवर, ज़मीन और जंगलाती इलाकों में ज्यादातर फैले हुए हैं। भारत और विदेशों में कई क्षेत्रों में ये आदिवासी समाज या स्वदेशी लोग आज भी विकास की बाट जोह रहे हैं। कई क्षेत्रों में ये आदिम-देशज लोग आधुनिक सभ्यता के लाभों से वंचित हो रहे हैं तथा समावेशी प्रगति की दौड़ में भी अति-पिछड़े, शिक्षा के वरदान से अछूते, शोषण एवं पग-पग पर अन्याय के शिकार, आधुनिक कृषि एवं उद्योग-धंधों से पूर्णतया अनभिज्ञ तथा सभ्यता के आरम्भिक सोपानों में ही अवस्थित रहे हैं। इनकी पहाड़ी, धरातल, अनुपजाऊ भूमि, अविकसित रूप से यातायात, आवास एवं सघन वनोच्छादित क्षेत्रों की कमियाँ इनकी प्रमुख विशेषता कही जा सकती हैं। यद्यपि भारत भौगोलिक दृष्टिकोण से विशाल देश होते हुए भी यहाँ के भौगोलिक क्षेत्र एक-दूसरे से भिन्न तथा पृथक् विशेषताओं के कारण अपनी भिन्न पहचान रखते हैं। सामान्यतया इन इलाकों में रहने वाले निवासियों के रहन-सहन, कला, कर्म, भाषा, परम्परा और साहित्य के साथ-साथ खान-पान, आचार-विचार, सोच-समझ, सामाजिक, आर्थिक, राजनीतिक स्थितियों में भी काफी भिन्नता पायी जाती हैं। इन्हीं भिन्नताओं में जीवन-यापन करने वाला एक वर्ग है। इन आदिवासी समुदायों के जो देश के सामाजिक, आर्थिक, राजनीतिक ढाँचे के अभिन्न हिस्सा बसे हुए हैं विकासात्मक गतिविधियों एवं भारतीय समाज की मुख्य धारा से जुड़ने की इस समुदाय की एक बड़ी चुनौती है। भारत की जनजातियाँ ही यहाँ की आदिवासी तथा मूलतः निवास करने वाली जनसंख्या का प्रतिनिधित्व करती हैं इनके जीवन-यापन का प्रचलित ढंग वर्तमान में भी प्राचीन पद्धतियों से ही संचालित होता आ रहा है। इनकी अधिकांश जनसंख्या शिकार करने, मछली

पकड़ने, लकड़ी काटने व वनोत्पादों को इकट्ठा करने आदि कार्यों द्वारा ही जीवन निर्वाह करने को मजबूर है। सन् 2011 की जनगणना के अनुसार देश की कुल आबादी के आदिवासी लोग 8.8 फीसदी है। वर्तमान में हमारे देश में 75 से अधिक प्रमुख जनजातीय समुदाय तथा 705 जनजातियाँ मौजूद हैं। इनके समुचित विकास एवं जनजातीय प्रशासन के लिए भारत सरकार द्वारा हमारे संविधान की पाँचवीं व छठी अनुसूची के तहत सभी प्रदेशों में 630 आदिवासी क्षेत्रों को राजपत्र में अधिसूचित किया गया है। अकेले उड़ीसा में 68 जनजातियाँ सर्वाधिक निवास कर रही हैं। ये आदिम समुदाय देश के 15 प्रतिशत भौगोलिक क्षेत्रो में बसे हुए हैं। ये अनुसूचित जनजाति के नाम से संवैधानिक रूप से जानी जाती हैं। भारतीय संविधान, 1950 के अनुच्छेद 366 के उपखण्ड (25) में अनुसूचित जनजातियाँ ऐसी जनजातियाँ हैं या जनजाति समुदायों के भाग या उनमें एक समूह अभिप्रेत है जिन्हें संविधान के प्रयोजनों के लिए अनुच्छेद 342 के अधीन अनुसूचित जनजाति समझा जाता है।

1. भारतीय संविधान के अन्तर्गत जनजातीय लोगों को प्रदत्त किये गये संरक्षण : भारत में विभिन्न साहित्यिक विद्वानों के द्वारा जनजातियों को आदिवासी नाम दिया गया है। जो कि वर्तमान समय में आदिवासी शब्द ज़्यादा प्रचलन में हो गया है। संयुक्त राष्ट्र संघ द्वारा इन जनजातीय समुदाय के लोगों को 'इन्डीजिनिस पीपुल्स' अर्थात् देशज या स्वदेशी लोगों के नाम से परिभाषित किया गया है। भारत में आजादी के बाद भी इस समाज का एक बड़ा वर्ग अपने विरुद्ध होने वाली हिंसा और अत्याचारों से पीड़ित है ये अनुसूचित जनजाति के लोग ही हैं। भारत में इन जनजातियों को समाज के हाशिए पर रखे जाने का इतिहास पुराना है। सदियों से पददलित अनुसूचित जाति एवं जनजाति के ये स्वदेशी लोग अपने दैनिक जीवन में न केवल गहन आर्थिक, राजनीतिक व शैक्षिक समस्याओं से पूरे ग्रसित ही हैं वरन सामाजिक क्षेत्र में भी विकट परिस्थितियों का सामना ये प्रतिदिन करते रहते हैं। हमारे संविधान में अनुसूचित जनजातियों को पर्याप्त संरक्षण से सम्बन्धित विविध प्रावधान किये गये हैं, जिनमें मुख्यतया अनुच्छेद 14, 15 (4), 16, 16 (4), क 19, 23, 29, 46, 164, 225 243 घ 244, 275, 330, 332, 335, 338, 339, 340, 342, 371 एवं संविधान की पाँचवीं एवं छठी अनुसूची में जनजातीय क्षेत्रों और इनके प्रशासन चलाने के बारे में जिक्र किया गया है।

2. अन्तर्राष्ट्रीय मानकों में जनजातियों को प्रदत्त किये गये अधिकार और मान्यताएँ : वर्तमान समय में जनजातियों के मानवाधिकारों के हनन की घटनाएँ

ज़्यादा घट रही हैं। विशेषकर भूमि का सम्परिवर्तन हो, या विस्थापन, उनके शोषण, अत्याचार, स्वास्थ्य, कुपोषण, असुरक्षा और भुखमरी आदि इनकी ऐसी कई समस्याएँ रही हैं। मानव अधिकार घड़ी की रिपोर्ट के अनुसार दलित और स्वदेशी लोग जिन्हें अनुसूचित जनजातियों के रूप में भी जाना जाता है, वे लगातार भेदभावों, बहिष्कारों एवं हिंसाओं के शिकार रहे हैं। यद्यपि भारत सरकार द्वारा बनाए गये कानूनों एवं नीतियाँ इनको काफी संरक्षण तो प्रदान करती हैं परन्तु उनका कार्यान्वयन सही तरीके से नहीं हो पा रहा है। अन्तर्राष्ट्रीय स्तर पर यदि हम अवलोकन करें तो यही पाएँगे कि जनजातियों के सरंक्षण और विकास के लिए सर्वप्रथम प्रयास अन्तर्राष्ट्रीय श्रम संगठन के माध्यम से सन् 1989 में किया जाकर आखिर इसके अभिसमय संख्या 169 में स्वदेशी एवं जनजातीय लोगों के लिए इस आयोजित किये गये अभिसमय में बेहतरीन संरक्षण दिये गये हैं। इस अभिसमय में जनजातियों को 'इन्डीजिनिस पापुलेशन' के नाम से सम्बोधित किया गया था। जिसको बाद में पापुलेशन अर्थात् जनसंख्या के स्थान पर 'पीपुल्स यानि लोग' शब्द को जोड़ दिया गया था। भारत सहित अनेक देशों द्वारा इसका तीव्र विरोध भी किया गया था क्योंकि इस शब्द में स्वतन्त्र व पृथक् राष्ट्रीयता का तात्पर्य सन्निहित हो रहा है। इसी कारण के चलते भारत सरकार द्वारा इस पारित अभिसमय का अनुसमर्थन अभी भी नहीं किया गया है। इसके पश्चात् संयुक्त राष्ट्र के मानवाधिकार आयोग अर्थात् परिषद् ने अप्रैल 2010 में एक अलग से प्रस्ताव पारित करके इन जनजातियों के विषयों पर एक स्थायी मंच का गठन किया गया था। इसमें विभिन्न देशों के जनजातीय नेताओं को सदस्य बनाया गया था जिनमें यह विदित रहे कि भारत से एक भी जनजाति समुदाय के नेता को नहीं लिया गया था। संयुक्त राष्ट्र संघ में यह आज भी विवादास्पद बना हुआ है। संयुक्त राष्ट्र स्वदेशी लोगों के विकास कार्यक्रम के अन्तर्गत भारत के जनजातीय क्षेत्रों में औषधीय पौधों के संरक्षण एवं शुष्कीय जैविक विविधता कार्यक्रमों के लिए वर्ष 2003 में सहायता दी गयी थी। इसी प्रकार 21 जुलाई, 1992 को विश्व बैंक मूल निवासी कोष का गठन किया गया था। जिसका मुख्य उद्देश्य 17 लेटिन देशों के 4 करोड़ जनजातीय लोगों के राजनीतिक प्रक्रिया में सम्मिलित कराने के लिए इस समुदाय के लोगों में जागृति पैदा करने का मुख्य लक्ष्य रखा गया था। इन जनजातीय समुदाय या आदिवासी लोगों को संरक्षण देने के लिए अन्तर्राष्ट्रीय स्तर पर कई मानवाधिकार विषयक अभिसमय को संयुक्त राष्ट्र संघ द्वारा पारित करवाया गया है जिनमें हैं—1. मानवाधिकारों की सार्वभौमिक उद्घोषणा-पत्र, 1948, 2. सिविल एवं राजनीतिक अधिकारों का प्रसंविदा, 1960,

3. आर्थिक, सामाजिक तथा सांस्कृतिक अधिकारों पर प्रसंविदा, 1966, 4. सभी प्रकार के भेदभावों की समाप्ति पर अभिसमय, 1979 6. अन्तर्राष्ट्रीय श्रम संगठन अभिसमय, 1989 का प्रस्ताव संख्या 169. 7. बालकों के अधिकारों पर उद्घोषणा, 1989 तथा 8. देशज लोगों पर सौविदा घोषणा, 2006 इस मसौदा घोषणा में कुल 46 अनुच्छेद रखे गये हैं। इसमें देशज लोगों के सांस्कृतिक संरक्षण, शिक्षा, स्वास्थ्य, रोजगार, भाषा, जीवन, सुरक्षा, मूलाधिकारों, धर्म और मीडिया, सहभागिता, विकास, भूमि, संसाधन, स्थानीय सरकार, जनजातियों, कार्यान्वयन तथा न्यूनतम मानक स्तरों के निर्वाहन करने पर बल देकर इन स्वदेशी लोगों के हकों का पर्याप्त संरक्षण किया गया है। इन जनजातियों का संयुक्त राष्ट्र संघ द्वारा जन्म से ही समान अधिकार तथा बिना भेदभाव के उनको समाज में समानता का उचित स्तर प्रदान किया गया है। मानवाधिकारों की सार्वभौमिक उद्घोषणा, 1948 वह प्रथम अन्तर्राष्ट्रीय दस्तावेज है जिसके अनुच्छेद-1 में यह स्पष्ट रूप से उल्लेखित किया गया है कि सभी मनुष्य जन्म से ही गरिमा और अधिकारों की दृष्टि से स्वतन्त्र और समान हैं। उन्हें बुद्धि और अन्तश्चेतना प्रदान की गयी है। उन्हें परस्पर मातृत्व की भावना से कार्य करना चाहिए। यह अनुच्छेद समता एवं स्वतन्त्रता सम्बन्धित मानवाधिकारों को मान्यता प्रदान करता है। इसी उद्घोषणा के अनुच्छेद-2 में यह व्यक्त किया गया है कि ''प्रत्येक व्यक्ति इस उद्घोषणा में वर्णित सभी अधिकारों एवं स्वतन्त्रताओं को पाने का हकदार है। इसमें मूलवंश, वर्ण, लिंग, भाषा, धर्म, राजनीति एवं अन्य विचार, राष्ट्रीयता, सामाजिक उद्भव, सम्पत्ति जन्म या अन्य प्रास्थिति के आधार पर कोई विभेद नहीं किया जायेगा। अर्थात् सभी व्यक्तियों में ये स्वदेशी लोग भी आते हैं अतः ये प्रावधान जनजातीय समुदायों या जातियों पर भी लागू होते हैं। इस उद्घोषणा के अनुच्छेद-3 में प्रत्येक व्यक्ति को जीवन जीने की स्वतन्त्रता और सुरक्षा का अधिकार दिया गया है। लेकिन जारबा जनजाति क्षेत्र अण्डमान व निकोबार द्वीप समूह में बसे जारबा जनजाति के लोगों की भुखमरी के कारण महिलाओं और बच्चों द्वारा अर्द्धनग्न नृत्य करवाया जाना क्या भारतीय संविधान के अनुच्छेद-21 का खुल्लम-खुल्ला उल्लंघन नहीं है? प्रत्येक व्यक्ति को एक अच्छा जीवन स्तर गरिमामय जीने का अधिकार जिसमें वह स्वास्थ्य व अन्य चीजों की देखभाल कर सके। भारत के संविधान के अनुच्छेद-47 में लोगों के स्वास्थ्य को सुदृढ़ बनाये रखने का दायित्व राज्य को दिया गया है। इसी प्रकार के प्रावधान आर्थिक, सामाजिक और सांस्कृतिक अधिकार पर अन्तर्राष्ट्रीय प्रसंविदा, 1966 के अनुच्छेद-11 तथा मानवाधिकारों की सार्वभौमिक उद्घोषणा,

1948 के अनुच्छेद-25(1) में यह उपबन्धित किया गया है कि आर्थिक-सामाजिक और सांस्कृतिक अधिकारों के अन्तर्राष्ट्रीय प्रसंविदा, 1966 के अनुच्छेद-11(1) में प्रत्येक व्यक्ति को अपने परिवार सहित जीवन के उच्च मापदण्डों के अनुरूप भोजन, वस्त्र और मकान प्राप्त करने का अधिकार संरक्षित किया गया है और इसी प्रसंविदा के अनुच्छेद-11(2) के द्वारा व्यक्ति को भूखा नहीं रहने का हक दिया गया है। भारत में एक तरफ खाद्यान्न के सुरक्षित किये गये अन्न के भंडार गोदामों में सड़ रहा है। वहीं दूसरी ओर जारबा जनजाति के लोग स्वयं तथा उनके बच्चों को भोजन दिलवाने के लिए जंगली जानवरों की तरह नग्न नृत्य करवाने के लिए इनको मजबूर किया जा रहा है।

भारत की कुल जनसंख्या का 8.6 प्रतिशत केवल आदिवासी एवं देशज लोगों का है जो कि भारत सरकार की सन् 2011 की जनगणना रिपोर्ट के अनुसार 843, 26, 240 लोग भारत की कुल आबादी क्षेत्र में प्रतिनिधित्व करते हैं ये आदिवासी लोग सम्पूर्ण भारत में प्रमुखतः वनाच्छादित क्षेत्रों एवं दुर्गम सुदूरवर्ती पहाड़ों इलाकों में फैले हुए हैं। इन आदिवासी एवं देशज लोगों की कुल आबादी का 83.2 फीसदी भाग भारत के मध्य प्रदेश, महाराष्ट्र, ओडिशा, गुजरात, राजस्थान, झारखण्ड, छतीसगढ़, आन्ध्र प्रदेश, पश्चिमी बंगाल और कर्नाटक राज्यों में है एवं अन्य 15.3 प्रतिशत लोग असम, मेघालय, नागालैण्ड जम्मू व कश्मीर, त्रिपुरा, मिजोरम, बिहार, मणिपुर, अरुणाचल प्रदेश एवं तमिलनाडु प्रदेशों के निवासी बनकर अपनी आजीविका सूक्ष्म वनउत्पादों के भरोसे चला रहे हैं परन्तु विडम्बना यह है कि एक बड़े भू-भाग पर बसे हुए इन आदिवासी लोगों को भूमण्डलीकरण पोषित विकास से संघर्ष करना पड़ा रहा है तथा ये संघर्ष के रूप में आन्दोलन करने को विवश हो जाते हैं। देश एवं प्रदेशों के विकास के नाम पर उनको परम्परागत हकों यथा जल, जंगल, ज़मीन, जानवर, जलवायु, जनजीवन, जलचरों से बिल्कुल पृथक् किया जा रहा है। इसके अलावा उनके अनेक मूलभूत हकों और मानवाधिकारों का हनन किया जा रहा हैं। भारतीय समाज का कुछ ऐसा आदिवासी या आदिम जाति वर्ग जिन्होंने अपने मानवाधिकारों को हासिल करने हेतु अनवरत संघर्ष किया है और मौजूदा रूप में संघर्षशील हैं। यह समुदाय या वर्ग आज भी सामाजिक, आर्थिक, राजनीतिक एवं शैक्षिक दृष्टि से अति पिछड़ा बना हुआ है। भारतीय जनगणना प्रतिवेदन, 2011 के मुताबिक इस समुदाय की जनसंख्या 104281034 अथवा 8.6 प्रतिशत सुनिश्चित की गयी है और भौगोलिक रूप से फीसदी क्षेत्र में निवास कर रहे हैं। वस्तुतः यह समुदाय देश के दूरस्थ इलाकों में अकेले निवास करने के कारण मूलभूत या आधारभूत सुविधाओं को

हासिल करने में अतीव कठिनाइयों का सामना कदम-कदम पर करते हैं। इस समय नक्सलवाद व अलगाववाद से प्रभावित 150 से अधिक जिलों में जनजाति समुदाय के सदस्यों के मानवाधिकारों का हनन सशस्त्र बलों के सदस्यों तथा उनके नियन्त्रण में कार्यरत पुलिसकर्मियों द्वारा बड़े पैमाने पर हो रहा है किन्तु इन जनजातीय अधिसूचित क्षेत्रों से मानवाधिकार आयोग में आने वाली शिकायतों की संख्या नगण्य अर्थात् कुल शिकायतों का मात्र 0.1 प्रतिशत भाग ही पहुँच पाता है, उत्तरी पूर्वी भारत में प्रचलित मानवाधिकार उल्लंघन का सबसे गम्भीर मुद्दा जातिगत भेदभावों से सम्बन्धित है जोकि गरिमापूर्ण जीवन जीने के अधिकार की स्पष्टता से अवहेलना करता है। भारत ने सन् 1969 में सभी प्रकार के जातिगत भेदभाव उन्मूलन अन्तर्राष्ट्रीय परिसंवाद पर हस्तक्षर किये थे और वर्ष 1969 के अन्तर्गत उन चीजों को समाहित किया गया था जहाँ पर हर कदम पर वर्जन, प्रतिरोध या रंग, अवरोहण पर आधारित प्राथमिकता या राष्ट्रीय या जनजातियों की उत्पत्ति जिनका उद्देश्य उनकी पहचान व संस्कृति को धूमिल या बिगाड़ना, मनोरंजन, व्यवहार, समान अवसर, मानव अधिकार तथा राजनीतिक, आर्थिक, सामाजिक, सांस्कृतिक और सार्वजनिक जीवन के अन्य क्षेत्रों में किसी प्रकार के भेदभाव एवं अस्पृश्यता मूलक व्यवहार आते हैं। बाँधों के निर्माण विकास या विध्वंस के नाम पर आदिवासी लोगों की स्थिति में प्राकृतिक संसाधनों की माँग के लिए समाज के हाशिए के लोगों के अधिकारों एवं राष्ट्रीय हित के नाम पर आर्थिक विकास के विचार के मध्य संघर्ष की स्थिति उत्पन्न कर दी गयी है राज्य द्वारा इस तरह के संघर्ष एवं पर्यावरण विचार पर आर्थिक विकास की प्राथमिकता ने ये परिणाम को जानने के बावजूद भी संवैधानिक सिद्धान्त (जो पूरे पूर्वोत्तर भारत में पेड़ों की कट्टाई पर रोक लगाता है) एवं अन्तर्राष्ट्रीय प्रतिबद्धता के उल्लंघन को बढ़ावा दिया गया है। भूटिया एवं लेपचा समुदाय का कुदरती जीवन पूरी तरह जंगलों और नदियों पर निर्भर थी उनके जीवन के अस्तित्व को खतरा मँडराने लग गया है और डाइडल परियोजना का निर्माण जय मजूमदार द्वारा सिक्किम उच्च न्यायालय के आदेश का उल्लंघन किया जा रहा हैं। जनजातीय आबादी के मामले में भारत अफ्रीका के बाद पूरी दुनिया में दूसरे स्थान पर आता है भारतीय संविधान के अनुच्छेद-342 के अनुसार हमारे देश में करीब 705 जनजाति समूह/समुदाय हैं जिसमें 75 ऐसी जनजातियाँ हैं जिन्हें आरम्भिक आदिम जनजाति समूह 'प्रिमिटिव ट्राइबल ग्रुप' (पी.टी.जी.) कहा गया हैं। इनमें जैसे–बोडो बोदों, बिरहोर, बैंगा, कमार, सहरिया और भील, सन्थाल, गोण्ड, गारो, नागा, खासी, चकमा, चेंचू, कोलम और ओंगू इत्यादि जनजातियाँ

सम्मिलित हैं। स्वास्थ्य सम्बन्धी नाना प्रकार की समस्याएँ इस जनजातीय आबादी को देश के समावेशी विकास की नीतियों से जोड़ने में बाधित प्रतीत हो रहा है। समाज में अधिकतर बीमारियाँ जैसे मलेरिया, तपेदिक, हैजा, चेचक, चर्मरोग, क्षयरोग, यौन रोग आदि फैलने वाली बीमारियों से ये जनजातीय समाज के लोग ज़्यादा ग्रसित हैं। इसके साथ पर्यावरण सम्बन्धी कारकों से सम्बन्धित बीमारियों जैसे निमोनिया, विटामिन अथवा प्रोटीन की कमी से उत्पन्न बीमारियाँ आदि से भी हमारे देश के आदिवासी लोग ज़्यादा प्रभावित होते हैं, ये जनजातियाँ लगातार संक्रमण, कुपोषण, रक्ताल्पता के रोग की शिकार पायी गयी हैं। वर्तमान में भारत की जनजातीय आबादी में खून की कमी वाली बीमारी तेजी से बढ़ी है। ओडिशा की आदिम जनजाति पौड़ी भुईया के भीतर 85 फीसदी रक्ताल्पता पायी गयी है। मध्य प्रदेश, छत्तीसगढ़ के अबुझमारिया जनजाति में 40 फीसदी, बिरहोर में 29 फीसदी और बेगा में 42.2 फीसदी आबादी खून की कमी बीमारी (एनेमिया) से शिकार हैं। इसके कारण भी जीवन के प्राण के हक का उल्लंघन होने से इनके मानवाधिकारों का स्पष्टतः उल्लंघन होता नजर आ रहा हैं। निर्धनता एवं अशिक्षा आदिवासियों में व्याप्त होने के कारण इनके बच्चे भी ज्यादा उत्पन्न होते हैं और वे भी मज़दूरी करने को बाध्य हो जाते हैं और उनका स्वास्थ्य भी हमेशा निम्न स्तरीय बना रहता है। भारत में जम्मू व कश्मीर, हिमाचल प्रदेश और कर्नाटक राज्यों में बसी गुर्जर या गुज्जर जाति भी अनुसूचित जनजाति समुदाय के अन्तर्गत समावेशित की गयी है। यदि हम अन्य समुदायों से तुलना करेंगे तो जम्मू और कश्मीर के गुज्जर अधिक वंचित और पिछड़े तबके के अन्तर्गत आते हैं इस राज्य के केवल 7 फीसदी गुज्जर स्कूलों में शिक्षा हासिल कर रहे हैं और लड़कियाँ तो केवल पूरे राज्य में 3 फीसदी हैं वे प्राथमिक शिक्षा ग्रहण कर रही हैं।

एक सर्वेक्षण के अनुसार जम्मू व कश्मीर प्रदेश के चालीस प्रतिशत गुज्जरों के बच्चे प्राथमिक स्तर पर ही स्कूल की पढ़ाई छोड़ देते हैं और निहित निर्धनता के कारण 30 प्रतिशत बच्चे स्कूल में प्रवेश ही नहीं ले पा रहे हैं। जबकि 10 प्रतिशत बच्चों ने केवल छात्रवृत्ति की धनराशि हासिल करने वास्ते केवल स्कूलों में प्रवेश लिया था। अपने प्रवासी प्रवृत्ति के कारण जम्मू व कश्मीर प्रदेश के गुज्जर अधिकतर अशिक्षित होते हैं। वे अपने बच्चों को शिक्षित करना पसन्द नहीं करते है यह केवल इस भय के कारण कि शिक्षा प्राप्त करने के बाद वे पशुपालन और पारम्परिक दूध बेचने का व्यवसाय नहीं करेंगे सामान्यतया वे अपने बच्चों को या तो मवेशियों को चराने के लिए जंगल में ग्वाले बनाकर भेजते

हैं या घास कटवाने के लिए भेजते हैं और उनके बच्चे दैनिक दिनचर्या के कामों में उनकी मदद करते हैं। ज़्यादातर गुज्जर जाति के लोग खानाबदोश यायावरी का जीवन गुजार रहे हैं। इस प्रदेश के गुज्जरों को उनके जीवन में अत्यन्त रूढ़िवादी होने के लिए जाना जाता है, यद्यपि जम्मू व कश्मीर में गुज्जरों के बीच शिक्षा के प्रसार के लिए विशेष योजनाओं के लागू होने के बाद इनकी शिक्षा के स्तर में थोड़ा अवश्यमेव सुधार हो रहा है। जम्मू व कश्मीर सरकार ने इनको पढ़वाने के लिए बहुत सारे सचल पाठशालाएँ खोल दी हैं। जो गुज्जरों के प्रवास के समय उच्च पहाड़ी स्थानों पर पशुपालन (भेड़, बकरी, गाय, भैंस) चराने के लिए चले जाते हैं। इसके बावजूद इस समुदाय के लोग अपनी अज्ञानता प्राचीन सामाजिक परम्परागत मान्यताओं, अति पिछड़ेपन और पारस्परिक निम्नतर सोच के कारण ये अपकी लड़कियाँ को पढ़ाने के पक्षधर नहीं होते हैं। यहाँ के गुज्जर आधुनिक जीवन-शैली के सम्पर्क में नहीं होने के कारण वे अत्यधिक अन्धविश्वासी बने हुए हैं। जम्मू व कश्मीर के गुज्जर प्रमुख रूप से बक्करवाल, भेड़वाल, भैंसवाल और गायवाल होते हैं जो कि आदिवासी समुदाय के एक बड़े वर्ग का हिस्सा है गुज्जर मुख्य रूप से राजस्थान के अजमेर जिले से देशान्तर करके वहाँ जाकर बस गये हैं। ये मुख्य रूप से भारत और गंगा के मैदानी भागों हिमालय के तराई क्षेत्र और अफगानिस्तान के पूर्वी भाग और रूस के पहाड़ी इलाकों में केन्द्रित रहे हैं। यहाँ के गुज्जरों की हालात अत्यन्त दयनीय व शोचनीय है। इनके द्वारा व्यतीत किया जाने वाला जीवन अत्यधिक अमानवीय और असहनीय होता है। विशेष रूप से सर्दियों के मौसम में बर्फीली हवाओं, बर्फ गिरने और बारिश के दरमियान उनकी स्थिति और भी दर्दनाक और कल्पनाओं से भी परे होती है। ये अपनी प्रवासी प्रवृत्ति के कारण गुज्जर चुनावी लोकतन्त्र में भाग लेने में पूर्णतया असमर्थ होते हैं व साधारणतया उच्च पहाड़ी स्थानों पर अपनी झोंपड़ियाँ, झुग्गियाँ और तम्बुओं बनाकर अपने डेरों में रहते हैं। अपने इस प्रवासी चरित्र के कारण वे अपने आवास गृह बनाने पर ज़्यादा निवेश नहीं करते हैं। उनकी झोंपड़ियाँ बरसात में कीचड़ तथा अव्यवस्थित पत्थरों से निर्मित होती हैं। वे न तो हवादार रखी जाती हैं और न ही उनमें कोई खिड़कियाँ रखी जाती हैं। स्थानीय भाषा में इन्हें कौण के रूप में जाना जाता है। इन झोंपड़ियों की छतें धान की पुआल द्वारा निर्मित होती हैं। इन झोंपड़ियों के कमरों में जानवरों के झुण्ड, भेड़ें, बकरियाँ और परिवार के सदस्य एक साथ निवास करते हैं। गुज्जरों का प्रारम्भिक व्यवसाय पशुओं को चराकर उनसे उत्पन्न खेरू-खाजरू, दूध, घी, छाछ इत्यादि को शहर के लोगों को आपूर्ति करना है इनकी अर्थव्यवस्था अत्यन्त पारम्परिक होने के

कारण इस समुदाय की आर्थिक दशा अत्यन्त पिछड़ी हुई होती है, बहुत सारे गुज्जरों के पास अपना पशुधन नहीं है। खटाना गोत्र के गुज़र दूसरों के मालिकान पशुओं को चराने का कार्य करते हैं इन्हें अजरीस कहा जाता है। पशुओं का वास्तविक स्वामी मालिक कहलाता है। प्रवास के समय हाली या अजरीस अपने मालिकों के साथ प्रवास करते हैं। इस हाली को पशुओं की चराई के लिए उनका मज़दूरी का भुगतान भोजन और कपड़ों के रूप में किया जाता है। पैसों के रूप में भुगतान अत्यन्त ही दुर्लभ होता है। मालिक और अजरीस की सामाजिक आर्थिक स्थिति में पर्याप्त विभिन्नताएँ होती हैं इनके सामाजिक समारोह में अजरीस तथा उनके परिवारों को भोजन जीमण की व्यवस्थाओं पृथक् रूप से होती है। और उन्हें बर्तन भी धोने पड़ते हैं। जम्मू और कश्मीर के गुज़रों को व्यावसायिक कॉलेजों में आरक्षण का संरक्षण दिया गया है। 19 अप्रैल 1991 को तत्कालीन प्रधानमन्त्री चन्द्रशेखर के प्रयासों से भारत के राष्ट्रपति ने एक महत्त्वपूर्ण निर्णय लेते हुए गुर्जर और बक्केरवालों को अनुसूचित जनजाति का दर्जा दिया गया है और राज्य सरकार द्वारा 10 प्रतिशत आरक्षण का फायदा सुनिश्चित कर दिया है। गुर्जरों ने अन्य निम्न माँगें सरकार के समक्ष रखी हैं—1. भारतीय संविधान की आठवीं अनुसूची में गुर्जरी भाषा को शामिल किया जाये 2. गुर्जरी भाषा साहित्य को बढ़ावा दिया जाये 3. राज्यों के विश्वविद्यालयों के अधीन पृथक् से गुर्जरी भाषा का विभाग खोले जाये 4. विधानसभाओं और संसद में राजनीतिक आरक्षण सुनिश्चित किया जाये 5. गुर्जरों के लिए पशुधन एवं दुग्ध उत्पादों के लिए बाजार की सुविधा व योजनाओं को शीघ्र कियान्वित किया जाये। भारत संविधान के अनुच्छेद 342 के अनुसार देश में 705 जनजातियाँ परिगणित की गयी हैं इनमें से 75 जनजातियाँ कमजोर तबके में शामिल की जाने के कारण इन्हें प्रिमिटिव ट्राइबल ग्रुप (पी.टी.जी.) के नाम से पहचाना जाता है। भारत की 2011 की जनसंख्या के प्रतिवेदन के अनुसार देश की 122 करोड़ जनसंख्या में से 10.43 करोड़ जनसंख्या इन जनजातियों की है जो कि कुल जनसंख्या का 8.6 प्रतिशत है इनका लिंग अनुपात सामान्य जनसंख्या के 943 की तुलना में 990 प्रति हजार है जो कि इस लक्ष्य को दर्शाता है कि जनजातियों में बेटी की अहमियत भी बेटे जैसी ही है। लगभग 7.6 करोड़ आदिवासी (73%) देश के आठ राज्यों में (मध्य प्रदेश, महाराष्ट्र, उड़ीसा, राजस्थान, गुजरात, आन्ध्र प्रदेश, झारखण्ड एवं छत्तीसगढ़) बसते हैं। इसके अतिरिक्त देश के उत्तरी पूर्वी राज्यों में करीब 1.22 करोड़ आदिवासी हैं जो कि कुल जनसंख्या के 11.7 प्रतिशत है। देश में 90 ऐसे जिले हैं जिनमें जिले की कुल जनसंख्या का 50 प्रतिशत से ज़्यादा हिस्सा इन

जनजातियों का है तथा इसके अतिरिक्त 62 जिलों में इनका प्रतिशत 25 से 509 के बीच पाया जाता है। भारत की स्वतन्त्रता के तीन वर्ष बाद 1950 में अनुसूचित जनजाति वर्ग की स्थापना की गयी थी। भारतीय जनजातीय समाज प्रकृति के संरक्षक हैं तथा प्रकृति के मध्य सेतु का कार्य करते हैं। प्रतिवर्ष संयुक्त राष्ट्रसंघ द्वारा 9 अगस्त को अन्तर्राष्ट्रीय जनजाति दिवस के रूप में मनाया जाता है। जनजातीय जनसंख्या के वितरण पर यदि ध्यान दिया जाये तो तीन मुख्य विशेषताएँ स्पष्ट होती हैं—1. उत्तरी एवं उत्तरी-पूर्वी प्रदेश क्षेत्र इसमें हिमालय के तराई क्षेत्र उत्तरी-पूर्वी क्षेत्र सम्मिलित किये जाते हैं देश की लगभग 80 प्रतिशत जनजातीय जनसंख्या इसी क्षेत्र में निवास करती हैं। 2. मध्यवर्ती क्षेत्र इसमें मध्य प्रदेश, दक्षिणी राजस्थान, आन्ध्र प्रदेश, दक्षिण उत्तर प्रदेश, गुजरात, बिहार व उड़ीसा आदि राज्य इसी में आते हैं 3. दक्षिणी क्षेत्र इसके अन्तर्गत जो क्षेत्र शामिल है यह भारतीय जनजातियों के सबसे प्राचीन स्वरूप का प्रतिनिधित्व करता है। इन तीन प्रमुख क्षेत्रों के अतिरिक्त अण्डमान निकोबार द्वीप समूह में भी एकाकी रूप से कुछ विशिष्ट जनजातियों जैसे ओग जारेबा उत्तर से टिण्नली अण्डमानी, निकोबारी आदि समुदाय भी पाये जाते हैं। जनजातीय समाज से आशय ऐसे समूह से लिया जाता है जिसके पास अपना एक विशिष्ट नाम, बोली और क्षेत्र हो—साथ ही उनके विशिष्ट रीति-रिवाज विश्वास एवं धार्मिक अनुष्ठान हो जो अपने सामान्य उद्देश्य के लिए जल, जंगल जानवरों व ज़मीन में काम करता है। लाकुर, चन्दा और केल्कर समिति ने अनुसूचित जनजाति के अन्तर्गत किसी भी जाति को शामिल करने के लिए पाँच मानक लक्षण निर्धारित किये हैं—1. भौगोलिक एकाकीपन, 2. विशिष्ट संस्कृति, 3. संकुचित या शर्मीला स्वभाव, 4. पिछड़ापन और 5. आदिम जाति ये लक्षण बताये गये हैं, यही लक्षण राष्ट्रीय जनजाति नीति 2004 और राष्ट्रीय अनुसूचित जनजाति आयोग द्वारा व्यक्त किये गये हैं। इसी प्रकार जनजातीय लोगों की अन्य कई विशेषताएँ बताई गयी हैं जिनके आधार पर इनकी पहचान की जा सकती है—1. आखेटन के तरीके, 2. यायावरी या भ्रमणकारी प्रवृत्तियाँ, 3. पिछड़े अगम्य और सुदूरवर्ती क्षेत्रों में निवास, 4. नृत्य करने और पेय के प्रति अनुराग, 5. रहने का सनातनी आदिकालीन तरीका, 6. जीववादी और प्रकृति प्रेमी होना, 7. राष्ट्रीय जीवन धारा से विलग रहना, 8. प्रकृति और संस्कृति के बीच सामंजस्य के सेतु, 9. पिछड़ापन, 10. कला व साहित्य बेमिसाल, 11. सर्वभाषी लोक संस्कृति तथा 12. समतामूलक बर्ताव व आचरण—ये सभी खासियतें जनजातीय लोगों में पायी जाती हैं। इसी तरह वे इनसे सुपरिचित होते हैं। इनके द्वारा सामूहिक रूप से त्योहार व उत्सव मनाते

हैं। इनमें पुरुष व स्त्री के बीच समतामूलक लैंगिक समता पायी जाती है। इसमें बहुविवाह का प्रचलन होता है ये अक्सर अन्धविश्वासी शान्तप्रिय स्वभाव और जादू-टोना-टोटकों में यकीन रखते हैं। इन जनजातीय लोगों के जीविकोपार्जन हेतु निम्न धन्धे शुरू करते हैं। यथा–1. शिकारी या आखेटक बनना, 2. खाद्य एवं वनउत्पादों के संग्रहकर्ता होते हैं, 3. स्थान बदल कर झूमिंग खेती करते हैं, 4. स्थायी किसान का कार्य, 5. कारीगरी और दस्तकारी का धन्धा 6. पशुपालक और चरवाहा, 7. मज़दूरी करना, 8. लोक कलाकार, 9. संगीत प्रेमी तथा 10. वनोषधियों एवं जड़ी-बूटियों से सुविज्ञता इत्यादि कार्य करते हैं। जनजातीय विकास के लिए सरकार द्वारा उठाये गये कदम भारत सरकार द्वारा जनजातीय विकास के लिए समय-समय पर अनेक ऐतिहासिक कदम उठाए गये हैं, जैसे– 1. जनजाति विकास सप्रक्रिया के पंचशील सिद्धान्त 1956, 2. बहुउद्देशीय जनजातीय विकास प्रखण्ड 1958, 3. जनजाति विकास खण्ड 1961, 4. जनजातीय विकास अभिकरण 1969, 5. जनजातीय उपयोजना 1974, 6. जनजाति सहकारी विपणन विकास महासंघ का गठन (ट्राय फेड) 1987,7. स्थानीय निकायों (पंचायतीयराज और नगरपालिकाओं) 73वें एवं 74वें संविधान संशोधन 1993 द्वारा संवैधानिक दर्जा देना, 8. पंचायत (अनुसूचित क्षेत्रों में विस्तार) अधिनियम 1996, 9. जनजातीय कार्य मन्त्रालय का गठन 1999, 10. अनुसूचित जनजातीय वित्त एवं विकास निगम की स्थापना 2001, 11. राष्ट्रीय अनुसूचित जनजाति आयोग का गठन 2003, 12. अनुसूचित जनजाति और अन्य पारम्परिक वन भ्रमणकों (वन अधिकारों को मान्यता) अधिनियम 2006 आदि मुख्य कदम उठाए गये हैं। इन प्रावधानों के अलावा प्रत्येक पंचवर्षीय योजना में जनजातीय विकास के लिए कई योजनाएँ संचालित की गयी हैं। जनजातीय विकास एवं सुधार हेतु समितियों विकासात्मक गतिविधियों के साथ-साथ मूल्यांकन एवं समीक्षा करना विकास प्रक्रिया की अनिवार्य शर्त होती है, इसके लिए भारत सरकार द्वारा जनजातीय समस्याओं प्रशासन तथा विकासात्मक गतिविधियों की समीक्षा करने हेतु अनेक निम्नलिखित समीतियों का गठन किया गया है। यथा–1. कालेलकर समिति (1955), 2. रेणुका राय समिति (1959), 3. वेरियर एल्विन समिति (1960), 4. यू.एन देबर समिति(1961), 5. शीलू आओं समिति (1966), 6. लोकुर समिति (1965), 7. चन्दा समिति (1971), 8. एन. वी. ठक्कर समिति (1972), 9. अप्पू समिति (1971), 10. एन.सी. दुबे समिति (1972), 11. दिलीप सिंह भूरिया समिति(1995), 12. बी.एस. रेके समिति (2008) एवं वर्जिनस समिति (2014) आदि समितियाँ बनाई गयी थीं। इसके अलावा भी जनजातीय क्षेत्रों में

प्रशासनिक सुधार हेतु कई राज्य स्तरीय समितियाँ एवं उपसमितियाँ गठित की गयी हैं।

आदिवासी स्वदेशी लोगों के सरंक्षण हेतु बनाये गये कानून ब्रिटिश काल में 18वीं शताब्दी से ही जनजतियों के विकास सुधार समुन्नति और समावेशी प्रगति या उत्थान के लिए अनेक कानून भारत ब्रिटिश शासनकाल के दौरान अधिनियमित किये गये हैं। इनमें प्रमुख विधान निम्न हैं, जैसे–1. क्लीव लैण्ड का समझौता 1773, 2. बंगाल स्थायी बन्दोबस्त अधिनियम 1793, 3. विनियमन अधिनियम 1827, 1831, 1839 व 1855, 4. बंगाल अधिनियम 1833, 5. अनुसूचित क्षेत्र अधिनियम 1874, 6. भारत सरकार अधिनियम 1919 एवं 1935, 7. भारतीय वन अधिनियम 1927, 8. साइमन आयोग 1930, 9. भारत का संविधान 1950, 10. खान अधिनियम 1952, 11. नेहरू पंचशील प्रतिवेदन 1952, 12. अनुसूचित जिला अधिनियम 1974, 13. वन्य (परीक्षण) अधिनियम 1980, 14. वन्यप्राणी (संरक्षण) अधिनियम 1972, 15. राष्ट्रीय वननीति 1988, 16. पुनः बन्दोबस्त और पुनःनिर्वासन के लिए राष्ट्रीय नीति 1998, 17. संवैधानिक पुनरीक्षण पर राष्ट्रीय आयोग 2002, 18. राष्ट्रीय पर्यावरण नीति 2006, 19. पंचायत (अनुसूचित क्षेत्रों में विस्तार) अधिनियम 1996 20. अनुसूचित जनजाति और अन्य पारम्परिक वनभ्रमण (वनोधिकारों को मान्यता) अधिनियम 2006 21. अनुसूचित जाति और अनुसूचित जनजाति (अत्याचार निवारण) अधिनियम 1989, 22. व्यवहार प्रक्रिया संहिता 1908, 23. दण्ड प्रक्रिया सहिता 1973, 24. भारत सरकार (भारतीय कानूनों को अपनाना) आदेश 1937, 25. अनुसूचित क्षेत्र आदेश 1950 26. राष्ट्रीय अनुसूचित जनजाति आयोग 1993, 27. अनुसूचित जाति और अनुसूचित जनजाति राष्ट्रीय आयोग 1952। देश में राज्य सरकारों द्वारा भी जनजाति सामुदाय के फायदे के लिए कई कानून बनाये गये थे जो कि निम्नानुसार है यथा 28. मद्रास अनुसूचित क्षेत्र (पहागृहिता) नियम 1951 29. आन्ध्रप्रदेश अनुसूचित क्षेत्र (पहागृहिता) आदेश 1955, 30. राजस्थान काश्तकारी अधिनियम 1955, 31. राजस्थान भूराजस्व अधिनियम 1956, 32. राजस्थान वन अधिनियम 1952, 33. सन्थाल परगना काश्तकारी (अनुपूरक प्रावधान) अधिनियम 1959, 34. बम्बई प्रान्तीय भू राजस्व संहिता 1879, 35. बिहार अनुसूचित क्षेत्र विनियमन 1969, 36. महाराष्ट्र भूराजस्व संहिता और काश्तकारी (संशोधन) अधिनियम 1974, 37. महाराष्ट्र अनुसूचित जनजाति भूमि पुनर्स्थापन अधिनियम 1974, 38. छोटा नागपुर काश्तकारी अधिनियम 1908, 39. भारतीय संविधान की पाँचवीं, छठी, सातवीं व नौवीं, ग्यारहवीं व बाहरवीं अनुसूचियाँ इत्यादि बनाये

गये विधान अनुसूचित जनजाति के लोगों के लिए उपयोगी सिद्ध हो रहे हैं। भारत में जनजातीय समुदाय की विभिन्न समस्याएँ अन्तर्राष्ट्रीय और राष्ट्रीय कानूनों और न्यायपालिका द्वारा निर्णयों में प्रतिपादित सिद्धान्तों के अन्तर्गत जनजातीय या स्वदेशी लोगों के विकास उत्थान और कल्याण संवर्द्धन के लिए प्रर्याप्त व्यवस्था एवं संरक्षण किया गया है, फिर भी हमारे देश और प्रदेशों में आदिवासी समुदाय को समाज के हाशिए पर रखे जाने का इतिहास पुराना है। सदियों से पददलित अनुसूचित जाति और जनजाति के लोग आपने दैनिक जीवन में न केवल गहन आर्थिक राजनीतिक एवं शैक्षिक समस्याओं से ग्रसित है बल्कि सामाजिक क्षेत्र में भी विकट परिस्थितियों का सामना प्रतिदिन करते रहते हैं। इनको समावेशी विकास से हमेशा वंचित रखा जा रहा है। वर्तमान प्रौद्योगिकी और सूचना क्रान्ति के युग में इस समुदाय के सदस्यों को अनेक समस्याओं से वस्तुतः जूझना पड़ रहा है। आदिवासी लोगों को बिन्दुवार निम्न समस्याओं से मुकाबला करना पड़ रहा है। आदिवासी समाज का इसके लिए संघर्ष का सहारा लेना पड़ता है और सरकार द्वारा समय पर इनकी माँगें नहीं मानने पर आखिर इन्हें विवश होकर कई आदिवासी या जनजातीय लोगों द्वारा कई आन्दोलन भी अनेक प्रदेशों में चलाये हैं। आज इनके द्वारा कई आन्दोलन भी अनेक प्रदेशों में चलाये जा रहे हैं आज इनके द्वारा दिये गये बलिदान, साहस, वीरता के योगदान को नज़रअन्दाज़ कर विस्मित किया जा रहा है। इनके द्वारा अन्याय और शोषण, अत्याचार और अमानवीय दुर्व्यवहार के विरुद्ध संघर्ष के रूप में आन्दोलन का सहारा लेना पड़ा है। इनकी स्वतन्त्रता, न्याय, भाईचारा, समता और जीवन की गरिमा रखने का दायित्व सरकार पर है। देश के स्वतन्त्रता आन्दोलन में इनके सराहनीय योगदान को हमेशा साहूकारों, ज़मींदारों सामन्तघरों, रैयतघरों, ठिकानेदारों और अंग्रेज़ों द्वारा इनके साथ अन्याय, जुल्म और शोषण किया गया था। अपनी अस्मिता की रक्षा करने के लिए अदिवासी जनता द्वारा निम्नलिखित आन्दोलन चलाये गये थे—1. कोलों द्वारा विद्रोह 1832, 2. सन्थालों द्वारा विद्रोह 1855, 3. नील सत्याग्रह 1876, 4. नीमचाणा आन्दोलन, 5. मातृकुण्डलीय आन्दोलन, 6. झारखण्ड आन्दोलन 1978, 7. वन एवं पर्यावरण आन्दोलन और सत्याग्रह जनजातीय समुदाय के सक्रिय सहयोग और संघर्ष के द्वारा संचालित किये गये थे।

वर्तमान में आदिवासी समुदाय को निम्न समस्याओं का सामना करना पड़ रहा है यथा—1. जनजातीय अधिसूचित क्षेत्रों में खनन के कारण पलायन करने विवशता। 2. माओवाद नक्सलवाद उग्रवाद की चपेट में जानमाल की हानि और

इनके विरुद्ध अपराधों के मामले बनाये जा रहे हैं। 3. ये लोग गरीबी, अन्धविश्वासों, अशिक्षा और बेरोजगारी से बुरी तरह त्रस्त हैं। 4. विकास की आड़ में इनकी परम्परागत सम्पत्ति और वन उत्पादों के हक से वंचित होने के कारण संघर्षित हैं। 5. आदिवासियों को पर्यावरण संरक्षण और विकास के नाम पर वन संसाधनों और प्रबन्धन से विलग किया जा रहा है। 6. इनको वन्य प्राणियों और वानिकी संरक्षण के नाम पर वन क्षेत्रों से बाहर खदेड़ने के कारण इनके परम्परागत धन्धे समाप्त होने की वजह से जीवन-यापन करने की विकट समस्या होती जा रही है। 7. इनको पर्वतीय क्षेत्रों से उत्खनन की आड़ लेकर प्राकृतिक निवास-स्थलों से खदेड़ा जा रहा है। 8. इनको विस्थापन की संस्कृति के विलोपित होने का डर लग रहा है। 9. विकास के कारण इनके लिंग सम्बन्धों भी प्रभावित होने की समस्या भी विकराल रूप धारण कर चुकी हे जिसके चलते स्त्री-पुरुष के मध्य में लैंगिक समानता की परम्परा विलुप्त हो रही है। 10. एकाकी जीवन पहाड़ों में व्यतीत करते थे अब खनन के नाम पर वहाँ से बेदखल किये जाने के कारण ग्रामीण क्षेत्रों में आकर बसने के कारण अब समेकित अर्थात् सामूहिक सहवास करना पड़ता है। 11. सामाजिक सम्बन्धों में सुशिक्षित होने वाले युवक-युवतियों का जीवन रूपान्तरित हो रहा है, सामाजिक बदलाव की समस्या पैदा हो गयी है। 12. आदिवासी समाज की सांस्कृतिक पहचान को खतरा मँडरा रहा है। शनैः-शनैः अपनी परम्परागत हकों से वंचित हो रहे हैं। 13. इनके स्वास्थ्य पर संक्रामक कुपोषण और रक्ताल्पता एवं व्यसनों को लेने के आदी हो गये हैं, जिसके कारण लतखोरी जुआखोरी जैसी समस्याओं से जूझ रहे हैं। 14. इनके सोचने-विचारने के नजरिये में बदलाव आने के कारण गलत सामाजिक कुरीतियों और दृष्टिकोण के शिकार होने से नकारात्मक सोच हो रही है। 15. जनजाति के लोग शहरों की ओर पलायन करने लगे हैं जिसके कारण शनैः-शनैः ये अपनी मातृभाषा को भूलते जा रहे हैं। 16. इनके ज़्यादातर निवास दुर्गम पहाड़ियों और सुदूरवर्ती क्षेत्रों में होता है जिसके कारण राष्ट्रीय जीवन धारा से विमुख हो रहे हैं। 17. आज भी आदिवासी क्षेत्रों में सड़क, पानी, बिजली, शिक्षा, स्वास्थ्य जैसी बुनियादी सुविधाओं के अभाव होने के कारण संघर्षमयी जीवन बना हुआ है। 18. इनमें आज भी समान शिक्षा पद्धति के अभाव के चलते इनकी बालिकाएँ शिक्षा ग्रहण करने से पिछड़ रही हैं। 19. वन क्षेत्रों से पलायन के कारण वन उत्पादों एवं हकों से वंचित रहना पड़ता है। 20. जनजातीय महिलाओं में आज भी शिक्षा का अभाव की समस्या खल रही है। 21. ज़मीन संक्रमण भू-अर्जन की समस्या विकराल रूप धारण कर रही है। 22. आर्थिक स्थिति के कमजोर होने के कारण इन्होंने कर्जा

ले रखा है। कर्ज की समय पर अदायगी नहीं होने के कारण उधार मूलधन पर ब्याज और बढ़ रहा है ऋण चुकाने पर ऋण भार से दबने की समस्या उत्पन्न हो रही है इसके अलावा भी अन्य कई समस्या संक्षिप्त में व्यक्त कर सकते हैं। 23. अपने परम्परागत निवास से वंचित होने के कारण भूमि संक्रमण की समस्या व्याप्त हो जाती है जिसके चलते वनभूमि के फायदों से वंचित होना पड़ रहा है इसके कारण नुकसान उठाना पड़ता है। 24. आर्थिक शोषण एवं बन्धुवा मज़दूरों को कई कठिनाइयों का सामना करना पड़ रहा है। 25. सरकारी योजनाओं के विकास की गति धीमी चलने के कारण समावेशी विकास से वंचित रहना पड़ता है और योजनाओं का कोई फायदा नहीं उठा पा रहे हैं। 26 इनको आज भी समुचित आरक्षण से वंचित कर दिया जाता है। 27. आरक्षण नीति का ये लोग कभी-कभार सही फायदा नहीं उठा रहे हैं। 28. समाज के कमजोर तबके में आने के कारण सरकारी योजनाओं का लाभ नहीं मिल पाने की वजह से अलाभकारी स्थिति में जीवन-यापन करते नजर आते हैं। 29. प्रायः सुदूरवर्ती इलाकों में परिवहन या यातायात सुविधा के अभाव में जनजातीय क्षेत्रों में पहुँच पाना कठिन समस्या है। 30. इन्हें ज़्यादातर शिकार, पशुचारण वन उत्पादों पर आश्रित रहने या कृषि सुविधाओं का अभाव रहने से अन्न उत्पादन नहीं होने के कारण खाद्य सुविधाओं के अभाव के चलते खाद्य संकट का सामना करना पड़ता है। 31. सरकारी योजनाओं का खर्चा केन्द्रीय और राज्य सरकारें मिलकर वहन करती हैं, कई बार राज्यों द्वारा 50 प्रतिशत खर्च करने की बजट में असमर्थता दर्शा दी जाती है। इस कारण सरकारी योजनाएँ अधूरी ही पड़ी रहती हैं जिसके चलते योजनागत सुविधाओं से वंचित रहना पड़ता है। 32. अवसंरचनात्मक विकास और जनजातीय क्षेत्रों में अन्तराल होने के कारण इनको अभाव की स्थिति से जूझना पड़ता हैं। 33. अपनी भूमि से सुदूर विस्थापित होने के कारण अजनबी बनने का सिद्धान्त लागू हो जाता है इसके कारण न्यायालयों से उचित राहत नहीं ले पाते हैं। 34. जागरूकता का अभाव। 35. जनजातीय मानवाधिकारों के संरक्षण के अभाव में मानव अधिकारों के हनन करने की पुनरावृत्ति की समस्या से ग्रस्त हैं। 36. ग़ैर-आदिवासी लोगों को आदिवासियों की भूमि को अन्तरण करने की विकट समस्या व्याप्त हो रही है। 37. आदिवासियों को समावेशी विकास की नीति का कोई फायदा नहीं मिल रहा है। 38. इन आदिम लोगों की संस्कृति और भाषा के पर्याप्त संवर्द्धन के अभाव में समुचित प्रगति नहीं हो पा रही है। इस प्रकार इन आदिवासियों को अपनी ही विरासत में मिली भूमि पर जिसका कि संरक्षण-संवर्द्धन उनके पूर्वजों ने किया था, एक शरणार्थी की तरह जीवन जीने के

लिए बाध्य किया जा रहा है इस वजह से इनके मालिकों में से प्राण और दैहिक आजादी के हनन का खतरा उत्पन्न हो गया है। 39. प्रशासकीय अधिकारियों द्वारा आदिवासियों के प्रति रुझान में कमी होने के कारण योजनाओं का समुचित फायदा सही समय पर नहीं ले पाते हैं और इनके द्वारा अत्याचार और शोषण को बढ़ावा मिलता है। 40. इन आदिवासियों के साथ अस्पृश्यता या छुआछूत का दुर्व्यवहार भी किया जाता है, इनको सम्मान की दृष्टि से नहीं देखा जाता है। 41. आदिवासी इलाकों में आज भी मूलभूत पेयजल सुविधा का अभाव पाया जा सकता है। खारा पानी पीने के कारण लोरोसीस बीमारी के प्रभाव के कारण कुबज्पान के शिकार हो रहे हैं। 42. वनों में विचरने वाले स्थानीय आदिवासी लोगों की सुरक्षा के अभाव में जंगली जानवरों के आक्रमण करने या शिकार बनने का भय हमेशा बना रहता है। इनकी परम्परागत विरासत में प्राप्त वन भूमि में अतिक्रमण या बेदखल करने का अंदेशा बना रहता है। समावेशी विकास की समस्या भी गरीब आदिवासियों को कचोट रही है। 43. इनके कला, साहित्य, संस्कृति के सरकार के द्वारा संवर्द्धन और संरक्षण के अभाव के चलते इनको बौद्धिक सम्पदाधिकारों से वंचित होने की समस्या उत्पन्न हो रही है। 44. आदिवासी समाज के ज़्यादातर लोक कलाकार गायक संगीतकार होते हैं। देशी और विदेशी सैलानियों द्वारा पर्यटन की सुविधा के नाम पर जारबा जनजाति के लोगों को प्रलोभन देकर अर्द्धनग्न नृत्य करवा कर इनकी संस्कृति एवं कला के दुरुपयोग करने की विकट समस्या उत्पन्न हो गयी है। 45. आर्थिक दरिद्रता के भँवरजाल में ज़्यादातर आदिवासी फँसे हुए हैं। निर्धनता के कारण अनैतिक दुर्व्यवहार बढ़ने की विकट समस्या होगी। 46. आदिवासी समाज के लागों की पहचान, अस्मिता, अस्तित्व को बचाने की संघर्षपूर्ण विकट स्थिति उत्पन्न हो गयी है, इनको सही परिभाषित करने और कानूनी मौलिक हकों से वंचित करने की नयी समस्या हो चुकी है। 47. इनके धर्म परिवर्तन करने अर्थात् धर्मान्तरण करने की विकट समस्या आ खड़ी हुई है जिनके कारण इनकी पहचान को खतरा उत्पन्न हो गया है। धर्म परिवर्तन कराने की वजह से इनकी सांस्कृतिक पहचान के अवमूल्यन होने की आफत पैदा हो गयी है। 48. आदिवासी के जीववादी, प्रकृति प्रेमी, समतामूलक लैंगिक समता गतिविधियों को चलाने के विरुद्ध कुचक्र बहुराष्ट्रीय समवायों द्वारा चलाया जा रहा है। 49. आदिवासी महिला और पुरुषों में आज भी शैक्षिक, आर्थिक, सामाजिक एवं राजनीतिक सशक्तीकरण के अभाव की समस्या है। 50. जनजातीय क्षेत्रों में खनन, नक्सलवाद, जनजातियों के विरुद्ध अपराध वृद्धि करने, विकास से उत्पन्न विस्थापन आदिवासी महिलाओं के विरुद्ध

अपराध, जनजाति अधिकारों से वंचित करने की समस्याओं से आज ये लोग ग्रस्त और त्रस्त हैं। वनों पर आधारित आदिवासियों की अर्थव्यवस्था चरमरा गयी है क्योंकि उनकी वन सम्बन्ध के ऊपर निर्भर परम्परागत ईंधन चारा सूक्ष्म वन उत्पादों को इकट्ठा करने के अधिकारों को भी भारतीय वन नीतियों के अर्न्तगत प्रतिबन्धित करने की वजह से यह समस्या उत्पन्न हुई है। आदिवासी बहुसंख्यक मध्य प्रदेश राज्य में तो वन उत्पादों यथा तेंदू पत्ता, लकड़ी, ईंधन, गोंद, हरड, बाँस, साल बीज, खैर छाल के विक्रय करने वाले ये आदिवासी अब मात्र श्रमिक बन कर रह गये हैं। उन राज्यों में जहाँ अल्पवन उत्पाद का व्यापार राष्ट्रीय नहीं है वहाँ इन आदिवासियों का शोषण, अत्याचार व अन्याय इन बड़े व्यापारियों व मध्यस्थों द्वारा होता है।

3. भारतीय आदिवासी समुदाय के समक्ष उत्पन्न चुनौतियाँ और समाधान की अपेक्षाएँ : एक बेहतरीन सुचालनीय कदम उपरोक्त पृष्ठभूमि में इन भारतीय आदिवासियों और देश के लोगों की प्रमुख समस्याओं का विश्लेषण किया जाये तो उनको विकास के कारण अनेक प्रकृतिप्रदत्त अधिकारों व मानवाधिकारों से वंचित होने की वजह से अनेक आने वाली चुनौतियों का मुकाबला भी करना पड़ेगा। केन्द्र और राज्य सरकारें नवीन आर्थिक नीति के तहत देशी एवं विदेशी पूँजीगत निवेश को विकास परियोजनाओं में आमन्त्रित कर रही हैं। प्राकृतिक संसाधनों के दोहन के लिए सुरक्षित वन क्षेत्रों को भी अलग नहीं रखा जा रहा है। विकास हेतु खनिज दोहन इस्पात संयन्त्र, शक्ति संयन्त्र, तेल अवशोधन संयन्त्र लगाकर कुदरती संसाधनों के दोहन के लिए सुरक्षित वनक्षेत्रों, राष्ट्रीय उद्यानों, पशु-पक्षी अभयारण्यों को भी अलग नहीं रखा जा रहा है और इन संसाधनों के उपयोग में लाने की परियोजना शुरू की जा चुकी है अथवा प्रस्तावित हैं। वन उत्पादों की वन नीति के तहत प्रतिबन्धित कर ये अधिकार आदिवासियों के अब विधिक हक के रूप में नहीं रहे हैं। इन अधिकारों को सरकारी आदेशों, नियमों व प्रतिबन्धों के अधीन कर दिया गया है। आदिवासियों पर लगाये गये प्रतिबन्धों के चलते वास्तविक रूप से वे अपने प्राकृतिक अधिकारों से वंचित हो गये हैं तथा उनके प्राकृतिक क्रियाकलाप जो कि वनाधारित अर्थव्यवस्था से सम्पन्न होते हैं वे अब वन व पर्यावरण विभाग के अधिकारियों की दया पर निर्भर होने लगे हैं। गरीबी व अशिक्षा उनकी दशा को और दयनीय बनाने में प्रेरक हो रही है। इन देशज वनवासियों के जीवन पहचान व अस्तित्व पर ही प्रश्न चिह्न लगा दिया है इसलिए इस आदिवासी समुदाय के लोगों के सामने कई चुनौतियाँ सामने आकर खड़ी हो गयी हैं। राजस्थान प्रदेश में जनजाति लोगों की जनसंख्या राज्य की कुल

जनसंख्या का 12.57 प्रतिशत है। भारतीय आदिवासी समुदाय के सामने भविष्य को दृष्टिगत रखते हुए निम्नलिखित प्रमुख चुनौतियाँ होंगी।

1. निर्धनता 2. असमानता 3. वन संसाधन व प्रबन्धन से अलगाव 4. परम्परागत धन्धों की समाप्ति 5. प्राकृतिक परिवेश पारिस्थितिकीय असन्तुलन एवं वातावरण की समाप्ति का भय 6. विस्थापन संस्कृति का विलोपन 7. सामाजिक सम्बन्ध रूपान्तरण 8. बीमारियाँ 9. श्रमिक 10. अवसंरचनात्मक विकास 11. समर्थकारी संस्थानों की निर्बलता 12. जनजातीय उपयोजना 13. सनातनी आदिम वर्ग निम्न जीवन स्तर 14. खाद्य असुरक्षा 15. कुपोषण 16. रक्ताल्पता 17. जैविक संस्कृति संसाधन संरक्षण 18. परम्परागत ज्ञान में कमी 19. भौतिक एवं बौद्धिक सम्पदाधिकार 20. पुनर्वासन और पुनबन्दोबस्त 21. ग़ैर जनजातीय लोगों का भूमि अतिक्रमण 22. विकास की राजनीति द्वारा आदिम समुदायों को अलाभकारी बनाना 23. संस्कृति और भाषा सम्बन्धी हकों में दुविधा 24. अनुसूचित क्षेत्र विस्तार कानून की अवहेलना 25. वनाधिकार कानून की विसंगतियाँ 26. समावेशी विकास की अनदेखी 27. जनजाति हकों व वन कानूनों का अतिक्रमण 28. जैविक विविधता संरक्षण में कमी 29. आरक्षण और समता के सिद्धान्त की चुनौती 30. सतत स्थायी विकास की अपालना 31. जनजाति विकास में विभेद करना 32. समाज के कमजोर तबकों की असुरक्षा 33. विभेदीकरण 34. शोषणी 35. वंचितीकरण 36. उपेक्षातीकरण 37. हिंसाकरण 38. असुरक्षितकरण 39. नक्सलीकरण 40. उत्पादनकरण 41. अनिरक्षताकरण 42 सारभूतीकरण 43. परामर्शीकरण एवं समन्वयकरण 44. आरक्षतीकरण 45. धर्मान्तरकरण (हिन्दूकरण, इस्लामीकरण, ईसाईकरण, पारसीकरण यहूदीकरण) 46. शहरीकरण, नगरीकरण 47. पश्चिमीकरण 48. औद्योगिकीकरण 49 जनसंख्याकरण 50. उदारीकरण 51. निजीकरण 52. वैश्वीकरण, भूमण्डलीकरण, सार्वभौमिकीकरण 53. भौतिकीकरण 54. आत्मयाकरण 55. सांस्कृतिकरण 56. आधुनिकीकरण 57. उपभोक्ताकरण 58. तकनीकीकरण 59. वैज्ञानिकीकरण 60. बौद्धिकीकरण 61. योजनाकरण 62 घुमन्तूकरण 63. असंगठनीकरण 64. विदोहनीकरण 65. उपेक्षितीकरण 66. अपेक्षाकरण 67. बन्दोबस्तीकरण 68. देशीयकरण 69. विदेशीयकरण 70. सर्वोदयीकरण 71. व्यावसायिकीकरण 72. वनोषधिकरण 73. अन्धविश्वीकरण 74. प्रशिक्षणीकरण 75. हाशियाकरण 76. अलाभकारी करण 77. वर्गीकरण 78. मानवीयकरण 79. मजबूतीकरण सशक्तीकरण 80. अर्जीकरण 81. फर्जीकरण 82. समताकरण 83. प्रश्रयीकरण 84. सौन्दर्यकरण 85. तेजस्वीकरण प्रकाशीकरण 86. अन्धेरीकरण 87. मर्जीकरण 88. वशीकरण 89. बलातकरण 90. अपहरणीरकण 91. अंग

विच्छेदीकरण 92. मानकीकरण 93. समादरीकरण 94. पर्यावरणीकरण 95. पारिस्थितिकीकरण 96. शीतलीकरण 97. वाष्पीकरण 98. उपयोगीकरण 99. नाटकीयकरण 100. राजकीयकरण 101. अन्तर्राष्ट्रीयकरण 102. पंजीकरण 103. समानीकरण 104. समीकरण 105. बहुलवादीकरण 106. एकीकरण 107. अपव्ययीकरण 108. लाभदायीकरण 109. हानिकरण 110. क्षतिकरण 111. करुणाकरण 112. उपयोगीकरण 113. विद्रोहीकरण 114. सत्याग्रहीकरण 115. राष्ट्रीयकरण 116. विलुप्तिकरण 117. स्पष्टीकरण 118. टीकाकरण 119. चरणाबन्दगीकरण 120. आवाजाहीकरण 121. हिसाबीकरण 122. उत्तरदायीकरण 123. पारदर्शीकरण 124. कुदरतीकरण 125. प्राकृतिकीकरण 126. सावधानीकरण 127. चेतनीकरण 128. रेगिस्तानीकरण 129. सूतीकरण 130. कृत्रिमीकरण 131. यथार्थीकरण 132. मज़दूरीकरण, वेतनीकरण 133. आमदनीकरण 134. विकलांगीकरण 135. स्फूर्तीकरण 136. त्वारितीकरण 137. कृषिकरण 138. व्यवस्थीकरण 139. आनन्दीकरणी 140. प्रसन्नतीकरण 141. प्रेमीकरण 142. शान्तिकरण 143. शक्तिकरण 144. निर्बलीकरण 145. बंध्याकरण 146. नसबन्दीकरण 147. कैदीकरण 148. आत्मिकीकरण 149. आध्यात्मिकीकरण 150. धार्मिकीकरण 151. प्रभावीकरण 152. निर्जलीकरण, अपराधीकरण, ध्रुवीकरण, वनोन्मूलीकरण, प्रमाणीकरण इत्यादि विभिन्न चुनौतियाँ व्यापक रूप से इन जनजातीय लोगों के सामने दृष्टिगोचर हो रही हैं। जिनका समाधान उचित एवं समुपयुक्त दिशा-निर्देशों एवं केन्द्र एवं राज्य सरकारों द्वारा चलाई जा रही विभिन्न योजनाओं के अन्तर्गत इस समुदाय को समावेशी विकास योजना में बराबर का हिस्सा दिया जाना चाहिए।

निष्कर्ष एवं सुझाव

हमें अब इनके विकास एवं कल्याण के लिए निम्न बातों पर ध्यान दिये जाने की जरूरत है—1. विधानपालिकाओं में अनुसूचित जनजातियों के लिए स्थान का आरक्षण, 2. भारतीय संसद में स्थानों का आरक्षण, 3. लोक सेवाओं में आदिवासियों का आरक्षण, 4. आदिवासियों के शैक्षिक हितों की प्रोन्नति, 5. आदिमों के आर्थिक हितों का संवर्द्धन करना तथा, 6. जनजातियों के विकास के लिए कारगर रणनीति सुनिश्चित करना सर्वश्रेष्ठकर होगा इसके अलावा सरकार से अपेक्षाएँ हैं कि 1. वितरित-न्याय का ध्यान रखें, 2. समावेशी राजनीतिक, आर्थिक और वैकासिक उन्नति हो, 3. लिंगन्याय की प्रबलता हो, 4. गरीबी उन्मूलन की जनजातीय क्षेत्रों में विकास योजनाएँ चलाई जायें, 5. सतत विकास पर जोर दिया जाये, 6. परम्परागत पर्यावरण एवं पारिस्थितिकीय सन्तुलन को बनाया जाये, 7. खाद्य

एवं स्वास्थ्य की सुरक्षा हो, 8. प्राथमिक शिक्षा पर बल दिया जाये, 9. महिला सशक्तीकरण पर बल दिया जायें, 10. मातृत्व स्वास्थ्य में सुधार हो, 11. रोटी, कपड़ा और मकान की समुचित सुविधाएँ दी जाये, 12. मित्रवत पर्यटन को बढ़ावा दिया जाये, 13. आदिवासियों के मानवाधिकारों को संरक्षित किया जाये, 14. राष्ट्रीय और अन्तर्राष्ट्रीय कानूनों को सही तरह से लागू करने में सफलता हासिल की जाये।

स्वतन्त्रता आन्दोलन में आदिवासियों की भूमिका

चन्दनमल नवल

भारतीय इतिहासकारों ने सन् 1857 की क्रान्ति को स्वतन्त्रता संग्राम का पहला आन्दोलन बताया है। हकीकत में सन् 1857 से 100 साल पहले आदिवासियों ने स्वतन्त्रता आन्दोलन शुरू कर दिया था। 'क्रान्ति कोष' के लेखक श्रीकृष्ण 'सरल' ने राष्ट्रीय आन्दोलन का काल सन् 1757 से सन् 1961 तक माना है। सन् 1757 में प्लासी का युद्ध हुआ था, जिसमें बंगाल के नवाब सिराजुद्दौला को ईस्ट इण्डिया कम्पनी ने हराकर भारत में ब्रिटिश राज्य की नींव रखी थी। सन् 1961 में पुर्तगालियों से मुक्त करवाकर गोवा का विलय भारत में किया गया था। स्वतन्त्रता आन्दोलन का कालखण्ड यही माना जाना चाहिए।

स्वतन्त्रता आन्दोलन में आदिवासियों की भूमिका समझने के लिए उसकी पृष्ठभूमि को समझना जरूरी है। यह सच है कि आदिवासियों द्वारा चलाये गये आन्दोलन स्थानीय परिस्थितियों के अनुसार स्थानीय स्तर पर ही लड़े गये। पूरे भारत की स्वतन्त्रता के लिए आदिवासी ने कभी अंग्रेज़ों के विरुद्ध युद्ध नहीं लड़े। इसका प्रमुख कारण है आदिवासी कई उपजातियों और समूहों में बँटा हुआ था। आज भी बँटा हुआ है। भारत में 428 जनज़ातियाँ अधिसूचित हैं जबकि इनकी वास्तविक संख्या 642 है। जनसंख्या की दृष्टि से एशिया में सबसे ज़्यादा आदिवासी भारत में निवास करते हैं। 2011 की जनगणना के अनुसार भारत की कुल जनसंख्या का 8.6 प्रतिशत आदिवासी जातियाँ हैं। ये 19 राज्यों और 8 केन्द्र शासित राज्यों में फैले हुए हैं। गुजरात के डांग जिले से लेकर बंगाल के चौबीस परगना तक देश के 70 प्रतिशत आदिवासी रहते हैं। पूर्वोत्तर के सात राज्यों—मेघालय, मणिपुर, मिजोरम, असम, अरुणाचल प्रदेश, नागालैण्ड और त्रिपुरा में आदिवासियों का बाहुल्य है। यही कारण है कि पूर्वोत्तर के सीमावर्ती प्रदेश बिहार और झारखण्ड जनजाति आन्दोलन के प्रमुख केन्द्र रहे हैं। आदिवासी पूर्वोत्तर के अलावा झारखण्ड, बिहार, पश्चिम बंगाल, उड़ीसा, छत्तीसगढ़, मध्य प्रदेश एवं राजस्थान में बसे हुए हैं।

मेघालय में 16 तरह की जनजातियाँ हैं और ईसाई धर्म को मानते हैं। त्रिपुरा में 19 जनजातियाँ हैं जो ईसाई, बौद्ध और हिन्दू धर्म को मानते हैं। छत्तीसगढ़ के बिलासपुर सम्भाग में जेवरा गोण्ड के अलावा सरगुजिया, रतनपुरिया, मटकोड़वा, ध्रुव तथा राजगोण्ड सगा समाज है। गोण्ड एक ही समाज होते हुए भी उनमें रोटी-बेटी का व्यवहार नहीं है। (आदिवासी सत्ता अंक 2, मार्च 2016) इस तरह आदिवासी कई समूहों में बँटे हुए हैं। इसलिए अपनी स्वायत्तता की लड़ाई भी अलग-अलग लड़ी। फिर भी इस बात से इन्कार नहीं किया जा सकता है कि भारत के राष्ट्रीय आन्दोलन को आधार आदिवासियों के इन्हीं आन्दोलनों ने दिया। भारत में राष्ट्रीय आन्दोलनों को खड़ा करने में आदिवासी आन्दोलनों की महत्त्वपूर्ण भूमिका रही है।

महात्मा गाँधी भारत को अंग्रेज़ों की गुलामी से मुक्त कराना चाहते थे। इसलिए उन्होंने कहा था अंग्रेज़ भारतीयों के हाथों में सत्ता सौंप कर चले जायें। महात्मा गाँधी राजनीतिक सत्ता का हस्तान्तरण चाहते थे। उनका उद्देश्य राजनीतिक सत्ता प्राप्त करना था। सामाजिक आजादी की लड़ाई बाबासाहेब डॉ. भीमराव आम्बेडकर ने लड़ी। डॉ. आम्बेडकर ने कहा सामाजिक स्वतन्त्रता के बिना राजनीतिक स्वतन्त्रता का कोई अर्थ नहीं है। राजनीतिक सत्ता प्राप्त से पहले दलितों को सामाजिक समानता और स्वतन्त्रता दी जाय। इसीलिए उन्होंने अछूतोद्धार आन्दीलन चलाया। आदिवासियों के लिए आर्थिक स्वतन्त्रता भी उतनी ही महत्त्वपूर्ण थी, जितनी सामाजिक और राजनीतिक स्वतन्त्रता। साहूकार आदिवासियों का जमकर शोषण कर रहे थे। साहूकार से एक बार लिया हुआ कर्ज पीढ़ियों तक चुकता नहीं हो पाता था। अन्ततः साहूकार जमींदार की मदद से आदिवासियों की ज़मीन पर जबरन कब्जा कर लेते थे। इसलिए आदिवासियों के लिए आर्थिक स्वतन्त्रता ज़रूरी थी। यही कारण है कि आदिवासियों ने हर आन्दोलन में पूर्ण स्वायत्तता की माँग की थी।

महात्मा गाँधी ने सिर्फ अंग्रेज़ों के खिलाफ आन्दोलन किया था। महात्मा गाँधी ने राजा-महाराजाओं, सामन्तों और जमींदारों के अन्याय और अत्याचारों की कभी खिलाफत नहीं की। उनके खिलाफ कभी नहीं बोले। वे उनके समर्थक बने रहे। साहूकारों के शोषण के सम्बन्ध में भी उनकी यही नीति रही है। अंग्रेज़ों ने भारतीय जनता पर सीधा शासन नहीं किया। उन्होंने राजा-महाराजाओं, सामन्तों और जमींदारों के माध्यम से शासन चलाया। ब्रिटिश शासकों को कोई कानून भारतीय जनता पर लागू करवाना होता तो इन्हीं के मार्फत लागू करवाते थे। राजस्व वसूली भी राजा-महाराजाओं और जमींदारों के माध्यम से ही करते थे।

इसलिए आदिवासियों की सीधी लड़ाई जमींदारों और सामन्तों से होती थी। आदिवासी जब जमींदारों और राजा-महाराजाओं के नियन्त्रण से बाहर हो जाते थे, तब वे अंग्रेज़ी हुकूमत से मदद माँगते थे। उनकी मदद के लिए अंग्रेज़ अपनी सेना भेजते थे। ऐसी स्थिति में आदिवासियों को अंग्रेज़ी सेना और जमींदारों से सीधा मुकाबला करना पड़ता था। आदिवासी साहूकारों के भी खिलाफ थे। इसीलिए साहूकार भी जमींदारों का साथ देते थे। ऐसी स्थिति में आदिवासियों को स्वायत्तता और स्वतन्त्रता के हर आन्दोलन में अंग्रेजी हुकूमत के साथ-साथ सामन्तों और साहूकारों से भी संघर्ष करना पड़ता था। आदिवासियों का आन्दोलन ज़्यादा व्यापक था।

आदिवासियों को स्वतन्त्रता आन्दोलनों की भारी कीमत चुकानी पड़ी। अंग्रेज़ों के पास भारी संख्या में सुसज्जित सेना थी। आधुनिक हथियार-बन्दूकें, तोपें, गोला और बारूद था। सामन्तों के पास प्रशिक्षित पुलिस फोर्स थी। साहूकारों के पास धन-दौलत की ताकत थी। इनके मुकाबले में आदिवासियों के पास युद्ध के परम्परागत साधन तीर-कमान, भाले, फरसे और गण्डासे थे। आदिवासी आर्थिक रूप से कमजोर थे। संसाधनों की कमी थी। इसलिए हर आन्दोलन में आदिवासियों को जान-माल की भारी क्षति उठानी पड़ी। सन् 1855 में सन्थाल (झारखण्ड) के आदिवासी वीर योद्धा सिद्धू और कान्हू का विद्रोह हुआ। इसमें 30-35 हज़ार आदिवासियों ने भाग लिया। आन्दोलन ने हिंसक रूप ले लिया। अनेक अंग्रेज़ सैनिक और अधिकारी मारे गये। अन्त में पूरे क्षेत्र को सेना के सुपुर्द कर दिया गया। मार्शल लॉ लागू कर दिया गया। सेना को देखते ही गोली मारने के आदेश दिये। कत्लेआम हुआ। इसमें 10 हज़ार आदिवासी मारे गये। रमणिका गुप्ता तथा माता प्रसाद ने इन आंकड़ों की पुष्टि की है। इसी तरह सन् 1913 में मानगढ़ में हुए आदिवासी आन्दोलन में भी 1500 आदिवासी शहीद हुए थे। ये आंकड़े बताते हैं कि आदिवासी आन्दोलनों में लाखों आदिवासियों की जानें गयीं।

भारत में सबसे पहले आदिवासियों ने स्वतन्त्रता आन्दोलन सन् 1780 में सन्थाल परगना में प्रारम्भ किया। दो आदिवासी वीरों तिलका और माँझी ने आन्दोलन का नेतृत्व किया। यह आन्दोलन सन् 1790 तक चला। इसे 'दामिन विद्रोह' कहते हैं। तिलका और माँझी की गतिविधियों से अंग्रेज़ी सेना परेशान हो चुकी थी। इन्हें पकड़ने के लिए सेना भेजी गयी। तिलका को इसकी भनक लग चुकी थी। यह देखने के लिए कि अंग्रेज़ सेना कहाँ तक पहुँची है तिलका ताड़ के ऊँचे पेड़ पर चढ़ गया। संयोग से अंग्रेजी सेना पास की झाड़ियों में छुपी हुई थी। उसका नेतृत्व मि. क्लीवलैण्ड कर रहे थे। उसने तिलका को पेड़ पर चढ़ते

देख लिया था। वह घोड़े पर सवार होकर पेड़ के पास पहुँचा। सेना ने भी पेड़ के चारों तरफ घेरा डाल दिया था। क्लीवलैण्ड ने तिलका को ललकारा और पेड़ के नीचे उतर कर आत्म समर्पण के लिए कहा। तिलका ने क्लीवलैण्ड पर एक तीर चलाया जो उसकी छाती में जाकर लगा। क्लीवलैण्ड नीचे गिर पड़ा। छटपटाने लगा। सेना उसे सँभालने के लिए भागी। इस बीच तिलका फुर्ती से पेड़ के नीचे उतरा और जंगल में गायब हो गया। अंग्रेज़ी सेना ने तिलका को पकड़ने के लिए छापामार युद्ध का सहारा किया। अन्त में अंग्रेज़ सेना तिलका को गिरफ्तार करने में सफल हो गयी। अपनी हानि का बदला लेने के लिए तिलका को अंग्रेज़ों ने पेड़ से लटकाकर फाँसी दे दी। अपने प्रदेश की स्वतन्त्रता की लड़ाई लड़ते हुए तिलका शहीद हो गया। तिलका को स्वतन्त्रता आन्दोलन का पहला शहीद माना जाना चाहिए। लेकिन भारतीय इतिहासकारों ने सन् 1857 की क्रान्ति में शहीद हुए मंगल पाण्डे को स्वतन्त्रता संग्राम का पहला शहीद घोषित कर दिया। सच्चाई यह है कि मंगल पाण्डे से 70 साल पहले स्वतन्त्रता आन्दोलन में तिलका शहीद हुआ था।

भारत का सही इतिहास कभी लिखा ही नहीं गया। सवर्ण इतिहासकारों ने जो भी लिखा वह पक्षपातपूर्ण और एकतरफा लिखा। विडम्बना है कि दलितों और आदिवासियों को सदैव इतिहास से बाहर रखा गया। उनके बड़े से बड़े त्याग, बलिदान और शौर्य गाथाओं का इतिहास में उल्लेख तक नहीं किया गया। सन् 1780 से सन् 1857 तक आदिवासियों ने अनेको स्वतन्त्रता आन्दोलन किये। सन् 1780 का 'दामिन विद्रोह' जो तिलका माँझी ने चलाया, सन् 1855 का 'सिद्धू-कान्हू विद्रोह', सन् 1828 से 1832 तक बुधु भगत द्वारा चलाया गया 'लरका आन्दोलन' बहुत प्रसिद्ध आदिवासी आन्दोलन है। इतिहास में इन आन्दोलनों का कहीं जिक्र तक नहीं है। इसी तरह आदिवासी क्रान्तिकारों जिन्होंने अंग्रेज़ों से लड़ते हुए प्राण गवायें उनका भी इतिहास में कहीं वर्णन नहीं है। छत्तीसगढ़ का प्रथम शहीद वीर नारायण सिंह 1957 में शहीद हुआ। मध्य प्रदेश के निमाड़ का पहला विद्रोही भील तांतिया उर्फ टंटिया मामा सन् 1888 में शहीद हुआ। इसी तरह आदिवासी युग पुरुष बिरसा मुण्डा सन् 1900 में शहीद हुआ। जेल में ही उसकी मृत्यु हो गयी। सन् 1913 में हुए मानगढ़ आन्दोलन के नायक गोविन्द गुरु को भी इतिहास में कहीं स्थान नहीं दिया है। इतिहासकारों ने दलितों और आदिवासियों को इतिहास में कहीं स्थान नहीं दिया, अलबत्ता इनके इतिहास को विकृत और विलुप्त करने में अपनी अहम भूमिका निभाई। आदिवासी आन्दोलनकारियों की छवि खराब थी जबकि वे आदिवासियों में बहुत लोकप्रिय रहे हैं और स्वतन्त्रता आन्दोलनों

का सफल नेतृत्व किया है। इतिहासकारों ने अपने लेखन धर्म को निष्पक्षता और ईमानदारी से नहीं निभाया।

इतिहास की सच्चाई यह है कि सन् 1780 से 1857 तक के वर्षों में आदिवासियों द्वारा किये गये स्वतन्त्रता आन्दोलनों में लाखों आदिवासी मारे गये। दूसरी तरफ सन् 1857 से 1947 तक 90 वर्षों में ग़ैर-आदिवासियों द्वारा किये गये राष्ट्रीय स्वतन्त्रता आन्दोलनों में एक हज़ार लोग भी नहीं मारे गये होंगे। अन्दाजा इस बात से लगाया जा सकता है कि राष्ट्रीय आन्दोलनों में सबसे बड़ा नरसंहार सन् 1919 में हुए जलियाँवाला बाग हत्याकाण्ड में हुआ था। उसमें 379 लोग शहीद हुए थे। इसके मुकाबले सन् 1855 में हुए सिद्धू और कान्हू विद्रोह में 10 हज़ार आदिवासी शहीद हुए थे। आदिवासियों के ऐसे अनेक आन्दोलन हुए हैं। यह अलग बात है कि इतिहासकारों ने इन आन्दोलनों का कहीं उल्लेख तक नहीं किया। इतिहासकारों ने ऐसा करके भारत के सम्पूर्ण इतिहास को ही सन्दिग्ध और अविश्वसनीय बना दिया है। निःसन्देह स्वतन्त्रता आन्दोलन में आदिवासियों की भूमिका महत्त्वपूर्ण रही है। आज आवश्यकता सही इतिहास लेखन की है।

मानगढ़ क्रान्ति के महानायक : गोविन्द गुरु एवं उनका भक्ति आन्दोलन

रतनपाल डोडियार

आर्यों के आगमन से पूर्व तक भीलों का अतीत गौरवपूर्ण रहा है परन्तु गौर वर्ण के आर्यों द्वारा कृष्णवर्ण के अनार्य (दासों) का अनादर, कृष्णवर्ण के प्रति तिरस्कारपूर्ण सन्दर्भ, वीभत्स आकृति की चर्चा कर इन्हें दास वृत्ति से जोड़ दिया गया। रामायण काल में वाल्मीकि, शबरी भीलनी, निषादराज, महाभारत काल में एकलव्य, किरात अर्जुन, परवर्ती काल में मालवा का शासक धन्ना भील व मेवाड़ के पूंजा भील एवं अंग्रेज़ काल के तांतिया भील के नाम इस जाति एवं भारत भूमि को गौरवान्वित करते हैं। सातवीं सदी तक भारतवर्ष के मध्यक्षेत्र के राज्यों में भीलों का अधिकार था। शिलादित्य के मेवाड़ क्षेत्र पर आक्रमण से पूर्व मेवाड़ पर भीलों का आधिपत्य रहा है।

यह सर्वविदित है कि आदिवासी सदैव त्याग, तपस्या, बलिदान, ज्ञान, वैराग्य, राष्ट्रभक्ति, सच्चाई, कर्तव्य-पालन, अतिथि-सत्कार व संरक्षण और निष्कपट सेवाभाव आदि गुणों से सम्पन्न रहा है। देश की रक्षा के लिए उनके पराक्रम तथा बलिदानों की गाथाएँ, स्वाधीन भारत के राष्ट्रीय और सामाजिक जीवन की इतिहास की धरोहर है। रानी दुर्गावती का बलिदान, मेवाड़ के पूंजा भील व हल्दीघाटी के युद्ध में राणा प्रताप की भील सेना के बलिदान की तुलना कर पाना सहज नहीं है। छत्रपति शिवाजी के साथ कन्धे से कन्धा मिलाकर जूझने वाले एवं शिवाजी द्वारा दुर्ग-व्यवस्था और सुरक्षा का दायित्व भीलों को सौंपा जाना वनवासियों के प्रति उनके अटूट विश्वास का परिचायक था। वागड़ की मानगढ़ पहाड़ी पर सन् 1913 में 1500 से अधिक भीलों का बलिदान राष्ट्र-भक्ति का प्रमाण है। फिर भी मानव संग्रहालय आदिवासियों का उपहास उड़ाते हैं।

मानगढ़ : एक परिचय : राजस्थान के बाँसवाड़ा जिले से 70 कि.मी. दूर दक्षिण-पश्चिम में गुजरात की सीमा रेखा पर स्थित मानगढ़ एक पहाड़ का नाम

है। जिसका ऊपरी भाग पठार एवं समतल मैदान है। "इसका क्षेत्रफल लगभग 10 वर्ग किलोमीटर है और ऊँचाई समुद्रतल से 253 मीटर है। चौड़ाई की दृष्टि से तो यह लगभग 300 मीटर है परन्तु अधिकांश भाग लम्बाई में दूर तक फैला हुआ है।" स्वतन्त्रता से पूर्व सारा देश छोटी-बड़ी रियासतों में बँटा हुआ था। मानगढ़ के चारों ओर उस समय अनेक छोटी-छोटी रियासतें थीं जिनमें बाँसवाड़ा, कुशलगढ़, डूँगरपुर, सिरोही, सन्तरामपुर, ईडर आदि रियासतें मुख्य थीं। जहाँ भील लोग बड़ी संख्या में निवास करते थे। इसी क्षेत्र के साथ मालवा का क्षेत्र भी जुड़ा हुआ था, यहाँ पर भी भीलों की पर्याप्त बस्ती थी। उक्त रियासतों के राजाओं के अत्याचार, उत्पीड़न, दमन और शोषण से त्रस्त होकर इस पहाड़ पर एकत्रित भीलों पर 17 नवम्बर, 1913 को अंग्रेज़ी सेना ने तोपों एवं बन्दूकों से अन्धाधुन्ध गोलाबारी करके भयंकर नरसंहार किया, जिसमें 1500 से अधिक भील लोग शहीद हुए। यह पहाड़ भीलों की शहादत स्थली है।

भीलों की स्थिति : प्राचीन काल से ही भील इस अंचल के निवासी रहे हैं। बाँसवाड़ा, डूंगरपुर, कुशलगढ़ आदि प्रमुख नगरों को बसाने वाले भील नायकों के नाम पर ही इन नगरों का नामकरण हुआ। भीलों की अपनी सुदृढ़ सामाजिक व्यवस्था ही उनके जीवन का आधार रही है। "भारत में अंग्रेज़ी शासन से पूर्व वनांचल के भील राजनीतिक व सामाजिक दृष्टि से स्वायत्तशासी थे। उनकी अपनी न्याय-व्यवस्था पंचायती ढंग से चलती थी। उनके प्रत्येक कबीले के अपने मुखिया, सरदार, गमेती और पटेल होते थे, जिनके नेतृत्व में जीवन-व्यवहार चला करता था। वे आर्थिक दृष्टि से प्रायः आत्मनिर्भर थे।" परन्तु देशी रियासतों के शासकों एवं "अंग्रेजों के आधिपत्य के पश्चात् प्रचलित दण्डनीति और अर्थ-व्यवस्था के चलते भीलों की स्वायत्तता समाप्त हो गयी। इस प्रणाली ने लोगों को कंगाल करना प्रारम्भ कर दिया। इसके साथ ही अंग्रेजों के फरमाबरदार और कमीशन एजेण्ट बने देशी रियासतों के शासकों ने अपने क्षेत्र में बसने वाली भील प्रजा का उत्पीड़न व शोषण प्रारम्भ कर दिया था। उनसे बिना मूल्य दिये जबरन श्रम लिया जाता था जिसे बैठ-बेगार कहा जाता था। उनकी फसल का पर्याप्त भाग जबरन छीन लिया जाता था और पशु आदि भी हाँक कर ले जाये जाते थे। लोगों की बहिन-बेटियों को सरेआम उठा लिया जाता था और सामन्तों व उनके कारिन्दों की हवस का साधन बनाया जाता था। इस प्रकार उनका उन्मुक्त शोषण हो रहा था। वैसा न करने पर अथवा विरोध करने पर हण्टर या कोड़ों से पिटाई की जाती थी और तलवार से गर्दनें काट दी जाती थीं। यही नहीं, जंगल से भीलों के सिर काटकर टोकरों में भरकर लाए जाते थे और राजमहल के बाहर पेड़ों पर

टाँग दिये जाते थे ताकि उन्हें देखकर दूसरा कोई हुकुम अदूली की जुर्रत न कर सके। कई बार तो भीलों को जिन्दा ही आग में झोंक कर जला दिया जाता था। उनकी जूतों से, कोड़ों से पिटाई, आँखें निकलवा लेना और हाथ-पैर काट देना तो उन दिनों सामान्य बात थी। भीलों को बन्दर या सूअर कह कर सम्बोधित किया जाता था। वे अच्छे वस्त्र नहीं पहन सकते थे, उनकी स्त्रियाँ सोने-चाँदी के आभूषण नहीं पहन सकती थीं और न ही उत्तम भोजन कर सकते थे। एक गन्दी और उपेक्षित वस्तु की भाँति अनादर के पात्र हो कर उन्हें सबसे अलग बहुत दूर बैठना पड़ता था। भय और आतंक का साया हमेशा सिर पर मँडराता रहता था। लोग हर अत्याचार और अन्याय को विषघूँट की तरह पीने को विवश थे। चारों ओर करुण क्रंदन और आर्तनाद के स्वर सुनाई दे रहे थे। इन परिस्थितियों के कारण स्वभाव से स्वाभिमानी भीलों के मन में भयंकर आक्रोश उत्पन्न हो गया था, वे हर हाल में इसका वैर लेना चाहते थे। संयोग से त्रस्त भीलों को गोविन्द गुरु जैसा महानायक मिल गया।

गोविन्द गुरु : जीवन परिचय : भीलों के भगवान के रूप में प्रसिद्ध महान सन्त मानगढ़ क्रान्ति के महानायक श्री गोविन्द गुरु का जन्म पराधीन भारत की डूँगरपुर रियासत में स्थित बाँसिया ग्राम में विक्रम संवत्-1915, मार्गशीर्ष पूर्णिमा तद्नुसार 20 दिसम्बर सन् 1858 ईसवी को बंजारा परिवार में हुआ था। इनकी माँ का नाम लाटकी व पिता का नाम बेचर था। बचपन में लोग इन्हें गोविन्द कहकर पुकारते थे। बचपन से ही वे कुशाग्र बुद्धि एवं असाधारण व्यक्तित्व के धनी थे। ''बंजारा एक घुमन्तू जाति है, यह समुदाय व्यापार में अति कुशल होता था। बैलों की पीठ पर लादकर अनेक प्रकार की वस्तुओं को इधर से उधर और उधर से इधर लाने ले जाने, खरीदने और बेचने का कार्य करता था। कहते हैं कि बेचर के पास भी बैलों की कई बालदें (टोलियाँ) थीं और उसका व्यापार बागड़ और मालवे में धार और माण्डू तक होता था। अतः गोविन्द अपने परिजनों के साथ सर्वत्र यात्राओं में जाता रहता था। इस कारण वह ईडर, पालनपुर, सिरोही, आबू, वागड़, कांठल और मालवे के बड़े-बड़े व्यापारियों और सम्पन्न राजघरानों के निरन्तर सम्पर्क में रहता था। दूसरी ओर यह सारा क्षेत्र भील बहुल होने के कारण उनके साथ भी मिलना-जुलना होता था।'' तत्कालीन समय के इन राजघरानों, सामन्तों एवं उच्च जाति के लोगों द्वारा भोले-भाले भीलों पर किये जाने वाले अत्याचार, शोषण, बैठ-बेगार आदि अमानवीय व्यवहार को गोविन्द गुरु अपनी आँखों से देखता था। प्रसिद्ध समाज सुधारक दयानन्द सरस्वती के सन् 1882-83 में उदयपुर प्रवास के दौरान गोविन्द गुरु ने उनसे भेंट कर भीलों

की पीड़ा बताई। स्वामीजी की प्रेरणा व मार्गदर्शन से वे भीलों में समाज सुधार एवं जन जागृति का कार्य करने लगे। गोविन्द गुरु के नेतृत्व में ही भीलों ने वागड़ की मानगढ़ पहाड़ी पर सन् 1913 में क्रान्ति की जिसमें 1500 से अधिक भील शहीद हो गये। इसके बाद वे मृत्युपर्यन्त गुजरात के झालोद के पास कम्बोई नामक स्थान पर रहकर अपना कार्य पूर्ववत् करते रहे, यहीं पर 30 अक्तूबर 1931 को इस महान जननायक भीलों के भगवान सन्त गोविन्द गुरु पुण्य को प्राप्त हुए। कम्बोई में इनकी समाधि है, जिस पर प्रतिवर्ष हजारों भील भगत श्रद्धांजलि अर्पित करने एकत्रित होते हैं।

भीलों की भक्ति एवं शुद्धिकरण : गोविन्द गुरु ने देखा कि "तत्कालीन भील लोग गंदे रहते थे, बहुत कम ही नहाते-धोते थे, यहाँ तक कि मलमूत्रादि भी नहीं धोते थे। मांस और शराब के साथ अनेक प्रकार का अभक्ष्य और अपथ्य भक्षण करते थे। चोरी, लूट-पाट, व्यभिचार, पारस्परिक लड़ाई-झगड़ा करना उनकी दिनचर्या के आवश्यक अंग थे।" अतः उन्होंने प्रारम्भ में भीलों में व्याप्त इन विकृतियों को दूर करने के लिए उनकी शारीरिक, मानसिक एवं सामाजिक उन्नति की ओर ध्यान दिया। उन्हें समझाया कि रोज-प्रातः स्नान करो, वस्त्र धोकर पहनो, सत्संग, भजन-कीर्तन कर भगवान की भक्ति करो, सदा सत्य बोलो, दारू-मांस का त्याग कर शुद्ध सात्विक बनो, चोरी-चिनाळी, साड़ी (चुगली) मत करो, बहन-बेटी का दहेज-दापा न लेकर कंकु के तिलक से कन्यादान करो, बैल का बन्ध्याकरण करने से गऊ हत्या का पाप लगता है, अतः गऊ लक्ष्मी की रक्षा व पूजा करो। "गुरु ने मूर्तिपूजा न करने, झाड़-फूँक, जादू-टोना, भूत-प्रेत, शाकिनी-डाकिनी के चक्कर से दूर कर एक ईश्वर की भक्ति पर बल दिया।" इस प्रकार भीलों का शुद्धिकरण एवं अपने सिद्धान्तों को व्यवहार में स्थायित्व प्रदान करने के लिए उन्होंने स्थान-स्थान पर धूणियों (हवनकुण्डों) की स्थापना और कोटपालों की नियुक्तियाँ की, साथ में कीर्तन मण्डलियाँ खड़ी की। भजन-मण्डलियों, पूजा-पाठ, धूप-हवन आदि के माध्यम से आदिवासियों को अज्ञानता के अन्धकार से निकाल कर ज्ञान का प्रकाश दिखाया। गुरु उपदेशों का भीलों पर गहरा प्रभाव पड़ने लगा। लोग इनके अनुयायी बनने लगे। "गोविन्द गिरि ने सच्ची लगन के साथ भीलों के उद्धार का कार्य आरम्भ किया, अतः शीघ्र ही इनका आध्यात्मिक पन्थ वागड़ के भीलों में काफी लोकप्रिय हो गया। भील सदियों पुराने सामाजिक-धार्मिक बन्धन व रूढ़ियों से स्वतन्त्र होने लगे, अतः भीलों का स्वाभिमान हीन भावना से मुक्त होकर जाग्रत होने लगा। भीलों का दिन-रात गुरु के उपदेश सुनने के लिए समागम होने लगा।"

नटवा प्रवास : इसी बीच सन् 1899 ई. अर्थात् विक्रम संवत्-1956 में इस प्रदेश में भीषण अकाल पड़ा और इसका सबसे अधिक दुष्प्रभाव डूँगरपुर रियासत पर पड़ा। कहा जाता है कि लगभग 65000 लोगों की मृत्यु हो गयी। यह अकाल छप्पनियाँ अकाल के नाम से लोगों में जाना जाता है। इस संकट के समय रियासत के शासकों का व्यवहार उपेक्षापूर्ण रहा। लोगों की दुर्दशा एवं राज्य का उपेक्षित आचरण देखकर गोविन्द गुरु का मन खिन्न हो गया और हृदय ग्लानि से भर गया। तब वे वहाँ से निकल पड़े और गुजरात की सन्तरामपुर रियासत में आकर नटवा ग्राम जो सन्तरामपुर के समीप ही था, में आकर बस गये। और सन् 1907 तक यहीं रहकर जन जागृति का कार्य करते रहे। नटवा में ही उन्हें बूँदी अखाड़े के राजगिरि नामक अतिथि साधु ने आतिथ्य से प्रसन्न होकर सफलता के सूत्र स्वरूप दीक्षा देकर गिरि सम्प्रदाय में दीक्षित कर लिया। अब वे गोविन्द से गोविन्द गिरि कहलाने लगे। ''आगे चलकर वे अपने शिष्यों के कान फूँकने और उन्हें भगवा साफा, रुद्राक्ष की माला, सफेद धोती और कमीज आदि पहनाने का उपक्रम करने लगे और अपने सम्प्रदाय को भगत पन्थ नाम दिया। इस प्रकार वे गोविन्द गिरि से गोविन्द गुरु हो गये। वनांचल के लाखों भील उन्हें गुरु मानने लगे और उनसे दीक्षा लेकर उनके आन्दोलन का अंग बन गये।'' अब तक धार्मिक एवं नैतिक उत्थान तक सीमित अपने कार्यों को आगे बढ़ाते हुए गोविन्द गुरु ने सामाजिक उन्नति के लिए लोगों से कहा कि ''अपने श्रम से अर्जित का उपभोग करो, खेती और मज़दूरी के द्वारा आर्थिक विपन्नता को दूर करो, एकता स्थापित करो, संगठित हो जाओ। अदालतों में मत जाओ। यहीं बैठकर आपस में वैर-विरोध शान्त कर लो।'' परिणामस्वरूप भीलों में भाईचारा, प्रेम व एकता स्थापित होने लगी।

सम्पसभा का गठन : निश्चय ही क्रान्ति का प्रारम्भ ऐसे लोगों से होता है जो स्वाभिमानी, संवेदनशील, सहानुभूतियुक्त और निर्भय होते हैं। ऐसे ही कुछ लोग वनांचल के भीलों में गुरु गोविन्द को मिल गये। नटवा आगमन के पश्चात् ''भीलों को अधिक स्वायत्तता दिलाने और सामन्ती शोषण से मुक्ति दिलाने हेतु अपने प्रवचनों में उनसे बैठ-बेगार नहीं देने और अधिक राजस्व का विरोध करने की प्रेरणा करने लगे।'' गोविन्द गुरु ने समाज सुधार के साथ ही सामन्ती शोषण का सामूहिक विरोध करने की दृष्टि से भीलों का सन् 1903 में सम्पसभा नाम से एक संगठन स्थापित किया। जिसका प्रथम अधिवेशन सन् 1903 में मानगढ़ पर्वत पर ही हुआ था। और प्रतिवर्ष यहीं पर यह आयोजित होने लगा। गोविन्द गुरु का कार्य क्षेत्र अब वागड़ के साथ-साथ ईडर, सन्तरामपुर, पालनपुर, सिरोही,

आबू, कांठल और मालवा तक फैल चुका था, गुरु ने अपने पूरे कार्य क्षेत्र को जाम्बू खण्ड की संज्ञा प्रदान की थी। उन्होंने कहा कि ''उठ खड़े हो! अब जाम्बू खण्ड के उद्धार का समय आ गया है। जल्दी ही सतयुग आने वाला है, तब तुम्हारा राज होगा, पापियों का नाश होगा, डाकण, जोगणी, भोपा, जादू-टोना करने वाले दण्डित होंगे और जो सत्य पथ पर चलेंगे वे भ्रमजाल से मुक्त हो जायेंगे। गुरु इसी आशय के कई गीत भी लोगों से गवाते थे जिनमें क्रान्ति का उद्घोष भरा होता था।'' सम्पसभा के क्रमबद्ध अधिवेशनों एवं भजन मण्डलियों द्वारा गोविन्द गुरु के उपदेशों से भीलों में जागृति आने लगी। समाज एकता के सूत्र में बँधने लगा। शोषण एवं अत्याचारों के खिलाफ लाखों की संख्या में भील लोग भगत बनकर गुरु उपदेशों का पालन कर एकजुट होने लगे। फलस्वरूप वागड़ एवं आस-पास की देसी रियासतों को राजस्व घाटा होने लगा।

मानगढ़ अधिवेशन-1913 : प्रति वर्ष की भाँति सन् 1913 में मानगढ़ पहाड़ी पर गोविन्द गुरु के सान्निध्य में सम्पसभा का वार्षिक अधिवेशन आयोजित किया गया जिसमें लाखों भक्त अनुयायियों का मेला लग गया। मानगढ़ पर उपस्थित जन समूह के विरुद्ध, इन देशी रियासतों के शासकों ने अंग्रेज़ सरकार को भड़काया कि गोविन्द भीलों को इकट्ठा कर रियासतों पर अधिकार कर लेना चाहता है। इस उद्देश्य के लिए भील मानगढ़ पहाड़ी पर इकट्ठा हुए हैं। अवसर की ताक में बैठी अंग्रेज़ सरकार एवं देसी रियासतों के शासकों की सेना ने मिलकर 10 नवम्बर 1913 को मानगढ़ पहाड़ी पर एकत्र लोगों को घेर लिया। सैनिक अभियान में भाग लेने के लिए सन्तरामपुर के ठाकुर, कडाना के ठाकुर भीमसिंह और गढ़ी के राव हिम्मतसिंह भी स्वयं उपस्थित थे। सेना ने पहाड़ी पर इकट्ठा होने का स्पष्टीकरण माँगते हुए पहाड़ी खाली करने की चेतावनी दी।

गोविन्द गुरु का पत्र : मानगढ़ पहाड़ी से गोविन्द गुरु ने सैनिक कार्यवाही रोकने हेतु अंग्रेज़ सेना के अफसरों को जो पत्र लिखा था, उससे स्पष्ट होता है कि वे समाज एवं राजव्यवस्था में सुधार की बात कर रहे थे, किसी राज्य को हड़पने की नहीं। उन्हीं के शब्दों में—''मैं किसी व्यक्ति के कार्यों में हस्तक्षेप नहीं करना चाहता हूँ। किसी राज्य में शासन करने या किसी कस्बे को लूटने की मेरी कोई मंशा नहीं है। पहाड़ पर पूजा के जो प्रतीक मिले हैं, उनको लेकर मैं अपनी धूणी के पास बैठा हूँ। मेरा जीवन निर्वाह अन्य लोगों द्वारा दिये जाने वाले अन्न से होता है। मैं कोई चोरी नहीं करता और न ही मेरे शिष्यों को ऐसा करने का परामर्श देता हूँ। अगर वे मेरे उपदेशों पर ध्यान नहीं देते हैं तो मेरा उनका गुरु होना व्यर्थ है। ये सभी लोग मेरे प्रति उनकी श्रद्धा के कारण यहाँ एकत्रित हुए

हैं। आपको गुमराह किया गया है। आप अशिक्षित नहीं हैं और आपको दूसरे के प्रभाव में नहीं आना चाहिए था। हमने आपका क्या नुकसान किया है जो आप नाराज हैं। निर्वाह के लिए हम केवल अन्न व शरीर को ढँकने के लिए कपड़े चाहते हैं। अगर आप हमें अपने धर्म, आस्था व सद्गुणों का अनुसरण करने देते हैं तो हमें सन्तोष होगा। आपने इतनी बड़ी सैनिक शक्ति के साथ हमारे ऊपर चढ़ाई क्यों की है? आप हमें मरवा सकते हैं, हम हमारे धर्म से सन्तुष्ट हैं। भील लोगों ने पहाड़ों पर इसलिए शरण ली है कि उनकी महिलाओं को अपमानित व बेइज्जत किया जाता है। उनको शराब पीने व भैंसे का मांस खाने के लिए मजबूर किया जाता है। गुरु को भी बेइज्जत किया गया है।" पत्र से स्पष्ट है कि गोविन्द गुरु के नेतृत्व में मानगढ़ पहाड़ी पर इकट्ठा लाखों भील भगत शान्तिपूर्ण ढंग से राजसत्ता की शोषण, उत्पीड़न व दमनकारी नीति का विरोध कर रहे थे।

मानगढ़ हत्याकाण्ड : सैनिक कार्यवाही के लिए तत्पर अंग्रेजों ने इनकी एक नहीं सुनी और रियासतों के शासकों के बहकावे में आकर अंग्रेज़ सरकार ने भजन-कीर्तन में निमग्न भील भक्तों पर 17 नवम्बर 1913 को तड़के बिना चेतावनी के तोपों एवं बन्दूकों से अन्धाधुन्ध गोलाबारी करके भयंकर नरसंहार किया। सरकारी आँकड़ों के अनुसार इस नरसंहार में 1500 लोग मारे गये। परन्तु जनश्रुति के अनुसार शहीद होने वालों की संख्या कई हजारों में थी। जो शव वहीं पर पड़े रह गये केवल उनकी ही अनुमानित गणना के आँकड़े बताये जा रहे हैं। इस भयंकर नरसंहार के समय भागते हुए लोग घायल व मृत अपने रिश्तेदारों को उठा ले भागे और दण्डात्मक कार्यवाही से बचने के लिए शवों को ज़मीन में गाढ़ दिये ताकि मृतक परिवार की पहचान न की जाये। गोविन्द गुरु के पैर में गोली लगी, उन्हें अपने प्रमुख शिष्यों सहित गिरफ्तार कर अहमदाबाद की जेल में डाल दिया गया। उन्हें फाँसी की सजा सुनाई पर भीलों में इनकी अत्यधिक लोकप्रियता के कारण असन्तोष भड़कने की आशंका से सजा को आजीवन कारावास तदनन्तर 7 वर्ष की कैद में बदल दिया गया। जेल से छूटने के बाद भी इनका कारवाँ चलता रहा। उनके राजस्थान प्रदेश में प्रवेश पर पाबन्दी लगा दी गयी। अतः वे मृत्युपर्यन्त गुजरात के झालोद के पास कम्बोई नामक स्थान पर रहकर अपना कार्य पूर्ववत् करते रहे। कम्बोई में इनकी समाधि है।

प्रभाव : वागड़ के भीलों के हृदय में गोविन्द गुरु का इतना महत्त्वपूर्ण स्थान बन गया कि स्वतन्त्रता के पश्चात् भीलों ने मानगढ़ को अपना तीर्थस्थल ही बना लिया और उसे मानगढ़ धाम कहकर पुकारने लगे। वे यहाँ प्रतिवर्ष आयोजित मेले में लाखों की संख्या में भजन-कीर्तन करते हुए एकत्र होते हैं। गुरु द्वारा

स्थापित धूणी पर नमन कर गुरु के प्रति कृतज्ञता प्रकट करते हैं। अपने पूर्वज शहीदों को श्रद्धांजलि अर्पित करते हैं। यही नहीं, गोविन्द गुरु के अनुयायी इनके बताये मार्ग एवं उपदेशों का पालन आज भी करते हैं। "ये लोग साफ-सुथरा रहते हैं, मांस-मदिरा का सेवन नहीं करते, मेहनत की कमाई खाते हैं। शिक्षा में रुचि होने के कारण आज इनकी सन्तानें पढ़-लिख कर अनेक सरकारी, ग़ैर-सरकारी उपक्रमों में उच्च पदों पर सेवारत हैं। शासन-प्रशासन में अधिकारी, विधायक, सांसद और मन्त्री हैं। धर्म मार्ग पर चलने के कारण ही इनकी आर्थिक स्थिति अच्छी है और सम्मानजनक जीवन जीते हैं। परस्पर मिलने पर हाथ जोड़कर 'जयगुरु' का उच्चारण करते है।" आज भी इनके भगत कहते हैं कि "गुरु ने कहा था मारी एक पईसा नी भगती है, तमें पालजो (पालन करना)। नर भागे ने नारी बणावों नखे। शरीर नी सफाई राखजो, नाहजो, धोजो, मांस दारू मत पीजो, झूठ ने बोलवो, चोरी ने करवो, चिनाली ने करवो, सच्चे रास्ते चालजो, भगत गला में रुद्राक्ष पेरजो, बीजू पूनमं धोणियं माथे मेलो बांधजो।" इस क्षेत्र के भील गोविन्द गुरु को ईश्वर का अवतार मानते हैं, जगह-जगह इनके भगत धूणियों की स्थापना कर उनके कर्म एवं उपदेशों का पालन कर भगत बनते हैं। इनके भक्तों का मानना है कि मावजी महाराज ही गोविन्द गिरि के रूप में अवतरित हुए थे अतः इन्हें भी भगवान का अवतार मानकर इनके नेतृत्व में आदिवासियों में जन जागृति एवं ईश्वर की भक्ति की स्वर लहरी का शंखनाद हुआ।

महत्त्व : निःसन्देह "भीलों के प्रथम उद्धारक के रूप में लोकप्रिय सन्यासी गोविन्द गिरि का नाम इतिहास में स्वर्णाक्षरों में लिखा जाना अपेक्षित है। गोविन्द गिरि के नेतृत्व में 1905 के आरम्भ में आदिवासी भीलों का समाज एवं धर्म सुधार आन्दोलन 1913 में राजनीतिक व आर्थिक विद्रोह में परिवर्तित हो गया था। उन्होंने सामाजिक एवं धार्मिक शिक्षाओं के माध्यम से भीलों के नैतिक व भौतिक उत्थान के भरपूर प्रयास किये। यह आन्दोलन आगे चलकर 17 नवम्बर 1913 को अंग्रेज़ी फ़ौजों के आक्रमण का शिकार बना व तथाकथित सभ्य समाज में इसकी कोई विशेष प्रतिक्रिया नहीं हुई, किन्तु इससे अन्धकार में डूबे आदिवासी समाज में एक नये सवेरे का उदय हुआ।" 'राजस्थान का जलियाँवाला बाग' के नाम से प्रसिद्ध मानगढ़ शहादत के महानायक, आदिवासियों के उद्धारक एवं गुरु की पदवी से विभूषित, महान स्वतन्त्रता सेनानी गोविन्द गुरु के बताये मार्ग पर तब से अब तक इनके भगत निरन्तर आगे बढ़ते जा रहे हैं। इन भगतों ने गोविन्द गुरु एवं उनकी वाणी को अमर कर दिया। वे आज भी उनके उपदेशों का पालन कर उनकी भक्ति करते हैं। आज भले ही इस समाज के बीच उनका

भगवान न हो, पर उनकी अमर वाणी आज भी भीलों के मुख से अभिव्यक्त होती है और सदियों तक होती रहेगी।

कहा जा सकता है कि स्वतन्त्रता के इतने वर्षों बाद भी भील उपेक्षित, शोषित व निर्धन हैं जो कि जंगलों या दूरस्थ दुर्लभ गाँव में निवास करते हैं, जहाँ न उन्हें पीने का स्वच्छ पानी उपलब्ध है और न खाने को अनाज, ये लोग केवल जंगली पशुओं की भाँति वर्तमान भौतिक परिवेश से दूर निडर होकर जंगलों में निवास कर जंगली संसाधनों से ही अपनी उदरपूर्ति एवं आज़ीविका चलाते हैं। अभी भी इस वर्ग को सम्बल की आवश्यकता है क्योंकि वे रेत के टीले की तरह थोड़े से आघात से हिल पड़ते हैं।

सन्दर्भ

1. वेदप्रिय शास्त्री : मानगढ़ क्रान्ति के महानायक श्री गोविन्द गुरु, पृ. 9
2. वही, पृ. 11
3. वही, पृ. 17
4. वही, पृ. 17
5. वही, पृ. 13
6. वही, पृ. 13
7. वही, पृ. 19
8. वही, पृ. 20
9. वही, पृ. 20
10. ब्रजकिशोर शर्मा का लेख 'गोविन्द गिरि और स्वाधीनता संग्राम में उनका योगदान' द्वारा सम्पादक रमेशचन्द्र वडेरा की 'मानगढ़ सन्देश पत्रिका' अंक 25, पृ. 34 पर सम्पादित।
11. वेदप्रिय शास्त्री : मानगढ़ क्रान्ति के महानायक श्री गोविन्द गुरु, पृ. 20
12. वही, पृ. 23
13. वही, पृ. 19
14. वही, पृ. 25
15. वही, पृ. 25
16. वही, पृ. 26
17. वही, पृ. 26
18. वही, पृ. 29
19. वही, पृ. 32
20. वही, पृ. 44
21. वही, पृ. 11
22. गरासिया दौलतराम चौहान का लेख 'गोविन्द गुरु के चमत्कार एवं भविष्यवाणी' द्वारा सम्पादक रमेशचन्द्र वडेरा की 'मानगढ़ सन्देश पत्रिका' अंक 25, पृ. 37 पर सम्पादित।
23. ब्रजकिशोर शर्मा का लेख 'गोविन्द गिरि और स्वाधीनता संग्राम में उनका योगदान' द्वारा—सम्पादक रमेशचन्द्र वडेरा की 'मानगढ़ सन्देश पत्रिका' अंक 25, पृ. 34 पर सम्पादित।

गरासिया जनजाति के लोकगीतों का सांस्कृतिक विश्लेषण

डॉ. सियाराम मीणा

आदिवासी समाज सांस्कृतिक दृष्टि से समृद्ध रहा है। उनकी संस्कृति में गीत-संगीत की परम्परा जीवन्त रही है। आदिवासी समाज अपनी "सांस्कृतिक धरोहर को तो अपने-आप में ही सँजोकर रखे हुए हैं। उसकी सुरक्षा भी कर रहे हैं, क्योंकि वह उनके जीवन का हिस्सा है। उसके बिना वे अपने-आप को जीवित भी नहीं मान सकते। उनकी जो सांस्कृतिक धरोहर है—उनकी पोशाक है, उनके पर्व-त्योहार, प्राकृतिक पूजा करने की जो परम्परा है, उनके नृत्य हैं, उनके गीत हैं, विशिष्ट वाचिक परम्परा है, आदि तमाम पहलू हैं, उनके बिना उनका जीवन अधूरा है...नृत्य और गायन जिसमें उनका जीवन एक लय में बँधा हुआ है, उनका वही संरक्षक है।"[1] भले ही इनका जीवन खानाबदोश और कई तरह के संकटों से जूझता रहा हो। लेकिन इनकी जीवंतता और सहजता इनकी सांस्कृतिक परम्परा में देखते ही बनती है। "जंगलों, पर्वतों में कठिन परिस्थितियों में निवास करना, शिकार, खेती एवं छोटे-मोटे धन्धे कर किसी तरह जीवन-यापन करना, अशिक्षा, कुपोषण, नशाखोरी, जुआ, अन्धविश्वासों, तरह-तरह की बीमारियों, पीड़ाओं को झेलते रहने के बावजूद खिलखिलाकर हँसना, नाचना, गीत गाना इत्यादि, संक्षेप में यही जीवन एवं संस्कृति है।"[2] यद्यपि यह संस्कृति अब संकट के घेरे में है। आधुनिक कही जाने वाली सभ्यता के प्रभाव और आदिवासियों के पलायन, विस्थापन तथा भाषिक परम्परा के विलुप्त होने से इनकी सांस्कृतिक पहचान अब धूमिल होती जा रही है। राजस्थान की तीसरी सबसे बड़ी जनजाति गरासिया के लोकगीतों का अध्ययन एवं विश्लेषण कर उनकी सांस्कृतिक पहचान तथा विशेषताओं को रेखांकित किया जा सकता है। उनके लिए उनके लोकगीत ऐसी विरासत हैं जिसमें उनका भौगोलिक परिवेश, संस्कार, विश्वास, जीवन-मूल्य, अनुभूतियाँ, परम्परा, संस्कृति आदि सब उनसे परिभाषित हैं। आज देश में सांस्कृतिक मूल्यों में घोरतम गिरावट आ रही है, वहीं आदिवासी जीवन सांस्कृतिक मूल्यों से प्रकृत

रूप से जुड़ा हुआ है। वह संस्कृति को सहेजे हुए है। अतः उसे जानना तथा उसके सामने खड़ी चुनौतियों को समझना आवश्यक है क्योंकि आदिवासी संस्कृति मानवीय मूल्यों का खजाना है। मानव जीवन का सुन्दर सपना, हम आदिवासी जीवन-गाथा-धारा में सहज ही देख सकते हैं।[3]

इतिहास में गरासियों का उल्लेख 13वीं शताब्दी से मिलता है। गरासिया का उद्‌भव मध्य युग में हुआ। इतिहास में भील-मीणों की तरह गरासिया की भूमिका रही है। राजपूतों से पहले गरासिये सिरोही, पिंडवाड़ा व आबू रोड के पहाड़ी क्षेत्र में राज्य करते थे। संवत् 1368 में अलाउद्दीन खिलजी ने जालौर के किले को अपने अधीन कर लिया था। तब कई राजपूत भाग कर जंगलों में छिप गये और छोटे-छोटे गिरोह बनाकर रहने लगे। ये डकैती भी करने लगे। भीलों को इन्होंने जंगलों से खदेड़ दिया। कालान्तर में कुछ राजपूतों के सम्बन्ध भीलों से हो गये। वे गरासिया कहलाये।[4] राजस्थान में गरासिया परिवार सिरोही, पाली व उदयपुर जिलों में प्रमुख हैं। सिरोही जिले में इनके दो प्रमुख क्षेत्र हैं। जिन्हें भरवट पट्‌टा व पिंडवाड़ा कहते हैं। गरासिया गाँव को पाल या फला कहते हैं। इसे ही पट्‌टे के नाम से जाना जाता है।

गरासिया जनजाति की सामाजिक, आर्थिक व्यवस्था का ढाँचा अन्य जनजातियों की तरह ही है। समाज के प्रतिबन्ध, मान्यताएँ, नियम, रहन-सहन के तौरतरीके व समाज द्वारा निर्धारित परम्पराओं की अनुपालना करना इनके लिए आवश्यक है। सामाजिक संगठन की संरचना में इनके घर-परिवार का ढाँचा, इनकी भाषा, गोत्र, इनका खान-पान, रहन-सहन, वस्त्र, विवाह, मृत्यु, आभूषण, केश-विन्यास, समाज के विश्वास व अन्धविश्वास, परम्परागत जाति पंचायत व्यवस्था, सामाजिक पर्व, उत्सव, त्योहार, मेले, भाषा-बोली, गीत-संगीत, नृत्य, मान्यताएँ, संस्कार, स्त्री-पुरुष सम्बन्ध व दायित्व आदि की एक विशेष महत्त्वपूर्ण विधि-विधान व नियम परम्पराएँ हैं। इनकी इन सांस्कृतिक विशिष्टताओं को इनके विविध क्रिया-कलापों में सहज ही देखा जा सकता है। गरासियों के गीत-संगीत लोक संगीत में शुमार हैं। इनके लोकगीत इनकी सम्पूर्ण जीवन-शैली को मुखरित करने वाले होते हैं। इनकी जीवन-शैली में गीत रचे-बसे हैं। इनका जीवन चाहे कितने ही अभावों, संघर्षों और चुनौतियों भरा रहा हो लेकिन जीवन की सरसता और सहजता गीतों में आकर सिमट गयी है। हर अवसर, मनोदशा और परिस्थिति की अभिव्यक्ति इनके गीतों में देखी जा सकती है।

गरासिया लोक जीवन में हर अवसर के गीतों की निर्मिति है। विवाह के गीतों में उनकी समस्त भावनाओं व आशाओं की अभिव्यक्ति देखी जा सकती

है। उदाहरण के लिए विवाह के अवसर पर गाया जाने वाला यह गीत देखिए—जिसमें लड़की के विवाह के अवसर पर उसकी सहेलियाँ गाती हैं कि तुम ससुराल जा रही हो, पर तुम्हें छोड़ने बहन, भाई, मामा, काका सब विदाई दे रहे हैं। तुम्हारे लिए वे भी दुखी हैं—"लीला उरला काई बेनियो सेतो आव/लीला उरला थाई वीरवा से तो आव/लीला उरला थाई आवोहो मीणा मारे/लीला उरला थाई सेतो सेतो रो ओ/लीला उरला थाई काकीयो साथे आव हे/लीला उरला थाई मामीयो साते आव है/लीला उरला थाई मामीयो मेणो मारे।"[5] विवाह के अवसर का यह दूसरा गीत जिसमें लाडी की सहेलियाँ लाडी को चिढ़ाती हैं। गीत में वे कहती हैं कि हे लाडी तेरी काकी बड़ी इतराकर चलती है। वह चलती है तो उसके गहने भी चमकते हैं। यथा—"पीठी साले थारी काकी ओराई जालो/रनरे उपी उपी जौड रे ओराई जालो ओराई/पीठी साले जोरो रेकेणी खेखली ओराई जालो/पीठी साले कन्डा ओजरानी ओराई जालो/पीठी साले वरवायो हाथोली ओराई जालो/पीठी साले कूपीयो येगौनी ओराई जालो।"[6]

विवाह के अवसर पर जनजातियों में गालियाँ गाने का रिवाज है, जिसमें विरोधी (वर/वधू) पक्ष के लिए गालियाँ गाई जाती हैं। यह एक विचित्र प्रकार की महत्त्वपूर्ण परम्परा है जिसमें वर-वधू पक्ष की महिलाओं द्वारा आपस में गाने गाये जाते हैं, इसमें एक-दूसरे पक्ष या व्यक्ति पात्र की आलोचना, मजाक, शिकायत, कमजोरियों का जिक्र होता है। एक गाली गीत देखिए, जिसमें महिलाएँ गाती हैं कि बैवाई बहुत छोटा है, नानकूं इसे कन्धे पर लो इसे झूला झूलाओ, ये रोता है, इसे समझाओ रे इसकी तोन्द निकलती है। दूसरे में महिलाएँ गाती हैं—बैवाई आ रहे हैं। उसके घर की महिलाएँ फटी-फटी सी घाघरी पहनती हैं। उसके लिए नयी घाघरी लावो। यथा—"आवतो वैवाई थावरे हिन्डो रे डूबू केरो/फाटी टूटी घाघरी : ढावू केर आओ/आवनो वेगलो थारे हिन्डो ढावू केरी रे/इणोरे कारणे आयो हिन्डो ढावू केरी आयो/हगाई करवा आयो घाघरी दू ढावू केरीयो/ अवनो वणेजी का वरे हिन्डो डावू केरो रे/टूटी फूटी घाघरी घाघरी : ढावू के आयो/ इणोरे वास्ते आयो घाघरी : ढावू के आयो/आवतो देवलो शावरे इन्डो : ढाव के आयो/फाटी टूटी घाघरी घाघरी के ढावू केरी आयो।"[7]

शादी के बाद जीवन पराये के अनुशासन में हो जाता है। पहले जैसी घूमने-फिरने की आजादी खत्म हो जाती है। विवाह के अवसर पर विदाई के गीत में लड़कियाँ गाती हैं कि हे भोली लाडी ससुराल का बुलावा आया है। तुम्हें ससुराल जाते हुए कैसा लगता है। यहाँ तुम्हें आजादी से घूमने-फिरने को मिलता था। किसी तरह का बन्धन नहीं था। वहाँ तुम्हें बिना पूछे खेत में घूमने को नहीं

मिलेगा। विदाई गीत-विवाह के उपरान्त गाये जाने वाले इस गीत में देखिए— "भोली लाडी रे हाहरिया वोलाव/ भोली लाडी रे जातो केवू लागही/ भोली लाडी रे हाटको सेत आवहे/ भोली लाडी रे फिरतो हेवा खातो/ भोली लाडी रे हरको सोखो परहे/ भोली लाडी रे सलमा खेत राणारे/ भोली लाडी रे हेव कुण फिरवा देवे।"[8]

गरासिया के जीवन में मेलों का विशेष महत्त्व है। इन मेलों में वे मस्ती से नाच-गान, घूमना-फिरना व मनोरंजन करते हैं। अपनी मज़दूरी का एक हिस्सा मात्र मेले में मौज मस्ती के लिए ही खर्च कर देते हैं। मेलों में स्त्री-पुरुष समान रूप से भाग लेते हैं। युवक-युवतियों के लिए तो मेले ही उत्साह और मनोरंजन के साधन हैं। इन मेलों में वे जीवन साथी का चयन भी करते हैं। मेलों से ही आवश्यक सामग्री खरीदते हैं। सम्पूर्ण गरासिया क्षेत्र में धार्मिक स्थानों पर वर्षभर में कई मेले लगते हैं। इन मेलों में वे बड़े उत्साह के साथ भाग लेते हैं। गरासिया क्षेत्र के प्रमुख मेले हैं—देवला महादेव मेला, गोर मालासोरा मेला, गोगुन्दा का गणगौर मेला, गोपीचन्द महादेव मेला, आमलिया मेला, अम्बाजी का मेला, गोडिया मेला, कील केश्वर का मेला, छीका बावसी का मेला, मेखुरजी मेला, दाडवडली मेला, अधर देव मेला, जाम्बुड़ी-अम्बाजी मेला, आबू पर्वत मेला, मावला का मेला, केसरगंज धुलेन्डी का मेला, मधुसूदन का मेला आदि प्रमुख हैं। इन मेलों में आदिवासियों की सांस्कृतिक छवि के दर्शन किये जा सकते हैं। त्योहार, मेले व उत्सवों के गीतों में उनकी भावनाओं की सरस अभिव्यक्ति मिलती है। इनके गीतों में विभिन्न त्योहारों, उत्सवों, मेलों पर गाये जाने वाले गीतों की अधिकता मिलती है। होली के गीत में एक युवती अपनी भावनाओं की अभिव्यक्ति करती हुई कहती है कि हे मीरा मेला लगा है। मैं मेले में जाना चाहती हूँ। मैं रोटी बना रही हूँ। पाणी भरती हूँ पर अब मेरा विवाह हो गया तो मेले में किसके साथ जाऊँ। यथा—"मीरों पाणी रे पेरता, मीरो रिसियो/मीरो किटको जातो रे, मीरो रिसियो/मीरो एकली देखे ने, मीरो रिसियो/मीरो भाटा आडो रे, मीरो रिसियो/मीरो अरर अरर आवतो, मीरो रिसियो/मीरो रोटी केरता रे मीरो रिसियो।"[9]

गरासियाओं के लिए मेले, तीज-त्योहार मनोरंजन के प्रमुख अवसर होते हैं। मेले में युवक-युवतियाँ उत्साह के साथ भाग लेती हैं। ये आपस में इस अवसर पर जीवन साथी का चयन भी करते हैं। मेले के गीत में युवक नाचते हुए गीत गाते हैं कि मेले में सरकारी चकरी चलती है। बड़ी दुकानें लगती हैं। मेले में लड़किया भी कितने ही गाँवों से आती हैं। उनके साथ नाचने में बड़ा मजा आता है। यथा—"ऊँचा लेने लसके सूके गियो/काली पारी एलांडी/नागी राडा कुदाली काली पारी एलांडी/करे कारी केम साले, काली पारी एलांडी/सरकारी सकरी माँ,

काली पारी एलांडी/इयो थारो गोटियो, काली पारी एलांडी/केणो वालीमूकलीत्र काली पारी एलांडी/ऐवोकेवी नगरी, काली पारी एलांडी/रूडे एओ मीठे वाजे, काली पारी एलांडी/केणेवाला कुदाला, काली पारी एलांडी।''[10]

गरासिया के गीतों में उनकी आस्था और विश्वास झलकते हैं। एक गीत में कौआ के बोलने पर मेहमान के आगमन पर विश्वास और मान्यता की बात कही है। इस गीत में युवक-युवतियाँ नाचते हैं, गाते हैं कि झोपे पे काला कौआ बोलता है, तो मेहमान आता है। यह कौन से गाँव का मेहमान आया है, किस बहन का मेहमान आया है। यथा—''जोफ कागला बोल हामक परीमरू/जोफ कागला बोल हामक परीमरू/कुण पोमणिया आव हामक परीमरू/कुण पोमणिया आव हामक परीमरू/पोमणिया ओलखाओ हमक परीमरू/आवा आवणी हेरीयु हमक परीमरू/केहा गोमना पोमना तकम परीमरू/आबू रोड गोमना हमक परीमरू/काहे बाई ना पोमणा हमक परीमरू/कही बाई ना पोमणा हमक परीमरू/जोफ कागला बोल धमक परीमरू।''[11]

मेले में बड़ी-बड़ी दुकानें उन्हें आकर्षित करती हैं। वे खाने-पीने की दुकानों में मिलने वाले आनन्द को गीतों में पिरोते हैं। एक गीत में चिक्की खरीद कर खाने का वर्णन किया है। गीत में वे गाते हैं कि मेले में चिकी वाली दुकान से चिक्की खाने का मजा है। साथ-साथ बैठकर चिकी खायेंगे, कौन पामणा आ रहा है। मैं तो चिकी घाटी वाली दुकान से लेकर खायेंगे। यथा—''चीकी खावा हिलते गाटीवाली दोकाने/साटे बेठा सिकी खाह गाटीवाली दोकाने/सीकी मीठी लागे रे गाटी वाली दोकाने/माला रो कोदालो हदा हदा आवरे दोकाने/बनी रेक पामणो गाटी वाली दोकाने/सीकी खावा हिलते रोटी रा गुडा दोकाने।''[12]

गरासिया समाज शिक्षा और साक्षरता से कोसों दूर है। उनके युवक-युवतियों में अन्य समाजों की भाँति पढ़ने-लिखने और आगे बढ़ने की जिज्ञासा है। गरासिया गीत केवल मनोरंजन तक सीमित नहीं है। उनमें उनकी आगे बढ़ने की भावना और चेतना भी अभिव्यक्त होती है। पढ़ने-लिखने और आगे बढ़ने की भावना उनके गीतों में अभिव्यक्त हुई है। एक गीत में बेटी माँ से पढ़ने के लिए स्कूल जाने का आग्रह करती है। यथा—''बापा माँई भणवा मेलो भाल्ला वाली स्कूले/मैं तो बापा भणवा जाऊ भाल्ला वाली स्कूले/ओटे बापा खुब भणावे भाल्ला वाली स्कूले/मोटा मोटा मासतर आवे भाल्ला वाली स्कूले/मु त बापा भणवा जाऊ भाल्ला वाली स्कूले/थमों बापा मेलवा आवों भाला भाल्ला वाली स्कूले/ओर मु त भणवा जाऊ भाल्ला वाली स्कूले/अ,आ,इ,ई भणवा भाल्ला वाली स्कूले।''[13]

आदिवासी संस्कृति वन्य जीवन की सहचरी संस्कृति है। वन्यजीवों, वनस्पति,

पर्वत, नदी, झरना आदि का उनके गीतों में अन्योन्याश्रित समावेश मिलता है। मोर के गीत में मोर के महत्त्व तथा उसको पालने की बात कही है। गीत में मोर को मेघ का भाणेज बताया गया है। वह वर्षा के आगमन की सूचना देने वाला पक्षी है। गरासिया मानते हैं कि मोर नाचता है तब वर्षा होती है, होने की सम्भावना होती है। वहाँ जंगल में मोर बोलते हैं, मोर बड़े राग में बोलते हैं। मोर गरीब पक्षी है। इस मोर को कोई नहीं मारता, सब घर में मोर पालते हैं। यथा—"बापा रे झूलण झुलवे जाऊरे मोइने मेलो मलो रा/मेगा रा भाणेज नानू जर मरीयू/कुण ही थार मामा नानू जर मरीयू/ मरीयु रे बार मेग जर मामा जर मरीयू/बापा रे मेलण मेला जाऊ मोइने मेलो रीयू।"[14]

गरासिया आदिवासियों के गीतों में विषय की विविधता मिलती है। जीवन के हर पहलू उनके गीतों में मिलते हैं। यहाँ एक लड़का लड़की को प्यार करने का निमन्त्रण देता है। वह कहता है—ए लड़की तू किसकी है, मैं तुझे प्यार करूँगा, ए लड़की तू मेरे पास रोज आना। मैं धीरे-धीरे प्यार करूँगा। लड़की कहती है कि मैं पतली हूँ। मुझे टेंशन मत देना, गरीब की लड़की हूँ। मुझे प्यार से रखना। मैं तेरे पास रोज आऊँगी मुझे प्यार से रखना। प्यार तो दोस्ती का होता है। यथा—"काणावाली कोदाली धीर धीरे गोठियाँ/कणा वाली कोदाली धीरे धीरे गोठिया/ में तो मार पतली हूँ धीर धीर गोठियाँ/कणा माही डबली धीर धीर गोठियाँ/तू तो थार जवानी माए धीर धीर गोठिया।"[15]

गरासिया के गीतों में आबूरोड का पर्याप्त चित्रण मिलता है। लड़कियाँ गाती हैं कि आबू पर्वत वाला मोर कौन-सा है। वह मोर पिउ-पिउ बोलता है, हे सहेलियो जल्दी-जल्दी तैयार होकर आ जावो। आबू पर्वत पर चल कर नाचेंगे। यथा—"आबू वाला थारा केण रे मोरिया/पिउ पिउ बोले रे रेगं रे मोरिया/संडो केणे आवरे रेगं रे मोरिया/वेगा आवे रे रेगं रे मोरिया।"[16]

गरासियों के गीतों की भाषा भील बोली से मिलती-जुलती है। उसमें गुजराती, मेवाड़ी, मारवाड़ी और भीली बोलियों का मिश्रण मिलता है। इनकी भाषा में गुजराती भाषा का अधिक प्रयोग है चूंकि सिरोही व उदयपुर जिले गुजरात की सीमा से जुड़े हैं। उदयपुर जिले के आस-पास गुजराती के साथ मेवाड़ी भाषा भी मिलती है। पाली बाली के गरासियों में गुजराती के साथ मारवाड़ी भाषा भी दिखाई देती है। क्षेत्र के अनुसार इनके गीतों की भाषा में भिन्नता स्पष्टतः देखी जा सकती है।

रातीजगा के गीतों में विविध विषय मिलते हैं। एक गीत में नाचते हुए युवतियाँ गाती हैं कि मेरे बापा ने बोलमा ली थी। मैं वार त्योहार आती हूँ मैं

होली दीवाली आती हैं। हे बापा मैं तुम्हारी एक ही लाडली हूँ। इसलिए रातीजगा करोगे तो मुझे बुलाना। यथा–"म्हारा बापा ओ बोलमा बोल दूरां देसा नी पामणी/मैं आवीयो वार तेवार, दूरा देसानी नी पामणी/मैं आवी ओ होली दिवाली दूरा देसां नी पामणी/म्हारा बापा ओ बोलमा बोल, दूरा देसानी नी पामणी/में आवीओ लस्सक गेन्नु, दूरा देसानी पामणी/म्हारा बापा ओ एकस लाडली, दूर देसां नी पामणी।"[17]

इनके गीतों में इनकी सांस्कृतिक मनोदशा, भोलापन, स्वाभिमान, अभाव और गरीबी झलकती है। वैवई और वैवण का यह संगीतात्मक संवाद देखिए जो विवाह के गीतों में आता है। इसमें वैवई कहता है कि हे वैवण मेरे पास आना। वह कहती है कि मुझे इस प्रकार क्यों बुलाते हो। वैवई कहती है कि बीच रास्ते में नदी आती है। मैं उसे कैसे पार करूँ। फिर वैवण कहता है कि तुम पहाड़ से पार करके आ जाओ। वह कहती है कि जब तुमने मुझे बुलाया तब मैं घट्टी पीस रही थी उसकी घर-घर में मैंने तुम्हारी आवाज नहीं सुनी अब आपके पास कैसे आऊँ मेरी झोंपड़ी टूटी-फूटी है। मैं गरीब घर की लड़की हूँ। मैं तो गरीब घर ही जाऊँगी। यथा–"फाटी फाटी जुपरी माह वडे वैवण/नदियारा पेल ठोक माह वडे वैवण/क्यं करे आबू माहवडे वैवण/वैवाई आज पारिया नदीयारा वैवण/नदिया रा नीर आज परीया वैवण/नीर क्यू करे आबू माह वैवण।"[18]

गरासिया का जीवन व अर्थव्यवस्था वनों पर आधारित थी। लेकिन धीरे-धीरे अब ये खेती, पशुपालन पर आश्रित रहने लगे हैं। वैसे ये लोग अब मज़दूरी करने कस्बों और शहरों की ओर पलायन भी करने लगे हैं। पर वर्तमान में खेती पर ही निर्भरता ज़्यादा है। उनके गीतों में फसल बोने, काटने, रखवाली करने आदि का बराबर वर्णन हुआ है जो उनकी जीवन चर्या का प्रमुख भाग है। फसल बोने के गीत में सहेली गाती है कि हम साथ-साथ हाटे बाजरा रोपती थी, क्यारी-क्यारी में साथ-साथ रोपती थी। क्यारी में गाजर पर अब हमारी शादी करने के बाद हम अलग हो जायेगी। इनका मेहनतकश जीवन गीतों की भाव लहरी में सहज और प्राकृतिक लगता है। यथा–"हाटों हटों रे बाजरिया हाटो रोपती रे/क्यारी क्यारी रोपो हाटो, रोपती रे/हाटो वेडी रे वैवण हाटो, रोपती रे/हाटो डेकली क्यारे हाटो, रोपती रे/हाटों हाटो रे गाजरियो हाटो, रोपती रे/हाटो सेडली वैवण रे हाटो, रोपती रे/हाटो मारकिया बाई हरको, रोपती रे।"[19]

आदिवासी गीतों में प्रतीकात्मक शब्दों का प्रयोग भी होता है। प्रेम और रोमांस सम्बन्धित गीतों में ऐसा अधिक मिलता है। यहाँ एक गीत देखा जा सकता है जिसमें मोर-मोरनी लड़का-लड़की के लिए आया है। जिसमें नाचते हुए

युवक-युवतियाँ गाती हैं। हे मोर लाडा अगली घाटी में आप खड़े रहना। 'मोरनी' लाडी आपसे मिलने वहीं आयेगी। मोर को प्रतीक मानकर युवक को लाडे के रूप में सम्बोधन आया है कि मोरनी आपसे मिलने अगली घाटी में आयेगी। आप वहाँ उसकी प्रतीक्षा करना। यथा—"मोरजी आगेण गाटी माँ, मोरजी उबा रेजो/मोरजी मारली फूटे आवे, मोरजी उबा रेजो/मोरजी रेवुं रेवुं करे, मोरजी उबा रेजो/मोरजी मारली आगकीयाँ, मोरजी उबा रेजो/मोरजी काका पुरे आवे, मोरजी उबा रेजो।"[20]

गरासिया गीतों में संगीतात्मकता, लय और धुन स्पष्टतः देखी जा सकती है। गरासिया गीतों में शब्दों की संख्या कम होती है। इनके गीतों में शब्दों की पुनरावृत्ति बराबर रहती है। ये गीत वर्णनात्मक शैली में होते हैं। ये गीत घटना प्रधान या प्रसंग प्रधान होते हैं। अन्य जनजातियों की तरह गरासिया भी समूह में रहकर कार्य करते हैं। घर परिवार हो या समाज, सभी कार्य समूह में किये जाते हैं। ये लोग झुण्ड में ही रहते हैं। इसलिए इनके गीत गाने की बात हो या नृत्य-वाद्य बजाना हो—समूह में ही करते हैं। एकल कलाकार के रूप में ये कभी प्रदर्शन नहीं करते हैं। इनकी गायन शैली की यह विशिष्टता है कि दो समूह बनाकर गीत को 'झेलते' हैं। झेलना शब्द का अर्थ दोहराना होता है। एक समूह गीत की एक पंक्ति गायेगा तो दूसरा समूह उसे 'झेलेगा'। गीत को प्रारम्भ करने को ये तोकना कहते हैं। जैसे आम भाषा में हम कहते हैं गीत शुरू करो तो ये कहेंगे—गीत तोको।[21] गरासिया जनजाति के गीतों में स्वर रचना इस प्रकार होती है कि लय की प्रधानता को बनाये रखा जाता है। किन्हीं शब्दों के साथ स्वरों को स्पष्ट पहचाना जा सकता है। और किन्हीं शब्दों में स्वरों की श्रुतियाँ भी स्पष्ट सुनी जा सकती हैं—पहचानी जा सकती हैं। परन्तु उन्हें हारमोनियम के सुरों में नहीं बजाया जा सकता।"[22]

वस्तुतः आदिवासियों की संस्कृति की आकर्षक एवं मनोरंजक अभिव्यक्ति गीत, नृत्य व अन्य कलाओं में मिलती है। गीत-नृत्य इसमें प्रमुख हैं। इनके गीत इनकी नैसर्गिक भावनाओं से प्रादुर्भूत होते हैं। "इनकी बहुसंख्यक आबादी अशिक्षित है लेकिन इनमें काव्य रचना का नैसर्गिक गुण पाया जाता है। इनके समाज में गीतकार का विशेष सम्मान होता है क्योंकि एक वही व्यक्ति है, जो जन सामान्य की भावनाओं को गीतों में वर्णित कर लोक के समक्ष प्रस्तुत करता है। पहली बार गीत का सार्वजनिक गायन प्रस्तुत करते समय रचनाकार समूह का नेतृत्व करते हुए गीत की बेहतर प्रस्तुति देता है। एक बार सार्वजनिक रूप से प्रस्तुत होने पर गीत लोक का अंग बन जाता है।"[23]

वालर, गरबा, गैर, कुदा, लूर, मोरिया, व गौर गरासियों के प्रमुख नृत्य हैं। ये नृत्य करते समय लय और आनन्द में डूब जाते हैं। इनके वाद्य यन्त्रों में ढोल,

नगाड़ा, मांदल, ढोलक, कोंडी, चंग, डमरू, थाली, मजीरा, झालर, घुँघरू आदि होते हैं। विविध अवसरों पर किये जाने वाले इन नृत्यों के साथ गाये जाने वाले गीतों की समृद्ध परम्परा है। इनके गीतों में इनकी सामाजिकता व सामूहिकता के दर्शन होते हैं। इनके गीत इनकी भावनाओं, सामाजिक और सांस्कृतिक चेतना तथा स्वरूप को बखूबी अभिव्यक्त करते हैं। भाषा और परिवेश के बदलते स्वरूप में आदिवासियों की इस सांस्कृतिक धरोहर के संरक्षण व सवंर्धन की बेहद आवश्यकता है।

सन्दर्भ

1. साक्षात्कारों में आदिवासी, सम्पादक—दुर्गाराव बाणावतु व भीम सिंह, अलख प्रकाशन, जयपुर, प्रथम संस्करण 2015, पृ. 72। भारतीय दलित आदिवासी साहित्य की अनुसंधाता प्रो. विमल थोरात से शोधार्थी राठौड़ पुंडलिक की बातचीत।
2. 'युद्धरत आम आदमी', सम्पादक—रमणिका गुप्ता, अंक 104, जुलाई-सितम्बर 2010, पृ. 76
3. 'युद्धरत आम आदमी', सम्पादक—रमणिका गुप्ता, अंक 98, अप्रैल 2009, वाहरू सोनवणे का लेख 'आदिवासी संस्कृति बचाना जरूरी है।' पृ. 83
4. केही बाई नो पोमणा, सुश्री मालिनी काले, हिमांशु पब्लिकेशंस, उदयपुर, प्रथम संस्करण 2004, पृ. 3
5. वही
6. वही
7. वही
8. वही
9. वही
10. वही
11. वही
12. वही
13. वही
14. वही
15. वही
16. वही
17. वही
18. वही
19. वही
20. वही
21. वही
22. वही
23. शोध पत्रिका (संक्षेपिका) राष्ट्रीय संगोष्ठी आदिवासी समाज : दशा और दिशा, 14-15 दिसम्बर 2010, राजकीय महाविद्यालय, बूँदी में प्रकाशित लेख (डॉ. लालचन्द कहार का लेख गरासिया के गीतों का सांस्कृतिक महत्त्व, पृ. 94)

आदिवासी साहित्य : अवधारणा एवं विकास

माया मीना

आदिवासी शब्द दो शब्दों आदि और वासी से मिलकर बना है। आदि का शाब्दिक अर्थ प्रारम्भ या शुरू होता है एवं वासी का अर्थ निवास करने वाला माना जाता है, अर्थात् जो प्रारम्भ या शुरू से निवास करता हो, जिसका अर्थ हम मूल वासी या मूल निवासी मानते हैं। सामान्यतः आदिवासी Aboriginal (एबोरिजिनल) शब्द का हिन्दी अनुवाद है जिसका प्रयोग किसी भौगोलिक क्षेत्र के उन निवासियों के लिए किया जाता है जिसका उस भौगोलिक क्षेत्र से पुराना सम्बन्ध हो। अर्थात् यह कहा जाता है कि आदिवासी ही किसी देश के मूल निवासी होते हैं। 'आदिवासी' शब्द एक सामान्य शब्द है जिसमें कोई वैज्ञानिक अर्थ बोध नहीं होता है जबकि अनुसूचित जनजाति (Scheduled tribe) आदिवासियों का संवैधानिक नाम है जिसमें एक निश्चित अर्थ ध्वनित होता है। जो प्राचीन युग की राजनीतिक इकाई से परिवर्तित होकर गरीब व पिछड़ेपन से पीड़ित जनसमूह को अभिलक्षित करता है। देश की बुनियाद आदिवासी समुदायों की पहचान को मिटाने के लिए तथाकथित व्यक्तियों द्वारा अनेक भ्रामक शब्दों का प्रयोग किया जा रहा है जिसके कारण इस शब्द की अवधारणा और अर्थ के सम्बन्ध में विवाद बना हुआ है। इनके लिए गिरिजन, वनवासी, प्राचीन निवासी, जनजाति आदि हिन्दी शब्दों का प्रयोग किया जाता है जो सीमित अर्थ को व्यक्त करते हैं। ईश्वर सिंह दोस्त इस प्रसंग में शब्दों की राजनीति का उल्लेख करते हैं—"बुनियादी सवाल है कि आदिवासी, जनजाति, मूल निवासी और वनवासी, इन शब्दों की राजनीति क्या है?"[1] डॉ. जी.एस. घुरिये इन्हें पिछड़े हिन्दू कहते हैं। वे लिखते हैं—"तथाकथित आदिम जातियाँ तो अनुसूचित जातियों की बहुत बड़ी अंग है और जिन्हें जनगणनाओं में जीववाद कहा गया, बहुत करके पिछड़ी हिन्दू जातियाँ हैं।"[2] इस प्रकार के विभिन्न शब्दों का प्रयोग निश्चय ही भ्रामक है जो अलग-अलग अर्थ व्यक्त करते हैं। "गिरिजन का अभिप्राय है पर्वत की कन्दराओं में रहने वाला। इससे यह

ध्वनित होता है कि आदिवासी केवल पर्वत का निवासी है और इसका विस्तार अन्यत्र नहीं है। 'वनवासी' शब्द का अभिप्राय है जंगली वन का निवासी। यह शब्द एकांगी अर्थ को ध्वनित करता है। 'प्राचीन' निवासी शब्द का आशय है, वह प्रजाति, जो किसी देश में, क्षेत्र में प्राचीन समय से निवास करती रही हो। इसके लिए यह जरूरी नहीं कि उसका आरम्भिक निवास क्षेत्र वही रहा हो।''[3] अतः यह कहा जा सकता है कि ये शब्द पूर्णरूप से आदिवासी शब्द की अवधारणा को व्यक्त नहीं करते हैं।

सन् 1943 में वेरियर एल्विन ने इन समुदायों को 'आदिवासी' नाम से सम्बोधित किया। वे लिखते हैं : ''आदिवासी भारत वर्ष की वास्तविक स्वदेशी उपज है जिनकी उपस्थिति में प्रत्येक व्यक्ति विदेशी है। ये वे प्राचीन लोग हैं जिनके नैतिक अधिकार और दावे हजारों वर्ष पुराने हैं। उन पर सबसे पहले हमें विचार करना चाहिए।''[4] ''एल्विन की इसी आदिवासी अवधारणा को संविधान सभा में रखा गया। इस सभा के सामने सबसे बड़ी समस्या नामकरण की तब आयी जब विशेष प्रावधान देने की चर्चा उठी। इस सभा के विवादों में ठक्कर बापा और जयपाल सिंह के नाम विशेष रूप से उल्लेखनीय हैं। ठक्कर बापा आदिम समाज के सेवक थे। वे जनजातियों को आदिवासी नाम से पुकारते थे। संविधान सभा में जयपाल सिंह ने बड़ी ताकत के साथ यह पैरवी की कि संविधान में अनुसूचित जनजातियों के स्थान पर आदिवासी शब्द का प्रयोग होना चाहिए।''[5] इस विवाद के परिणामस्वरूप संविधान के मूल अंग्रेज़ी रूप में आदिवासी शब्द का प्रयोग तो नहीं हुआ, किन्तु रूपान्तर में इस शब्द को अपना लिया गया। भारत सरकार द्वारा 1955 में प्रकाशित पुस्तक का शीर्षक आदिवासी (हिन्दी और अंग्रेज़ी) है। जिसमें पं. जवाहरलाल नेहरू ने लिखा है—"यदि हम आदिवासी प्रयोग को स्वीकार करते हैं तो इसके दो अर्थ हैं—जनजातियाँ इस देश की मूल निवासी हैं और इसके प्रमाण स्वरूप वे आज भी जंगलों में निवास करती दिखाई देती हैं।"[6]

अतः यह स्पष्ट है कि 'आदिवासी' शब्द की विभिन्न विद्वान अलग-अलग ढंग से व्याख्या करते रहे हैं। जिससे यह विवादास्पद बना हुआ है। किन्तु आदिवासी शब्द अपने आप में पूर्ण है जो अपने अर्थ को स्वयं व्यक्त करता है देश का प्राचीनतम, आदिम या मूलनिवासी आदिवासी अपनी भाषायी विशेषता, संस्कृति एवं प्रकृति आधारित धर्म के कारण समाज की मुख्य धारा से अलग होता है। यह इसकी विशेषता भी है और अन्य समुदायों से अलग होने का कारण। ''साहित्य समाज का दर्पण होता है'' प्रसिद्ध उक्ति के आधार पर कहा जा सकता है कि काल कोई-सा भी रहा हो साहित्य में सदा ही समाज का बिम्ब-प्रतिबिम्ब दिखाई

देता है। हिन्दी साहित्य लेखन परम्परा ने आदिकाल से लेकर आज तक विभिन्न परिवर्तनों के साथ अनेक पड़ाव पार किये हैं। ये परिवर्तन सामाजिक, राजनीतिक, आर्थिक और सांस्कृतिक परिदृश्य में देखने को मिलते हैं। परिवर्तन का दौर कैसा भी रहा हो प्रभावित हमेशा मानव समुदाय होता रहा है। जिसका उल्लेख हम साहित्य में देखते हैं। बकौल डॉ. श्रवण कुमार मीणा "एक ओर साहित्य जहाँ भारतीय समाज व्यवस्था, धर्म, संस्कृति और राजनीति के प्रभाव से बच नहीं सका, वहीं दूसरी ओर आजाद भारत में बन रही वर्ण, जाति, लिंग भेद की लस्त-पस्त व्यवस्था ने भी उसे झकझोरा।"[7] इसी के परिणामस्वरूप समकालीन साहित्य में उन समाजों का बिम्ब देखने को मिला जो साहित्यिक दर्पण के पीछे अँधेरे में थे। इनमें स्त्री, दलित, अल्पसंख्यक और आदिवासी विमर्श प्रमुख हैं।

साहित्य की मुख्यधारा के चिन्तकों और अध्येताओं को यह कतई स्वीकार नहीं था कि साहित्य में कोई हस्तक्षेप हो। लेकिन संकीर्ण मानसिकता के कारण जहाँ साहित्य में स्त्री-विमर्श को मुख्यधारा में स्थापित होने में ज़्यादा समस्याओं का सामना नहीं करना पड़ा। ज्यों हीं दलित विमर्श और आदिवासी साहित्य विमर्श की अनूगूँज साहित्य में सुनी गयी तो तथाकथित साहित्यिक चिन्तकों को यह आवाज साहित्य में आरक्षण की माँग लगी। जिसका जिक्र तथाकथित विद्वान बार-बार करते रहे हैं। हाशिए का यह विमर्श कई लोगों को जीवन के यथार्थ से कटा हुआ लगता है। यहाँ यह स्पष्ट किया जा सकता है कि जिस तरह हिन्दी, बंगला, अंग्रेज़ी, कोंकणी, मराठी, रूसी, जापानी आदि में दलित या अश्वेत साहित्य की चर्चा की जाती है। इसी तरह आदिवासी साहित्य को स्थान दिया जाये। किसी भाषा या समुदाय का साहित्य उसके समग्र जीवन का चित्रण है और अगर यह भाषा आदिवासी समुदाय से जुड़ी है तो निश्चित ही इस साहित्य का नाम आदिवासी साहित्य होगा। विभिन्न विद्वानों ने अपने ढंग से आदिवासी साहित्य को परिभाषित किया है। आदिवासी चिन्तक महादेव टोप्पो ने लिखा है–"आदिवासी साहित्य किसी एक भाषा या एक भौगोलिक सीमा मात्र से बन्धा नहीं है, लेकिन एक विशेष मानसिक, सांस्कृतिक, भौगोलिक, सामाजिक तथा ऐतिहासिक सन्दर्भों में विशिष्ट जीवन-शैली में बँधे होने के कारण आदिवासी साहित्य कहा जाता है।"[8] प्रोफेसर (डॉ.) श्रवण कुमार मीणा के अनुसार "यह साहित्य वनों, गिरि-कन्दराओं में रहने वाले उपेक्षितों-वंचितों का साहित्य है। यह ऐसे दुर्भाग्यशाली मानव समुदाय का साहित्य है जिनके आक्रोश पर मुख्यधारा की समाज व्यवस्था ने कभी ध्यान ही नहीं दिया। दूसरे शब्दों में आदिवासी साहित्य इस भूमि से प्रसूत आदिम वेदना तथा अनुभव का शब्द रूप है।"[9] डॉ. अर्जुन

चव्हाण के अनुसार–"आदिवासी समाज के बारे में किया गया गहन-विचार चिन्तन ही आदिवासी विमर्श है। यह वह विमर्श है जिसमें आदिम जनजातियों के जीवन व्यवहार पर गम्भीरता से सोच-विचार करता है।"[10] कथाकार संजीव ने लिखा है–"जो भी रचना आदिवासियों के जीवन और उनकी समस्याओं का ईमानदारी से चित्रण करती हो, वह आदिवासी साहित्य है।"[11] चर्चित आलोचक वीरेन्द्र यादव के अनुसार–"आदिवासी साहित्य की पहली शर्त उसका संवेदना, संघर्ष और जीवनानुभवों के स्तर पर आदिवासी समाज से गहरी संलग्नता है।"[12] सम्पादक और लेखक अनन्त कुमार सिंह ने लिखा है–"आदिवासी साहित्य वह साहित्य है जिसमें आदिवासियों के वास्तविक जीवन संघर्ष और संस्कृति की सच्ची झलक मिलती है।"[13] अतः यह कहा जा सकता है कि आदिवासी साहित्य प्रतिरोध का साहित्य है, मानसिकता बदलने का साहित्य है। आत्मालोचना का साहित्य है, जो साहित्य की मुख्यधारा में शामिल हो रहा है।

साहित्य मूलतः मनुष्य की विकासमान परम्परा, कलात्मकता और संस्कृति की विशिष्ट अभिव्यक्ति है। साहित्य के दो रूप हैं–मौखिक तथा लिखित। आदिवासी साहित्य में आदिवासी जीवन को विवेचित किया गया है। भारत की जनसंख्या का लगभग साढ़े आठ प्रतिशत आदिवासी हैं। भारत के आदिवासी झारखण्ड, छत्तीसगढ़, मध्य प्रदेश और राजस्थान में जंगलों और पहाड़ों में निवास करते आये हैं। उनकी आजीबिका जंगल की उपज थी और ये यायावर प्रवृत्ति के रहे हैं। जिससे इनकी मौखिक परम्परा रही और शिक्षित व चिन्तनशील वर्ग का ध्यान लम्बे समय तक नहीं गया। भारत के परिप्रेक्ष्य में आदिवासी साहित्य मुख्यतः मौखिक रूप में उपलब्ध है। वर्तमान समय में बदलते परिवेश के कारण आदिवासी समुदायों में चेतना जाग्रत हुई है। जिससे मौखिक साहित्य को लिखित रूप प्रदान किया गया है। इसमें आदिवासियों व गैर-आदिवासियों द्वारा लिखा गया साहित्य है। इस प्रकार आदिवासी साहित्य का वर्गीकरण तीन रूपों में कर सकते हैं–

1. मौखिक रूप से उपलब्ध आदिवासी साहित्य
2. आदिवासियों द्वारा लिखित साहित्य
3. गैर-आदिवासियों द्वारा लिखित आदिवासी साहित्य।

आदिवासी साहित्य का अध्ययन करते समय अनेक समस्याओं का सामना करना पड़ता है। इनमें आदिवासी की पहचान का संकट, सम्पर्क का अभाव, लिपि विहीन मौखिक साहित्यिक परम्परा, मूलपाठ की समस्या, राज्य द्वारा सहयोग और संरक्षण का अभाव, बेरोजगारी और विस्थापन, आदिवासियों के अस्तित्व का संकट शैक्षणिक क्षेत्र में आदिवासी साहित्य को पाठ्यपुस्तक के रूप में स्वीकृति

प्राप्त नहीं होना, आदिवासी साहित्य से सम्बन्धित कोशों का अभाव, कुछ क्षेत्रों में बाहरी समाज की राजनीतिक और वर्चस्ववादी मनोवृत्ति प्रमुख हैं।

इन विषम परिस्थितियों के बावजूद साहित्य अकादेमी, रमणिका फाउंडेशन एवं अखिल भारतीय आदिवासी साहित्यिक मंच के प्रयासों से आदिवासी साहित्य को नयी दिशा मिली है। परिणामस्वरूप अप्रैल 2005 में राँची में तीन दिवसीय आदिवासी साहित्य सम्मेलन का आयोजन हुआ, जिसमें आदिवासी साहित्य और जनजीवन के विभिन्न पक्षों पर वैचारिक विमर्श हुआ। यह इस तरह का पहला ऐसा सम्मेलन था जिसमें इतनी बड़ी संख्या में आदिवासी साहित्यकारों ने भाग लिया। सही मायने में आदिवासी साहित्य इस सम्मेलन से साहित्य जगत् के दरवाजे पर दस्तक दे चुका था। ''भारतवर्ष के लिए बहुप्रचलित विशेषण 'विविधता में एकता' इस सम्मेलन की विशेषता थी। देश के विभिन्न हिस्सों से आये पचहत्तर आदिवासी साहित्यकारों एवं विद्वानों ने जब अपने-अपने आलेख, कथा, कविता आदि का पाठ किया तो उनमें से निकले विविध स्वरों में एकरूपता का अद्भुत राग प्रतिध्वनित हुआ। साथ ही यह प्रमाणित हुआ कि आदिवासी साहित्य कितना समृद्ध है।''[14] इस सम्मेलन से आदिवासी साहित्यकारों का एक-दूसरे से परिचय हुआ और विभिन्न आदिवासी भाषाओं में साहित्य लेखन की प्रेरणा मिली। इसके साथ ही गैर-आदिवासी साहित्यकारों ने भी आदिवासी साहित्य लिखने में रुचि दिखाई और विभिन्न पत्र-पत्रिकाओं व पुस्तकों के माध्यम से साहित्य को समृद्ध किया। वर्तमान में विभिन्न विधाओं (उपन्यास, कहानी, कविता, नाटक, जीवनी, यात्रावृत्तान्त, संस्मरण और साक्षात्कार) के माध्यम से आदिवासी साहित्य की मुख्यधारा में उपस्थिति दर्ज करवा चुका है। जिसकी आहट हिन्दी पट्टिका में सुनाई देने लगी है। इस साहित्य परिवर्तन से साहित्य में नया अनुभव संसार जुड़ रहा है तो इससे मनुष्य की मुक्ति की आकांक्षाएँ ही स्पष्ट और विस्तृत होती हैं।

इस प्रकार की साहित्यिक गतिविधियों से आदिवासी समाज व साहित्य को राह मिलने लगी है। 14-15 दिसम्बर 2010 को राजस्थान के बूँदी शहर में 'आदिवासी समाज : दशा और दिशा' विषय पर मन्थन हुआ जिसमें देशभर के विभिन्न क्षेत्रों से आये आदिवासी साहित्यकारों व चिन्तकों के बीच गहन विचार-विमर्श हुआ। इसमें निष्कर्ष निकाला गया कि—''आदिवासी विमर्श अब साहित्य में अपनी जगह बना रहा है। उनकी आवाज अब कलमबद्ध हो रही है। उनके सदियों के दुख-दर्द और शोषण की गाथा मुखर हो रही है।''[15] 12-13 जनवरी 2011 को राजस्थान के ही जोधपुर शहर में एक बार फिर आदिवासी चिन्तकों का समागम हुआ जिसमें 'समकालीन आदिवासी विमर्श' पर विचार

मन्थन हुआ। सम्मेलन में आदिवासी समुदायों की प्रमुख समस्या विस्थापन पर जोर डाला गया तथा तथाकथित समुदायों द्वारा आदिवासी संस्कृति पर किये जा रहे हमले पर आक्रोश व्यक्त किया। आयोजित सम्मेलन में चिन्तकों ने देश के विकास के मॉडल को बदलने की बात करते हुए कहा कि—"देश का विकास आदिवासी समाज, संस्कृति को समाप्त कर किया जा रहा है। जिससे सभ्यता के इस मूल निवासी का समाज व संस्कृति खतरे में है।"[16] इसी कड़ी में 6-7 दिसम्बर 2011 को एक बार फिर बूँदी शहर में आदिवासी चिन्तक एकत्रित हुए। जिनमें निर्मला पुतुल, वाहरू सोनवणे, वीरभारत तलवार, हरिराम मीणा, रामशरण जोशी, अनिल चमड़िया, पुन्नीसिंह, बजरंग बिहारी तिवारी तथा प्रो. श्रवण कुमार मीणा प्रमुख थे। जिन्होंने आजादी के बाद की आदिवासी समुदायों की स्थिति पर प्रकाश डाला। इनके बाद एक बार फिर 2005 में रांची में आयोजित हुए आदिवासी सम्मेलन की याद ताजा करते हुए 29, 30 जून, 1 जुलाई 2012 को ऑल इण्डिया ट्राइबल लिटरेरी फोरम व रमणिका फाउंडेशन एवं साहित्य अकादमी के द्वारा रांची आदिवासी पुस्तक मेला एवं साहित्य संगोष्ठी के सत्र व आदिवासी साहित्यकारों की भागीदारी का आयोजन किया, जिसमें विभिन्न आदिवासी चिन्तकों ने अपने-अपने विचार व्यक्त किये। समापन सत्र में वरिष्ठ साहित्यकार एवं आदिवासी चिन्तक हरिराम मीणा ने कहा कि—"आदिवासियों के बारे में जिन्हें जानकारी नहीं थी उन्होंने ही उनका इतिहास लिखा। यही वजह थी कि कई तथ्यात्मक भूलें हुईं। ऐसे में उनके इतिहास को नये सिरे से लिखने की जरूरत है। आदिवासियों से जिन्दगी जीने का ढंग सीखना चाहिए। आदिवासी लेखन से हिन्दी साहित्य समृद्ध होगा।"[17] इन सम्मेलनों को आदिवासी साहित्य विमर्श की साहित्य की मुख्यधारा में अनुगूँज माना जा सकता है।

आदिवासी साहित्य लेखन की शुरुआत गैर-आदिवासी साहित्यकारों के द्वारा की गयी। लेकिन इस लेखन से आदिवासी लोगों में चेतना जाग्रत हुई और कुछ प्रबुद्ध रचनाकारों ने लिखने का प्रयास कर अपने विविधतापूर्ण लेखन कार्यों से पारम्परिक आलोचकों एवं बुद्धिजीवियों का ध्यान आकृष्ट किया। रामदयाल मुण्डा, हरिराम मीणा, लक्ष्मण गायकवाड़, वाल्टर भेंगरा 'तरुण', भुजंग मेश्राम, वाहरू सोनवणे, निर्मला पुतुल, मंजु ज्योत्स्ना, पुन्नीसिंह सरीखे कई नाम हैं, जिनकी कलम ने आदिवासी समुदायों की पीड़ा, दंश, अपेक्षा, शोषण व विस्थापन जैसी व्यापक समस्याओं को सशक्त अभिव्यक्ति दी है। जिसने अँधेरे में रोशनी का काम किया है। आदिवासी जीवन की समस्याओं को आदिवासी रचनाकार ही सही राह दिखा सकता है। इन रचनाकारों के सामने कई चुनौतियाँ हैं, जिन्हें स्वीकार कर

आदिवासी समाज के सामने लाकर विकास का मार्ग दिखाना होगा। आदिवासी चिन्तक महादेव टोप्पो के अनुसार–"आदिवासी रचनाकार सबसे पहले इतिहास में आदिवासी की भूमिका तलाशे, विस्थापन की समस्या से जूझे एवं वर्णभेद की समस्याओं से लडे, ज़मीन माफियाओं से अपनी ज़मीन बचाए तथा सामन्ती, सवर्णवादी, वर्चस्ववादी, साम्राज्यवादी, पूँजीवादी, सामाजिक ढाँचे में अपने अस्तित्व की रक्षा के लिए संघर्ष करे।"[18]

अन्त में कहा जा सकता है कि आदिवासियों के द्वारा लिखा जा रहा साहित्य मात्र समाजशास्त्रीय किस्म का लेखन या सबाल्टर्न लेखन का विस्तार नहीं है। यह वंचितों, उपेक्षितों के मुँह खोलकर भारतीय समाज की अधूरी अभिव्यक्ति को पूर्णता प्रदान कर रहा है। इसलिए आदिवासी साहित्य के बारे में संकीर्णता से सोचना बिल्कुल गलत है। साहित्य जीवन को देखने का अलग दृष्टिकोण एवं अनुभव देकर मनुष्य को दृष्टि सम्पन्न बनाता है। आदिवासी रचनाकार भी यही प्रयास कर रहा है लेकिन आदिवासी वातावरण में विकसित अपने नजरिये से। अन्तर यही है कि सभ्य समाज इसे अपने बनाये मापदण्ड से मापना चाहता है। यही कारण है कि आदिवासी समाज का विमर्श अभी तक साहित्य के हाशिये पर ही बना हुआ है। समाज व साहित्य की मुख्यधारा में उसका स्थान निश्चित होना अभी शेष है। लेकिन आदिवासी साहित्यकार इतिहास में अपने अस्तित्व की रक्षा के अतिरिक्त यह पूछ रहा है कि साहित्य में उसकी मुक्ति का संघर्ष कहाँ है या साहित्य के दर्पण में उसका चेहरा कहाँ और कैसा है? अतः यह स्वीकार करना चाहिए कि आदिवासी साहित्य अब तक के अनदेखे मानवीय संघर्ष, आकांक्षा, व्यर्थ के रूप, रंग, आकार एवं मानव गंध को देखने, महसूस करने की दिशा में अगला कदम है तो इसका स्वागत किया जाना चाहिए।

सन्दर्भ

1. आलेख–समकालीन जनमत 'आदिवासी विशेषांक', सितम्बर 2003, पृ. 48
2. विवेचनात्मक मानव शास्त्र–डॉ. शंभूलाल दोषी, पृ. 341
3. आदिवासी साहित्य में अध्ययन की मुश्किलें (आलेख)–भीमसिंह, युद्धरत आम आदमी
4. समकालीन मानव शास्त्र–डॉ. शंभूलाल दोषी, पृ. 392
5. वही, पृ. 393
6. वही, पृ. 393
7. साहित्य चिन्तन के विविध पक्ष–डॉ. श्रवण कुमार मीणा, पृ. 94
8. आदिवासी साहित्य : दशा, दिशा और चुनौतियाँ (आलेख)–महादेव टोप्पो, अरावली उद्घोष-अंक 75, पृ. 52
9. साहित्य चिन्तन के विविध पक्ष–डॉ. श्रवण कुमार मीणा, पृ. 90

10. विमर्श के विविध आयाम—डॉ. अर्जुन चव्हाण, पृ. 181
11. कथाक्रम—अक्टूबर-दिसम्बर 2011, पृ. 230
12. वही, पृ. 231
13. वही, पृ. 232
14. आदिवासी साहित्यकारों का अभूतपूर्व समागम (आलेख)—महुआ मांझी, हंस, जून 2005, पृ. 83
15. आदिवासी की कीमत पर देश का विकास नहीं चाहिए—सियाराम मीणा, अरावली उद्‌घोष, अंक-90, पृ. 63
16. देश के विकास का मॉडल बदला होगा—डॉ. श्रवण कुमार मीणा, कथादेश, फरवरी 2011
17. आदिवासियों ने चुप्पी तोड़ी (रपट)—अभिषेक कश्यप, युद्धरत आम आदमी, जुलाई-सितम्बर 2012, पृ. 04
18. आदिवासी साहित्य : दशा, दिशा और चुनौतियाँ (आलेख)—महादेव टोप्पो, अरावली उद्‌घोष, अंक 75, मार्च 2007, पृ. 52

सहरिया आदिम जनजाति की मनोसामाजिक स्थिति और चुनौतियाँ

संजय कुमार

सारांश : भारत में कुछ विशिष्ट समुदायों को सामान्यतः जनजाति, वनवासी, गिरिजन आदि नामों से जाना जाता है, जिन्हें भारतीय संविधान के अनुच्छेद-342 में स्थान दिया गया। वर्तमान समय में 550 से अधिक जनजातियों का भारतीय संविधान के अनुच्छेद-342 में वर्णन किया गया है। भारत सरकार ने 72 ऐसी जनजातियों को चिह्नित किया है जो आदिम जनजातियों के अन्तर्गत आती हैं। इनकी शिक्षा, स्वास्थ्य और मानव विकास की स्थिति अत्यन्त दयनीय है। आज भी ये आदिम जनजातियाँ घने जंगलों, कंदराओं और दुर्गम स्थानों पर सुविधाविहीन जीवनयापन कर रही हैं।

मूल शब्द—सहरिया, आदिम जनजाति, मनोसामाजिक

परिचय—भारत के पश्चिमी भाग में स्थित राजस्थान क्षेत्रफल की दृष्टि से सबसे अधिक बड़े भू-भाग वाला राज्य है। इसमें देश की 5.66 प्रतिशत जनसंख्या अधिवास करती है। सिन्धु घाटी सभ्यता के चिह्न आज भी यहाँ मिलते हैं। विश्व की प्राचीनतम पर्वत श्रृंखला अरावली इसकी प्राकृतिक संरचना को निर्मित करती है। वर्तमान भौगोलिक स्थिति के अनुसार राजस्थान को चार प्राकृतिक भागों में विभाजित किया गया है, ये भाग हैं—

1. पश्चिमी थार मरुस्थल
2. अरावली पर्वत श्रेणी और पहाड़ी क्षेत्र
3. पूर्वी मैदान
4. दक्षिणी-पूर्वी पठार

सामान्य रूप से सम्पूर्ण राजस्थान में लगभग बारह जनजातियाँ आवासित हैं। परन्तु दक्षिणी-पूर्वी पठार वाले भाग में ये सघन रूप से निवास करती हैं। प्राचीन काल से ही भारत की सामाजिक व्यवस्था में जनजातियों की एक महत्त्वपूर्ण भूमिका रही है। भारत सहित सम्पूर्ण विश्व में इन्हें कई नामों से जाना जाता है, पश्चिमी देशों में इन्हें जिप्सी कहकर पुकारा जाता है जबकि विकासशील देशों में जनजाति, आदिवासी, वनवासी, गिरिजन इत्यादि नामों से सम्बोधित किया जाता है।

हमारे देश के पश्चिम भाग में स्थित राजस्थान क्षेत्रफल की दृष्टि से सबसे अधिक बड़े भू-भाग वाला राज्य है। इसमें देश की 5.66 प्रतिशत जनसंख्या अधिवास करती है। सिन्धु घाटी सभ्यता के चिह्न आज भी यहाँ मिलते हैं। राजस्थान की कुल जनसंख्या का 12.56 प्रतिशत जनजातियाँ हैं जो स्वयं को महाराणा प्रताप, लवकुश और महर्षि वाल्मीकि आदि का वंशज मानती हैं। सम्पूर्ण राजस्थान में भील, मीणा, डामोर, पटेलिया, गरासिया, भीलाला, वारेला, सहरिया सहित बारह जनजातियाँ हैं। दक्षिणी पूर्वी पठार भाग में ये सघन रूप से निवास करती हैं। इनकी कुल जनसंख्या 92.39 लाख है जिनमें 47.39 लाख पुरुष तथा 45.0 लाख महिलाएँ हैं। दक्षिणी राजस्थान में रहने वाली सहरिया जनजाति को आदिम जनजाति की श्रेणी में रखा गया है। किन्तु यह जनजाति आज भी शैक्षणिक, आर्थिक एवं सामाजिक दृष्टि से काफी अधिक पिछड़ी है। इस समुदाय को विभिन्न चुनौतियों का सामना करना पड़ता है। प्रस्तुत शोध पत्र में 'सहरिया आदिम जनजाति की मनोसामाजिक स्थिति और चुनौतियाँ' शीर्षक के माध्यम से शोधकर्ता द्वारा सहरिया समुदाय की शिक्षा, स्वास्थ्य और मानव की स्थिति का विश्लेषण किया गया है।

मानवशास्त्रियों ने भी इन्हें अपने-अपने शोधों के आधार पर कई नाम दिये हैं। **हट्टन** महोदय ने इन्हें **'आदिम जनजातियाँ'** नाम दिया है। रिजले, लॉक, मार्टिन, सोबर्ट, तथा ए.वी. ठक्कर आदि विद्वानों ने इन्हें आदिवासी कहा है इसी प्रकार **बेन्स** इनको पर्वतीय जनजातियाँ कहते हैं जबकि **आर.के. दास एवं एस.आर. दास** ने इन्हें **दलित मानवता** की संज्ञा दी है। **गिस्बर्ट** ने इनके लिए प्राक-साक्षर शब्द का प्रयोग किया है। प्रसिद्ध समाजशास्त्री **जी.एस. घुरये** ने इन्हें **'पिछड़े हुए हिन्दू'** कहा और इनके लिए 'अनुसूचित जनजातियाँ' नाम प्रस्तुत किया जिसे भारतीय संविधान के **'अनुच्छेद 342'** के अन्तर्गत निर्दिष्ट किया गया है।

जनजाति का सम्प्रत्य : आदिवासी शब्द **'आदि'** और **'वासी'** से मिल कर बना है। जिसका सामान्य अर्थ मूल निवासी होता है। भारत की जनसंख्या का एक बड़ा हिस्सा आदिवासियों का है। पुरातन संस्कृत ग्रन्थों के लेखों में आदिवासियों को **अत्विका** और **वनवासी** भी कहा गया है। संविधान में आदिवासियों के लिए अनुसूचित जनजाति पद का उपयोग किया गया है। भारत के प्रमुख आदिवासी समुदायों में सन्थाल, गोण्ड, हो, बोडो, भील, खासी, सहरिया, गरसिया, मीणा, उरांव, बिरहोर आदि आदि प्रमुख हैं। **महात्मा गाँधी** ने आदिवासियों को गिरिजन (पहाड़ पर रहने वाले लोग) कह कर पुकारा है। जिस पर वामपन्थी मनोविज्ञानियों ने सवाल उठाया है कि क्या मैदान में रहने वालों को मैदानी कहा जाता है?

आदिवासी को दक्षिणपन्थी लोग वनवासी या जंगली कहकर पुकारते हैं। इस तरह के नामों के पीछे बुनियादी रूप से यह धारणा काम कर रही होती है कि आदिवासी देश के मूल निवासी हैं या नहीं तथा आर्य यहीं के मूल निवासी हैं या बाहर से आये हैं? भारत के मूल निवासी कौन हैं, यह भारतीय मानव विज्ञान का एक अनसुलझा प्रश्न है। आमतौर पर आदिवासियों को भारत में जनजातीय लोगों के रूप में जाना जाता है। भारत में इनको दो वर्गों मे अधिसूचित किया गया है। अनुसूचित जनजाति और अनुसूचित आदिम जनजाति।

भारतीय संविधान अनुसूचित जनजातियों को परिभाषित नहीं करता है, इसलिए अनुच्छेद 366 (25) अनुसूचित जनजातियों का उल्लेख उन समुदायों के लिए करता है जिन्हें संविधान के अनुच्छेद 342 में निर्दिष्ट किया गया है। इसके अन्तर्गत राष्ट्रपति किसी भी राज्य या केन्द्रशासित प्रदेश के सन्दर्भ में, जहाँ यह राज्य है, राज्यपाल से परामर्श के बाद सार्वजनिक अधिसूचना द्वारा आदिवासी या आदिवासी समुदायों या आदिवासी जातियों के भागों के समूहों को निर्दिष्ट करता है, जो भारतीय संविधान के उद्देश्यों के लिए, उस राज्य या केन्द्रशासित प्रदेश, जैसा भी मानना हो, के सम्बन्ध में अनुसूचित जनजाति माने जायेंगे। इनका अपना धर्म है। ये प्रकृति पूजक हैं और जंगल, पहाड़, नदियों एवं सूर्य की आराधना करते हैं। अतः किसी भी समुदाय को जनजाति में शामिल होने के लिए उसमें निम्नलिखित मापदण्डों का होना आवश्यक है।

1. आदिम लक्षणों के संकेत
2. भौगोलिक संस्कृति तथा परम्पराओं का अनुसरण
3. विशिष्ट संस्कृति तथा परम्पराओं का अनुसरण
4. समाज की मुख्यधारा से सम्पर्क करने में संकोच
5. शैक्षणिक, आर्थिक, राजनीतिक एवं सामाजिक रूप से पिछड़ना
6. प्राकृतिक स्रोतों पर निर्भरता

उपरोक्त मापदण्ड संविधान में लिखे नहीं गये हैं, लेकिन भली प्रकार से स्थापित हो चुके हैं। विभिन्न विद्वानों द्वारा जनजाति के अर्थ को परिभाषित करने का प्रयास किया गया है किन्तु इसकी अभी तक कोई सर्वमान्य परिभाषा सामने नहीं आयी है। भारत में सर्वाधिक स्वीकृति जनजाति की परिभाषा अधोलिखित है–

इम्पीरियल गजेटियर ऑफ इण्डिया में जनजाति को परिभाषित करते हुए लिखा गया है कि–"जनजाति परिवारों का वह संकलन है। जिसका अपना एक सामान्य नाम होता है जो सामान्य भाषा बोलता है तथा जो सामान्य प्रदेश में रहता है या दावा करता है और सामान्य तथा अन्तर्विवाही होता है, भले ही

आरम्भ में ऐसा न करता हो।" डॉ. डी. एन. मजूमदार रेसेस एण्ड कल्चर ऑफ़ इण्डिया में लिखते हैं–"एक जनजाति अनेक परिवारों या परिवारों के समूह का एक संकलन होता है, जिनके सदस्य एक निश्चित भू-भाग पर रहते हैं, सामान्य भाषा बोलते हैं और विवाह, व्यवसाय या उद्योग के विषय में कुछ निषेधों का पालन करते हैं। और एक निश्चित एवं उपयोगी परस्पर आदान-प्रदान की व्यवस्था का विकास करते हैं।"

उपरोक्त परिभाषाओं का सार यही है कि जनजाति एक निश्चित भू-भाग पर रहने वाला समूह है जो आजीविका के लिए प्राकृतिक संसाधनों एवं वन उत्पादों पर आश्रित रहता है। इसकी अपनी एक विशिष्ट संस्कृति एवं समाज होता है। विस्तृत रूप से जनजाति की प्रमुख विशेषताएँ निम्नलिखित हैं–

1. **सामान्य भू-भाग** : एक जनजाति एक निश्चित भू-भाग में ही निवास करती है। इसके परिणामस्वरूप उसका भू-भाग से लगाव और उसके सदस्यों में सामुदायिक भावना विकसित हो जाती है। सामान्य भू-भाग में रहने के कारण ही उनमें सामान्य जीवन के अन्य लक्षण उत्पन्न हो जाते हैं, किन्तु डॉ. रिवर्स जनजाति के लिए एक निश्चित भू-भाग को आवश्यक नहीं मानते हैं।

2. **सामान्य भाषा** : एक जनजाति के लोग अपने भावों, विचारों और संवेगों को अभिव्यक्त करने तथा सम्प्रेषण के लिए एक सामान्य भाषा का प्रयोग करते हैं। भाषा के माध्यम से ही वे अपनी संस्कृति, मान्यताओं और रीति-रिवाजों का हस्तान्तरण एक पीढ़ी से दूसरी पीढ़ी को करते हैं, किन्तु सभ्यता के सम्पर्क के कारण कई जनजातियाँ द्विभाषी अथवा बहुभाषी हो गयी हैं।

3. **विस्तृत आकार** : एक जनजाति कई परिवारों का संकलन होती है। इसमें कई वंश, समूह, कुल, गोत्र और भ्रातृदल होते हैं। इसीलिए जनजाति के सदस्यों की संख्या अन्य क्षेत्रीय समुदायों से अधिक होती है।

4. **अन्तर्विवाह** : एक जनजातीय समूह के सदस्य अपनी ही जनजाति में विवाह करते हैं, अन्य समुदाय या जनजाति में विवाह करना एक जनजाति के सदस्यों के लिए वर्जित होता है, परन्तु वर्तमान में सूचना क्रान्ति के कारण कई जनजातियों के सदस्य अन्य समुदाय में विवाह करने लगे हैं।

5. **एक नाम** : प्रत्येक जनजाति का कोई नाम अवश्य होता है जिसके द्वारा यह पहचानी जाती है। जनजाति के सदस्य अपना परिचय जनजाति के नाम के आधार पर ही देते हैं। जैसे–भील, मीणा, गोण्ड, राजी और सन्थाल आदि जनजातियों के नाम हैं जिन्हें इन्हीं नामों के आधार पर ही पहचाना जाता है।

6. **सामान्य संस्कृति** : एक जनजाति के सभी सदस्यों की सामान्य संस्कृति

होती है। उनके रीति-रिवाजों, मान्यताओं, परम्पराओं, मूल्यों, प्रथाओं, लोकाचारों, नियमों, लोककलाओं, लोकगाथाओं, धर्म, संगीत, नृत्य, विश्वासों, आभूषणों, पहनावा, खान-पान, विचारों आदि में समानता पायी जाती है।

7. आर्थिक आत्मनिर्भरता : एक जनजाति अपनी सभी आर्थिक आवश्यकताओं को स्वयं ही पूरा कर लेने में सक्षम होती है। शिकार करना, वनोत्पादों का संग्रहण, पशुचारण, कृषि, गृह-उद्योग और वस्तुओं के क्रय-विक्रय आदि आर्थिक क्रियाओं के द्वारा अपनी दैनिक जीवन की आवश्यकताओं को जनजाति के सदस्य स्वयं ही जुटा लेते हैं। यद्यपि कभी-कभी आवश्यकता पड़ने पर वे अपने पड़ोसी समाजों से भी विनिमय करते हैं।

8. राजनीतिक संगठन : एक जनजाति का अपना निजी राजनीतिक संगठन होता है। इसमें अधिकांशतः एक वंशानुगत नेतृत्वकर्ता या मुखिया होता है। रीति-रिवाजों, मान्यताओं, परम्पराओं, मूल्यों, प्रथाओं, लोकाचारों और नियम का पालन करने, नियन्त्रण बनाये रखने तथा अपराध करने पर दण्ड की व्यवस्था कर न्याय करता है। किसी-किसी जनजाति में मुखिया की सहायता के लिए वयोवृद्ध और बुद्धिमान लोगों की एक परिषद् का गठन कर दिया जाता है। कुछ विद्वानों ने राजनीतिक संगठन को जनजाति के लिए अनावश्यक माना है।

9. सामान्य निषेध : एक जनजाति रीति-रिवाजों, मान्यताओं, परम्पराओं, मूल्यों, प्रथाओं, धर्म, व्यवसाय परिवार, विवाह, खानपान, लोकाचारों, नियमों आदि से सम्बन्धित सामान्य निषेधों का पालन करती है।

राजस्थान की प्रमुख जनजातियाँ : भारतीय संविधान में 550 जनजातियों को अनुसूचित जनजाति घोषित किया गया है। भारत की जनगणना 2011 के अनुसार भारतीय जनजातियों की जनसंख्या 10.43 करोड़ आंकी गयी है, जिसमें 5.24 करोड़ पुरुष तथा 5.19 करोड़ स्त्रियाँ हैं। राजस्थान के सन्दर्भ में जनजातियों की जनसंख्या 92.39 लाख है जिसमें 47.39 लाख पुरुष तथा 45.0 लाख स्त्रियाँ हैं। राजस्थान में निवास करने वाली बारह जनजातियों में **भील, मीणा, पटेलिया, गरासिया, भीलाला, वारेला, सहरिया** आदि प्रमुख हैं।

दक्षिणी राजस्थान में आवासित सहरिया जनजाति को भारतीय संविधान के **अनुच्छेद-342** में निर्दिष्ट किया गया है अर्थात् यह जनजाति राज्य की आदिम जनजाति की श्रेणी में वर्गीकृत है। सहरिया आदिम जनजाति समूह शैक्षणिक, आर्थिक एवं सामाजिक दृष्टि से अविकसित है। सह जनजाति राजस्थान के **बारां, कोटा, झालवाड़, बूँदी, सवाईमाधोपुर** तथा **अजमेर** जिलों में पायी जाती है, परन्तु बारां जिले की **शाहाबाद** और **किशनगंज** तहसीलों में यह सघनता से निवास

करती है। सहरिया शब्द की उत्पत्ति मूल रूप से अरबी भाषा के शब्द सहेरा से मानी जाती है जिसका तात्पर्य जंगलों में रहने वाले लोगों के समूह से है। वर्तमान सन्दर्भ में इस समुदाय की बस्तियाँ गाँवों से बाहर बनी होती हैं जिन्हें सहराना कहा जाता है। स्वतन्त्रता पूर्व से रियासत काल में इस समुदाय की स्थिति गुलामों और बेगारों जैसी थी। मुख्यधारा के समुदायों और अंग्रेज़ों के भय से यह समुदाय घने जंगलों में रहता था। **कर्नल जेम्स टॉड** ने भी इस समुदाय के लिए सैरिया (SARIA) शब्द का प्रयोग करते हुए इन्हें पतित जाति का स्वीकार किया है।

सहरिया आदिम जनजाति की मनोसामाजिक स्थिति : सभ्यता के प्रारम्भिक काल से राजस्थान का सहरिया आदिम जनजाति समूह वनवासी रहा है। आर्थिक सम्पन्नता से सैंकड़ों मील दूर आज भी अधिकांश सहरिया पशुवत जीवन जीने को अभिशप्त हैं। इनका परम्परागत व्यवसाय पूर्णतः वनोत्पाद पर निर्भर था। जंगली और हिंसक पशुओं का शिकार कर अथवा वनों से प्राप्त उत्पादों के सहारे ही इनकी आजीविका चलती थी। वर्ष 1901 ई. की जनगणना के अनुसार सहरिया समुदाय का मुख्य पेशा वनोत्पाद संग्रहण और शिकार करना था। कर्नल **जेम्स टॉड** ने इस सम्बन्ध में कहा है कि सैरिया (सहरिया) समुदाय के लोग प्रायः शिकार पर निर्भर रहते हैं और इस कला में अत्यन्त निपुण होते हैं। वे इसका अभ्यास नील गाय, जंगली सूअर, लोमड़ी, गीदड़, साँप, खरगोश और छोटी-बड़ी छिपकलियों तक सभी पशुओं पर करते हैं। ये पशु उन्हें जंगल में बहुतायत में मिल जाते हैं। वसन्त निगुणे का भी मत है कि शिकार करना सहरियाओं का प्राचीन शौक है। सामूहिक शिकार करना सहरियाओं में आज भी प्रचलित है। यह समुदाय शिकार करने के लिए कुल्हाड़ी का प्रयोग करता है अर्थात् शिकार का प्रमुख आयुध कुल्हाड़ी है। यह आयुध आज भी प्रत्येक ग्रामीण सहरिया परिवार के पास पाया जाता है। जल, जंगल और ज़मीन के निरन्तर दोहन से वन्य जीवों की संख्या में कमी आ गयी है तो दूसरी ओर शासन और प्रशासन द्वारा वन्य जीवों का आखेट करना प्रतिबन्धित कर दिया गया है जिससे सहरियाओं का परम्परागत व्यवसाय प्रभावित हुआ है। उनके खान-पान, शौक, आदतों और मनोसामाजिक स्थिति में आज परिवर्तन देखा जा सकता है जिसका पूरा श्रेय सूचना क्रान्ति को जाता है। परन्तु इनके जीवन की चुनौतियाँ आज भी कम होने का नाम नहीं ले रही हैं। सरकार द्वारा संचालित योजनाओं का लाभ सीधे तौर पर इस समुदाय को नहीं मिल पा रहा है। भ्रष्ट सरकारी अधिकारी और कर्मचारी उनका आज भी माफियाओं के साथ मिलकर शोषण कर रहे हैं। 42 वर्षीय **विरजी बाई** जो कि **केलवाड़ा** के एक परिवार के एक परिवार में पिछले 5 वर्षों से दो हज़ार रुपये

मासिक वेतन पर कार्य कर रही है। इससे उसके बीमार पति का इलाज तक नहीं हो पाता है क्योंकि बीच में छुट्टी लेने पर उसकी नागा करने के पैसे मालिक द्वारा वेतन से काट लिए जाते हैं। बहुत मुश्किल से उसे हज़ार या बारह सौ रुपये ही मिल पाते हैं जिनमें से उसके बीमार पति के लिए दवा और दारू दोनों की व्यवस्था करनी होती है। परिवार का अतिरिक्त खर्च चलाने के लिए वह भी लकड़ी काटने जाती है। उसकी तरह की अन्य सहरिया महिलाओं का भी मानसिक और शारीरिक उत्पीड़न गत कई वर्षों से हो रहा है। सहरिया महिलाओं के साथ विवाह कर उनकी ज़मीणों पर राजस्व कर्मचारियों की सहायता से कब्ज़ा करना सामान्य बात है। शिक्षक प्रशिक्षण महाविद्यालय से बी.एड. कर रहे दोजमल सहरिया, चन्द्रमोहन सहरिया, रामेश्वर सहरिया, मेघराज सहरिया, अवित कुमार गायत्री सहरिया आदि को राज्य सरकार की ओर से मिलने वाली छात्रवृत्ति में से प्रति छात्र पन्द्रह हज़ार रुपये महाविद्यालय के प्रबन्धक को देने की शर्त पर ही छात्रवृत्ति के फार्म भरवाये गये हैं। संकोची और शर्मीले स्वभाव के कारण ये छात्र शिकायत करने से भी कतराते हैं कि कहीं उन्हें बी.एड. की आन्तरिक परीक्षा में अनुपस्थित अथवा अनुत्तीर्ण न दर्शा दिया जाये। यह मनोसामाजिक स्थिति क्षेत्र के प्रत्येक सहरिया परिवार की है।

सहरिया आदिम जनजाति की चुनौतियाँ : भारत के संविधान में अनुसूचित जनजातियों और आदिम जनजातियों के शैक्षणिक, आर्थिक, सामाजिक, सांस्कृतिक अन्याय और सभी प्रकार के शोषणों से उनकी रक्षा के लिए विशेष प्रावधान किये गये हैं, लेकिन ये प्रावधान इनकी चुनौतियों को कम नहीं कर पाये हैं। विकास के नाम पर किया जाने वाला विस्थापन इनके जीवन के लिए एक गम्भीर समस्या बन गया है। इनकी भाषा, संस्कृति, परम्पराओं और रीति-रिवाज आदि पर संकट छाया हुआ है। इनको अपनी संस्कृति से विमुख करने के लिए हर सम्भव प्रयास किये जा रहे हैं।

आदिकाल से जंगल में रहने वाले सहरिया आदिवासी अब अपना जीवन बचाये रखने के लिए विभिन्न प्रकार की विपरीत परिस्थितियों से संघर्ष कर रहे हैं। जब से जंगल को माफिया की नज़र लगी और सरकार ने जंगल में रहने वालों को बेदखल करना शुरू किया तब से जंगल पर आश्रित सहरिया हों या अन्य आदिवासी समुदाय सबके सामने अपनी जान बचाने और अपना परिवार बचाये रखने की बड़ी जिम्मेदारी आ गयी। अब स्थिति यह है कि सरकार इस समुदाय को जंगल से बाहर खदेड़ने में जितनी रुचि ले रही है, उतनी इनके भोजन, आवास, रोजगार, उपचार में नहीं लेती। इसका परिणाम यह है कि राजस्थान

में सहरिया समुदाय के लोग जहाँ भी निवास कर रहे हैं, वे भूख, कुपोषण, बीमारी, से लड़ते हुए धीरे-धीरे अपनी ज़िन्दगी को समाप्त कर रहे हैं। समाज और सरकारी उपेक्षा ने सहरिया समुदाय के जीवन को और अधिक कठिन बना दिया है। भूख और कुपोषण के कारण राजस्थान में पिछले कई वर्षों में छह वर्ष से कम उम्र के जिन बच्चों की मौत हुई उनमें सबसे ज़्यादा बच्चे सहरिया समुदाय के ही मारे गये हैं।

राजस्थान के सहरियाओं के लिए जीवन का सबसे बड़ा अर्थ है सामाजिक और शासकीय उपेक्षा। राज्य की एकमात्र आदिम जनजाति के लोगों के जीवन में भुखमरी, कुपोषण और बीमारियों का चक्रवात ठीक उसी तरह नियमित रूप से आता है, जिस निरन्तरता से व्यापक समाज में अष्टमी, नवमी और चतुर्दशी आती है। यूँ तो सहरिया स्वतन्त्रता के बाद से ही शैक्षणिक, सामाजिक, राजनीतिक और आर्थिक उपेक्षा का दंश झेल रहा है परन्तु वर्ष 2001 से यह समुदाय मीडिया की सुर्खियों में रहा है जिसका कारण है भुखमरी और बीमारी के कारण इनका सिमटता अस्तित्व। राजस्थान की शाहाबाद और किशनगंज तहसील के सहरिया गाँवों में से आप किसी भी गाँव की ओर रूख कर लीजिए आपको हाल ही में किसी बच्चे की या फिर महिला की प्रसव के दौरान मौत का उदाहरण अवश्य सुनने का मिल जायेगा। लगातार होती रही उपेक्षा के बाद भी सहरियाओं ने कभी विरोध प्रकट नहीं किया और इसी प्रवृत्ति को इनकी कमजोरी मान लिया गया। केन्द्र और राज्य सरकारें कभी भी इनके प्रति ईमानदार नहीं रहीं। उन तक स्वास्थ्य सेवाएँ पहुँचाने के बजाय सरकारी स्तर पर सहरियाओं को असंवेदनशील और आलसी घोषित कर दिया गया है। शाहाबाद तहसील के कई गाँवों में इस बात के स्पष्ट प्रमाण मिलते हैं कि सरकारी व्यवस्था के ध्वस्त हो जाने के कारण किस तरह सहरिया समुदाय को कैसे एक बीमार, कमजोर और भुखमरी के शिकार के रूप में पहचाना जाने लगा है।

विवेचन : वस्तुतः सहरिया आदिम समुदाय की कलात्मक क्षमता और कौशल का संरक्षण विकास की अपार सम्भावनाएँ जगाता है। जब सम्पूर्ण वैश्विक जगत बढ़ते तापमान को स्थिर रखने का प्रयास कर रहा है, तब सहरियाओं का प्राकृतिक जीवन कौशल प्रदूषण को नियन्त्रित करने की प्रेरणा देता है जिसके माध्यम से प्राकृतिक आपदाओं को भी समय रहते रोका जा सकता है। इनके देशज ज्ञान का उपयोग आयुर्वेदिक औषधियों के निर्माण, मनोरंजन और पर्यावरण संरक्षण में किया जा सकता है। आज सम्पूर्ण विश्व में भारतीय योग और जीवन-शैली को भविष्य के संकट से बचने के साधन के रूप में देखा जा रहा है। इस सकारात्मक

परिवर्तन का हमारे नीति नियन्ताओं को लाभ लेने में देरी नहीं करनी चाहिए। इसके लिए सहरियाओं के परम्परागत ज्ञान की भी सहायता लेने में कोई संकोच नहीं करना चाहिए। इसी में सहरियाओं और राष्ट्र की भलाई छिपी है।

यहाँ शोधकर्ता यह बताना आवश्यक समझता है कि सरकार द्वारा घोषित राजस्थान का एकमात्र आदिम समुदाय सहरिया मूलतः जंगल में निवास करने वाला समुदाय है। इसका इतिहास बहुत प्राचीन है। यह वैदिक काल से ही जंगलों में निवास करते हुए प्रकृति से प्राप्त खाद्य पदार्थों जैसे कोदो, कुटकी, तेंदू, महुआ, गोंद, फाग की भाजी, पमार की भाजी, बेर, सहजन, आंवला, शहद आदि खाकर अपना जीवनयापन करता रहा है। इन खाद्य पदार्थों से सहरिया को पर्याप्त पोषक आहार मिल जाते थे इसलिए पहले उसके सम्मुख कुपोषण का कोई संकट नहीं था और न ही इसको खाद्य सुरक्षा के लिए सरकार या समाज पर आश्रित रहना होता था। सहरिया समुदाय ने हमेशा प्रकृति और जंगल से अपनी खाद्य सम्बन्धी आवश्यकताओं की पूर्ति की अर्थात् इस समुदाय के लिए जल, जंगल और ज़मीन जीवन का आधार रहे हैं। जब से इस समुदाय को जल, जंगल और ज़मीन से बेदखल करने का क्रम शुरू हुआ है, तब से ही इस समुदाय के सम्मुख जीवन बचाने का संकट बढ़ गया और चुनौतियों में वृद्धि हो गयी। प्राकृतिक परिवेश में रहने का अभ्यस्त सहरिया समुदाय जंगल और ज़मीन से दूर होने के कारण परम्परागत खाद्यान्न से वंचित हो गया। इसका परिणाम उसे कुपोषण के रूप में प्राप्त हो रहा है। इस समुदाय के अधिकांश लोग अशिक्षित, संकोची और शर्मीले होने के कारण लगातार शोषण और उपेक्षा के शिकार हो रहे हैं। बेरोजगारी, शोषण, भूख, अशिक्षा, कुपोषण आदि विशेषताएँ सहरिया की पहचान बन गयी हैं। अपने अस्तित्व को बचाने के लिए सहरिया आदिम समुदाय सरकार की ओर आज भी उम्मीद भरी दृष्टि से देख रहा है। समाज के हाशिये पर खड़े और उपेक्षा का दंश झेल रहे इस समुदाय को सरकार के वास्तविक और सच्चे प्रयास की आवश्यकता है।

निष्कर्ष

योजनाकारों, राज्य एवं केन्द्र सरकारों को जनजातियों से सम्बन्धित नीतियों को बनाने से पूर्व वस्तुस्थिति को समझने का प्रयास करना चाहिए। प्रत्येक जनजाति की अपनी विशिष्ट पहचान है। उसकी अपनी आवश्यकताएँ हैं। उसकी रुचि, क्षमता एवं परिवेश को ध्यान में रखते हुए योजनाओं को मूर्त रूप दिया जाना चाहिए। सहरियाओं के नाम पर चलाई जा रही ज़्यादातार योजनाएँ अपेक्षा के अनुरूप

शत-प्रतिशत परिणाम नहीं दे पा रही हैं। शासकीय दस्तावेज में सहरिया समुदाय के पोषण, सुरक्षा, शिक्षा, रोजगार, चिकित्सा आदि के नाम पर जो बड़ी धनराशि खर्च करना बताया जा रहा है, उसकी वस्तुस्थिति उनकी बहुतायत वाले गाँवों का दौरा कर देखी जा सकती है। सारांशतः यह कहा जा सकता है कि राजस्थान के सहरियाओं की मनोसामाजिक स्थिति आज भी सर्वाधिक चिन्ताजनक है।

अतः ऐसी योजनाओं एवं नीतियों में समयानुकूल परिवर्तन कर उनके स्थान पर समग्र विकास की कोई ऐसी नीति अस्तित्व में आनी चाहिए जो यथार्थता के धरातल पर खरी उतरे और सहरिया आदिम जनजाति की मनोसामाजिक स्थिति तथा चुनौतियों का ठोस समाधान दे सके।

सन्दर्भ

1. शंकर, वी. (2014)। सहरिया समाज एवं संस्कृति। जयपुर : राजस्थान हिन्दी ग्रन्थ अकादमी।
2. व्यास, एन., एवं भानावत, एम. (2008)। आदिवासी जीवनधारा। उदयपुर : हिमांशु पब्लिकेशंस।
3. दोषी, एस.एल., एवं व्यास एन. (1992)। ट्रायबल राजस्थान : सनशाईन ऑन दि अरावली। उदयपुर : हिमांशु पब्लिकेशन्स।
4. मण्डल, डी. (1998)। सोशियल स्ट्रक्चर एण्ड कल्चरल चेंज इन दि सहरिया। नयी दिल्ली : एम डी पब्लिकेशन्स।
5. निरगुणे, वी., तिवारी, के., एवं मिश्रा, ए. (1993)। सहरिया। भोपाल : मध्य प्रदेश ए डिवीजन ऑफ लोककला परिषद्।
6. खान, वाई. ए. (2000)। ट्रायबल लाइफ़ इन इण्डिया। जयपुर : आरबी एस ए पब्लिशर्स।
7. नायक, टी.बी.(1984)। दि सहरिया। अहमदाबाद : ट्रायबल रिसर्च एण्ड ट्रायबल रिसर्च एण्ड ट्रेनिंग इंस्टीट्यूट।
8. पांडेय, जी., एवं पाण्डेय, ए. (2012) : भारत की जनजातियाँ, नयी दिल्ली : राधा पब्लिकेशन्स।

जर्नल्स

1. विश्वास, आर.के., एवं कपूर, के, (2003)। ए स्टडी ऑन मोर्टिलिटी अमोंग सहरिया—ए प्रिमिटिव ट्रायब ऑफ मध्य प्रदेश। एन्थ्रोपोलोजिस्ट, 5 (4), 283-290।
2. राव, के. एम., हरिकुमार, आर., वेन्किआ, के., एवं व्रहमम, जी। (2006)। न्यूट्रिशनल स्टेट्स ऑफ़ सहरिया—ए प्रिमिटिव ट्रायब ऑफ राजस्थान। जर्नल ऑफ़ ह्यूमनइकोलोजी, 19(2), 117-123।

पत्रिका

1. व्होरा, ए. (2010)। झारखण्ड में आदिवासी लड़कियों की शिक्षा। प्राथमिक शिक्षक, 2(34), 46-49।
2. सिडाना, के. (2016)। राजस्थान में महिला शिक्षा की स्थिति एक विश्लेषणात्मक विवेचन। कुरुक्षेत्र, 51(9), 39-40
3. शर्मा, एन. (2011, मई)। शिक्षा के क्षेत्र में उभरता राजस्थान। कुरुक्षेत्र, 57(7), 29-34

इण्टरनेट स्रोत

1. www.icbse.com/right.to.education.act 5/2/2015/5.22 PM
2. www.mhrd.gov.in Higher Education 19/9/2015/3.39 PM
3. www.tribal.nic.in.scheduled Tribes 19/9/2015/3.10 PM
4. www.education.nic.in/01/11/2015/5.30 PM
5. http://prof.rlmeena.blogspot.in/2011/01/tribes.now.days.html 8/8/16/3:50 AM
6. http://www.mediaforrights.org/health/hindi.articles/2818/8/16/4.5 AM
7. http://www.mediaforrights.org/profiles/2.uncategorised/2236.8/8/16/4:4 AM

गुजराती आदिवासी लोकवार्ता

डॉ. जे.एन. शास्त्री

आदिवासी साहित्य : भूमिका और संकल्पना

रामायणकाल से आदिवासी समुदाय हमारे देश और समाज का अहम हिस्सा रहा है। इसी कारण सदियों से हमारे देश में आदिवासी लोकसाहित्य की समृद्ध परम्परा चली आ रही है। मनुष्य शुरुआती दौर से मुख्यतः दो भागों में बसता रहा है—1. मैदानी इलाकों में और 2. पर्वतीय या वन विस्तारों में। इन दोनों क्षेत्रों के रहनेवाले समाजों के व्यवसाय, भाषा, रहन-सहन, पहनावा, त्योहार, धार्मिक विधि-विधान, वहम, मान्यताएँ आदि में बड़ा अन्तर है।

इसी अन्तर के कारण हमारी संस्कृति में विविधता प्रतीत होती है। मैदानी इलाकों में शैक्षणिक, सामाजिक और आर्थिक विकास की गति तेज होने के कारण वहाँ बसनेवाले लोग अपनी मूल परम्पराओं को छोड़ आधुनिकता को अपना रहे हैं, जबकि दूर-दराज के पर्वतीय और वन्य विस्तारों में बसनेवाले या गिरिजन आधुनिकता से अलिप्त रहकर अपनी परम्परागत जीवनशैली एवं संस्कृति से ही जुड़े रहे हैं। इसी कारण आदिवासी समाज की अपनी संस्कृति है, अलग जीवनशैली है, अलग ही लोककलाएँ हैं और कुल मिलाकर यही उनकी निजी पहचान है।

विख्यात समीक्षक पद्मश्री डॉ. प्रवीण दरजी के अनुसार, "गुजरात की करीब पच्चीस आदिवासी जातिओं का अपना साहित्य है। इन सबकी जीवनशैली है, निजी मान्यताएँ हैं। उनकी ढेर सारी कंठ्य परम्पराओं तक पहुँचना अभी बाकी है। तडवी दम्पती ने मेवास और पाल प्रदेश का ऐसा साहित्य उपलब्ध कराया है। भगवानदास पटेल ने डुंगरी भीली समुदाय का लोकसाहित्य प्रस्तुत किया है। दक्षिण गुजरात के आदिवासी साहित्य के बारे में भी दक्षा व्यास, नवीन मोदी, जयश्री चौधरी आदि ने काफी शोधकार्य किया है। डांग क्षेत्र की कुंकणा जाति के बारे में डाह्याभाई बाढु, पुंडलिक पवार, प्रभु चौधरी आदि ने अलग-अलग रूप से

अलग-अलग तरीके से कार्य किया है। उसी तरह पंचमहल के आदिवासी साहित्य के बारे में भी बहुत कुछ कार्य किया गया है।''

('सांप्रत और आदिवासी साहित्य'–प्रवीण दरजी, जलाराम दीप (आदिवासी लोककथा विशेषांक) जुलाई, 26, पृष्ठ-4)

आदिवासी लोककथा आम लोककथा से काफी हद तक मिलती-जुलती है। आदिवासी समुदाय के दैनिक जीवन और उनकी धार्मिक-सांस्कृतिक मान्यताओं के साथ इसका गहरा रिश्ता रहा है। चूँकि भीली बोली के मौखिक साहित्य में 'कथा' संज्ञा का चलन नहीं है। इस गद्यस्वरूप के लिए भोली बोली में कोंणी (कहानी) रात, टुसकुं, वही, झारो, मतर, वारता, अरेलो, बेठोर गीत आदि नाम प्रचलित हैं।

आदिवासी साहित्य के संशोधक डॉ. भगवानदास पटेल के अनुसार, ''हम जिसे लोककथा (Folk Tale) कहते हैं उसे भील समाज 'कोंणी' कहता है। जो 'कोहणी' शब्द का परिवर्तित रूप है, और 'कथन' का सूचन करता है। यह 'कोहणी' ही कोंणी का कलात्मक आकार बनाती है। अन्य कंठ्य साहित्य के स्वरूपों की तरह कोंणी भी वाणी की कला है। अतः श्रोता कहने की कला और वाणी से प्रभावित होता है तक कथक की वाणी का गौरव बढ़ाने के लिए बीच-बीच में आश्चर्य-आनन्द के साथ पुकार करते हैं, ''ए वोंणी! वा! वा! (ओह वाणी! वाह! वाह!)'' इससे कथक को कोंणी कहने का उत्साह बढ़ता है।''

मेरा शोधालेख जुलाई, 2016 में प्रकाशित, जानीमानी गुजराती भाषा की पत्रिका, 'जलारामदीप' के 'आदिवासी लोककथा विशेषांक' में प्रकाशित इन तेरह आदिवासी लोककथाओं पर आधारित है–

	लोककथा	**माहितीदाता**	**प्रस्तुतकर्ता**
1.	दाढनी उत्पत्तिकथा	मंजुला राठवा	राजेश आर. राठवा
2.	अनाथ दीकरी	लालुभाई वसावा	डाह्याभाई वाढु
3.	गरीब आदमीनी हात भूतेवाली बात	मताभाई पारगी	डॉ. मयंक एम. जोशी
4.	कागराजा अने भगवान	कोजाभाई परमार	डॉ. भगवानदास पटेल
5.	पाँच परीनी बात	मोहनभाई परमार	डॉ. भगवानदास पटेल
6.	आँधकी दीकरी	कमाभाई चौधरी	विक्रम चौधरी
7.	त्रण दीकरा	भीमाभाई चौधरी	डॉ. विक्रम चौधरी
8.	बगो	----	डॉ. जयश्री चौधरी
9.	राजा अने राणीनी बात	----	डॉ. कुसुम वी. गावित
10.	जगबूड	----	दिनेश के. भोया

11.	कनसरागढ ना उपज नी कथा	रामुभाई रतनभाई पवार	डाह्याभाई वाढु
12.	डुंगरदेवनी कथा	----	डॉ. वसन्त के. गाबित
13.	शियाल अने मगर	गंगुभाई कुँवर	डॉ. अमृतकुँवर

(1) पूर्व गुजरात स्थित राठवा समाज में प्रचलित प्रथम कहानी दाढ की उत्पत्ति की कल्पित कथा है। कथानायक सबला सुथार को यमलोक ले जाने के लिए यमदूत आते हैं। सुथार उन्हें चतुराईपूर्वक एक पेड़ के भीतर ले जाता है। वहाँ उन्हें बन्द करके सालों तक आराम से जिये जाता है। यमराज की पुकार से प्रेरित भगवान विष्णु पृथ्वी पर आते हैं। एक वृद्ध व्यक्ति की सलाह के अनुसार महुए के रस की शराब बनाकर वे वृद्ध और सुथार को पिला देते हैं। सुथार शराब के नशे में बहककर सच उगल देता है। पेड़ की गुफा में से यमदूतों को बाहर निकालकर उन्हें विष्णु भगवान देवलोक में वापस ले जाते हैं।

(2) 'अनाथ दीकरी' मध्य गुजरात स्थित वसावा समाज की लोककथा है। जहाँ पुत्र की आस थी, वहाँ एक राजा के घर पुत्री का जन्म हुआ। उसने सिपाहियों को उसे दूर के जंगल में ले-जाकर मारने का हुक्म दिया। सिपाहियों ने उसे दूर जंगल में ले जाकर ज़िन्दा छोड़ दिया। वहाँ से नवजात बच्ची एक गरीब और निःसन्तान दम्पती के हाथ लगी। उन्होंने उसका अपनी पुत्री की तरह लालन-पालन किया। उसका नाम पाँढर रखा गया। वह बड़ी ही सयानी लड़की थी। अकाल के दिनों में उसने अपने पालक माता-पिता को सहारा देने के लिए किसी राजा के महल में रहकर खूब चाकरी की। मगर राजा ने उसे मज़दूरी नहीं दी। पाँढर से कुछ दाने अपने साथ ले आयी। उन दोनों की सहायता से खेती शुरू की गयी। पाँढर ने ग्रामजनों को खेती और जलसंचय का हुनर सिखाया। इसके परिणामस्वरूप पूरा गाँव समृद्ध हो गया।

एक दिन पाँढा नामक राजा ने पाँढर को देखा तब उसे इस सुशील और सुन्दर कन्या से प्रेम हो गया। पाँढर ने पाँढा से शादी की लेकिन एक शर्त के तहत पाँढा ने पाँढर के माता-पिता को ढेर सारा सोना दिया।

यह कथा पुत्री की महिमा दर्शाती है। गुजरात के आदिवासी समुदाय आज भी पुत्री के जन्म का सहर्ष स्वागत करते हैं। अतः इन समुदायों में स्त्री-पुरुष की औसत अन्य समाजों की तुलना में सन्तुलित है।

(3) 'गरीब' आदमी नी हात भूतेवांली वात मध्य गुजरात के भील समाज की लोककथा है। सात सात्त्विक भूत एक गरीब आदमी की सहायता करते हैं।

वे पहली बार उसे इच्छानुसार बस्तु देनेवाला जादुई बर्तन देते हैं और दूसरी बार सोने की मैंगणी देनेवाली बकरी देते हैं। वह भूतों के ठिकाने से वापस लौटते वक़्त रात गुजारने के लिए अपनी मौसी के घर ठहरता है। मौसी दोनों बार उसकी असली चीजें चुराकर उसकी जगह नकली चीजें रख देती है। तीसरी बार भूत उसे एक लकड़ी देते हैं। उसकी सहायता से मौसी को दण्ड मिलता है और कथानायक को अपनी दोनों करिश्माई चीजें वापस मिल जाती हैं। नगर का राजा उसकी समृद्धि से ईर्ष्या करके उसे परेशान करता है, तब वही करिश्माई लकड़ी राजा को शिक्षा देती है और उसकी अकल ठिकाने ले आती है। इस कथा का यही सन्देश है कि 'जैसी करनी, वैसी भरनी।'

(4) 'कागराजा अने भगवान' उत्तर गुजरात की समाज की लोककथा है। कौआ एक जमाने में बैकुंठ में कागराजा हुआ करता था। कलियुग में भगवान और इन्द्रराजा पृथ्वी पर अकाल के द्वारा मनुष्य जाति को दण्ड देने की योजना बनाते हैं तब कागराजा पृथ्वी पर जाकर अपने किसान मित्र को आगाह कर देता है। भगवान और इन्द्र की योजना के पश्चात् किसान की खेती बार-बार सफल होती है। किसान की फसल को नष्ट करने के सारे प्रयास भी बारी-बारी से विफल हो जाते हैं। आख़िरकार इस सारे अभियान के पीछे कागराजा की गुप्त गतिविधि का पता चलता है। अतः वे कागराजा को पृथ्वीलोक में भेजकर उसे किसानों की जूठन पर गुजारा करने का श्राप देते हैं।

(5) 'पाँच परीनी वात' साबरकांठा के भील समाज की लोक कथा है। इस में एक बूढ़े व्यक्ति के पाँच पुत्रों के पराक्रम की कथा प्रस्तुत की गयी है। एक दिन शिकार करते-करते पाँचों भाई जंगल में दूर निकल गये। वहाँ एक आधुनिक बस्ती देखकर वे उसी ओर चल पड़े। वहाँ पहुँचकर वे पाँच मायावी परियों के चंगुल में फँस गये। पाँचवीं परी साहसिक वृत्ति की थी और उसे सबसे छोटे, कुँवारे भाई से प्रेम हो गया था। अतः उसकी सहायता से पाँचों भाइयों को मुक्ति मिली और सबसे छोटे भाई से पाँचवीं परी का विवाह भी सम्पन्न हो गया। यह कथा दुरित शक्ति पर सात्त्विक शक्ति के विजय की कथा है।

(6) 'आँधली दीकरी' दक्षिण गुजरात के चौधरी समाज की एक रोचक लोककथा है। अधेड़ उम्र की स्त्री और पुरुष की शादी होती है। चूँकि दोनों के लिए यह दूसरी शादी होने के कारण दोनों के पूर्व गृहस्थी के फलस्वरूप एक-एक पुत्री थी। औरत की पुत्री एक आँख से अन्धी थी और दुष्ट थी। वह पुरुष की पुत्री को धक्का देकर कुएँ में गिरा देती है और उसके पति के साथ पत्नी की तरह रहने लगती है। असल पत्नी एक मेंढक की सहायता से रोज रात को कुएँ

में चली जाती है। अन्ततोगत्वा पति को सच का पता चलता है और परिवार का पुनर्मिलन होता है।

(7) 'त्रण दीकरा' दक्षिण गुजरात के चौधरी समाज में प्रचलित लोककथा है। यह एक राजा के होनहार पुत्र के पराक्रमों की कथा है। यह कहानी चमत्कारों की परम्परा (दिव्य शक्तियों की सहायता) और इन्सानी गलतियों की परम्परा की अनोखी मिसाल है। कथा में यह बात बिल्कुल अनोखी लगती है कि समूची कथा में दैवी शक्ति से सम्पन्न सियार का चरित्र कथा के चालक बल की सक्रिय और अहम भूमिका निभाता है।

(8) दक्षिण गुजरात के चौधरी समाज की लोककथा 'बगो' दिव्य शक्तिधारी बगुले की कथा है। एक वृद्धा को राह चलते हुए एक अण्डा मिलता है। वृद्धा उसे मुर्गी के बीच रख देती है। यथा समय उस अण्डे से बगुला जन्म लेता है। वह दिनभर बगुले के रूप में रहता है लेकिन रात को लड़के का रूप धारण कर लेता है। यह बगुला अपनी दिव्य और चमत्कारिक शक्तियों की सहायता से राजकुमारी से शादी करता है। राजकुमारी को बहू के रूप में पाकर वृद्धा का जीवन धन्य-धन्य हो जाता है।

(9) दक्षिण गुजरात के कुंकणा समाज की लोककथा 'राजा अने राणीनी बात' एक अभागे राजपरिवार की कथा है। किसी भिखारी को अपना राजपाट दान में देकर राजा-रानी राजकुमार के साथ अन्यत्र चले जाते हैं। वहाँ तीनों का साथ छूट जाता है। तीनों एक-दूसरे से अलग पड़ जाते हैं। कथा के अन्त में वे वापस मिलते हैं और वहाँ के राजा के द्वारा उन्हें शरण और सहारा प्राप्त होता है।

(10) 'जगबूड' दक्षिण गुजरात के कुंकणा समाज की लोककथा है। जिसका कथासार इस प्रकार है—पृथ्वी पर पाप बढ़ जाने के कारण ईश्वर ने जलप्रलय द्वारा जीवसृष्टि का विनाश किया। लेकिन एक भाई-बहन को ईश्वर ने तुंबडी के सहारे जीवित रखा। उनके लिए नये सिरे से पृथ्वी का निर्माण किया गया।

(11) 'कनसरागढ ना उपज नी कथा' कुंकणा समाज की लोक कथा है। यह काफी दीर्घ कथा है। इसमें कई पात्र और कथाप्रसंगों की भरमार खड़ी की गयी है। डांग जिले में मागसर-पौष महीने में पंद्रह दिन का डुंगर महोत्सव मनाया जाता है। यह कथा उसी महोत्सव का हिस्सा है। दीर्घसूत्रता और मंथरगीत के कारण कथारस में बाधा उत्पन्न होती है।

(12) 'डुंगर देवनी कथा' भी कुंकणा समाज की लोककथा है। इसमें महादेव के पुत्र जन्म और उस पुत्र के पुत्र जन्म की चमत्कारों से भरी कथा कही गयी है।

कथानायक उना एक सच्चमित्र व्यक्ति है। उना का साढ़ू उना के प्रति ईर्ष्याभाव रखता है। पोएटिक जस्टिस के तहत डुंगरदेव उनके साढ़ू मशे को कथा

के अन्तभाग में पत्थर बना देते हैं। सत्-असत् के संघर्ष में सत् की विजय होती है। इस कथा का सही सन्देश है।

(13) दक्षिण गुजरात के डांगी समाज की लोककथा 'शियाल अने मगर' एक किसान दम्पती की कथा है। घड़ियाल का एक छोटा-सा बच्चा मछुआरे किसान के जाल में आ पड़ता है। किसान उसका पुत्रवत् लालन-पालन करता है।

बड़ा होने के बाद घड़ियाल खुद को बड़े तालाब में छोड़ आने का किसान को सुझाव देता है। किसान घड़ियाल को लेकर तालाब पहुँचाता है। उसकी गुजारिश पर किसान उसे गहरे पानी तक छोड़ने जाता है। तालाब के बीच पहुँचकर घड़ियाल किसान का पैर अपने जबड़े में जकड़ लेता है और उसे खाने का इरादा प्रकट करता है। एक सियार युक्तिपूर्वक उसे घड़ियाल के पंजे से मुक्त कराता है। बाद में घड़ियाल सियार से इस बात का बदला लेने का कई बार प्रयास करता है लेकिन हर बार उसे विफलता ही मिलती है। इस कथा में शारीरिक शक्ति पर बुद्धिशक्ति की विजय और अपकार करने की मंशा रखनेवाले की हार दिखाई गयी है।

विशेषताएँ

(अ) कथावस्तु : इन लोकवार्ताओं के विषयवस्तु में लोकजीवन से सम्बद्ध पहलुओं पर प्रकाश डाला गया है। कहीं शराब के अवगुण, कहीं दुर्वृत्तियों के कारण मनुष्य के पतन, पापों के कारण प्रलय, असत् तत्वों का विनाश आदि घटनाओं को लेकर कई चमत्कारों से पूर्ण कथाघटकों का यहाँ प्रयोग किया जाता है। सभी कहानियाँ प्रायः सुखान्त हैं और उनके अन्त में सच्चरित्र व्यक्ति को सुख-शान्ति और अपेक्षित फल मिलता है।

(ब) चरित्र-चित्रण : कहानियों में सद्-असद् दोनों प्रकार के मनुष्य, देवता, दानव और प्रेत योनि के चरित्रों को रखा गया है। यहाँ अपने बुद्धि बल से यम के दूतों को मात देने वाले सवला सुथार जैसे चरित्र हैं (दाढ की उत्पत्तिकथा) तो अपनी अथक मेहनत से अपने पालक माता-पिता का कल्याण करनेवाली अनाथ लड़की भी है (अनाथ छोकरी) यहाँ सात्त्विक भूत जरूरतमन्द इन्सान की सहायता करते हैं। (गरीब आदमीनी हात भूतेवाली वात) जबकि 'पाँच परीनी वात' में एक सात्त्विक डाकिनी अपनी बहनों के विरुद्ध जाकर पाँच भाइयों की जान बचाती है और पाँचवें भाई के साथ शादी करके उसका आदर्श संसार बसाती है।

(स) कथनशैली : इन कथाओं में एक-सी कथनशैली का प्रयोग किया गया है। सभी कथाओं के प्रसंग क्रमानुसार रखे गये हैं। हर कथा में कोई न कोई

चमत्कारिक प्रसंग या सुपर नेचुरल तत्त्व का प्रवेश अवश्यमेव होता है। ये कथाएँ गुजराती में कही गयी हैं मगर इनमें आदिवासी बोली के कई शब्द विद्यमान हैं। एकाधिक कथा मूल आदिवासी बोली में प्रस्तुत की गयी है जैसे कि 'बगो' और 'गरीब आदमी नी हात भूतेवाली वात।' अर्थात् मूलतः ये सभी लोककथाएँ आदिवासी समुदाय की लोकबोली में कही जाती होंगी। विभिन्न प्रदेशों की होते हुए भी इन कथाओं में कुछ साम्य है। जैसे कि 'महादेव हमेशा धवलेगिरि पर रहते हैं। धवलेगिरि यानी धवलगिरि अर्थात् बर्फीले पर्वत (कैलाश) दुष्टों को भगवान दण्ड देते हैं। लाख समझाने पर भी इन्सान से गलती हो जाती है और वह मुसीबत में पड़ जाता है। मनुष्य की सहज यह भूल कथा का रुख मोड़ देती है और बिल्कुल शेक्सपियरन ट्रेजिक हीरो के स्खलन की तरह प्रतीत होती है।

(द) जीवनदर्शन : ये कथाएँ पुराने जमाने से इत्तेफाक रखती हैं, फिर भी इनमें प्रगतिशील सोच देखने को मिलती है। इनमें महिलाओं को सम्मानित दर्जा दिया गया है। यहाँ नारी पात्र सशक्त हैं और वे सक्रिय भूमिकाएँ निभाते हैं। प्रायः सभी कथाएँ 'धर्म की जय और अधर्म के नाश' के सिद्धान्त के आधार पर चलती हैं। कहीं पर पुत्री को महिमामंडित किया गया है। यह बात गौर करने लायक है, क्योंकि आज भी आदिवासी समाजों में स्त्री-पुरुष की औसत अन्य समाजों की तुलना में सन्तुलित है।

(य) समकालीन समाज : साहित्य समाज का दर्पण है। इस नियम का प्रतिबिम्ब गुजराती आदिवासी लोककथाओं में भी देखा जाता है। प्रायः सभी कथाओं में समकालीन वन्य जीवन की झलकियाँ प्रकट होती हैं। प्राचीन काल में वनवासी शिकार पर गुजारा करते थे। धीरे-धीरे वे खेती अपनाने लगे। इन कथाओं में आदिवासी समुदाय के दोनों व्यवसायों का निरूपण किया गया है। ये कथाएँ संक्रान्तिकाल की उपज होंगी। आदिवासी अनादिकाल से जिन देवी-देवताओं को और धार्मिक परम्पराओं को मानते आये हैं उनका चित्रण एकाधिक कथाओं में पाया जाता है। जलस्रोत के रूप में तालाब और कुएँ का जिक्र किया गया है। आज भी ग्रामीण क्षेत्रों में आदिवासी समुदाय जल आपूर्ति के लिए परम्परागत कुओं पर निर्भर हैं। कथाओं में भूत-प्रेत, देवी-देवता और डायनों का उल्लेख तत्कालीन समाज की मान्यताओं का परिचायक है।

लोककथा के कथक साहित्यशास्त्र के ज्ञाता नहीं थे फिर भी इन कथाओं में स्थल-समय समेत समूचा सामाजिक या प्राकृतिक परिवेश बखूबी प्रस्तुत किया गया है। इन लोक-कथाओं के सर्जकों की कलासूझ सराहनीय है।

समापन : गुजराती आदिवासी लोककथा की यहाँ कुछ झलकियाँ मात्र प्रस्तुत

हैं। लेकिन ये इस साहित्य की व्यापकता और प्रस्तुतता का पर्याप्त प्रमाण प्रस्तुत कर रही हैं। इस विषय में संशोधन के लिए काफी अवकाश है क्योंकि आदिवासी लोकसंस्कृति और लोककला अनादिकाल से अनादिकाल तक अनवरत बहता हुआ सिलसिला है।

सन्दर्भ

जलारामदीप, आदिवासी लोककथा विशेषांक—जुलाई, 2016

अनुज लुगुन की कविताओं में विस्थापन का दर्द

शहिदुल इस्लाम ख़ान

हिन्दी में आदिवासी साहित्य के सन्दर्भ में जो बात-चीत शुरू हुई वह आदिवासी समाज के अस्तित्व और अस्मिता बोध के साथ हुई है। आदिवासी जीवन पर हिन्दी में यह पहली बार नहीं लिखा जा रहा है। यानी पहले से ही आदिवासियों पर हिन्दी साहित्य में रचना हुई हैं। अगर शुरुआती दौर को देखने का प्रयास करें तो फणीश्वरनाथ 'रेणु' के उपन्यास 'मैला आँचल' को लिया जा सकता है।

दलित कविता की तरह इकहरापन आदिवासी कविता में नहीं होता है। दलित कविता में आक्रोश है, गुस्सा है, दलित कविता में गाली का भरपूर उल्लेख मिलता है और ये सब दलित कविता में अगर ना आये तो वह दलित कविता के बाहर हो जाते हैं। दलित कविता दलित ही लिख सकते हैं और गैर-दलित दलित कविता लिखने से दलित आलोचक उसमें स्वानुभूति-सहानुभूति की बात करते हैं। लेकिन इस तरह की संकीर्णता आदिवासी कविता में नहीं मिलती। आदिवासी कविता लिखने के लिए आदिवासी होना जरूरी नहीं है। आदिवासियों के प्रति अगर किसी की सहानुभूति है तो वह आदिवासी कविता लिख सकते हैं और इससे कोई उनकी आलोचना नहीं करेगा। यह आदिवासी कविता की एक विशेषता है।

जब हम आदिवासी साहित्य की बात करते हैं, तो आदिवासी समाज के द्वारा लिखी गयी रचनाएँ और गैर-आदिवासी समाज के द्वारा भी लिखी गयी रचनाएँ अवधारणात्मक रूप से दोनों बातें हमारे सामने आती हैं। अनुज लुगुन आदिवासी कवि हैं इसके साथ-साथ हिन्दी साहित्य के कवियों में एक युवा कवि नाम से प्रसिद्ध है। उन्हें मुण्डारी भाषा के सशक्त कवि और इतिहास, संस्कृति, उत्साह, उम्मीद, संकल्प, हक और हौसले के कवि के रूप में भी देखा जाता है।

कविता चाहे आदिवासी हो या दलित, समकालीन हो या नयी, भारतेन्दु युगीन हो या द्विवेदी युगीन, प्रगतिवादी हो या प्रयोगवादी हर किसी की अपनी-अपनी प्रवृत्तियाँ होती हैं। अनुज लुगुन की कविता आदिवासी के ऊपर है और इस तरह

उनकी कविताओं में से बहुत सारी प्रवृत्तियाँ निकलती हैं, जैसे—विस्थापन का दर्द, संघर्ष या प्रतिरोधवादी दृष्टिकोण, प्रकृति के साथ सहजीविता, सौन्दर्य चेतना, आदिवासी विरोधी मीडिया की आलोचना, कवि का वात्सल्य भाव, राजनीतिक मोहभंग, आदिवासियों के प्रति सभ्य समाज के संग्राहालयी नजरिये की आलोचना, दिकू गुलामी के खिलाफ आवाज उठाती कविता आदि। उनमें से मैं सिर्फ विस्थापन की दर्दमूलक कविताओं की ही चर्चा कर रहा हूँ।

विस्थापन का दर्द : हालाँकि विस्थापन के अनेक कारण हो सकते हैं। भूकम्प, चक्रवात अथवा सुनामी इत्यादि प्राकृतिक आपदाएँ, शत्रु देश का आक्रमण अथवा सैनिक अभियान, उग्रवादी अथवा नक्सलवादी आक्रमण, बड़े-बड़े उद्योगों का निर्माण अथवा किसी बड़ी नदी पर बाँध का निर्माण इत्यादि, इन सब कारणों से गाँव उजड़ते हुए दिखाई देते हैं। कभी-कभी कोई परिवार शिक्षा की आवश्यकता अथवा अर्थोपार्जन जैसे अपने निजी कारणों से भी विस्थापित होता है। बड़े महानगरों में सरकारी अथवा ग़ैर-सरकारी योजनाओं व निर्माणों के कारण भी गरीब बस्तियों में रहने वाले समाज को विस्थापित होना पड़ता है।

उसी तरह आदिवासियों के लिए बड़ा मुद्दा विस्थापन का रहा है। देश के विकास की जब भी बात होती है तब आदिवासी अपने-आप सामने आ जाते हैं। देश के विकास का रास्ता आदिवासी की ज़मीन से होकर ही गुजरता है। बाँध, चतुर्भुज कॉरिडोर और औद्योगिक परियोजनाओं को मूर्त रूप देना हो तो उजड़ना आदिवासी को ही पड़ता है, अपनी ज़मीन से विस्थापित आदिवासी ही होता है। किसी मूलवासी को उसकी ज़मीन से उखाड़ कर किसी दूसरे नागरिक का विकास करना अलोकतान्त्रिक, अव्यावहारिक और अमानवीय ही कहा जायेगा। इस सन्दर्भ में विख्यात पर्यावरणविद् मेधा पाटेकर का कथन है—“जिन क्षेत्रों में लोगों को जीवन की न्यूनतम सुविधाएँ भी उपलब्ध नहीं हैं, उस क्षेत्र के चन्द परिवारों को विकास के नाम पर उजाड़ देना और वहाँ की पूरी संस्कृति, प्रकृति को खत्म करना, यह विकास नहीं माना जा सकता।”

भारत के विकास के नाम पर आदिवासियों को अपनी भूमि और जंगलों से ही बेदखल नहीं किया गया अपितु नैतिक मानदण्डों के नाम पर रखकर उन्हें उनसे बेदखल कर दिया गया। देश में आदिवासियों की मुख्य समस्या विस्थापन की ही रही है। माफियाओं की कुल्हाड़ी से जंगल ही नहीं काटते, अपितु उन जंगलों के माध्यम से जीवन-यापन करने वाली आदिवासी जनता का गला भी कटता जा रहा है। रमणिका गुप्ता के शब्दों में ‘‘आदिवासी चाहता है स्वनिर्णय, स्वायत्तता, प्राकृतिक संसाधनों पर अपना अधिकार, वह अपनी व्यवस्था चलाना चाहता है

अपनी परिपाटी से, अपनी जीवन-शैली को बरकरार रखते हुए करना चाहता है अपनी मातृभाषा के माध्यम से अपना विकास।'' इस इच्छा की पूर्ति से ही वह अपनी संस्कृति, अपनी भाषा यानी अस्मिता और अपने जल-जंगल-ज़मीन यानी अस्तित्व का संरक्षण सही मायने में करना चाहता है, पर वे विस्थापन के कारण कुछ नहीं कर पाते। आदिवासी चाहे जहाँ पर बस्ती बना ले, पर वो वहाँ पर ज़्यादा दिन रुक नहीं पाता, क्योंकि उन लोगों को विकास के नाम पर वहाँ से हटा दिया जाता है। जैसे सामन्तवादी व्यवस्था के कारण पहले तो आदिवासियों को गाँव से भगाया गया, फिर औद्योगिकीकरण की नीतियों के कारण आज उन्हें जंगल से खदेड़ा जा रहा है। जैसे—

"कट रहे हैं वृक्ष? माफियाओं की कुल्हाड़ी से और? बढ़ रहे हैं कंक्रीटों के जंगल।

दान्डू जाये तो कहाँ जाये? कटते जंगल में? या बढ़ते जंगल में।"

इनसे पता चलता है कि आदिवासी समाज दोनों ओर से संकट में घिरा होता है। कटते जंगल में अस्तित्व और विस्थापन के; तो बढ़ते जंगल में अस्मिता के संकट से। कटते जंगलों में कम्पनियों द्वारा बढ़ते प्रदूषण के कारण आदिवासियों पर अस्तित्व का खतरा मँडरा रहा है और बढ़ते कंक्रीटों के जंगलों में रहने से अपनी सभ्यता, संस्कृति को भूलता जा रहा है।

विकास के नाम पर सामन्त और पूँजीपति अपना रूप बदल-बदल कर आदिवासियों का शोषण कर रहे हैं, जिसके कारण आदिवासियों को गाँव और अपनी ज़मीन से बेदखल होना पड़ रहा है। उन लोगों की वेदना भरी पुकार अनुज लुगुन की 'शहर के दोस्त के नाम पत्र' कविता में दिखाई देती है—

"कल एक पहाड़ को ट्रक पर जाते हुए देखा? उससे पहले नदी गयी? अब खबर फैल रही है कि? मेरा गाँव भी यहाँ से जाने वाला है।"

यही वेदना भरी पुकार हमें महादेव टोप्पो की कविता 'फिर भी हम कहते रहे हैं तुम्हें जोहार' नामक कविता में दिखाई देती है—

"न्यायालय के कठघरे में? हमें बताया गया, समझाया गया? सादे कागज पर अँगूठे के निशान ने? किया है खेतों से हमें बेदखल? ...जंगलों में कुछ और चलकर भीतर? खेत खोदते बस गये हम।"

विस्थापन के कारण आदिवासी समुदाय गाँव छोड़कर तो शहर चले जा रहे हैं लेकिन उनको तो शहर का रीति-रिवाज भी पता नहीं है, तो वह वहाँ कैसे अपना जीवन निर्वाह करें। आदिवासी लोग जब विस्थापन के कारण अपना गाँव छोड़कर शहर चले जाते हैं तो भी शहरी लोग उन्हें हेय नजर से देखते हैं। आदिवासी समाज

तो अपने गाँव में सभी एक साथ रहा करते थे। अपने परिवार से अलग होना तो दूर की बात है वे तो पूरे गाँव के लोगों से मिल-जुलकर रहते हैं, वे किसी से अलग नहीं होते, पूरे गाँव को ही अपना परिवार मानकर चलते हैं। लेकिन शहर में तो ऐसा नहीं होता है। शहर में रहने वाले तो एक कमरे में रहने वाले परिवार दूसरे कमरों के परिवार से अपना पहचान नहीं बनाते हैं। शहर में जाने के बाद एक ही परिवार के लोग अलग-अलग रहने लगते हैं। इसलिए जब आदिवासी लोग शहर जाते हैं तो उन लोगों का वहाँ रहना मुश्किल हो जाता है। जैसे–

"शहर में मेरे लोग तुमसे मिलें? तो उनका खयाल जरूर रखना? यहाँ से जाते हुए उनकी आँखों में? मैंने नमी देखी थी? और हाँ!? उन्हें शहर का रीति-रिवाज भी तो नहीं आता।"

आदिवासी लोग जब शहर की ओर जाते हैं तो उनको शहर में अपना कोई परिचित नजर नहीं आता क्योंकि जो भी गाँव से शहर चले गये वे लोग भी दिकू बन गये हैं, अब वे उन्हें देखने से अपनी पहचान नहीं बताते, वह भी शहरी हो गये। अभी वह अपने को आदिवासी कहने से लज्जाबोध करते हैं। जैसे–

"बाजार भी बहुत बड़ा हो गया है? मगर कोई अपना सगा दिखाई नहीं देता? यहाँ से सबका रुख शहर की ओर कर दिया गया है।"

आदिवासी जनता को ऐसा लगता है कि जैसे उनके जंगल में लोहे के फूल खिले हैं, बॉक्साइट के गुलदस्ते बने हैं, कोयले का खदान बन गया है, जिसको हड़पने के लिए जंगल और निवास स्थान पर सैनिकों को लगाया जाता है ताकि आदिवासी समुदाय खुद वहाँ से अपना हक माँग ना सके–

"हमारे जंगल में लोहे के फूल खिले हैं? बॉक्साइट के गुलदस्ते सजे हैं? अभ्रक और कोयला तो? ...थोक और खुदरा दोनों भावों से? मण्डियों में रोज सजाये जाते हैं? यहाँ बड़े-बड़े बाँध भी? फूल की तरह खिलते हैं? इन्हें बेचने के लिए? सैनिकों के स्कूल खुले हैं।"

जिसके कारण आदिवासी लोगों को अपना गाँव छोड़कर भाग जाना पड़ता है।

देश के सम्पूर्ण विकास के लिए सरकार ने आदिवासियों को भी विकास की मुख्यधारा में शामिल करने की नीति बनाई है। लेकिन आदिवासी समुदाय अब जान गये हैं कि विकास के नाम पर उनके साथ किस तरह का व्यवहार किया जा रहा है। वे इन विकास योजनाओं के यथार्थ को बखूबी जानने लगे हैं। इसलिए वह किसी पर भी भरोसा नहीं रखना चाहता है क्योंकि सदियों से आदिवासी गाँवों में विकास के नाम पर विस्थापन किये जा रहे हैं। इसलिए आदिवासी समाज किसी पर भरोसा नहीं करते। जैसे–

"हम जानते हैं चाँदनी कुछ देर के लिए अँधेरे को स्थगित कर सकती है? लेकिन रात को पहर भर करने के लिए सूरज ही अन्तिम विकल्प है? और इस बात को जानते हुए उसके उगने की प्रतीक्षा करना? अपने ही पैरों में खुद बेड़ियाँ डालने जैसा है।"

आदिवासी लोग जब विस्थापित होते हैं तब उनके साथ जानवरों पर भी विपद् आती है और तब आदिवासी समुदाय सोचने-विचारने लगते हैं कि शायद जानवरों को भी उनके दुख के बारे में पता है, जब वह अपना गाँव छोड़कर जाने लगते हैं तो उन लोगों को अपने द्वारा पाले हुए जानवर याद आने लगते हैं, जिसके कारण वे बहुत दुखी हो जाते हैं। वे लोग तो कहीं न कहीं जाकर बस जायेंगे पर इन जानवरों का क्या होगा। इनका दुःख भी तो उन जैसा ही है। जैसे–

"बेड़ियों को तोड़ते हुए सोचता हूँ? क्या पागुर करती हुई बकरियों और बैलों को भी पता होता है हमारा दुख? क्या वे जानते हैं कि हम इस वक्त समान दुख और संकट के दौर से गुजर रहे हैं? कि इस गाँव से बेदखल हो जाने के बाद? न उनके लिए और न हमारे लिए रह जायेगा कोई चरागाह? और उन जंगली भैंसों का क्या होगा जो हमारे टोटेम हैं...केरकेट्टा...ढेचुवा...औरहोरल...?"

विकास के लिए संसाधनों के उपयोग के सन्दर्भ में संसाधनों पर अधिकार का दूसरा पहलू विस्थापन है। मूलतः विस्थापन एक ऐसी भारतीय समस्या है, जिसमें कि एक घर-परिवार का, उनके रोजी-रोटी के संसाधनों से, पीढ़ियों से, वे जहाँ बसे हैं ऐसे क्षेत्र से उनके सामाजिक, आर्थिक रिश्ते-नातों के इलाके से टूटना, वस्तुतः उन्हें बहुत ही हादसा देने वाली बात होती है।

आदिवासियों पर यह लांछन लगाया जाता है कि वह चोर-चपट्टे हैं, दूसरों से और आपस में हमेशा झगड़ते फिरते हैं, काम नहीं करते, जानवरों जैसा व्यवहार करते हैं, आपस में लड़ते रहते हैं। इसलिए आदिवासी जहाँ भी जायें उन्हें वहाँ से भगा(हटा) दिया जाता है। आदिवासी लोग राजनीति नहीं जानते हैं, वे किसी के विपक्ष में जाना नहीं चाहते लेकिन सभ्य समाज उन पर ही ये सब आरोप लगाता है। जैसे–

"टूटे पुल के उस पार? फेंकता हूँ एक डोरी? आदमियत की टोली में? आदमियत के लिए संघर्ष कर रहे टोलों की ओर से? कि हम पर ही बार-बार लांछन लगाये जाते रहे हैं? हिंसा के, काम के, क्रोध के और चोरी के? कि हम अब भी पशुवत् हैं और हमें आदमी हो जाना चाहिए।"

देश के मानव विकास सूचकांक को देखते हुए मन में सवाल उत्पन्न होता है कि मनुष्य के लिए विकास है या विकास के लिए मनुष्य? विकास के लिए

आदिवासियों को बलि का बकरा बनाया जा रहा है। जाने-माने नृतत्वशास्त्री फ्लेक्स पैडेल जिन कम्पनियों में आदिवासियों का शोषण किया जा रहा है उन कम्पनियों के यथार्थ को बताते हुए कहते हैं कि "आदिवासी क्षेत्रों में जो भी कम्पनियाँ हैं वे विकास के नाम पर शोषण ही कर रही हैं। वे अपनी सोशल रिस्पांसिबिलिटी के तहत घोषणाएँ खूब करती हैं, लेकिन इसका लाभ आम आदमी तक नहीं पहुँच पाता। वह कागजों तक ही सिमटा रहता है। यह चाहे झारखण्ड हो या ओडिशा हो या अन्य राज्य। यह किसी भी विस्थापित से बातचीत कर देख सकते हैं।"

एक अध्ययन के अनुसार "पिछले 10-12 सालों में ओडिशा, झारखण्ड, आन्ध्र प्रदेश और छत्तीसगढ़ सरकार ने एक करोड़ एकड़ से अधिक ज़मीन अधिग्रहण की, जिससे सोलह लाख लोग विकास के नाम पर विस्थापित हुए और अभी भी अस्सी से अधिक सेज के लिए ज़मीन की जरूरत है।" उद्योग-कारखाना आदिवासी इलाकों में ही स्थापित किये जाते हैं क्योंकि वहाँ ज़मीन सस्ती मिलती है, खनिज भरपूर मिलता है और सबसे बड़ी बात आदिवासी समुदाय राजनीतिक चेतना से शून्य होने के कारण विरोध नहीं कर पाते। जिन्हें विकास की अधिक जरूरत है वे विकास के नाम पर आदिवासी को उनकी जमीन के बदले कीमत दे देते हैं और उसके बाद आदिवासी वहाँ से विस्थापित हो जाते हैं। जिस आदिवासी इलाके को लोग पहले हेय समझते थे आज वहाँ के आदिवासी लोगों को कम पैसे देकर ज़मीन खरीद लेते हैं और इस तरह उन्हें वहाँ से विस्थापित होना पड़ता है, जिसके कारण आदिवासियों को पुनः वहाँ काम करने का अधिकार नहीं मिलता है। अनुज लुगुन अपनी 'रेड कोरिडोर' नामक कविता में कहते हैं–

"जहाँ लोग चलना हेय समझते थे? वहाँ उन्होंने रास्ता बनाया? जो अब संसद के गर्भगृह तक जाता है।"

आज आदिवासी समाज दिन-ब-दिन विस्थापित होते जा रहे हैं, वह कहाँ जा रहे हैं, क्या कर रहे हैं इसकी कोई जानकारी नहीं रखता। जल, जंगल, ज़मीन संरक्षण के बारे में कोई नहीं बोलते हैं, जंगल काटने पर भी कोई नहीं चिन्तित होता, पहाड़ के टूटने पर, नदियों को सूखने पर, ट्रेन के नीचे गिर कर मरने वाले लावारिसों पर कोई कुछ नहीं बोलता, इसलिए आदिवासी समुदाय इससे चिन्तित हैं और दुःख के साथ कहते हैं–

"कोई नहीं बोलता इनके हालात पर? कोई नहीं बोलता जंगलों के कटने पर? पहाड़ों के टूटने पर? नदियों के सूखने पर? ट्रेन की पटरी पर पड़ी? तुरिया की लावारिस लाश पर? कोई कुछ नहीं बोलता।"

पर वे फिर कहते हैं कि सब अपने फायदे के लिए ही बोलते हैं–

“बोलते हैं बोलने वाले? केवल सियासत की गलियों में? आरक्षण के नाम पर? बोलते हैं लोग केवल? उनके धर्मांतरण पर? चिन्ता है उन्हें? उनके ‘हिन्दू’ या ‘ईसाई’ हो जाने की? यह चिन्ता नहीं कि रोज कंक्रीट के ओखल में? पिसते हैं उनके तलवे? और लोहे की ढेंकी में? कूटती है उनकी आत्मा।”

आदिवासी सदियों से विस्थापित होते जा रहे हैं, लाखों-लाख विस्थापितों का अब कोई वजूद नहीं रहा है। जब इतिहास लिखा जाता है, वे इसमें नहीं होते। आंकड़ों में भी नहीं। उनमें से कुछ लगातार तीन-चार बार विस्थापित हुए हैं। बाँध के लिए, चाँदमारी के इलाके के लिए, दूसरे बाँध के लिए, यूरेनियम की खनन के लिए, बिजली परियोजना के लिए। एक बार वे लुढ़कना शुरू करते हैं तो फिर रुकने की कोई जगह नहीं होती। इनमें से बहुत बड़ी संख्या आखिरकार बड़े-बड़े शहरों की परिधि पर झोपड़पट्टियों में खप जाती है, जहाँ यह सस्ते निर्माण मज़दूरों की बहुत बड़ी भीड़ में बदल जाती है, जो और ज़्यादा परियोजनाओं पर कार्य करती है जिससे और ज़्यादा लोग बेदखल होते हैं। सही है कि वह कभी एक स्थान पर अपना निवास स्थान बना नहीं पाता है। जैसे–

‘‘अंकल मेरा गाँव गुवा-नुआमुंडी में था, आज हतना बुरू में है? कल और किसी पहाड़ में शरणार्थी होगा? फिर अगले दिन किसी और पहाड़ में? इसी तरह एक दिन मैं फेंक दिया जाऊँगा अन्ततः मरुस्थल में? मुझे प्यास लगेगी और मेरे पास नहीं रहेंगे पहाड़ और उसके पड़ोसी बादल? मेरे गीतों के लिए नहीं रहेगा नदियों का राग।”

इस देश में जितने भी राजनीतिक दल आये और देश पर शासन कर रहे हैं उनमें से ऐसा एक भी राजनीतिक दल नहीं आया जो कि आदिवासी समाज के उन्नति के बारे में सोचे। अनुज लुगुन कहते हैं कि इस देश के क्रूर शासक के कारण विश्व के मानचित्र में कहीं भी किसी दार्शनिक या लेखकों के द्वारा खींची गयी रेखा नजर नहीं आती। उनमें से आदिवासी इलाके को ही निकाल दिया गया है, जिसके कारण आज विश्व का मानचित्र झुका हुआ है। जैसे–

“मानचित्र की तमाम टेढ़ी-मेढ़ी? रेखाओं को मिलाकर भी? मैं ढूँढ़ नहीं पाया? एक आदमी का चेहरा उभारने वाली रेखा? मेरी गर्दन ग्लोब की तरह ही झुक गयी? और मैं रोने लगा।”

अनुज लुगुन की कविताओं में आदिवासी जन-जीवन, संस्कृति, सभ्यता, विकास तथा उनके साथ हुए धोखेबाजी का चित्रण मिलता है। उनकी कविताओं में यह दिखाई देता है कि आदिवासियों ने अपनी मूक वेदना को वाणी देना प्रारम्भ कर दिया। आदिवासी लोग स्वयं इस समुदाय की समस्याओं को उठाते

हुए उन पर हो रहे अत्याचारों से उन्हें मुक्ति दिलाने में अहम भूमिका का निर्वाह कर रहे हैं। उनकी कविताओं में से देखा जाता है कि किस तरह से आदिवासियों पर हो रहे अत्याचारों और उनकी ज़मीन से उन्हें बेदखल करने की साजिश को उजागर किया है।

सन्दर्भ

1. आदिवासी विमर्श, सम्पादक डॉ. रमेश चन्द्र मीणा, पृ. 43
2. युद्धरत आम आदमी, सम्पादक रमणिका गुप्ता, पृ. 49
3. अघोषित उलगुलान (कविता कोश)
4. शहर के दोस्त के नाम पत्र (कविता कोश)
5. फिर भी हम कहते रहे हैं तुम्हें जोहार (कविता कोश)
6. शहर के दोस्त के नाम पत्र (कविता कोश)
7. वही
8. वही
9. गुरिल्ले का आत्मकथन (कविता कोश)
10. वही
11. टूटे पुल के इधर-उधर (कविता कोश)
12. युद्धरत आम आदमी, सम्पादक रमणिका गुप्ता, पृ. 50
13. आदिवासी दस्तक (विचार, परम्परा और साहित्य) सम्पादक रमेश चन्द्र मीणा, पृ. 45
14. रेड कोरिडोर (कविता कोश)
15. अघोषित उलगुलान (कविता कोश)
16. वही
17. गुवा-नुआमुंडी (कविता कोश)
18. ग्लोब (कविता कोश)

सन्दर्भ ग्रन्थ सूची

1. रमेश चन्द्र मीणा (सम्पादक), आदिवासी दस्तक (विचार, परम्परा और साहित्य) अलख प्रकाशन, संस्करण 2013
2. रमणिका गुप्ता (सम्पादक), आदिवासी स्वर और शताब्दी, वाणी प्रकाशन, दिल्ली, संस्करण 2002, आवृत्ति 2009
3. रमणिका गुप्ता (सम्पादित), कलम को तीर होने दो, वाणी प्रकाशन, दिल्ली, संस्करण 2015
4. रमणिका गुप्ता (सम्पादित), युद्धरत आम आदमी, वर्ष-3, अंक-24, सितम्बर 2015, ग्लैडसन डुंगडुंग के लेख से उद्धृत
5. रमणिका गुप्ता (सम्पादक), युद्धरत आम आदमी, रमणिका फाउण्डेशन, वर्ष-4, अंक-29, जनवरी 2016
6. कविता कोश - http://kavitakosh.org

भारतीय राजव्यवस्था में अनुसूचित जनजाति महिलाओं का राजनीतिक दृष्टिकोण

वन्दना मीणा

जनजाति शब्द की उत्पत्ति तथा अर्थ के बारे में विभिन्न मत हैं। व्युत्पत्ति शास्त्र के अनुसार, "अंग्रेज़ी शब्द 'ट्राइब' (जनजाति) की उत्पत्ति 'ट्रिबुज' शब्द से मानी जाती है। जिसका अर्थ होता है तीन अंग जबकि रोमवासियों के लिए 'ट्राइब' एक राजनीतिक संस्था के रूप में था।"[1]

जनजाति का अर्थ सामान्यतया ऐसे लोगों से है जो किसी निश्चित भू-भाग पर निवास करते हैं तथा विकास की दृष्टि से काफी पिछड़े हुए होते हैं। इनका निवास-स्थान सामान्यतया पहाड़ी या पठारी क्षेत्र होते हैं। इनके अपने ऐसे रीति-रिवाज होते हैं जो ग्रामीण एवं नगरीय लोगों से काफी सीमा तक भिन्न होते हैं। इसे ऐसा क्षेत्रीय समूह कह सकते हैं जो सामान्य भाषा, सामाजिक नियमों एवं आर्थिक कार्यों इत्यादि में समानता के आधार पर एक सूत्र में बँधा हुआ है। अन्य शब्दों में यह कहा जा सकता है कि जनजाति ऐसे लोगों का एक समूह है जो किसी निश्चित भू-भाग (सामान्यतया जंगल या पहाड़) पर निवास करते हैं, जिनकी एक संस्कृति होती है तथा जो आज भी आर्थिक दृष्टि से काफी पिछड़े हुए हैं। ज़्यादातर निरक्षर होने के कारण उनमें ज्ञान, विचारों, साहित्य आदि की परम्परा मौखिक रूप से चलती है। उनकी पुरानी स्मृतियाँ पौराणिक कथाओं द्वारा एक पीढ़ी से दूसरी पीढ़ी तक पहुँचती हैं। कुछ जनजातियाँ केवल शिकार और फल, मूल आदि एकत्र करके, कुछ पशु चराकर और कुछ आदिम तरीकों से खेती करके जीवन-यापन करती हैं। वे पहाड़ी स्थानों, वनों आदि अगम्य स्थानों में रहते हैं इस भौगोलिक अलगाव के कारण वे अपनी संस्कृति परम्परा को बनाए रखने में सफल हुई है।

इम्पीरियल गजेटियर में जनजाति को इन शब्दों में परिभाषित किया गया है, "जनजाति परिवारों का वह संकलन है जिसका एक सामान्य नाम होता है

जो सामान्य भाषा बोलते हैं तथा जो सामान्य प्रदेश में रहते हैं या रहने का दावा करता है और सामान्यतया अन्तर्विवाही होता है, भले ही आरम्भ में ऐसा न करता रहा हो।"[2]

ऑक्सफोर्ड शब्दकोश के अनुसार, "जनजाति विकास के आदिम अथवा बर्बर आचरण में लोगों का एक समूह है जो एक मुखिया की सत्ता को स्वीकार करता है तथा सामान्यतया अपना एक समान पूर्वज मानता है।"[3]

गिलिन एवं गिलिन के अनुसार, "स्थानीय आदिवासियों के किसी भी ऐसे संग्रह को हम जनजाति कहते हैं, जो एक सामान्य क्षेत्र में निवास करता हो, एक सामान्य भाषा बोलता हो तथा सामान्य संस्कृति के अनुसार व्यवहार करता है।"[4]

इन परिभाषाओं के आधार पर कहा जा सकता है कि जनजाति एक निश्चित भू-भाग में रहने वाला एक आदिम मानव समूह है जो एक सामान्य भाषा, धर्म, प्रथा, व्यवसाय और अन्य सामाजिक नियमों द्वारा एक सूत्र में बँध कर एक सामाजिक संगठन को जन्म देता है।

भारतीय सन्दर्भ में जनजाति की अवधारणा

जनजाति समुदाय भारतीय सामाजिक संरचना का एक प्रमुख घटक है, जिनकी जनसंख्या भारतीय जनसंख्या की लगभग 8.43 प्रतिशत है और जिनको देश के सर्वाधिक पिछड़े समुदाय के रूप में स्वीकार किया गया है। जनजाति समुदाय की परिभाषा को लेकर मानवशास्त्रियों में पर्याप्त मतभेद रहा है। वैरियर एल्विन इनको भारतवर्ष के वास्तविक 'स्वदेशी उपज' के रूप में देखते हैं तो घुरये ने इन्हें 'पिछड़ा हिन्दू' कहकर परिभाषित किया है।

मजूमदार के अनुसार, "एक जनजाति परिवारों या परिवार के समूहों का संग्रह है जिसका एक सामान्य नाम होता है और जिसके सदस्य एक ही भू-क्षेत्र में निवास करते हैं, एक भाषा बोलते हैं और विवाह, व्यवसाय के प्रति कुछ निषेधों का पालन करते हैं तथा उनमें परस्पर आदान-प्रदान एवं दायित्वों की पारस्परिकता की एक सुनिश्चित व्यवस्था विकसित हो गयी है।"[5]

इन दोनों अतिवादी दृष्टियों से इतर कुछ मानवशास्त्रियों, समाजशास्त्रियों जैसे—सुरजीत सिन्हा, एफ. जी. बेली आदि ने भारतीय जनजाति को जाति के साथ निरन्तरता के सन्दर्भ में समझने का प्रयास किया है। उनके अनुसार जहाँ सभ्यता के एक किनारे पर जनजातियाँ हैं, तो दूसरे किनारे पर जातीय समूह। जनजातियों में समतावादी और आत्मनिर्भर सामाजिक व्यवस्था होती है, वे जातियों की तरह अन्योयाश्रित नहीं होते और उनका भूमि के साथ प्रत्यक्ष सम्बन्ध होता है।

भारतीय सन्दर्भ में अनुसूचित जाति और जनजाति आयुक्त ने 1952 की रिपोर्ट में कुछ सामान्य एवं विशिष्ट अभिलक्षणों की सूची दी है। ये अभिलक्षण हैं–

1. जनजातीय लोग सभ्य दुनिया से दूर वन और पहाड़ों जैसे दुर्गम क्षेत्रों में रहते हैं।
2. ये लोग नीग्रिटो, ऑस्टेलॉयड या मंगोलॉयड परिवारों में से किसी एक से हैं।
3. वे एक जनजातीय बोली बोलते हैं।
4. वे 'जीववाद' जीवत्वारोपणवादी आदिम धर्म को मानते हैं, इस धर्म में भूत-प्रेतों की पूजा का विशेष महत्त्व होता है।
5. वे अनाज बीनना, शिकार करना, वन उत्पादों का संग्रह करना आदि 'आदिम' पेशों में संलग्न रहते हैं।
6. सामान्य रूप से ये जनजातीय लोग मांसाहारी रहते हैं।

उपर्युक्त अभिलक्षणों के बारे में टिप्पणी करते हुए ए. आर. देसाई कहते हैं कि जिन 2 करोड़ 50 लाख लोगों को जनजातीय के अन्तर्गत वर्णित किया गया है उनमें 50 लाख लोगों में ही ये अभिलक्षण पाए जाते हैं। डी. एन. मजूमदार के अनुसार पूर्वी भारत की जनजातियों को छोड़कर अन्यत्र सभी जगह इस उपमहाद्वीप में विभिन्न नृजातीय अंश मिले हुए हैं। इस प्रकार निश्चित रूप से यह कहना बड़ा मुश्किल है कि जनजाति कौन है और गैर-जनजाति कौन है।

भारतीय जनजाति पर यदि सूक्ष्मता से विचार किया जाये तो हम पाते हैं कि विभिन्न जनजातीय समूहों में न केवल विविधताएँ विद्यमान हैं, बल्कि कई लक्षण ऐसे हैं जो जाति एवं जनजाति समुदाय में सामान्य हैं, ऐसी स्थिति में भारतीय जनजातीय समुदाय की स्पष्ट परिभाषा करना एक कठिन कार्य है।

भारतीय संविधान में भी जनजाति की परिभाषा नहीं की गयी है और उन्हें एक ऐसे पिछड़े समुदाय के रूप में देखा जाता है जिसको राष्ट्रपति ने अनुच्छेद 342 के आधार पर अधिसूचित किया है और उन्हें अनुसूचित जनजाति कहा गया।[6]

आज जनजाति का अर्थ प्राचीन युग की राजनीतिक इकाई से परिवर्तित होकर गरीबी व पिछड़ेपन से पीड़ित जनसमूह को अभिलक्षित करता है। शताब्दियों से चले आ रहे सतत शोषण व जुल्म ने उनके धैर्य को पूर्णतः नष्ट कर दिया। उनके गौरवपूर्ण अतीत को आज की दुखदायी अवस्था से सामंजस्य करना कठिन है। हालाँकि वे सदियों पुरानी शोषित अवस्था से ऊपर उठ रहे हैं। युवा पीढ़ी विशेष रूप से शोषित वर्ग अब अपनी शक्ति का अनुभव करने लगे हैं तथा नयी चुनौतियों का सामना करने लगे हैं।

स्वतन्त्रता के बाद महिलाओं को संवैधानिक एवं वैधानिक रूप से समानता

का दर्जा दिया गया लेकिन इन संवैधानिक प्रावधानों का लाभ महिलाओं में शिक्षा का निम्न स्तर, चेतना एवं सामाजिक रूढ़ियों के कारण समाज की केवल अभिजात्य महिलाओं ने प्राप्त किया। अनुसूचित जाति व जनजाति की महिलाएँ इससे लगभग वंचित रही हैं। अनुसूचित जनजाति जो कि शुरू से समाज से कटा वर्ग रहा अतः इस वर्ग की महिलाएँ हाशिये पर रही हैं। यह जनजाति भारत की कुल आबादी का 8 प्रतिशत से अधिक है, जो कि भारत के विभिन्न प्रान्तों में जीवन बसर कर रही है। यद्यपि संविधान में अनुसूचित जनजाति को परिभाषित नहीं किया गया है लेकिन फिर भी उन्हें विशेष दर्जा देते हुए आरक्षण की सुविधा उपलब्ध करवाई गयी तथा सरकार ने इन जनजातियों को देश की मुख्य धारा से जोड़ने हेतु विकास योजनाएँ बनाकर सफल प्रयास किये हैं।

राजनीतिक दृष्टिकोण से आशय व्यक्ति के राजनीतिक व्यवस्था, राजनीतिक प्रक्रिया, राजनीतिक दलों, राजनीतिक नेतृत्व, राजनीतिक सहभागिता, विचारधाराओं के प्रति सोच एवं व्यवहार से है। भारत की राजनीति संयुक्त संसदीय प्रतिनिध्यात्मक लोकतान्त्रिक राज्य के ढाँचे में ढली है। जहाँ पर प्रधानमन्त्री सरकार का प्रमुख होता है। शासन एवं सत्ता सरकार के हाथों में होती है, जो नाममात्र में राष्ट्रपति तथा वास्तविक रूप में प्रधानमन्त्री तथा संसद के दोनों सदनों, लोकसभा एवं राज्यसभा के संयुक्त वैधानिक स्वरूप में होती है। राजनीतिक दृष्टिकोण घटनाओं के प्रति व्यक्तिगत समझ कही जा सकती है, जो कि व्यक्ति तथा उसके द्वारा अनुभव किये गये राजनीतिक यथार्थ के बीच होता है। राजनीतिक दृष्टिकोण विशिष्ट उत्प्रेरकों के प्रति विशिष्ट तरीके से प्रतिक्रिया करने का मानस है, जिसे मूर्त एवं सांकेतिक स्तर पर देखा जा सकता है।

अध्ययन की प्रासंगिकता

अनुसूचित जनजाति जैसा कि पूर्व में कहा गया कि भारतीय समाज में सदैव से हाशिये पर रहा वर्ग है। संवैधानिक एवं वैधानिक आधार पर इसके (अनुसूचित जनजाति के) विकास हेतु अनेक प्रावधान किये जाने के बावजूद आज भी जनजातियों का स्तर सन्तोषजनक नहीं है। इनके विकासात्मक स्तर के आकलन हेतु समय-समय पर अनुसन्धान एवं शोध होते रहे हैं। अनुसूचित जनजाति के सैद्धान्तिक एवं संरचनात्मक पक्ष एवं सामाजिक, आर्थिक तथा राजनीतिक स्तर पर अध्ययन हुए हैं परन्तु राजव्यवस्था के सन्दर्भ में अनुसूचित जनजाति के राजनीतिक दृष्टिकोणों को जानने के लिए बहुत कम शोध हुए हैं, वहीं इन अनुसूचित जनजाति की महिलाओं के राजनीतिक दृष्टिकोणों पर शोधात्मक दृष्टि से अभी तक ध्यान नहीं गया। अतः

अध्ययन की प्रासंगिकता इस दृष्टि से बढ़ जाती है। अनुसूचित जनजाति महिलाएँ जो शारीरिक, मानसिक एवं भावनात्मक आधार से सशक्त एवं सुदृढ़ होते हुए भी शिक्षा, राजनीतिक क्षेत्र में पुरुषों से समानता नहीं कर पा रही हैं को जानने हेतु अध्ययन की आवश्यकता महसूस की जाती रही है।

अध्ययन के उद्देश्य

उद्देश्यों के परे किसी भी शोध कार्य की परिकल्पना नहीं की जा सकती। शोधार्थी जब भी किसी शोध हेतु योजना निर्मित करता है तो उसके लिए कुछ उद्देश्यों का निर्धारण आवश्यक है। जिससे वह शोध राजनीतिक-सामाजिक व्यवस्था में एक नये विचार का योगदान कर सके। जो नीति निर्माताओं को प्रभावित कर उनकी नीतियों में सुधार की सम्भावना प्रस्तुत करे। इसी तथ्य को ध्यान में रखते हुए प्रस्तुत अध्ययन में भी कुछ लक्ष्य निर्धारित किये गये हैं–

1. अनुसूचित जनजाति की महिलाओं के राजनीतिक दृष्टिकोण व सचेतना के स्तर को जानना।
2. अनुसूचित जनजाति की महिलाओं की भारतीय राजनीतिक के व्यावहारिक पक्ष के सम्बन्ध में आस्था-विश्वास तथा राजव्यवस्था से अपेक्षाओं के स्तर को ज्ञात करना।
3. अनुसूचित जनजाति की महिलाओं का भारतीय लोकतांत्रिक व्यवस्था में राजनीतिक दलों की अपरिहार्यता के सम्बन्ध में दृष्टिकोण को जानना।
4. 73वें एवं 74वें संविधान संशोधन से राजनीति में अनुसूचित जनजाति की महिलाओं की भूमिका प्रभावशीलता में वृद्धि के सम्बन्ध मे दृष्टिकोण को जानना।

अध्ययन पद्धति

प्रस्तुत अध्ययन अनुभवपरक वृत्त में आता है अतः नवीन सामग्री प्राप्त करने के उद्देश्य से शोधार्थी द्वारा स्वयं क्षेत्र में जाकर आँकड़े एकत्रित करके तथ्यों का विश्लेषण किया गया है। तथ्य संकलन संरचित प्रश्नावली व अवलोकन विधियों द्वारा किया गया है। इस अध्ययन हेतु राजस्थान टोंक जिले की निवाई तहसील में रहने वाली अनुसूचित जनजाति की महिलाओं के पास स्वयं जाकर अनुसूची/प्रश्नावली माध्यम से प्रस्तावित पक्ष से तथ्य एवं आँकड़े एकत्रित करने के साथ-साथ वस्तुस्थिति का अनुभव ग्रहण करके उसके आधार पर विश्लेषण किया गया है। अतः यह अध्ययन वर्णनात्मक एवं विश्लेषणात्मक होने के साथ-साथ सूक्ष्म स्तरीय अध्ययन है।

उत्तरदाता का परिचय

प्रस्तुत शोध पत्र में उत्तरदाता के रूप में चयनित टोंक जिले की निवाई तहसील की अनुसूचित जनज़ाति की महिला मतदाताओं के भारतीय राजव्यवस्था के व्यावहारिक स्वरूप तथा राजनीतिक प्रतिक्रियाओं के प्रति अनुसूचित जनजाति की महिलाओं के दृष्टिकोण जानने का प्रयास किया है।

अध्ययन में निवाई तहसील की समस्त जनजाति की महिलाओं को शामिल करना समय, श्रम, तथा व्यय की दृष्टि से व्यावहारिक नहीं था। आयु वर्ग के आधार पर देखा जाये तो महिलाओं की साक्षरता का प्रतिशत जो 18-28 की आयु महिलाओं में अधिक है, 28-38 आयु वर्ग की महिलाओं में बहुत ही कम ऐसी महिलाएँ है जिन्होंने माध्यमिक तक शिक्षा ग्रहण की जबकि 38-48, 48-58 आयु वर्ग की महिलाओं में तो लगभग सभी महिलाए ऐसी हैं जिनकी शिक्षा का स्तर शून्य है।

उत्तरदात्रियों के आर्थिक स्तर को देखा जाये तो 70% महिला उत्तरदात्रियाँ मध्यम वर्ग की हैं एवं 30% महिला उत्तरदात्रियाँ निम्न वर्ग की हैं जो कृषि, मज़दूरी, मनरेगा जैसे कार्य करती हैं।

उत्तरदात्रियों में सयुक्त परिवार में रहने वाली उत्तरदात्रियों का प्रतिशत एकांकी परिवार में रहने वाली महिलाओं के प्रतिशत से अधिक है।

भारतीय राजव्यवस्था का व्यावहारिक पक्ष एवं अनुसूचित जनजाति महिलाओं का राजनीतिक दृष्टिकोण

सैद्धान्तिक आधार पर भारतीय शासन संसदीय एवं संघीय प्रतिमान वाली राजव्यवस्था में गत्यात्मकता प्रदान करने हेतु बहुदलीय व्यवस्था, दबाव समूह, चुनाव व्यवस्था एवं प्रणाली, पुलिस व्यवस्था, प्रशासन तन्त्र के साथ-साथ शक्ति विकेन्द्रीकरण के आधार पर शक्तियों का विभाजन केन्द्र एवं राज्यों से लेकर स्थानीय स्तर ग्राम पंचायत तक किया गया है। भारत की चुनाव प्रणाली, दलीय व्यवस्था, सूचना का अधिकार, ग़ैर-सरकारी संगठन, मतदान व्यवहार, जनजाति कल्याण के लिए योजनाओं, आतंकवाद की समस्या के प्रति निवाई तहसील की अनुसूचित जनजाति की महिलाओं के दृष्टिकोणों को विवेचित एवं विश्लेषित करने का प्रयास किया गया है।

लोकतन्त्र के पहियों के रूप में राजनीतिक दल अपरिहार्य हैं, के सन्दर्भ में उत्तरदात्रियों की प्रतिक्रियाएँ

जार्ज वाशिंगटन और जयप्रकाश नारायण जैसे राजनीति के महान सेवक दल विहीन लोकतन्त्र के समर्थक रहे हैं। लेकिन 21वीं सदी तक के राजनीतिक विकास ने दलों की अनिवार्यता स्थापित कर दी है। आज लार्ड ब्राइस का यह कथन पूर्णतः स्थापित हो चुका है कि 'कोई भी स्वतन्त्र देश इसके बिना नहीं रह सकता। किसी व्यक्ति ने यह नहीं दिखाया कि लोकतन्त्र दलों के बिना कैसे चल सकता है। वास्तव में राजनीतिक दल ही वह तत्व है जो जनता और सरकार को जोड़े रखता है। जिसे हम जनइच्छा कहते हैं। वह वास्तव में निर्वाचनों द्वारा दलों के माध्यम से ही व्यक्त होती है, जिस प्रकार साहित्य समाज का दर्पण होता है उसी प्रकार राजनीतिक दल किसी समाज का आईना होता है। राजनीतिक दलों की प्रकृति, स्वरूप, कार्यकरण और राजनीतिक भर्ती की स्थिति आदि को देखकर यह अन्दाज लगाया जा सकता है कि कोई राजनीतिक समाज कितना स्वतन्त्र, परिपक्व और विकसित है?[7]

भारत के संविधान में राजनीतिक दलों की किसी व्यवस्था का प्रावधान नहीं किया गया है, फिर भी जिस लोकतान्त्रिक व्यवस्था का प्रावधान हमारे संविधान ने किया है उसका क्रियान्वयन अन्य लोकतन्त्रीय देशों की तरह हमारे देश में भी विविध राजनीतिक दलों के माध्यम से ही होता है। भारतीय संविधान द्वारा प्रतिपादित लोकतन्त्र की व्यवस्था का आधार वयस्क मताधिकार है, जिससे जनता एक बहुत बड़ी संख्या में विविध स्तरों पर सम्पादित करने वाले प्रतिनिधियों का चयन करती है। इतनी बड़ी संख्या में प्रतिनिधित्व करने वाले प्रत्याशियों तथा शासन संचालन की नीति व तत्सम्बन्धी कार्यक्रम आदि को जनता के समक्ष प्रस्तुत करने के कार्य का सम्पादन करके राजनीतिक दल वस्तुतः संविधान द्वारा प्रतिपादित लोकतन्त्र के क्रियान्वयन में बड़े सहायक होते हैं।[8] इसी सन्दर्भ में लोकतन्त्र के पहियों के रूप में राजनीतिक दल अपरिहार्य हैं, के प्रति उत्तरदात्रियों के दृष्टिकोण को सारणी-1.1 में सम्मिलित किया गया है जो निम्न हैं—

सारणी-1.1

लोकतन्त्र के पहियों के रूप में राजनीतिक दल अपरिहार्यता

क्र.सं.	कथन आवृत्ति	उत्तरदात्रियों की संख्या	योग	प्रतिशत
1	हाँ	43	43	86
2	नहीं	7	7	14
	कुल	50	50	100

प्रस्तुत सारणी में लोकतन्त्र के पहियों के रूप में राजनीतिक दलों की अपरिहार्य हैं के सन्दर्भ में उत्तरदात्रियों की प्रतिक्रियाओं को शामिल किया गया है इस सम्बन्ध में अध्ययन करने पर ज्ञात होता है कि 86% उत्तरदात्रियों ने सहमति व्यक्त की है व उनका मानना है कि दलों के अभाव में शासन व समाज में अराजकता व्याप्त हो सकती है जिसकी वजह वह दलों द्वारा किया जाने वाला भ्रष्टाचार, अनैतिक व्यवहार, समाज का वातावरण दूषित करना आदि कारकों को मानती हैं।

चुनाव व्यवस्था लोकतान्त्रिक व्यवस्था का प्राण होती है इसकी अपरिहार्यता के सन्दर्भ में उत्तरदात्रियों की प्रतिक्रियाएँ

चुनाव एक प्रक्रिया है जिसके द्वारा हम किसी राष्ट्र, राज्य के लिए योग्य व्यक्ति का चुनाव करते हैं। चुनाव या निर्वाचन को लोकतन्त्र का आधार कहा जाता है जिसके द्वारा जनता अपने प्रतिनिधियों को चुनती है और उन्हें सत्ता सौंप देती है।[9] इसलिए चुनावों को लोकतन्त्र में महोत्सव की संज्ञा दी जाती है।

चुनाव की प्रक्रिया ऐतिहासिक रूप से लोकतान्त्रिक व्यवस्था का सर्वाधिक सरल एवं महत्त्वपूर्ण सूचक है। निर्वाचन वह माध्यम है जिसके द्वारा सामाजिक एवं राजनीतिक व्यवस्था आम जनता एवं बुद्धिजीवी वर्ग तथा व्यक्ति एवं सरकार के मध्य सम्पर्क का मार्ग प्रशस्त होता है। यह राजनीतिक सामाजीकरण एवं राजनीति सहभागिता को सुनिश्चित करने वाला जटिल घटनाक्रम है जो न सिर्फ सामाजिक एवं राजनीतिक व्यवस्था को प्रभावित करता है, वरन् उनके द्वारा स्वयं भी प्रभावित होता है अर्थात् प्रत्येक निर्वाचन सामाजिक परिवर्तन की वृहत प्रक्रिया का एक स्थिर चित्र होता है।[10] इसी सन्दर्भ में चुनाव व्यवस्था लोकतान्त्रिक व्यवस्था का प्राण होती है कथन के प्रति उत्तरदात्रियों के दृष्टिकोण को सारणी-1.2 में सम्मिलित किया गया है जो निम्न हैं–

सारणी-1.2

चुनाव व्यवस्था लोकतान्त्रिक व्यवस्था का प्राण है

कथन आवृत्ति	उत्तरदात्रियों की संख्या	योग	प्रतिशत
हाँ	38	38	76
नहीं	12	12	24
कुल	50	50	100

चुनाव व्यवस्था लोकतान्त्रिक व्यवस्था का प्राण होती है के सन्दर्भ में उत्तरदात्रियों की प्रतिक्रिया का वर्णन किया गया है। इस कथन के सन्दर्भ में 76 प्रतिशत

उतरदात्रियाँ सहमत हैं उनका मानना है कि चुनावों के अभाव में लोकतन्त्र का संचालन असम्भव है वहीं 24 प्रतिशत उत्तरदात्रियाँ अपनी असहमति व्यक्त करती हैं।

मतदान में इलेक्ट्रॉनिक वोटिंग मशीन का उपयोग उपयुक्त है, के सन्दर्भ में उत्तरदात्रियों की प्रतिक्रियाएँ–

स्वतन्त्र तथा निष्पक्ष चुनाव किसी भी देश के लोकतान्त्रिक मूल्यों के लिए महत्त्वपूर्ण होते हैं। इसमें निष्पक्ष सटीक तथा पारदर्शी निर्वाचन प्रक्रिया में ऐसे परिणाम शामिल हैं जिनकी पुष्टि स्वतन्त्र रूप से की जा सकती है। परम्परागत मतदान प्रणाली इन लक्ष्यों में से अनेक पूरा करती हैं लेकिन फर्जी मतदान तथा मतदान केन्द्र पर कब्जा जैसा दोषपूर्ण व्यवहार निर्वाचित लोकतन्त्र भावना के लिए गम्भीर खतरे हैं। इस तरह भारत का निर्वाचन आयोग स्वतन्त्र और निष्पक्ष चुनाव सुनिश्चित करने के लिए निर्वाचन प्रक्रिया में सुधार का प्रयास करता है। सार्वजनिक क्षेत्र के दो प्रतिष्ठानों भारत इलेक्ट्रॉनिक्स लिमिटेड, बेंगलुरु तथा इलेक्ट्रॉनिक कॉरपोरेशन ऑफ इण्डिया लिमिटेड, हैदराबाद के सहयोग से भारत निर्वाचन आयोग ने ईवीएम की खोज तथा डिजायनिंग की।

इलेक्ट्रॉनिक वोटिंग मशीन का इस्तेमाल भारत में आम चुनाव तथा राज्य विधानसभाओं के चुनाव में आंशिक रूप से 1999 में शुरू हुआ तथा 2004 से इसका पूर्ण इस्तेमाल हो रहा है।[11] भारत में लोकतान्त्रिक शासन प्रणाली के अन्तर्गत एकल बहुमत प्रणाली को अपनाया गया है। इस प्रणाली के अन्तर्गत कुल वैध मतों में से सर्वाधिक मत प्राप्त करने वाला उम्मीदवार चुनाव जीत जाता है। विश्व के कई देशों ने अपने नागरिकों को किसी-न-किसी रूप में ''सभी उम्मीदवारों को खारिज करने'' जैसा अधिकार प्रदान किया है। फ्रांस, बेल्जियम, ब्राजील, ग्रीस, युक्रेन, चिली, बांग्लादेश, नेवादा राज्य (सं. रा. अ.), फिनलैण्ड, सं. रा. अमेरिका, कोलम्बिया, स्पेन तथा स्वीडन में नकारात्मक मतदान की व्यवस्था है।[12]

पीपुल्स यूनियन फॉर सिविल लिबर्टीज एवं अन्य बनाम भारत संघ तथा अन्य में सर्वोच्च न्यायलय में दायर याचिका संख्या में मुख्य न्यायाधीश न्यायमूर्ति पी. सदाशिवम, न्यायमूर्ति रंजन देसाई एवं न्यायमूर्ति रंजन गोगोई की सदस्यता वाली पीठ ने 27 सितम्बर 2013 को सुनाए गये निर्णय में भारत के मतदाताओं को 'नकारात्मक मतदान' का अधिकार प्रदान कर दिया।

सर्वोच्च न्यायालय का आशावाद है कि 'नोटा' (उपयुक्त में से कोई नहीं) विकल्प लोकतान्त्रिक प्रणाली को मौजूदा प्रस्थिति में प्रभावी राजनीति सहभागिता को बढ़ाएगा तथा मतदाता वास्तविक रूप से सशक्त होंगे। सर्वोच्च न्यायलय ने

भारत निर्वाचन आयोग को निर्देश दिया कि वह इलेक्ट्रॉनिक वोटिंग मशीन में मतदान पत्रों में सभी उम्मीदवारों के नामों के नीचे अन्त में उपयुक्त में से कोई नहीं (नोटा) के लिए आवश्यक प्रावधान करें ताकि मतदान केन्द्र में आने वाले ऐसे मतदाताओं को एक विकल्प हासिल हो सके जो चुनाव लड़ रहे किसी भी उम्मीदवार को पसन्द नहीं करते और मतदान के अधिकार की गोपनीयता को भी बनाए रखना चाहते थे।[13] इन सब तथ्यों को ध्यान में रखते हुए मतदान में इलेक्ट्रॉनिक वोटिंग मशीन का उपयोग उपयुक्त है या नहीं उत्तरदात्रियों से पूछा गया है जिसे सारणी-1.3 में दर्शाया गया है–

सारणी-1.3

मतदान में इलेक्ट्रॉनिक वोटिंग मशीन का उपयोग उपयुक्त है

कथन आवृत्ति	उत्तरदात्रियों की संख्या	योग	प्रतिशत
हाँ	48	48	96
नहीं	2	2	4
कुल	50	50	100

प्रस्तुत सारणी में मतदान में इलेक्ट्रॉनिक वोटिंग मशीन के उपयुक्त के सम्बन्ध में उत्तरदात्रियों की प्रतिक्रिया को शामिल किया है जिसमें कुल उत्तरदात्रियों में से 96 प्रतिशत उत्तरदात्रियों ने इलेक्ट्रॉनिक वोटिंग मशीन का समर्थन किया है, वहीं 4 प्रतिशत महिलाएँ ऐसी हैं जिन्होंने मतदान में इलेक्ट्रॉनिक वोटिंग मशीन के उपयोग को बेमानी बताया है जिसकी वजह तकनीकी ज्ञान का अभाव मानती हैं।

राज्यों में पुलिस प्रशासन की कार्यशैली एवं प्रभावशीलता के सम्बन्ध में उतदात्रियों की प्रतिक्रियाएँ :

पुलिस शब्द से सामान्य तात्पर्य ऐसी व्यवस्था से है जो कानूनों के क्रियान्वयन तथा शान्ति व्यवस्था को बनाए रखती है। प्रत्येक समाज अपने स्थायित्व एवं संगठन को बनाए रखने तथा सदस्यों के बीच सहभाव कायम करने के लिए किसी-न-किसी तन्त्र का विकास अवश्य करता है। पुलिस जन नियन्त्रण का एक ऐसा ही संस्थाबद्ध तन्त्र है। 'पोलिस' शब्द का अर्थान्वयन भी इस प्रकार किया जा सकता है।[14]

राज्य में पुलिस प्रशासन एक गतिविधि के रूप में उतना ही पुराना है जितना पुराने मानवीय समाज। यह एक यथार्थ है कि प्रत्येक समाज एवं सभ्यता में प्रारम्भ से ही अपराधों की उपस्थिति एवं उनके रोकथाम के प्रबन्ध किये जाते

रहे हैं। परन्तु जहाँ तक इसके वर्तमान स्वरूप का प्रश्न है, इसका सीधा सम्बन्ध वर्तमान सामाजिक व्यवस्था से है। भारतीय इतिहास का गहराई से अध्ययन करने पर पता चलता है कि वैदिक काल में ही समाज में कानून व्यवस्था बनाए रखने के लिए कई संस्थाएँ अस्तित्व में आ चुकी थीं। कौटिल्य ने पुलिस व्यवस्था का विस्तृत तन्त्र स्थापित किया था। मौर्य काल के दौरान पुलिस एक विभाग के रूप में स्थापित हो चुका था और इसने एक प्रशासनिक संस्था का रूप धर लिया था। समय के साथ पुलिस के उत्तरदायित्व में लगातार बढ़ोतरी होती गयी तथा कानून व्यवस्था बनाए रखने के अन्तर्गत और भी कई संस्थाएँ आकार लेती गयीं।[15] राज्यों की पुलिस व्यवस्था की कार्य-प्रणाली एवं सुढ़ता के सम्बन्ध में उत्तरदात्रियों की प्रतिक्रियाएँ सारणी-1.4 में विवेचित की गयी हैं जो इस प्रकार है–

सारणी-1.4

राज्यों में पुलिस प्रशासन की कार्यशैली एवं प्रभावशीलता के सम्बन्ध में उत्तरदात्रियों की प्रतिक्रियाएँ

कथन आवृत्ति	उत्तरदात्रियों की संख्या	योग	प्रतिशत
हाँ	49	49	99
नहीं	1	1	1
कुल	50	50	100

प्रस्तुत सारणी से स्पष्ट होता है कि 99 प्रतिशत उत्तरदात्रियाँ पुलिस प्रशासन की कार्यशैली को असन्तोषजनक मानती हैं। 1 प्रतिशत उत्तरदात्रियाँ ही ऐसी हैं जो कि पुलिस प्रशासन की कार्यशैली को सन्तोषजनक मानती हैं।

73वें एवं 74वें संविधान संशोधन के पश्चात् स्थानीय स्वशासन की कार्यशैली एवं प्रभावशीलता के सन्दर्भ में उत्तरदात्रियों की प्रतिक्रियाएँ–

वैदिक युग में भारत में महिलाओं स्थिति बहुत सम्मानजनक थी। उन्हें शक्ति रूप माना जाता था। उन्हें सभी प्रकार के राजनीतिक तथा सामाजिक अधिकार प्राप्त थे। किन्तु सदियों से गुलामी की जंजीर में जकड़े रहने के कारण भारतीय समाज में अनेक कुरीतियों, अन्धविश्वासों ने हमारी सामाजिक व्यवस्था में स्त्रियों के स्थान को संकुचित कर दिया, और धीरे-धीरे महिलाओं के अधिकार सिकुड़ते चले गये। पर्दा-प्रथा, सती-प्रथा, बाल-विवाह तथा अशिक्षा के कारण महिलाओं का विकास रुक गया व अनेक प्रकार से शोषित तथा प्रताड़ित होने लगी परन्तु भारत में स्वतन्त्रता प्राप्ति के वर्षों में महिलाओं की स्थिति में क्रान्तिकारी परिवर्तन आया है। आज

महिलाएँ, आर्थिक, राजनीतिक, धार्मिक और सामाजिक दासता से निकलकर स्वतन्त्र जीवन का विकास करने की सुविधा प्राप्त कर रही हैं। वर्तमान समय में महिलाओं की राजनीतिक क्षेत्र में सहभागिता निरन्तर बढ़ रही है। राज्य एवं केन्द्रीय स्तर पर महिलाओं की सहभागिता का स्तर भले ही स्थिर हो परन्तु पंचायती राज संस्थाओं तथा स्थानीय नगर निकायों में उनकी सहभागिता लगातार बढ़ रही है।[16]

ग्रामीण भारत के लिए पंचायती राज ही एकमात्र उपयुक्त योजना है, जो लोकतन्त्र को प्रभावी बनाने में महत्त्वपूर्ण भूमिका का निर्वहन कर सकता है पंचायतें ही हमारे राष्ट्रीय जीवन की रीढ़ है। 73वें एवं 74वें संविधान संशोधन में महिलाओं के लिए पंचायती राज संस्थाओं के सभी पदों पर एक तिहाई (1/3) आरक्षण की व्यवस्था की गयी जिससें महिलाएँ राजनीति में सक्रिय भागीदारी निभा रही हैं। इसे लोकतन्त्र एवं प्रतिनिधि शासन की दिशा में महत्त्वपूर्ण कदम माना जाता है, साथ ही महिला जागरूकता एवं सहभागिता को बढ़ाने के लिए अधिकार सम्पन्न बनाने, राष्ट्रीय विकास की मुख्यधारा में शामिल करने, सभी दृष्टि से ऊँचा उठाकर पुरुषों की बराबरी में लाने की दिशा में महत्त्वपूर्ण प्रयास माना जा रहा है। महिलाओं के शैक्षणिक, आर्थिक व सामाजिक स्तर को ऊँचा उठाने के लिए सरकार द्वारा अनेक विकासात्मक कार्यक्रम कल्याणकारी योजनाएँ और जागरूकता अभियानों का संचालन किया जा रहा है, जिससे महिलाओं का व्यक्तित्व उभरकर आया है। 73वें एवं 74वें संविधान संशोधन में महिलाओं की राजनीतिक प्रभावशीलता में भी बढ़ोतरी हुई। 73वें 74वें संविधान संशोधन में स्थानीय स्वशासन की कार्यशैली में परिवर्तनों के सन्दर्भ में उत्तरदात्रियों की प्रतिक्रियाएँ सारणी-1.5 में निम्न प्रकार है–

सारणी-1.5

73वें एवं 74वें संविधान संशोधन के पश्चात् स्थानीय स्वशासन की कार्यशैली प्रभावशाली हुई हैं–

कथन आवृत्ति	उत्तरदात्रियों की संख्या	योग	प्रतिशत
हाँ	21	21	42
नहीं	29	29	58
कुल	50	50	100

प्रस्तुत सारणी में स्पष्ट होता है कि 42 प्रतिशत महिलाएँ ऐसी हैं जो यह मानती है कि 73वें एवं 74वें संविधान संशोधन से राजनीति में महिलाओं की भूमिका प्रभावशाली हुई है वहीं 58 प्रतिशत महिलाएँ इससे असहमत हैं उनका

मानना है कि इससे महिलाएँ आगे तो आयी हैं वह चारदीवारी से बाहर निकलने लगी हैं परन्तु वह वास्तविक रूप में कार्य नहीं करतीं।

सूचना का अधिकार से सम्बन्धित कुछ कथनों पर उत्तरदात्रियों की प्रतिक्रियाएँ--

ज्ञान और सूचना ने मानव की प्रत्येक गतिविधि को अत्यधिक प्रभावित किया है। आज किसी भी कार्य अथवा गतिविधि को ज्ञान एवं सूचना के अभाव में समग्रता के साथ पूर्ण करना सम्भव नहीं है।[17]

भारत जैसे जीवन्त और लोकतान्त्रिक समाज के लिए सूचना का अधिकार एक महत्त्वपूर्ण शर्त है। इस अधिकार के बिना लोग न तो सत्ता का प्रयोग कर सकते और न ही सरकार को उत्तरदायी ठहरा सकते हैं। यह एक प्रभावी माध्यम है, जिसके जरिये जनता सत्ता के मनमाने दुरुपयोग पर अंकुश लगा सकती है, भ्रष्टाचार पर लगाम कस सकती है और सरकार को उसकी नीतियों और कार्यवाहियों के लिए जवाबदेह ठहरा सकती है।

सूचना का अधिकार कई मायने में महत्त्वपूर्ण होता है। इसके सहारे एक ज़्यादा लोकतान्त्रिक समाज का निर्माण किया जा सकता है, उत्तरदायित्व सुनिश्चित किया जा सकता है, पारदर्शिता में इजाफा होता है, जनविरोधी नीतियों को रोकने और फलस्वरूप गरीबी से निपटने में मदद मिलती है और मानव अधिकारों को संरक्षण एवं प्रोत्साहन प्रदान किया जा सकता है।[18]

संविधान के अनुच्छेद(1) के तहत सूचना का अधिकार मौलिक अधिकारों का एक भाग है।[19] 12 अक्टूबर 2005 में आम नागरिकों को ऐसा हथियार मिला जिसकी हमें काफी जरूरत थी। हालाँकि 9 राज्यों की सरकारें पहले ही राज्य कानून पारित कर चुकी थीं। ये थीं—जम्मू कश्मीर, दिल्ली, राजस्थान, मध्य प्रदेश, महाराष्ट्र, कर्नाटक, तमिलनाडु, असम और गोवा। सूचना का अधिकार अधिनियम लागू हो जाने से आम जनता को हर चीज जानने का अधिकार मिल गया है जिसका सम्बन्ध सूचना का अधिकार अधिनियम 2005 भारतीय नागरिकों को संसद सदस्यों के बराबर सूचना का अधिकार देता है। इस अधिनियम के अनुसार ऐसी सूचनाएँ जिसे संसद या विधानमण्डल सदस्यों को देने से इन्कार नहीं किया जा सकता उसे किसी आम व्यक्ति को देने से भी इन्कार नहीं किया जा सकता।[20] अतः सूचना के अधिकार के सम्बन्ध में अनुसूचित जनजाति की महिलाएँ क्या दृष्टिकोण रखती हैं का वर्णन सारणी-1.6 में किया गया है जो निम्न है—

सारणी-1.6
सूचना का अधिकार

1. सूचना का अधिकार जनता के लिए वह अमोघ अस्त्र है, जिससे वह प्रशासन पर नियन्त्रण स्थापित कर सकती है।

सहमत	36	72
असहमत	9	18
कोई उत्तर नहीं	5	10
योग	50	100

2. सूचना के अधिकार से प्रशासन में पारदर्शिता आयी है।

सहमत	26	52
असहमत	17	34
कोई उत्तर नहीं	7	14
योग	50	100

3. सूचना के अधिकार अधिनियम के लागू हो जाने के बाद अभी तक राज्य सरकारों ने अपनी प्रतिबद्धता और उत्साह का परिचय नहीं दिया है।

सहमत	39	78
असहमत	7	14
कोई उत्तर नहीं	4	8
योग	50	100

4. जब जनता सूचना के अधिकार अधिनियम के तहत दस्तावेज हासिल करके पारदर्शिता की माँग करती है तो कार्यवाही से सम्बन्धित अधिकारी सहयोग नहीं करते।

सहमत	47	94
असहमत	2	4
कोई उत्तर नहीं	1	2
योग	50	100

5. सूचना का अधिकार अधिनियम की सार्थकता के लिए आम जनता का जागरूक होना आवश्यक है।

सहमत	44	88
असहमत	4	8
कोई उत्तर नहीं	2	4
योग	50	100

सारणी-1.6 में सूचना का अधिकार से सम्बन्धित कुछ कथनों पर उत्तरदात्रियों की प्रतिक्रियाएँ जानने का प्रयास किया गया है। सूचना का अधिकार जनता के लिए वह अमोघ अस्त्र है, जिससे वह प्रशासन पर नियन्त्रण स्थापित कर सकती है। इस कथन के सन्दर्भ में 72 प्रतिशत उत्तरदात्रियों ने सहमति व्यक्त की है, वहीं 18 प्रतिशत उत्तरदात्रियों का कहना है कि सूचना का अधिकार जनता के लिए वह अमोघ अस्त्र है, जिससे वह प्रशासन पर नियन्त्रण स्थापित कर सकती है, कथन से सहमत नहीं है, साथ ही केवल 10 प्रतिशत उत्तरदात्रियों ने कोई उत्तर नहीं दिया है। क्या सूचना के अधिकार से प्रशासन में पारदर्शिता आयी है? इस कथन के सन्दर्भ में 52 प्रतिशत उत्तरदात्रियों ने सहमति जताई है, वहीं 34 प्रतिशत उत्तरदात्रियाँ असहमत रहीं और 8 प्रतिशत उत्तरदात्रियों ने कोई उत्तर नहीं दिया है अर्थात् कह सकते हैं कि सूचना के अधिकार से प्रशासन में पारदर्शिता तो आयी है, लेकिन सभी ओर पारदर्शिता की आवश्यकता है। क्या सूचना के अधिकार अधिनियम के लागू हो जाने के बाद अभी तक राज्य सरकारों ने अपनी प्रतिबद्धता और उत्साह का परिचय नहीं दिया है? इस कथन से सहमत होने वाली उत्तरदात्रियों की संख्या 78 प्रतिशत है, वहीं असहमत रहने वाली उत्तरदात्रियाँ 14 प्रतिशत हैं साथ ही 8 प्रतिशत उत्तरदात्रियों ने कोई उत्तर नहीं दिया है। जब जनता-सूचना के अधिकार अधिनियम के तहत दस्तावेज हासिल करके पारदर्शिता की माँग की है तो कार्यवाही से सम्बन्धित अधिकारी सहयोग नहीं करते इस कथन के सन्दर्भ में 94 प्रतिशत उत्तरदात्रियों ने सहमति व्यक्त की है, जबकि असहमत रहने वाली उत्तरदात्रियों की संख्या 4 प्रतिशत है, 2 प्रतिशत उत्तरदात्रियाँ ऐसी हैं जिन्होंने कोई उत्तर नहीं दिया है। क्या सूचना का अधिकार अधिनियम की सार्थकता के लिए आम जनता का जागरूक होना आवश्यक है? उपर्युक्त कथन के सन्दर्भ में 88 प्रतिशत उत्तरदात्रियाँ सहमत हैं, 8 प्रतिशत उत्तरदात्रियाँ असहमत और केवल 4 प्रतिशत उत्तरदात्रियों ने कोई उत्तर नहीं दिया है।

निष्कर्षतः कह सकते हैं कि सूचना का अधिकार जनता के लिए प्रशासन पर नियन्त्रण रखने का अमोघ अस्त्र है। इससे प्रशासन में पारदर्शिता भी आयी है, लेकिन व्यावहारिक रूप में अभी तक यह पूर्ण रूप से लागू नहीं हुआ है। इसको सुचारु रूप से लागू करने के लिए सर्वप्रथम जनता को जागरूक होना आवश्यक है।

जनजाति कल्याण की दृष्टि से भारतीय राजनीतिक व्यवस्था से उत्तरदात्रियाँ क्या अपेक्षाएँ रखती हैं, के सन्दर्भ में उत्तरदात्रियों की प्रतिक्रियाएँ

भारत सरकार अनुसूचित जनजातियों के कल्याण के लिए प्रयासरत है जो कि देश

की आबादी का 8 प्रतिशत हिस्सा हैं। दसवीं पंचवर्षीय योजना और 2006-07 की वार्षिक योजना का उद्देश्य अनुसूचित जनजाति के सामाजिक, आर्थिक सशक्तीकरण और सामाजिक न्याय की त्रिस्तरीय व्यवस्था द्वारा इन्हें मजबूत बनाना है। केन्द्रीय सहायता के अतिरिक्त जनजातीय कल्याण और विकास के लिए चलाई जा रही विशेष योजनाओं के लिए राज्य सरकारों को भी अनुदान प्रदान किया जाता है। इन तथ्यों को ध्यान में रखकर जनजाति कल्याण की दृष्टि से भारतीय राजनीतिक व्यवस्था से उत्तरदात्रियाँ क्या अपेक्षाएँ रखती हैं को सारणी-1.7 में शामिल किया गया है जो निम्न हैं–

सारणी-1.7

जनजाति कल्याण की दृष्टि से भारतीय राजनीतिक व्यवस्था से अपेक्षाएँ

1. उनको और ज़्यादा आरक्षण दिया जाये।		
हाँ	45	90
नहीं	5	10
योग	50	100
2. उनके विकास के लिए विशेष कल्याणकारी योजनायें चलायी जायें।		
हाँ	41	82
नहीं	9	18
योग	50	100
3. सरकार को उनके विकास के लिए अलग से निधि रखनी चाहिए।		
हाँ	38	76
नहीं	12	24
योग	50	100
4. मन्त्रिपरिषद में उनका विशेष प्रतिनिधित्व होना चाहिए।		
हाँ	33	66
नहीं	17	34
योग	50	100

सारणी-1.7 में जनजाति कल्याण की दृष्टि से भारतीय राजनीतिक व्यवस्था से उत्तरदात्रियाँ जो अपेक्षाएँ रखती है, के सन्दर्भ में उत्तरदात्रियों की प्रतिक्रियाओं का उल्लेख किया गया है। क्या जनजाति महिलाओं को और ज़्यादा आरक्षण दिया जाये, के सन्दर्भ में 90 प्रतिशत उत्तरदात्रियाँ सहमति व्यक्त करती हैं वहीं 10 प्रतिशत उत्तरदात्रियाँ असहमत हैं। उनके विकास के लिए विशेष कल्याणकारी

योजनायें चलायी जायें तो कुल उत्तरदात्रियों का 82 प्रतिशत समूह सहमत है, जबकि 18 प्रतिशत उत्तरदात्रियाँ असहमति रखती हैं। सरकार को उनके विकास के लिए अलग से निधि रखनी चाहिए। इस कथन का 76 प्रतिशत उत्तरदात्रियाँ समर्थन करती हैं वहीं असहमत रहने वाली उत्तरदात्रियों का प्रतिशत 24 है। मन्त्रिपरिषद् में उनका विशेष प्रतिनिधित्व होना चाहिए इस सन्दर्भ में 66 प्रतिशत उत्तरदात्रियाँ सहमति रखती हैं वहीं 24 प्रतिशत उत्तरदात्रियाँ ऐसी हैं जो असहमत रहने वाली उत्तरदात्रियों के समूह में आती हैं।

निष्कर्षतः कह सकते हैं कि जनजाति कल्याण की दृष्टि से भारतीय राजनीतिक व्यवस्था से उत्तरदात्रियाँ और ज़्यादा आरक्षण की अपेक्षा रखती हैं साथ ही उनका कहना है कि उनके विकास के लिए अलग से निधि रखते हुए कल्याणकारी योजनायें चलायी जानी चाहिए।

निष्कर्ष

लोकतान्त्रिक व्यवस्थाओं में संविधान द्वारा निर्दिष्ट लक्ष्यों, आदर्शों एवं मूल्यों को प्राप्त करने के लिए व्यवस्थाओं के सैद्धान्तिक पक्ष का मजबूत होना भी आवश्यक है। शोध पत्र में राजनीति के उन प्रक्रियात्मक पहलुओं पर बल दिया गया है, जो कि राजव्यवस्था को मूर्त रूप प्रदान कर दशा व दिशा को निर्धारित करते हैं।

प्रस्तुत शोध-पत्र के निष्कर्ष में हम कह सकते हैं, कि अनुसूचित जनजाति महिलाएँ भारतीय राजव्यवस्था के संरचनात्मक पक्ष के प्रति पूर्ण आस्था, समर्थन रखते हुए राजव्यवस्था के संरचनात्मक पक्ष में कोई कमी नहीं पाती हैं, बल्कि इसके व्यावहारिक पक्ष एवं संस्थाओं से जुड़े पदाधिकारियों तथा नेतृत्वकर्ताओं की कार्यशैली को उत्तरदायित्वपूर्ण, संवेदी एवं पारदर्शी बनाना चाहती हैं, जिससे यह और अधिक प्रभावी ढंग से कार्य कर सकें।

अनुसूचित जनजाति महिलाएँ राजव्यवस्था को चलायमान करने हेतु दलों की अपरिहार्यता को स्वीकार करती हैं, परन्तु वह दलों की वर्तमान कार्यशैली से सन्तुष्ट नहीं हैं। प्रत्येक राजनीतिक दल वोट बैंक बढ़ाने हेतु उम्मीदवार के चयन से लेकर चुनाव जीतने तथा सरकार निर्माण तक में जातिवाद और साम्प्रदायिकता जैसे तत्वों को प्राथमिकता देते हैं। उत्तरदात्रियों का कहना है, कि चुनाव प्रक्रिया बेहद खर्चीली होने की वजह राजनीतिक दल काले धन का अधिक से अधिक संग्रह करने में लगे रहते हैं, साथ ही दलों द्वारा सत्ता प्राप्त करने की होड़ में अनुचित साधनों का प्रयोग किया जाता है। अतः उत्तरदात्रियों का मत है कि सरकार द्वारा राजनीतिक दलों पर उचित व कठोर प्रतिबन्ध लगाये जायें ताकि उनकी कार्यशैली में सुधार हो।

चुनाव प्रजातंत्रीय व्यवस्थाओं में प्रतिनिधियों को मनमाने ढंग से कार्य करने पर रोक लगाते हैं। अतः उत्तरदात्रियाँ चुनाव को लोकतन्त्र का प्राण मानती हैं परन्तु वह यह भी मानती हैं कि वर्तमान में चुनाव प्रणाली अपव्यय, भ्रष्टाचार व हिंसा को बढ़ावा दे रही है। मतदाता मत देते समय प्रतिनिधि की योग्यता व उसके व्यक्तित्व की अपेक्षा अपने धर्म व जाति को अधिक प्रधानता देते हैं। चुनावों के समय दलों की आपसी प्रतिस्पर्धा, टकराव का दुष्प्रभाव जनता पर पड़ता है। चुनाव प्रणाली में व्याप्त भ्रष्टाचार, बाहुबल, भुजबल आदि के कारण योग्य व्यक्ति इनसे दूर ही रहते हैं।

चुनावों में इलेक्ट्रॉनिक वोटिंग मशीन के प्रयोग को उत्तरदात्रियाँ वर्तमान सन्दर्भ में उचित मानती हैं। उत्तरदात्रियों का कहना है कि परम्परागत मतदान प्रणाली की तुलना में इलेक्ट्रॉनिक वोटिंग से मतदान करने में उन्हें अधिक आसानी रहती है साथ ही वह इसके कई फायदे भी मानती हैं जैसे—इसमें अवैध और सन्दिग्ध मतों की आशंका समाप्त हो जाती है, वोटों की गिनती की प्रक्रिया अत्यन्त तीव्र हो जाती है जिससे समय, धन की भी बचत होती है।

उत्तरदात्रियाँ लोकतान्त्रिक व्यवस्था में कानून और राजव्यवस्था के सफल संचालन में पुलिस प्रशासन की सफल भूमिका को स्वीकार करती हैं परन्तु साथ ही उनका यह भी मानना है कि यह तभी सम्भव है जब पुलिस बल के सभी व्यक्ति अपने कर्तव्यों तथा अधिकारों को समझकर उनका उचित ढंग से निर्वहन करे। यद्यपि सच है कि पुलिस बलों को कानून के दायरे में रहकर ही कार्य करना पड़ता है जिसका वर्तमान में अभाव है। क्या आज प्रत्येक पुलिस बल को इन कानूनों का पता है? उत्तरदात्रियों का कहना है कि जब तक पुलिस को खुद अपने नियमों, कानूनों तथा आचार-संहिता का पता नहीं होगा तब तक वे संवैधनिक तथा प्रजातान्त्रिक मूल्यों के प्रति कैसे सजग होंगे। जिस सामाजिक न्याय, कानून तथा सुरक्षा व्यवस्था को बनाए रखने के लिए जिन उच्च मानदण्डों के आधार पर पुलिस बल की कल्पना की गयी थी वह आज भी हकीकत नहीं बन पाए हैं।

सूचना के अधिकार अधिनियम को उत्तरदात्रियाँ एक ऐतिहासिक विधान मानती हैं। उनका मत है कि यह अधिकार वंचित लोगों के लिए बना वह कानून है जो सत्ता की समान भागीदारी की माँग करता है तथा यह किसी के द्वारा सत्ता के निरकुंश इस्तेमाल पर अंकुश लगाता है। उत्तरदात्रियाँ सूचना के अधिकार को पारदर्शी सुशासन की प्रक्रिया की शुरुआत मानती हैं, जिससे भारतीय लोकतन्त्र प्रतिनिधिपरक की जगह पूरी तरह से सहभागी शासन बन सकता है। इस कानून के द्वारा सरकार ने लोकतंन्त्र को स्वच्छ एवं पारदर्शी बनाने की दिशा

में सकारात्मक पहल की है परन्तु उत्तरदात्रियों का यह भी मानना है कि इस अधिकार के बावजूद भी नौकरशाही तन्त्र सूचनाएँ देने से आनाकानी कर रही हैं तथा इस अधिनियम का साधारण ज्ञान रखने वालों को टालने में ही अपना भला समझते हैं। कभी अधिनियम की सीमाएँ बताते हुए तो कभी गोपनीयता के नाम पर सूचना देने से मना कर दी जाती है। अतः उत्तरदात्रियाँ सूचना के अधिकार की सफलता तभी मानती हैं जब प्रशासन तन्त्र, जनप्रतिनिधि एवं आम नागरिक इसके लिए जागरूक होंगे।

73वें एवं 74वें संविधान संशोधन को उत्तरदात्रियाँ ग्रामीण विकास का प्रमुख प्रयास मानती हैं तथा संशोधन के द्वारा ग्रामीण महिलाओं को विकास धारा से जोड़ने का प्रयास किया गया है। परन्तु गाँवों के सामाजिक और पारिवारिक ढाँचे की विसंगतियों की अनदेखी कर दी गयी, जिसके कारण राजनीतिक स्तर पर प्रदत्त इस अधिकार का उपयोग कर पाने में महिलाएँ असमर्थ हैं। आज भी गाँवों में पुरुष प्रधान सत्ता का वर्चस्व है जिसके परिणामस्वरूप महिलाएँ आरक्षण से राजनीति में आ तो जाती हैं परन्तु वास्तविक कार्य उनके पिता, पति अर्थात् पुरुषों के द्वारा ही किया जाता है वह नाममात्र की शासक बन कर रह जाती हैं। अतः आरक्षण की वैशाखी के सहारे उन्हें आगे बढ़ाने की बात सोचना गलत है। सिर्फ कानून बना देने से उन्हें अधिकार नहीं मिल सकते। इसके लिए उनमें योग्यता और जागरूकता भी होनी चाहिए। महिलाओं की मानसिकता और स्थिति में सुधार लाये बिना विकास कार्यक्रमों में उनकी सहभागिता की उम्मीद बेमानी है।

सन्दर्भ

1. आर. सी. वर्मा, भारतीय जनजातियों के विकास का ऐतिहासिक विवेचन, प्रकाशन विभाग, सूचना एवं प्रसारण मन्त्रालय, नयी दिल्ली, 1990, पृ. 5
2. डॉ. संजीव महाजन, भारत में जनजातीय समाज, अर्जुन पब्लिशिंग हाउस, नयी दिल्ली, 2012, पृ. 9
3. डॉ. कैलाश व्यास, देवेन्द्रसिंह गहलोत, राजस्थान की जतियों का सामाजिक एवं आर्थिक जीवन, राजस्थानी ग्रन्थागार, जोधपुर, 2010, पृ. 206
4. जे. एल. गिलिन एण्ड जे. पी. गिलिन, कल्चरल सोशियोलॉजी, मैकमिलन पब्लिशर, यूनाइटेड किंगडम, 1950, पृ. 282
5. डी. एन. मजूमदार, रेस एण्ड कल्चर्स ऑफ इण्डिया, पृ. 367, डी. एन. मजूमदार एण्ड टी. एन. मदान, एन इंट्रोडक्शन टू सोशल एन्थ्रोपॉलोजी, पृ. 9
6. दोषी, एस. एल., जैन, पी. सी. भारतीय सामाजिक व्यवस्था, नेशनल पब्लिशिंग हाउस, जयपुर, 2007, पृ. 148-149
7. http://malhansandeep.bolgpot.in/2013/07/blog.post.2696.html
8. डॉ. एस. अखिलेश, पुलिस और समाज, राधाकृष्ण प्रकाशन, नयी दिल्ली, 1995, पृ. 197

9. डॉ. निशान्त सिंह एवं स्वप्निल सारस्वत, लोकतन्त्र और चुनाव, राधा पब्लिकेशन्स, नयी दिल्ली, 2003, पृ. 28
10. चौधरी बासुकी नाथ, युवराज कुमार (सं.), भारतीय शासन और राजनीति, ओरियंट ब्लैकस्वान, दिल्ली, 2011, पृ. 352
11. http:///pib.nic.in/newsite/hindifeature.aspx?relid=k27318
12. http://en.wikipedia.org/wiki/none.of.the.above
13. http://www.thehindu.com/news/national/give.voters.right.to.cast.negative.vote.apex.court/artice5174414.ece
14. डॉ. कृष्ण कुमार शर्मा, पुलिस और मानवाधिकार, अर्जुन पब्लिशिंग हाउस, नयी दिल्ली, 2012
15. शर्मा, नरेन्द्र कुमार, भारत में पुलिस : दशा और दिशा, महेन्द्र बुक कम्पनी, गुड़गाँव, 2012, पृ. 1-8
16. वाधना शालिन, भारतीय स्थानीय प्रशासन, अर्जुन पब्लिशिंग हाउस, नयी दिल्ली, 2003, पृ. 218-219
17. डॉ. हरिदास रामजी शेण्डे 'सुदर्शन', आम आदमी का संवैधानिक हथियार : सूचना का अधिकार, अनु प्रकाशन, जयपुर, 2012, पृ. 1-3
18. गाथिया जोसेफ, मीडिया और सामाजिक बदलाव : तुलनात्मक परिप्रेक्ष्य में भूमण्डलीकरण एवं मानवाधिकार, कानसेप्ट पब्लिशिंग, नयी दिल्ली, 2009, पृ. 370-371
19. अनुराधा, पाराशर, 'रादट टू इन्फोरमेशन इन इण्डिया', एल.ए.पी. लाम्बर्ट एकेडमिक पब्लिशिंग, 2011, पृ. 2
20. http://mymediacell.blogpot.in/2011/01/rti.html

हाड़ौती के आदिवासी और लोक कलाएँ

डॉ. दिनेश कुमार वर्मा

आदिम काल से कलाकार कला का पोषक रहा है। अनादिकाल में जब मानव जीवन में सांस्कृतिक उद्‌बोध हुआ तब से आदिवासी और लोक कला उसकी सहचरी रही। कला मानव जीवन का अभिन्न अंग है। जो उसके कृत्रिम विकास के साथ-साथ आन्तरिक सौंदर्य और कलात्मक अभिव्यक्ति का परिचय देती रही। इतना ही नहीं, कला सामाजिक, धार्मिक एवं सांस्कृतिक जीवन से जुड़ी विभिन्न परम्पराओं, विश्वासों, आस्थाओं की सहज और स्वाभाविक अभिव्यक्ति को दर्शाती है। हाड़ौती अंचल में पल्लवित हो रहीं आदिवासी और लोक कलाएँ आदिम काल से समकालीन कला जगत तक इन्हीं मान्यताओं और परम्पराओं के परिवर्धन के साथ चली आ रही हैं। आदिवासी कला समुदाय से प्रचलित होकर समाज और समाज से संस्कार, संस्कार से संस्कृति, संस्कृति से आस्था, आस्था से लोक जीवन और लोक जीवन से लोक कला का स्वरूप ले लेती है।

भारतीय संस्कृति के विविध पक्षों से जुड़कर कलाकार कला का सृजन करता रहा। वह सांस्कृतिक और सामाजिक विचारधारा को अपनी कला में सहज, संवेगात्मक तथा प्रतीकात्मक रूप से अभिव्यक्त करता रहा। आदिवासी और जनजाति समुदाय अपनी कलात्मक समझ के अनुसार रंग और रेखाओं के माध्यम से घर की दीवारों, आलों, चबूतरों, दरवाजों, घर की देहली और आंगन पर अंकित करता रहा। आदिवासी कला मुख्यतः आदिवासी समाज व जनजाति जीवन के कौशलपूर्ण कार्य को दर्शाती है। हाड़ौती की जनजातियों के रूप में भील, गरासिया, सहरिया, मीणा मुख्य रूप से मानी जाती हैं। इन सामाजिक जातियों के कौशलपूर्ण कार्य और लोकान्मुख जीवन में विशिष्ट गुण होते हैं जिनसे उनकी विशेष पहचान होती है। जनजाति कला मुख्यतः तीन गुणों से पहचानी जाती है–जीवन्तता, प्रामाणिकता और अनामिता।[1] आदिवासी और लोक कलाकार लोक जीवन से जुड़कर जो कुछ भी बनाते हैं, उनमें उपयोगिता और सौन्दर्याभिरुचि दोनों तत्व

मौजूद रहते हैं। आदिवासी कला सिर्फ उसके जीवन की अमूल्य धरोहर ही नहीं है वरन् समृद्ध परम्परा, सम्पन्न सभ्यता एवं जीवन्त संस्कृति के इतिवृत्त को भी दर्शाती है। वस्तुतः इनकी कलाएँ आदिवासी समाज का दर्पण होती हैं। सदियों से अनाम-अनजाने, अकुशल और बच्चों जैसी सृजनात्मक विचारधारा से रची-बसी, एक पीढ़ी से दूसरी पीढ़ी को सहज और परम्परागत ढंग से स्थानान्तरित होने वाली, इन कलाओं में लोक मानस की विविध गतिविधियाँ और मनोभावों की कल्पनायुक्त सरस अभिव्यक्ति मिलती है। कला सृजन में माध्यम महत्त्वपूर्ण मायने नहीं रखता बल्कि अभिव्यक्ति में आस्था कला सृजन का आवश्यक पहलू है।

आदिवासी व लोक कला में पशु-पक्षियों तथा मानव जीवन के विविध पक्षों की रचनात्मकता देखी जाती है। इनकी सृजनात्मक कलाकृतियाँ मानव जीवन और प्रकृति के रिश्ते के बारे में बहुत कुछ दर्शाती हैं। अभिव्यक्ति के स्तर पर इनकी कला किसी एक विषय विश्लेषण तक ही सीमित नहीं है बल्कि कला सृजन और सहज भावाभिव्यक्ति की भी वकालत करती है। हालाँकि यह भी गौरतलब है कि आदिवासी कला और लोक कला का अपना एक रचना विधान होता है। यह कलाएँ सर्वाधिक व्यक्तिनिष्ठ और पूर्णतः स्वतन्त्र अभिव्यक्तिपूर्ण होती हैं। इन कलाओं में किसी कलाकार की नकल न होकर पूर्णतः व्यक्तिपरक और विशिष्ट होती है। यहाँ तक एक कलाकार की अपनी ही दो या अधिक कलाकृतियाँ एक-दूसरे से मिलती हुई न होकर स्वतन्त्र होती हैं। यही कारण है कि इनकी कलाकृतियों में हमें रचनात्मकता के साथ-साथ विविधता और मौलिकता दिखाई देती है। कला में ज्यामितिय रेखांकन तथा रंग निरूपण की सादगी स्वतः ही झलकती है। माँडना रूपों के रूप में आदिवासी कला आदिम काल से आज तक चली आ रही है। आज इसके संरक्षण व संवर्धन की नितान्त आवश्यकता है।

कला अनादि का एक तसव्वुर है, उसका ताल्लुक उस ज़मीन से होना लाजिमी है, जहाँ उसका जन्म हुआ है। समष्टि के सभी व्यक्ति एक विशेष प्रकार के कलाकार होते हैं। वे अपनी कला प्रतिभा और कला प्रवृत्ति के मार्फत अपनी कला को जगजाहिर करने में समर्थ होते हैं। जिनकी कला का मूल्यांकन तत्कालीन कलाधारा के मुताबिक किया जाता है। एक व्यक्ति में एक कलाकार की मानवीय प्रतिभा सभी प्रकार की मानव जातियों में होती है। पृथ्वी पर के हजारों वर्षों के मानव-इतिहास में हर काल में आदिम, आदिवासी, लोक तथा नागर कला प्रवृत्ति रही है और इनकी अपनी समकालीनता में इन्हें अलग-अलग देखा जाता है।[2] हाड़ौती अंचल में पल्लवित आदिवासी और लोक कला यहाँ की सभ्यता और संस्कृति का केन्द्र बिन्दु रही हैं। बूँदी, कोटा, झालावाड़ और बारां जिले में घरों के

बाहर व भीतर जहाँ भी उपयुक्त स्थान हो वहाँ आदिवासी जन अभिव्यक्ति के प्रतीक चिह्न व लोक अलंकरण-माँडणे बनाने की परम्परागत विचारधारा रही है। इसका प्रमाण यहाँ के प्रागैतिहासिक चित्रों और ग्रामीण अंचल तथा लोक जन जीवन में देखने को मिलता है। हाड़ौती अंचल में कोटा जिले के आलनियाँ, दरा, गैपरनाथ, बूँदी जिले के गरड़दा, भीमलत, रामेश्वर, भैरूपुरा, मोतीपुरा, अभयपुरा, मोहनपुरा का पठार, आकोदा का नाला, रायथल का नाला, रामझर, सुई का नाका, बाणगंगा इत्यदि स्थानों पर शैल चित्रों को देखा जा सकता है। यहाँ के पठारी भागों, घाटियों, छोटी-बड़ी नदियों की कन्दराओं, चट्टानों और गुफाओं में आदिम मानव द्वारा निर्मित शैल चित्रों में इनके दैनिक जीवन के क्रियाकलाप निहित दिखाई देते हैं। वस्तुतः आदिम मानव का जीवन पशुओं पर केन्द्रित रहा। वह अपनी उदरपूर्ति के लिए की गयी आखेटीय क्रियाओं, पशु-पक्षियों तथा आमोद-प्रमोद की विविध विचारधाराओं को आड़ी-तिरछी रेखाओं के माध्यम से भावानुरूप रचता रहा। चित्रों में मुख्य रूप से आदिम मानव पशुओं का शिकार करते हुए, हिरण, चीतल, भैंसा, सांभर, हाथी, नील गाय तथा पक्षियों में मुख्यतः मोर इत्यादि का अंकन है। चित्रों में तात्कालिक, अभिव्यंजनापरक तथा भावाभिव्यंजक रेखाओं की सहज संवेगात्मक अभिव्यक्ति है। चित्रात्मक आकृतियाँ सहज और सरल दिखाई देती हैं। खनिज रंगों में रामरज, कत्थई, गेरू, लाल, खड़िया, कालिख व यदा-कदा हरा रंगों का प्रयोग किया गया है। रंगों को स्थाई बनाने हेतु बारीक चूर्ण में पानी, गोंद, अण्डे की जर्दी व जानवरों की चर्बी को मिलाकर उपयोग में लाया गया होगा। आदिवासी और लोक कला सदियों पुरानी परम्परा, सांस्कृतिक जीवन और मूल्यों पर आधारित रही है। हालाँकि, आधुनिक समाज वैश्विक विचारधारा के आदान-प्रदान से नवाचार में तब्दील हो चुका है तथापि आज भी आधुनिक सुख-सुविधाओं से वंचित होने के बावजूद ऐसे अनेक गाँव व ढाणियाँ हैं, जहाँ मानव अपनी परम्पराओं और विचारधाराओं से जुड़े हैं। प्रायः यह भी देखा जाता है कि कस्बों व छोटे शहरों में भी पारम्परिक विचारधारा के तहत उनकी कला जीवंत बनी हुई है। हाड़ौती अंचल में कोटा जिले के धाकड़खेड़ी, कैथून, दरा, आलनियाँ, बूँदी के केशोरायपाटन, कापरेन, खटकड़, लबान, देईखेड़ा, बड़ाखेड़ा, कोटा खुर्द, नमाना, गरड़दा, तथा नैनवां के आस-पास के गाँव, झालावाड़ के गंगधार और बारां में शाहबाद क्षेत्र के अनेक गाँव हैं जहाँ विभिन्न आकृतियों के माँडणे बनाने की परम्परा रही है।

प्राचीन काल से मानव जीवन में माँडणा बनाने की परम्परा रही है। लोकोन्मुख अभिव्यक्ति से परिपूर्ण माँडणे बनाने की प्रथा लोक जीवन में रंगती रही और

धीरे-धीरे इसका प्रचलन बढ़ता गया। यह भी माना जाता है कि आदिवासी मानव अपने घर व झोंपड़ियों की दीवारों को सूना रखना अशुभ मानते थे। रिक्त दीवारों पर बिन्दुनुमा जैसी शुभ आकार और प्रतीक बना देते हैं जिन्हें फुलाड़ी माँडना कहते हैं। माँडना का शाब्दिक अर्थ श्रृंगार या सजावट से जाना जाता है। सांस्कृतिक पर्व, तीज-त्योहार इत्यादि मांगलिक कार्यक्रमों के अवसर पर गाँवों में आज भी महिलाएँ बड़े चाव से अपने घरों की दीवारों और आंगन पर माँडने बनाती हैं। विविध आकार-प्रकार से मण्डित माँडणे मानव जीवन की अलंकरणात्मक अभिव्यक्ति, कलात्मक दक्षता और सौन्दर्यमूलक विचारधारा का परिचय देती है।

हाड़ौती क्षेत्र के गाँवों में विभिन्न आकार-प्रकार के माँडणे बनाने की परम्परा रही है। यहाँ त्योहारों के अवसर पर विभिन्न प्रकार के माँडणे बनाये जाते हैं। दशहरा, दीपावली के शुभ अवसर पर बनाये जाने वाले माँडणों में हीड़, हटड़ी, छेफूला, चौक, कमल का फूल, चाँद, सूरज, पगल्या, दीपक आदि बनाये जाते हैं। धार्मिक आस्था के मुताबिक बड़े पगल्ये को गृह-प्रवेश के स्थान पर तथा छोटा पगल्या लक्ष्मी पूजन के स्थान पर बनाया जाता है। दीवारों पर भी विभिन्न आकार-प्रकार के माँडणे बनाये जाते हैं। धनलक्ष्मी, अन्नलक्ष्मी कुशल मंगलता के प्रतिक चिह्न स्वस्तिक, मोर-मोरनी तथा घरों की बाहर वाली दीवारों और आँगन पर त्रिभुज, चतुर्भज, बहुभुज, वृत्त तथा बिन्दु के माँडणे माँडे जाते हैं। दीपावली के अवसर पर बैलों पर मेहँदी से विभिन्न प्रकार के माँडणे बनाने की परम्परा भी रही है। ग्रामीण महिलाएँ अनामिका अँगुली से मेहँदी लगाकर विभिन्न रेखाओं के माध्यम से अपने परिवेश और वस्तु जगत के प्रतीक चिह्नों और आकर्षक डिजाइन के साथ सन्तुलित माँडणे बनाती हैं।

भारतीय संस्कृति में त्योहार आनन्द का पर्व होता है। आनन्ददायक अभिव्यक्ति ही कला है। श्रावण मास के पर्व पर महिलाएँ अपने घरों के दरवाजों के दोनों तरफ की दीवार पर श्रावण कावड़ के माँडणे बनाती हैं। वस्तुतः मकर-संक्रान्ति, नाचती फुदकती चिड़ियाँ, पतंग, होली का चंग, खाड़ा, ढोलक, गणगौर पर गौर का बेसण, गुणा, नवरात्रि पर दुर्गामाता, शीतला अष्टमी पर शीतला माता के प्रतीक एवं पगले बनाने की परम्परा रही है। विवाह उत्सव पर औरतें घरों की लिपाई-पुताई कर विभिन्न प्रकार के माँडणे बनाती हैं। बैलगाड़ी, रथ, बारह प्रकार की फूलड़िया, हटड़ी, चौक, स्वस्तिक, मोटरगाड़ी, रेलगाड़ी, विभिन्न प्रकार की ड़िजाइन में मयूर का अंकन और हास्य एवं व्यंग्य मनोविनोद लोक कला के चित्रण हाड़ौती के माँडणों में मिलते हैं।

ग्रामीण अंचल के आदिवासी लोग कच्चे घरों में निवास करते हैं। मिट्टी की

दीवारें गारा-गोबर से लिपी होती हैं। लाल-पीली, काली व चिकनी मिट्टी में गोबर, भूसा मिलाकर गारा गोबर तैयार कर घर को टीक किया जाता है। आदिवासी लोगों का मानना है कि गोबर की मिलावट से विभिन्न तरह के कीटाणु नष्ट हो जाते हैं। लिपाई-पुताई के बाद महिलाएँ भीतों (दीवारों) के नीचे के हिस्से में गेरू के पोते लगाती हैं। साधारणतया पोते आधे फुट की ऊँचाई तक लगाये जाते हैं। लेकिन कई मीणा, जाट, गुर्जर, भील, सहरिया जाति के अधिकांश लोगों के घरों में आधी दीवार तक पोते लगाने की परम्परा है। बारां के शाहाबाद क्षेत्र के आदिवासियों के माँडणों में सरलता देखी जाती है। भील, सहरियों के माँडणे सरल व असन्तुलित होते हैं।[3] गुर्जर, माली, दलित व आदिवासी लोग अपनी दीवारों पर पगल्या, फूल, हीड़ दीपक आदि के प्रतीक व मयूर के माँडणे बनाते हैं।

हाड़ौती के शाहाबाद के क्षेत्र सीताबाड़ी, केलवाड़ा, किशनगंज, डाबी के पठारी इलाकों पर रहने वाले भील, मीणा, सहरियाँ औरतें अपने शरीर के विभिन्न अंगों पर कलात्मक गोंदने गुदवाती हैं। औरतों में अक्सर अपने हाथ पर अपने नाम के साथ-साथ अपने पति का नाम भी गुदवाने की परम्परा है।

लोक कला लोकाचार से मानव जीवन में अग्रसर होती रहती है। आधुनिक जीवन पर वैश्विक प्रभाव दिनोंदिन बढ़ता जा रहा है। लोग गाँवों से पलायन कर शहर की ओर उन्मुख होते जा रहे हैं। शहर में आकर आधुनिक सुख-सुविधाओं की अभिलाषा के साथ वे अपनी पुरानी लोक परम्पराओं को भूलने लगे हैं। साँझी कला जो माँडणे, अल्पना आदि की तरह एक समृद्धशाली पारम्परिक कला है। सूखे रंग चूर्ण से आँगन में रंग-बिरंगी चित्रात्मक चित्रफलक लिखना, बेल बूटों को बनाना और अन्य रचनात्मक कार्य करना साँझी कला का प्रमुख अंग है। साँझी कला को सजावट के रूप में जाना जाता है। साँझी ज़्यादातर दशहरे से पूर्व श्रद्धा पक्ष में बनायी जाती है। महिलाएँ और कुँआरी लड़कियाँ घर की दीवारों, आलों, खिड़कियों, अनाज की खोटी आदि स्थानों पर गोबर को मिट्टी में मिलाकर बारीक रेखाओं की सहायता से अनेक प्रकार की ड़िजाइन बनाती हैं। उनमें विभिन्न प्रकार के काँच के टुकड़े, मोती, चूड़ियाँ, कोड़ी, रंग-बिरंगें पत्थर के टुकड़ों का प्रयोग करके दमकती हुई चित्ताकर्षक आकृति बनाती हैं।

हाड़ौती के ग्रामीण अंचलों में माटी की हीड़, लोक मूर्तियाँ एवं खिलौने बनाने की पुरानी परम्परा आज भी जीवित है। मूलतः हीड़ दो प्रकार की होती है। पहली बच्चों की हीड़ जिसमें बच्चों के माता-पिता द्वारा मक्का के फूले भर कर बच्चों से इसकी पूजा करवाई जाती है। दूसरी हीड़ दीपावली के अवसर पर बनाई जाती है। इसमें रुई या टाट के टुकड़े के बिनौले रखकर तेल डालकर जलाई जाती है। दिलचस्प बात यह है कि हीड़ को लकड़ी के डण्डे में बाँधकर

उसे अपने गाँव के आस-पास के घरों व दुकानों पर ले जाकर जोर-जोर से कहते हैं "हीड़ो दीवाली तेल मेलो।" इसका अभिप्राय यह है कि दीपावली के महापर्व पर हीड़ को प्रकाशवान करने के लिए तेल का दान करो। लोग हीड़ में तेल डालने के साथ-साथ बच्चों को मिठाई और पैसे भी देते हैं। इस प्रकार हीड़ के मूल में प्रेम भावना निहित दिखाई देती है। ग्रामीण अंचल में कुम्भकार मिट्टी से विभिन्न प्रकार के खिलौने बनाते रहे हैं। वे चिकनी मिट्टी को कूट-कूट कर उसे गलाते हैं फिर छानकर मूर्तियाँ व खिलौने के लिए तैयार करते हैं। गीली मिट्टी से विभिन्न प्रकार के आकार देकर खिलौने व मूर्तियाँ बनायी जाती हैं। सूखने पर इन्हें पकाते हैं तथा कुछ मूर्तियों को रंग किया जाता है।

आदिवासी गाँव में मिट्टी से निर्मित दीवारों पर प्राकृतिक रंगों और कलाकार की कल्पनाओं का निरूपित संसार नजर आता है। उसमें एक तरफ बच्चों की सी मासूमियत झलकती है तो दूसरी ओर बूढ़ों का अनुभवी संसार लयात्मक रेखाओं की सादगी से परिलक्षित होता है। प्रारम्भ में कलाकार प्राकृतिक रंगों जैसे खड़िया, गेरू, रामरज आदि का प्रयोग करता था। वह बाँस की करची, खजूर की टहनी को कूटकर ब्रश के रूप में इस्तेमाल करता था। परन्तु आधुनिक कलाकार नये रसायनिक रंग, कलम और तूलिका का प्रयोग घर की दीवारों, आँगन तथा कागज और कैनवास आदि पर भी करने लगा है। रसायनिक रंगों के प्रयोग से माँडना रूपों की स्वाभाविकता नष्ट होती जा रही है। आदिवासी कला को देखकर यह महसूस किया जा सकता है कि यह समाज आज भी पिछड़ा हुआ प्रतीत होता है, परन्तु गरीबी व अन्य समस्याओं के होने के बावजूद भी इनकी सृजनात्मक विचारधारा आज भी बरकरार है। दरअसल सदियों से चली आ रही आदिवासी और लोक कला पारम्परिक जीवन की भागीदारी और प्रतिबद्धता की माँग करती है। यह उनके पारम्परिक जीवन क्रियाओं से अलग हटकर नहीं देखी जा सकती। ये कलाएँ स्वतन्त्र और संयमित हैं। यह आदिवासी और लोक संस्कृति तथा सृष्टि के साथ समरस होकर जीने का सन्देश है।

सन्दर्भ

1. अतिथि सम्पादन : वर्मा, उमेश, सम्पादन सहयोग, डॉ. ज्योतिष जोशी : ललित कला अकादेमी, रवीन्द्र भवन, नयी दिल्ली, पृ. 26
2. सम्पादक : अमन, अवधेश, सहायक सम्पादक : सौमित्र मोहन : मिथिला की लोक चित्रकला : सफलताएँ-असफलताएँ, ललित कला अकादेमी, नयी दिल्ली, प्रथम संस्करण 1992, पृ. 16
3. प्रकाशक : 'सागर', समदरसिंह खंगारोत : आकृति, हाड़ौती कला विशेषांक, जुलाई-सितम्बर, 1997, ललित कला अकादेमी, रवीन्द्रमंच, जयपुर, पृ. 39

वैश्वीकरण के दौर में जनजातीय अस्मिता का संघर्ष

डॉ. सुनीता मीणा

वैश्वीकरण सदी का सर्वाधिक चर्चित शब्द रहा है। समाज का गरीब, अशिक्षित आदिवासी या ग्रामीण तबका वैश्वीकरण का अर्थ चाहे ना समझता हो लेकिन जीवन में इसके प्रभावों से प्रत्यक्ष-अप्रत्यक्ष प्रभावित अवश्य ही रहा है। शायद इसलिए बुद्धिजीवियों, समाज-विज्ञानियों, राजनीतिक-आर्थिक विश्लेषकों तथा अन्य सभी सचेत सामान्य जन के बीच यह शब्द अत्यन्त ही लोकप्रिय रहा है क्योंकि यहाँ कहीं भी संगोष्ठियों, सभाओं, कान्फ्रेंस, सेमिनार सभी जगह जब परिवर्तन-कारण तथा प्रभावों की चर्चा होती है तो वैश्वीकरण प्रमुख मुद्दा हो जाता है। सार्वभौमिक स्तर पर प्रायः हर समीक्षा अन्त में आकर इसी ओर मुड़ जाती है। लेकिन एक ओर जहाँ इस शब्द का प्रयोग या इसका समीक्षात्मक उपयोग लोकप्रिय है, वहीं दूसरी ओर इसकी औचित्यता व्यावहारिकता तथा विश्लेषण के सन्दर्भ में अनेक प्रश्न भी उठ खड़े हुए हैं। इसलिए यह आवश्यक समझा जाये कि आखिर वैश्वीकरण क्या है।'[1]

वैश्वीकरण : वैश्वीकरण का शाब्दिक अर्थ स्थानीय तथा क्षेत्रीय वस्तुओं या घटनाओं के विश्व स्तर पर रूपान्तरण की प्रक्रिया है। इसे एक ऐसी प्रक्रिया का वर्णन करने के लिए भी प्रयुक्त किया जा सकता है जिसके द्वारा पूरे विश्व के लोग मिलकर एक समाज बनाते हैं तथा एक साथ कार्य संव्यवहार करते हैं। यह प्रक्रिया आर्थिक, तकनीकी, सामाजिक तथा राजनीतिक ताकतों का संयोजन है।[2]

वैश्वीकरण इस सिकुड़ती शिथिल ज्ञेय दुनिया का केन्द्र है। जिसका तात्पर्य है कि अब दुनिया में सभी की नियति, अपेक्षाएँ समान हैं। हमारे सामूहिक भविष्य के लिए हो रही ज़्यादतियों और इन ज़्यादतियों के विरुद्ध जनसंघर्ष की चिन्ताएँ भी समान रूप से सभी की हैं। चाहे वो पर्यावरण एवं बढ़ते तापमान का मुद्दा हो या आतंकवाद पर विश्व चिन्ता, एक उदाहरण है क्योंकि वैश्वीकरण के परिणामस्वरूप समस्त विश्व एक विश्व समाज बन

गया है और इस वैश्विक समाज में अन्तर्निर्भरता इस हद तक बढ़ गयी है कि इसके एक भाग में होने वाली आर्थिक, राजनीतिक, सामाजिक, सांस्कृतिक, पर्यावरणीय घटनाओं के प्रभाव दूसरे देश पर पड़ना स्वाभाविक है। वैश्वीकरण वस्तुतः संचार व्यवस्था, यातायात तथा सूचना तकनीक में हुई अधिक प्रगति का परिणाम है। इससे आर्थिक, सामाजिक, राजनीतिक, सांस्कृतिक एवं व्यापारिक क्षेत्र में न केवल वृद्धि हुई है साथ ही व्यक्तियों, समूहों, सरकारों तथा विभिन्न संस्थाओं के बीच सामंजस्य पैदा हुआ है। वैश्वीकरण ने संस्थागत आधारों को स्थानीयता से उठाकर वैश्विक स्तर पर पहुँचाया है।

हालाँकि सैद्धान्तिक रूप में वैश्वीकरण शब्द का प्रयोग आर्थिक वैश्वीकरण (Economic Globalization) के नव उदार स्वरूप का वर्णन करने में प्रयुक्त किया जाता है जिसमें आर्थिक प्रयोजन के लिए राष्ट्रीय सीमाओं का विलोपन, मुक्त व्यापार का संवर्धन, वित्तीय प्रबन्धों का अन्तर्राष्ट्रीकरण, बाजारवाद के नियमों के प्रति प्रतिरोध की क्षमता का समापन, मुक्त व्यापार प्रणाली, बाजार पर राज्य के अंकुश में कमी के रूप में देखा है और इसके लिए अन्तर्राष्ट्रीय स्तर पर गैट समझौता, वैश्विक आर्थिक संस्थाओं की सृष्टि तथा अन्तर्राष्ट्रीय मुद्राकोष की स्थापना की गयी। अन्तर्राष्ट्रीय मुद्राकोष वैश्वीकरण के चार आधारभूत पहलुओं की पहचान करता है। व्यापार एवं लेन-देन, पूँजी का प्रवाह, जनता का आवागमन, ज्ञान का वितरण (सूचना तक पहुँच)।[3]

अर्जुन अप्पादुरई (2001) : वैश्वीकरण को सांस्कृतिक प्रवाह जैसा मानते हैं। इनके अनुसार वैश्वीकरण वह प्रक्रिया है जिसमें एकीकरण के कई साधनों का प्रयोग होता है। जैसे हथियारों का संग्रहण, विज्ञान, नयी तकनीकें, भाषा, प्रभुत्व स्थापना, कपड़ों की नयी स्टाइल तथा संगीत के नये प्रयोग, विभिन्न देशों की परस्पर कूटनीति, आर्थिक आदान-प्रदान, सांस्कृतिक आदान-प्रदान, इन्हीं सब का प्रसार तथा वितरण वैश्वीकरण की प्रक्रिया का निर्माण करता है। अप्पादुरई के अनुसार वैश्वीकरण विश्व के सांस्कृतिक इतिहास का नव उत्पाद है।

स्पान (1996) : आधुनिकीरण तथा वैश्वीकरण को सामाजिक परिवर्तन की दो बड़ी शक्तियों के रूप में स्वीकारते हैं कि वैश्वीकरण ने पाश्चात्य देशों की आधुनिकीकरण की प्रक्रिया को एक बड़े पैमाने तक फैलाया है। यह प्रक्रिया कुछ इस प्रकार चली है कि दुनिया के समाजों के बीच अन्तःसम्बन्धों के साथ-साथ स्वयं समाजों के अन्दर भी रूपान्तरण होने लगे हैं।

उपरोक्त परिभाषाओं के आधार पर यह तो स्पष्ट है कि वैश्वीकरण एक वृहद् और बहुपक्षीय प्रक्रिया है। जिससे बड़े पैमाने पर आर्थिक, राजनीतिक,

सामाजिक, सांस्कृतिक परिवेशों का हस्तान्तरण तथा लेन-देन होता है तथा इन विविध इकाइयों के बीच अन्तक्रिया के परिणामस्वरूप कुछ अवांछित परिणाम पैदा होते हैं और यही परिणाम कुछ इस प्रकार विकसित होते हैं कि प्रणालियों तथा सामाजिक व्यवहार की इकाइयों में भिन्नता की पहचान लोप हो जाती है और ऐसा वैश्विक स्तर पर होता है। वैश्वीकरण का सांस्कृतिक पक्ष संस्कृतियों का आदान-प्रदान बड़ा उदाहरण है। वैश्वीकरण की अवधारणा का एक दूसरा स्वरूप रूपान्तरण से सम्बन्धित है। जिसके अनुसार विभिन्न प्रणालियाँ एक-दूसरे के सम्पर्क में आती हैं तथा एक-दूसरे को प्रभावित करती हैं। यहाँ तक की व्यवस्था और प्रणाली की जो इकाइयाँ हैं उनकी पहचान या स्वरूप में परिवर्तन आने लगता है।

आधुनिक दुनिया की दृष्टि कहीं-न-कहीं पुराने मन्तव्यों का उल्लंघन अवश्य करती है तथा वैश्वीकरण की प्रक्रिया एक प्रणाली से दूसरी प्रणाली के बीच सीमाओं को भंग कर देती है। यदि पाश्चात्य आधुनिकता के सन्दर्भ में इसे ले तो वैश्वीकरण ने पाश्चात्य तथा गैर-पाश्चात्य समाजों के सम्बन्धों को रूपान्तरित किया है। उपनिवेशवाद, साम्राज्यवाद तथा पराश्रितता के राजनीतिक सम्बन्धों में व्यापक परिवर्तन हुए हैं और उन सिद्धान्तों एवं मान्यताओं के अर्थ बदल गये हैं जो विद्यमान नहीं थे इसलिए वैश्वीकरण की अवधारणा ऐतिहासिक सन्दर्भों के साथ भी जुड़ी हुई है। उदाहरण : राजनीतिक साम्राज्यवाद का स्थान आर्थिक साम्राज्यवाद ने ले लिया है जो नव उपनिवेशवाद के रूप में था।

वैश्वीकरण की विकास यात्रा : अपने आधुनिक अर्थ में वैश्वीकरण शब्दावली का उपयोग अर्थशास्त्रियों के द्वारा 1980 से किया जाता है। हालाँकि 1960 के दशक में इसका उपयोग सामाजिक विज्ञान में किया जाता था लेकिन 1980 के दशक के उत्तरार्द्ध में इसकी अवधारणा इतनी अधिक लोकप्रिय नहीं हुई जितनी कि 1990 के पश्चात् हुई है।

लेकिन अगर इतिहास के दृष्टिकोण से देखें तो वैश्वीकरण सदियों से लम्बी प्रक्रिया है जो मानव जनसंख्या और सभ्यता के विकास पर नजर रखती है। वैश्वीकरण का प्रारम्भिक रूप रोमन साम्राज्य, पार्शियन साम्राज्य तथा हान राजवंश के समय में पाये जाते थे। जब चीन में शुरू हुआ रेशम मार्ग पार्शियन साम्राज्य की सीमा तक पहुँच गया और आगे रोम की तरफ बढ़ गया जिसके द्वारा आर्थिक व्यापार के साथ-साथ अन्य लोगों का आवागमन भी बढ़ा। जिनमें शरणार्थी, दास, कलाकार, दस्तकार, मिशनरीज, दूत एवं कला, संस्कृति, भाषा एवं तकनीक का भी परिर्वतन हुआ, इस्लामी स्वर्ण युग भी एक उदाहरण है। जब मुस्लिम अन्वेषकों एवं व्यापारियों ने

पुरानी दुनिया में प्रारम्भिक विश्व अर्थव्यवस्था की स्थापना की जिसके परिणाम स्वरूप फसलों, व्यापार, कला एवं ज्ञान तथा प्रोद्यौगिकी का वैश्वीकरण हुआ और बाद में मंगोल साम्राज्य के दौरान इस प्रकार का घटनाक्रम लगातार चलता रहा लेकिन व्यापक अर्थ में वैश्वीकरण की शुरुआत 16वीं शताब्दी से अन्त से पूर्व में हुई जब पुर्तगाल का वैश्विक विस्तार और विशेष रूप से बड़े पैमाने पर महाद्वीपों, अर्थव्यवस्था और संस्कृति से जुड़ा पुर्तगाल का अफ्रीका के अधिकांश तटों और भारतीय क्षेत्रों के साथ विस्तार और व्यापार वैश्वीकरण का प्रमुख व्यापारिक रूप था।

विश्व व्यापार की एक लहर उपनिवेशवाद और सांस्कृतिक ग्राह्यता (Enculluration) दुनिया के सभी कोनों तक पहुँच गयी। 17वीं सदी में वैश्वीकरण एवं कारोबार बढ़ गया जब डच ईस्ट इण्डिया कम्पनी की स्थापना हुई जो अक्सर पहली बहुराष्ट्रीय कम्पनी कहलाती है। तत्पश्चात् ब्रिटिश साम्राज्य को इसके पूर्ण आकार और शक्ति के कारण वैश्वीकरण का दर्जा मिला। इस अवधि के दौरान ब्रिटेन के आदर्शों और संस्कृति के अन्य देशों पर वर्चस्व का दौर आया और भारत भी इससे अछूता नहीं रह सका। प्राचीन काल से देखा जाये तो सर्वप्रथम आर्य, शक, हूण, कुषाण, गुर्जर-प्रतिहार, डच, फ्रांसीसी एवं अंग्रेज़ सभी इतिहास के अलग-अलग काल में भारतभूमि पर आते गये हैं। कुछ रुक गये और कुछ चले गये लेकिन सभी अपने साथ अपनी भाषा, वेशभूषा, खानपान, सामाजिक नियम, परम्पराएँ, धर्म, संगीत, फसलें, प्रौद्योगिकी, स्थापत्य कला, चित्रकला अर्थात् समस्त जीवन दर्शन अपने साथ लेकर आये तथा इन सभी का प्रभाव प्रत्यक्ष हमारे सामाजिक, आर्थिक, सांस्कृतिक, राजनीतिक, प्रौद्योगिक-धार्मिक सभी क्षेत्रों में दृष्टिगोचर होता है।

वैश्वीकरण की नयी उभरती शक्तियों की जड़ को 1980-90 के दशक में देखा जा सकता है। इस दशक में राजनीतिक तथा आर्थिक घटनाओं ने वैश्वीकरण की संस्थाओं के निर्माण पर व्यापक प्रभाव डाला तथा इन घटनाचक्रों ने मिलकर नये बाजार बनाये तथा नये कर्ता पैदा किये (अन्तर्राष्ट्रीय कम्पनियाँ, विश्व व्यापार संगठन, क्षेत्रीय परिषद्, नीति समन्वयक समूह), नये नियम एवं मानक बनाये—इण्टरनेट, सेलफोन, फैक्स, कम्प्यूटर, संचार साधन, ई-मेल, एप ने इसे और आसान बना दिया। वैश्वीकरण के नवाचार ने भारतीय समाज को भी गहराई तक प्रभावित किया है। इससे प्रत्येक वर्ग और समूह पर प्रभाव परिवर्तन चुनौतियों का अध्ययन योग्य है।

भारत में वैश्वीकरण का प्रभाव

1. वैश्वीकरण एवं उदारीकरण में नीतियों के कारण राज्य राष्ट्रीय अभिजन की ताकत और उसके नियन्त्रण में लगातार कमी होती जा रही है। परिणामस्वरूप अब तो पहले की तरह राष्ट्रीय प्राथमिकताएँ निधारित करने के काबिल रह गये हैं और नहीं अब सत्ता अपने मातहतों पर पहले की तरह चलती है।
2. क्योंकि इस नयी विश्व व्यवस्था में राज्य के अधिकार बाजार द्वारा हड़प लिए गये हैं जबकि राष्ट्र को हाशिये पर पड़ी हुई बहुत-सी अस्मिताओं के साथ-साथ विभिन्न क्षेत्रों एवं राष्ट्रीयताओं की तरफ से चुनौती मिल रही है।
3. सामाजिक दायरे में हालत यह है कि अब राज्य पहले की भाँति अल्पसंख्यकों, पिछड़ों, आदिवासियों, महिलाओं और बच्चों को नये-नये अवसर उपलब्ध कराने की भूमिका नहीं निभा रहा है।
4. कई प्रकार की क्षेत्रीय और सांस्कृतिक अस्मिताओं के समेटकर चलने वाले पुराने किस्म के राष्ट्रवाद पर अब उपराष्ट्रीय चेतना हावी हो गयी है। परिणाम केन्द्रीय प्राधिकार के खिलाफ बगावत बढ़ती जा रही है।
5. राष्ट्रीय अभिजन मानने लगे हैं कि 'विकास' का रास्ता प्रौद्योगिकी की मंजिल से होकर ही गुजरता है। यह मान्यता उन्हें आत्मनिर्भरता से दूर विदेशी ताकतों पर निर्भरता की तरफ ले जा रही है।
6. कुछ नये सांगठनिक रूप उभर आये हैं जो राष्ट्र व राज्य से परे चले जाते हैं, जिन्हें हम बहुराष्ट्रीय कम्पनियों के नाम से जान सकते हैं। ये संगठन ज़मीन से उठने वाले असन्तोष के खिलाफ पेशबन्दी कर अपने हिसाब से देश को चलाने का प्रयास करते हैं।

इन सभी के कारण आज स्थिति यह है कि इस नयी विश्व व्यवस्था ने सारी दुनिया को दो हिस्सों में बाँट दिया। एक तरफ दुनिया का वह हिस्सा जो भूमण्डलीकृत हो चुका है और दूसरी तरफ वह जो इस प्रक्रिया से बाहर रह गया है। भूमण्डलीकृत हिस्सा आर्थिक और पर्यावरणीय संसाधनों को हड़पे जा रहा है। जंगल, खेतिहर ज़मीन, पानी एवं खनिज संसाधन सभी को अपने कब्जे में ले रहा है। वहीं दूसरी तरफ ग़ैर-भूमण्डलीकृत लोग हैं जो हाशिये पर फेंके जा रहे हैं। उनके जीवन, सभ्यता, संस्कृति, अर्थव्यवस्था, सभी पर एक अनचाहा खतरा मँडरा रहा है। इसमें आदिवासी भी इन्हीं अभूमण्डलीकृत जन समूह का

हिस्सा है जो वैश्वीकरण के दुष्परिणाम तो झेल रहा है लेकिन फायदों, लाभों से बहुत दूर या कहें कि पूर्ववत् अछूत ही है।

वैश्वीकरण एवं जनजातीय समुदाय परिवर्तन एवं चुनौतियाँ : भारतीय सामाजिक व्यवस्था में जनजातियों का बहुत महत्त्वपूर्ण स्थान है। भारत में जनजातीय समूह देश के सबसे पिछड़े वर्ग में रखे जा सकते हैं। जनजातीय वितरण की दृष्टि से भारत में देश की कुल आबादी लगभग 8.8 प्रतिशत जनसंख्या जनजातीय है। यह जनसंख्या अफ्रीका के बाद द्वितीय स्थान पर है। भारत भौगोलिक दृष्टि से विशाल एवं विविधता वाला देश है। अतः यहाँ अनेक ऐसी जनजातियाँ निवास करती हैं जो आज की सभ्यता से पर्याप्त दूर हैं। अनेको जनजातियाँ सुदूर जंगलों, पहाड़ों, पठारी क्षेत्रों में अपना जीवन-यापन करती हैं। वहीं कुछ जनजातियाँ कृषि कार्य एवं पशुपालन करती है और आधुनिक सुख-सुविधाओं से भी परिचित हैं। लेकिन कुछ सामान्य विशेषताएँ हैं जो इन सभी में पायी जाती हैं। प्रायः जनजातीय समूहों का आकार सीमित होता है। उनका तकनीकी ज्ञान अपरिष्कृत होता है। इनकी अर्थव्यवस्था सादी, पिछड़ी एवं वस्तुओं के आदान-प्रदान पर निर्भर होती है। इनमें नातेदारी सम्बन्ध प्रगाढ़ होते हैं। इनकी पृथक् बोली होती है तथा आत्मवादी धर्म का पालन करते हैं तथा पृथक् इनका सामाजिक एवं सांस्कृतिक ताना-बाना होता है जो अपने आप में इनकी विशेषता है।

लेकिन जैसा कि हम महसूस करते हैं कि किस प्रकार वैश्वीकरण ने भारत के राजनीतिक, सामाजिक, आर्थिक, सांस्कृतिक, सभी क्षेत्रों को प्रभावित किया है। चाहे वे कुछ प्रभाव नकारात्मक रहे हों या कुछ सकारात्मक लेकिन आज व्यक्ति के जीवन का कोई भी आयु, वर्ग, लिंग ऐसा नहीं जो इस वैश्वीकरण से बच गया हो। फिर जनजातियाँ इसके प्रभावों से अछूता रह जाये ऐसा सम्भव नहीं जिस प्रकार आवागमन के साधन, संचार, साधन, प्रौद्योगिकी औद्योगिकीकरण, शहरीकरण का विस्तार हुआ है। जनजातीय क्षेत्रों तक पहुँच एवं जुड़ाव बहुत आसान हो गयी है। जिसका प्रभाव उनकी अर्थव्यवस्था, सामाजिक एवं सांस्कृतिक विशेषताओं पर पड़ना स्वाभाविक है जो इस प्रकार हैं–

1. भूमि एवं वनों पर स्वामित्व की समाप्ति : जल, जंगल और ज़मीन ही आदिवासियों के जीवन आधार रहे हैं। उनकी अर्थव्यवस्था भी इन्हीं पर आधारित रही है। कृषि, पशुपालन, शिकार करना, कन्दमूल फल, मछली पकड़ना, ईंधन, चारा, सभी कुछ उन्हें इन जल, जंगल ज़मीन से ही मिलता है। लेकिन आज वैश्वीकरण के कारण इन जनजातियों से इनका जीवन आधार छीना जा रहा है। बहुराष्ट्रीय कम्पनियाँ खनन एवं खनिज एवं वनोपज के लिए जंगलों एवं पहाड़ों

तक पहुँच गयी हैं। जंगल काटे जा रहे हैं। पहाड़ों को खोदा जा रहा है। जल, वायु प्रदूषित हो रहे हैं। जंगली जानवरों का शिकार किया जा रहा है। ऐसे में वहाँ रहने वालों के जीवन पर क्या प्रभाव पड़ रहा है ये किसी भी बुद्धिजीवी के लिए समझने के लिए पर्याप्त है और इसका खमियाजा हम भुगत भी रहे हैं। चाहे वो नक्सलवाद के रूप में हो या प्राकृतिक असन्तुलन या पर्यावरण प्रदूषण या प्राकृतिक आपदाओं के रूप में या नयी बीमारियों के रूप में।

2. जनजातियों का सामाजिक एवं सांस्कृतिक ताना-बाना छिन्न-भिन्न हो रहा है : आदिवासी अपनी मूल पहचान को खोते जा रहा है। परिवर्तन की इस प्रक्रिया ने उसे नवीन धरातल पर लाकर खड़ा कर दिया है। चाहे उदारीकरण का परिणाम हो चाहे संस्कृतिकरण या औद्योगिकीकरण या शहरीकरण, या आधुनिकीकरण नाम चाहे कुछ भी हो सभी किसी न किसी प्रकार वैश्वीकरण से ही जुड़े हुए हैं। इनमें से किसी के भी कारण हो आदिवासियों के मानसिक दृष्टिकोण में परिवर्तन आ रहा है और सम्पर्क के कारण जनजातीय समूह हीनतावश या होड़वश अपनी सांस्कृतिक विशेषताओं का त्याग करते जा रहा है। जनजातीय संगठनों में दुर्बलता आती गयी और उनका सामाजिक ढाँचा भी प्रभावित हुआ है। साथ-साथ सामाजिक कुरीतियाँ प्रवेश कर गयी हैं। बाल-विवाह, पर्दाप्रथा, कन्याभ्रूण हत्या, दहेज प्रथा, जैसे सामाजिक कलंक आदिवासियों में नहीं पाये जाते थे लेकिन आज कहीं आंशिक तो कहीं अधिक इन सभी बुराइयों ने आदिवासी समाजों में प्रवेश पा ही लिया है। जहाँ आदिवासियों में वधू-मूल्य का प्रचलन था वही आज शिक्षित कहे जाने वाले कुछ आदिवासी समाजों में बेतहाशा दहेज प्रथा का प्रचलन हो गया है। और उसी दहेज का भय कहीं-न-कहीं कन्याभ्रूण हत्या का एक कारण बनता है। सामूहिकीकरण जो आदिवासियों की पहचान थी उसकी जगह 'व्यक्तिवादी' सोच हावी हो गयी। परिणामस्वरूप परिवार विघटन बढ़ रहे हैं। भौतिकवादी संस्कृति हावी हो रही है।

3. टूरिज्म के नाम पर आदिवासियों के व्यक्तिगत सामाजिक जीवन तक में अन्य लोगों की पहुँच हो गयी है, जिसका इनके स्वास्थ्य एवं दिनचर्या पर नकारात्मक प्रभाव पड़ा है। टूरिस्ट अपने साथ खाद्य सामग्री, प्लास्टिक पेय पदार्थ की बोतलें तथा अनेक हानिकारक सामग्री ले जाते हैं और जंगलों में छोड़ आते हैं। जिससे न केवल प्रदूषण बढ़ता है बल्कि वहाँ के निवासियों को भी इसके दुष्परिणाम भुगतने पड़ते हैं।

4. खान-पान बदल रहा है : फल, दूध, दही, छाछ खाने-पीने वाले लोगों के घरों में कोल्डड्रिंक, मैगी आ गये हैं। बच्चों ने गिल्ली-डंडा छोड़कर कम्प्यूटर का

माउस अथवा गेम्स रिमोट पकड़ लिया है। महिलाओं ने जो हमेशा आदिवासी संस्कृति में सशक्त व स्वतन्त्र रही हैं अपने आप को गुलाम बना लिया है। पति परमेश्वर जो कभी भी आदिवासी समुदाय का मन्त्र नहीं रहा वहाँ हमेशा पति को जीवन साथी की तरह माना गया है। परमेश्वर बना लिया, करवा चौथ, मंगलसूत्र, जैसी चीजें नयी हैं जो इन महिलाओं ने अपनाई हैं। अपना पहनावा केशविन्यास आभूषण, गोदना सभी के स्थान पर नये तरीके अपना लिए हैं। गोदना जो आदिवासियों की पहचान है उसे नये रूप में 'टैटू' बना बाजार में उतार दिया।

जनजातीय गीत-संगीत, खेल, वार, त्योहार सभी कुछ प्रभावित हुआ है। एक तरफ जहाँ आदिवासी अपनी सांस्कृतिक पहचानों को छोड़ते जा रहे हैं। वहीं अन्तर्राष्ट्रीय बाजार में उन्हीं की कला-संस्कृति, वेशभूषा को नये रूप में पेश कर लाभ कमाये जा रहे हैं।

5. भौतिक संस्कृति की ओर सुझाव एवं प्राकृतिक एवं नैतिक आस्थाओं के पतन का प्रारम्भ : आदिवासियों का जीवन हमेशा से प्रकृति पर आधारित एवं पूरक रहा है। ये हमेशा से प्रकृति के पूरक रहे हैं। प्रकृति की गोद में स्वच्छन्द निवास करना और उसी से अपनी प्रत्येक आवश्यकता की पूर्ति करना ही इनके जीवन का आधार है। लेकिन जैसा कि हम देख रहे हैं बाजारवाद के प्रसार से इन आदिवासियों में भी भोगवादी प्रवृत्ति ने जन्म लिया है। भौतिक वस्तुओं को एकत्रित करने की चाह ने इन्हें अपने मूल गुण से पृथक् किया है। उसके लिए इन्होंने अपनी स्वतन्त्रता तक को गिरवी रख दिया है। अंग्रेज़ी शराब, सिगरेट, गुटखा, पान-मसाला एवं अनेको पेय पदार्थ इनके खान-पान में शामिल हो गये हैं, जिससे मन-मस्तिष्क एवं शरीर तीनों को क्षति पहुँच रही है। महिलाओं में भी नये फैशन के प्रति झुकाव बढ़ता जा रहा है। टेलीविजन पर देखकर या अन्य सवर्ण जातियों की देखादेखी कॉस्मेटिक सौन्दर्य प्रसाधनों का शौक इस हद तक बढ़ रहा है कि उन्हें इसके लिए अतिरिक्त शारीरिक श्रम करना पड़ता है। क्योंकि सौन्दर्य प्रसाधनों के बाजार ने इस प्रकार चस्का लगा दिया कि वे अशिक्षित महिलाएँ इनके दुष्परिणामों से बेखबर कितनी नयी बीमारियों को निमन्त्रण दे रही हैं। उन्हें नहीं पता, शादियों में पार्लर के नाम से हजारों रुपये खर्च हो रहे हैं। कपड़े नामों से प्रचलित हो गये, कम्प्यूटर का लहँगा, महाभारत का लहँगा, इण्टरनेट की लूगड़ी, दुकानदार उसी कपड़े को अलग-अलग नामों से बेचकर लाभ कमा रहा है और ये आदिवासी महिलाएँ 100 रु. के कपड़े को 500 रु. देकर खरीद रही हैं।

इस प्रकार हम देख रहे हैं कि भारत के विभिन्न भागों में रहने वाले आदिवासी वैश्वीकरण के दौर में संक्रमण की अवस्था से गुजर रहे हैं तथा निश्चित रूप से

इनके परम्परागत समाजों के सम-सन्तुलन में विकार उत्पन्न हुआ है। जनजातीय समाजों के इस संग्राम में परम्परा तथा आधुनिकता के मिलन की प्रक्रिया हीनगत होती है। लेकिन विभिन्न आदिवासी समूहों में इसमें भिन्नता भी दृष्टिगत होती है। कुछ जनजातीय समूह ऐसे हैं जिनमें परिवर्तन तीव्र गति से हो रहा है तो कतिपय ऐसे उदाहरण उपलब्ध हैं जहाँ परम्परागत जीवन की महत्ता आज भी न्यूनाधिक मात्रा में बनी हुई है। लेकिन ये सत्य है कि आदिवासियों की पहचान उनकी संस्कृति, परम्परागत मूल्य प्रथाएँ, परम्पराएँ, विश्वास, कला सभी के आधार पर ही विशेष हैं। हालाँकि परिवर्तन प्रकृति का नियम है। जब विश्व परिवर्तित हुआ है तो आदिवासी इस परिवर्तन से अछूते रह जायें ये सम्भव नहीं, फिर भी समाज, सरकार एवं स्वयं आदिवासियों को मिलकर इस वैश्विक परिवर्तन के अनुरूप इस प्रकार ढालना होगा कि उनकी मूल धरोहर भी ना छूटे और विकास का लाभ भी मिलता रहे।

हालाँकि भारतीय सन्दर्भ में देखा जाये तो भारत के प्रथम प्रधानमन्त्री जवाहरलाल नेहरू ने आदिवासी समुदायों के सामाजिक, आर्थिक एवं सांस्कृतिक, पहचान को बनाये रखने की हिमायत करते हुए पंचशील का सिद्धान्त दिया ताकि आदिवासी समुदाय अपनी सांस्कृतिक परम्पराओं के साथ अपना जीवन-यापन कर सकें। इसके अतिरिक्त भारतीय संविधान में आदिवासियों के शैक्षणिक, सामाजिक एवं आर्थिक सुरक्षा हेतु अनेक प्रावधान रखे गये हैं। जिनमें Art 14, Art 15, Art 16, Art 17, Art 19, 46, Art 30, 275, Art 330, 331, 332, 334, 335, 337, 336, 339, 341, 342, 347, 350 राजनीतिक सुरक्षा हेतु Art 243 (घ) (243 टी), Art 330, 332, 335 प्रमुख हं।

धारा 336 : राष्ट्रीय जनजाति आयोग की स्थापना की गयी है जो जनजातियों के अधिकारों, विकास एवं कल्याण के संरक्षण एवं संवर्धन के लिए उत्तरदायी है। Forest Right Act 2006 एवं अनेको स्वास्थ्य एवं विकास सम्बन्धी योजनाएँ और कर्तव्य, संस्कार एवं ग़ैर-सरकारी संगठनों द्वारा चला रखे हैं।

लेकिन फिर भी कहीं-न-कहीं कोई तो कमी रही होगी कि आजादी के 70 साल बाद भी जितना परिवर्तन इन आदिवासियों के जीवन स्तर में आना चाहिए था वो नहीं आया है। इसके लिए कई कारक जिम्मेदार हो सकते हैं। जाने नेताओं की नीयत में कमी है या नीतियों को लागू करने वाले प्रशासकों की मंशा में खामी है या स्वयं आदिवासी समुदाय की चेतना का अभाव कि पूर्णरूपेण इन नीतियों का फायदा नहीं उठा पा रहे हैं। कारण कुछ भी हो नुकसान सिर्फ आदिवासियों का ही होना होगा और एक दिन जाग्रत भी उन्हीं को होना होगा और अपने

अधिकारों के लिए अपने जंगल, जल और ज़मीन के लिए सचेत होना होगा तभी शायद वो अपना अस्तित्व कायम रख सकेंगे।

सन्दर्भ

1. नरेश भार्गव 'वैश्वीकरण', समाजशास्त्रीय परिप्रेक्ष्य, रावत पब्लिकेशन्स, नयी दिल्ली, 2014
2. विकिपीडिया Globlization Wikipidia the frec Encyclopedia
3. 'सामाजिक समस्याएँ', रावत पब्लिकेशन्स, दिल्ली 2016 (राम आहूजा)
4. Internet Wikipedia.
5. 'वैश्वीकरण' रावत पब्लिकेशन्स, 2014
6. रजनी कोठारी, 'राजनीति की किताब', वाणी प्रकाशन, विकासशील समाज अध्ययन पीठ, 2007
7. हरिश्चन्द्र उप्रेती, 'भारतीय जनजातियाँ : संरचना एवं विकास', मानव संसाधन विकास मन्त्रालय, भारत सरकार, राजस्थान हिन्दी ग्रन्थ अकादमी, 2007
8. समाचार-पत्र, पत्रिकाएँ
9. लेखिका का अनुभवमूलक अध्ययन

आदिवासी कल्याण हेतु स्वैच्छिक क्षेत्र के प्रयास

डॉ. अनिल कुमार पारीक

जीवन, स्वतन्त्रता तथा सम्पत्ति प्रत्येक मानव के प्राकृतिक अधिकार माने गये हैं। मनुष्य इन्हीं अधिकारों की रक्षा के लिए नागरिक समाज का निर्माण करता है।[1] प्रत्येक मनुष्य स्वयं के समान व्यक्तियों का समूह बनाकर जीवन व्यतीत करना चाहता है। इसी क्रम में आदिम जातियाँ या आदिवासी जिन्हें वैधानिक रूप से भारत में आज अनुसूचित जनजाति कहते हैं, भी अपने संस्कृति एवं सभ्यता के साथ एकरूप होकर रहना चाहते हैं। ये समुदाय अपनी विशिष्ट पहचान के कारण आदिवासी समूह में आते हैं। भारत सरकार तथा विभिन्न राज्य सरकार आदिवासियों के कल्याण हेतु कटिबद्ध है। भारत सरकार द्वारा वन में निवास करने वाले आदिम समूहों तथा अन्य परम्परागत निवासी जो ऐसे वनों में पीढ़ियों से निवास कर रहे हैं, किन्तु उनके अधिकारों को अभिलिखित नहीं किया जा सका, उनके वन अधिकारों एवं वन भूमि में अधिवास को मान्यता देने और निहित करने के उद्देश्य से कानून बनाया गया है।[2] इसके अतिरिक्त सरकार अनुसूचित जनजातियों की सामाजिक सुरक्षा तथा सामाजिक बीमा करवाती है। इनके लिए योजना, परियोजना तैयार करना, अनुसन्धान, मूल्यांकन एवं प्रशिक्षण का इन्तजाम करती है।[3] यद्यपि सरकार जनजातीय कल्याण हेतु पुरजोर प्रयास कर रही है तथा इसी हेतु अक्टूबर 1999 में जनजातीय कार्य मन्त्रालय का गठन भी किया गया है, तथापि सामान्यतः यह स्वीकार किया जा चुका है कि सरकार केवल अपने बल पर सब कुछ नहीं कर सकती। विशेषकर उदारीकरण एवं वैश्वीकरण के युग में जहाँ सीमित सरकार पर जोर दिया जा रहा है। ऐसी परिस्थितियों में स्वैच्छिक एवं ग़ैर-सरकारी संगठनों की भूमिका महत्त्वपूर्ण होती जा रही है।[4] एंटोनियो ग्राम्शी[5] ने 20वीं सदी में ही इनके महत्त्व को उजागर कर दिया था। इनके अनुसार लोक समाज (ग़ैर-सरकारी संगठन) संस्कृति एवं विचारधारा के दायरे में आते हैं! ये एक मध्यस्थ के रूप में होते हैं! जेफरी एलेक्जेंडर ने लोक

समाज को एक अन्तर्विष्ट छतरीनुमा अवधारणा बतलाया है, जो राज्य के बाहर संस्थाओं का आधिक्य है।[6]

स्वैच्छिक संगठनों की भूमिका

आज यह स्वीकार किया जा चुका है कि आदिवासियों के विकास का काम केवल सरकारी प्रयासों से पूरा नहीं हो सकता। अतः स्वैच्छिक क्षेत्र की भूमिका इस क्षेत्र में महत्त्वपूर्ण बनकर उभरी है। स्वैच्छिक अथवा ग़ैर-सरकारी संगठनों का आधार स्थानीय होता है और उनमें सेवा की भावना होती है, इसलिए उनकी भूमिका महत्त्वपूर्ण बन गयी है। यह सुनिश्चित करने से वे सरकारी प्रयासों के पूरक होते हैं कि उन प्रयासों के लाभ अधिकतम लोगों तक पहुँचें। कुछ मामलों में स्वैच्छिक संगठन सरकारी योजनाओं को ज़्यादा कुशलता से क्रियान्वित करने की बेहतर स्थिति में होते हैं। बहुत-से स्वैच्छिक संगठनों ने जनजातियों के उत्थान में सराहनीय कार्य किया है, और अब भी उनके प्रयास जारी हैं। तथापि कुछ अरसे से वित्तीय सहायता के लिए जनजातीय मन्त्रालय के पास पहुँचने वाले ग़ैर-सरकारी संगठनों/स्वैच्छिक संगठनों की संख्या में अत्यधिक वृद्धि हुई है और यह सुनिश्चित करने के सभी प्रयास किये जा रहे हैं कि सरकार के भागीदार के रूप में केवल खरे और प्रतिबद्ध संगठनों को ही विकासात्मक क्रियाकलाप चलाने के लिए प्रोत्साहित किया जाये। ग़ैर-सरकारी संगठनों द्वारा कार्यान्वित स्कीम पारदर्शी तरीके से राज्य सरकारों, संघशासित प्रशासनों की भागीदारी से कार्यान्वित की जायें यह सुनिश्चित करने के लिए भारत सरकार ने वर्ष 2005-06 में ग़ैर-सरकारी संगठनों के प्रस्तावों की प्राप्ति पहचान संवीक्षा एवं स्वीकृति के लिए एक विकेन्द्रीकृत प्रक्रिया विकसित की है, और वर्ष 2008-09 के दौरान प्रासंगिक योजनाओं में संशोधन करके प्रणाली को पुनः सुदृढ़ बनाया है। इस प्रक्रिया के अनुसार सभी राज्य सरकारों/संघ शासित प्रशासनों द्वारा राज्य के प्रधान सचिव/सचिव जनजातीय/सामाजिक विकास विभाग की अध्यक्षता में ग़ैर-सरकारी संगठनों के प्रतिनिधियों सहित विभिन्न अन्य अधिकारियों और ग़ैर-सरकारी सदस्यों को मिलाकर 'स्वैच्छिक प्रयासों के समर्थन के लिए राज्य समिति' का गठन किया गया है। यह बहु विषयक राज्य स्तरीय समिति ग़ैर-सरकारी संगठनों के नये प्रस्तावों और चालू प्रस्तावों की जाँच करती है और प्राथमिकता के आधार पर कम सेवा वाले जनजातीय क्षेत्रों में केवल सर्वाधिक प्रभावी परियोजनाओं की सिफारिश करती है।

राज्य स्तरीय समितियाँ

प्रत्येक राज्य सरकार/संघ राज्य क्षेत्र प्रशासन का प्रधान सचिव/सचिव राज्य जनजातीय कल्याण विभाग (राज्य सामाजिक कल्याण विभाग जैसा भी मामला हो) की अध्यक्षता में बहुविषयक राज्य समिति का गठन करना होगा जिसमें निम्नलिखित सदस्य होंगे[7]—

1. सचिव, राज्य ग्रामीण विकास विभाग या उसके प्रतिनिधि
2. सचिव, राज्य कृषि विभाग, या उसका प्रतिनिधि
3. सचिव, राज्य स्वास्थ्य विभाग, या उसका प्रतिनिधि
4. अध्यक्ष द्वारा नामित किये जाने वाले तीन विशेषज्ञ/राज्य में कार्यरत ख्याति प्राप्त ग़ैर-सरकारी संगठन
5. आयुक्त/निदेशक, जनजातीय कल्याण विभाग, सदस्य सचिव या निदेशक, जनजातीय अनुसन्धान संस्थान

राज्य स्तरीय समितियों की भूमिका

1. राज्य समिति की बैठकों का आयोजन प्रत्येक वित्त वर्ष में एक बार या अधिकतम दो बार किया जाना चाहिए।

2. राज्य समितियाँ निरीक्षण रिपोर्टों अथवा क्षेत्रीय अधिकारियों द्वारा प्रस्तुत की गयी निष्पादन रिपोर्ट के आधार पर मन्त्रालय द्वारा समय-समय पर निर्धारित किये गये दिशानिर्देश/प्रक्रियाओं के अनुसार स्वैच्छिक संगठनों/ग़ैर-सरकारी संगठनों के परियोजना प्रस्तावों की जाँच करने के लिए जिम्मेदार होंगी।

3. प्रस्तावों की जाँच करते समय, राज्य समितियाँ निम्नलिखित पहलुओं का ध्यान रखेंगी—

- जनजातीय कल्याण हेतु सिफारिश की गयी परियोजना सही ढंग से संचालित की जा रही है तथा कम सेवा वाले क्षेत्रों में गुणवत्तापरक सेवाएँ प्रदान कर रही है।
- सहायक आँकड़ों के प्रभाव का मूल्यांकन करने के बाद चल रहीं परियोजनाओं को जारी रखने का औचित्य दिया गया हो।
- परियोजना जारी रहने या निधियों की आवश्यकता के लिए सम्भावित अवधि।
- आमतौर पर सामान्य जनसंख्या के राष्ट्रीय औसत की अपेक्षा अधिक साक्षरता स्तर वाले जनजातीय क्षेत्रों में शैक्षिक परियोजनाओं की सिफारिश

नहीं की जाती है। इसी प्रकार, अच्छे अस्पतालों वाले क्षेत्रों में 10 या इससे अधिक बिस्तर वाले अस्पतालों की सिफारिश नहीं की जाती है।

- कम सेवा वाले जनजातीय क्षेत्रों के लिए परियोजनाओं को प्राथमिकता दी जाती है।
- लड़कियों के लिए आवासीय विद्यालयों में महिला सेवा स्टाफ, वार्डन एवं पर्याप्त सुरक्षा के प्रावधान होने चाहिए।
- जहाँ कहीं भी आवश्यक हो, निगरानी इत्यादि के लिए पंचायती राज संस्थाओं से सम्बन्ध स्थापित किया जाना चाहिए।
- प्रत्येक वर्ष बजटीय सीमाओं को ध्यान में रखते हुए, उन परियोजनाओं को हटाने के प्रयास किये जाते हैं जिनका संचालन सही ढंग से नहीं हो रहा है। तथा चल रही ऐसी परियोजनाएँ जो आत्मनिर्भर हो चुकी हैं तथा अपने स्वयं के संसाधनों से अपनी परियोजनाओं का संचालन कर सकती हैं, उन्हें भी बन्द करने के प्रयास किये जाते हैं।
- ऐसी नयी परियोजनाओं को प्राथमिकता दी जानी चाहिए जो पहले से चल रही हैं तथा कम सेवा वाले क्षेत्रों में गुणवत्तापरक सेवाएँ प्रदान करने का रिकॉर्ड स्थापित कर चुकी हैं।
- नयी परियोजनाओं के लिए, परियोजनाओं को शुरू करते समय उनके प्रभाव का निष्पक्षता से मूल्यांकन करने के लिए न्यूनतम बैंचमार्क डाटा उपलब्ध होना चाहिए या उसे एकत्रित किया जाना चाहिए।

राज्य समितियों से यह अपेक्षा की जाती है कि वे आवश्यकता अनुसार निरीक्षण दौरा करके इसके निष्पादन को ध्यान में रखते हुए परियोजना की आवश्यकताओं के बारे में स्वयं को सन्तुष्ट करें।

स्थापित स्वैच्छिक अभिकरण (ईवीए)

सरकार द्वारा यह प्रयास भी किया गया था कि वह अखिल भारतीय स्वरूप के स्वैच्छिक संगठनों, ग़ैर-सरकारी संगठनों का पता लगाए जो अपनी निःस्वार्थ सेवा और अनोखी उपलब्धियों के लिए जाने जाते हों। उन्हें औरों के मुकाबले, नये प्रस्तावों को मंजूर करने के सम्बन्ध में तथा वार्षिक अनुदान समाज के वंचित वर्गों के उत्थान के लिए निर्मुक्त करने से सम्बन्धित सेवा शर्तों में ढील देने के लिए प्राथमिकता देनी चाहिए। इस दिशा में कुछ ऐसे संगठनों का पता लगाया है और उन्हें 'स्थापित स्वैच्छिक अभिकरणों (ईवीए)' की श्रेणी में रखा है। ये संगठन निम्नानुसार हैं[8]–

1. रामकृष्ण मिशन और इसके सम्बद्ध संगठन।
2. अखिल भारतीय वनवासी कल्याण आश्रम तथा इससे सम्बद्ध संगठन।
3. भारत सेवाश्रम संघ तथा इसके सम्बद्ध संगठन।
4. भारतीय आदिम जाति सेवक संघ तथा इसके सम्बद्ध संगठन।
5. सेवा भारती और इसके सम्बद्ध संगठन।
6. विद्या भारती तथा इसके सम्बद्ध संगठन।
7. स्वामी विवेकानन्द युवा आन्दोलन, कर्नाटक।
8. दीन दयाल शोध संस्थान, नयी दिल्ली।
9. सर्वेंट्स ऑफ इण्डिया सोसाइटी, पुणे, महाराष्ट्र।
10. राष्ट्रीय सेवा समिति, आन्ध्र प्रदेश।
11. विवेकानन्द गिरिजन कल्याण केन्द्र, कर्नाटक।
12. अखिल भारतीय दयानन्द सेवाश्रम संघ, नयी दिल्ली।
13. डी.ए.वी. मैनेजिंग कमेटी, नयी दिल्ली।
14. विनोबा निकेतन, केरल।

स्वैच्छिक क्षेत्र की योजनाएँ

वर्तमान में आदिवासी कल्याण हेतु जनजातीय मन्त्रालय की चार योजनाएँ चल रही हैं जो स्वैच्छिक संगठनों/ग़ैर-सरकारी संगठनों की भागीदारी के लिए खुली हैं। ये योजनाएँ निम्नलिखित हैं–

1. अनुसूचित जनजातियों के कल्याण के लिए कार्यरत स्वैच्छिक संगठनों को सहायता अनुदान।
2. अनुसूचित जनजातियों के लिए कोचिंग।
3. कम साक्षरता वाले क्षेत्रों में अनुसूचित जनजाति की लड़कियों में शैक्षिक सुदृढ़ीकरण।
4. जनजातीय क्षेत्रों में व्यावसायिक प्रशिक्षण।
5. विशेष रूप से कमजोर जनजातीय समूहों का विकास। (पीटीजी) (एनजीओ घटक)।

अनुसूचित जनजातियों के लिए कार्यरत स्वैच्छिक संगठनों को सहायता अनुदान-अनुसूचित जनजातियों के कल्याणार्थ कार्यरत स्वैच्छिक संगठनों को सहायता अनुदान देने की योजना 1953-54 में आरम्भ की गयी थी तथा यह योजना जारी है। संशोधित योजना 01 अप्रैल, 2008 से प्रभावी है। आवेदन-पत्रों इत्यादि सहित योजना के दिशानिर्देश मन्त्रालय की वेबसाइट www.tribal.nic.in पर उपलब्ध

हैं। इस योजना का प्रमुख उद्देश्य आजीविका, शिक्षा, स्वास्थ्य, पेयजल, कृषि, बागवानी, उत्पादकता, सामाजिक सुरक्षा तन्त्र आदि जैसे क्षेत्रों में स्वैच्छिक संगठनों के प्रयासों के माध्यम से कम सेवा वाले जनजातीय क्षेत्रों में अन्तर को भरना और सरकार की कल्याण-योजनाओं की पहुँच को बढ़ाना तथा अनुसूचित जनजातियों के सामाजिक-आर्थिक उत्थान और समग्र विकास के लिए वातावरण प्रदान करना है। अनुसूचित जनजातियों के सामाजिक-आर्थिक उत्थान अथवा आजीविका सृजन पर प्रत्यक्ष प्रभाव डालने वाली किसी अन्य नयी गतिविधि पर स्वैच्छिक प्रयासों के माध्यम से विचार किया जा सकता है। यह योजना केन्द्रीय क्षेत्र की योजना है। सम्बन्धित राज्य सरकार/संघ शासित क्षेत्र प्रशासन के माध्यम से निर्धारित प्रोफार्मा में सम्बन्धित राज्य समिति की बहु विषयक राज्य स्तरीय समिति द्वारा यथाविधि संस्तुत आवेदन (निर्धारित प्रपत्र में) पर संशोधित योजना में निर्धारित विभिन्न श्रेणियों की परियोजनाओं के लिए पात्र ग़ैर-सरकारी संगठनों/स्वायत्तशासी समितियों को अनुदान दिया जाता है। सरकार द्वारा आमतौर पर 90 प्रतिशत तक निधियाँ दी जाती हैं। शेष 10 प्रतिशत को स्वैच्छिक संगठनों द्वारा अपने संसाधनों से पूरा करने की उम्मीद की जाती है। हालाँकि उन परियोजनाओं के लिए 100 प्रतिशत तक अनुदान प्रदान किया जाता है जिनका क्रियान्वयन अनुसूचित क्षेत्रों में किया जा रहा है। किसी विशिष्ट वर्ग की परियोजना हेतु स्वैच्छिक संगठन/ग़ैर-सरकारी संगठन को सहायता सरकार द्वारा उस विशिष्ट वर्ग के लिए निर्धारित वित्तीय मानदण्डों तथा समय-समय पर संचालित मानदण्डों के अनुसार दी जाती हैं। अनुदानों की संस्वीकृति समय-समय पर संशोधित सामान्य वित्तीय नियमावली, 2005 के नियम 209 के तहत की जाती हैं। अनुदान संशोधित योजना के नियमों एवं शर्तों के अनुसार जारी किये जाते है।[9] संशोधित योजना के अन्तर्गत परियोजनाओं की विभिन्न श्रेणियाँ निर्धारित की गयी हैं जिन पर अनुदान के लिए विचार किया जा सकता है। श्रेणियों की सूची निम्नलिखित है–

1. आवासीय विद्यालय
2. ग़ैर-आवासीय विद्यालय
3. छात्रावास
4. सचल औषधालय
5. दस बिस्तरों वाला अस्पताल
6. कम्प्यूटर प्रशिक्षण केन्द्र
7. पुस्तकालय
8. सचल पुस्तकालय सह दृश्य-श्रव्य (एवी) इकाई

9. जनजातीय प्रौढ़ शिक्षा के लिए ग्रामीण रात्रि विद्यालय
10. बालवाड़ी/क्रैच केन्द्र
11. स्वास्थ्य रोकथाम एवं स्वच्छता कार्यक्रम
12. पेयजल कार्यक्रम
13. कृषि एवं सम्बद्ध गतिविधियों में प्रशिक्षण
14. रोजगार वाले शिल्पों के लिए प्रशिक्षण केन्द्र
15. वृद्ध आश्रम
16. जागरूकता के प्रसार में स्कूल के बच्चों को शामिल करना
17. सामाजिक-आर्थिक विकास के लिए कोई अन्य अभिनव परियोजना

महत्त्वपूर्ण परियोजनाएँ

1. आवासीय विद्यालय : आवासीय विद्यालय परियोजना की एक लोकप्रिय श्रेणी है, जिसका उद्देश्य उन गरीब जनजातीय बच्चों को शिक्षा सुविधाएँ प्रदान करना है, जो अपने पड़ोस में स्कूल न होने की वजह से अच्छी शिक्षा प्राप्त नहीं कर पाते हैं और वे अपने गाँवों से बाहर शिक्षा पाने और रहने की लागत वहन नहीं कर पाते हैं। स्वैच्छिक एजेंसियों द्वारा आवासीय स्कूल ऐसी जगहों, गाँवों या कस्बों में स्थापित किये जाते हैं, जो राज्य और जिले के अन्य भागों से अच्छी तरह जुड़े नहीं होते हैं। आवासीय विद्यालयों में छात्रों को रहने और खाने की मूलभूत सुविधाएँ प्रदान की जाती हैं। वर्दी की लागत, पुस्तकें, लेखन सामग्री और अन्य प्रासंगिक प्रभार भी योजना से पूरे किये जाते हैं। अध्यापकों तथा अन्य स्टाफ के सदस्यों जैसे वार्डन, एकाउंटेंट, डॉक्टर और अन्य सहायक स्टाफ को मानदेय का भुगतान भी सहायता अनुदान में से किया जाता है। आवासीय विद्यालय परियोजना को कार्यान्वित करने वाले संगठन, परियोजना को खुद की बिल्डिंग में या किराए पर लेकर चला सकते हैं, जिसमें पर्याप्त संख्या में कमरे तथा टॉयलेट/बाथरूम सुविधाएँ हों। रखरखाव प्रभार अथवा भवन के किराए का भुगतान अनुदान सहायता से किया जाता है। अनुसूचित जनजाति के लड़कों और लड़कियों की एक बड़ी संख्या इन परियोजनाओं से लाभान्वित हो रही है। 2015-16 (31.12.2015 तक) के दौरान 7 राज्यों में 30 आवासीय विद्यालयों को निधिपोषित किया गया जिनसे 4808 अनुसूचित जनजाति के विद्यार्थी लाभान्वित हुए हैं।[10]

2. गैर-आवासीय विद्यालय : यह भी अत्यधिक लोकप्रिय और सफल परियोजनाओं में से एक है। विद्यालय में छात्रों को निःशुल्क शिक्षा और मध्याह्न भोजन प्रदान किया जाता है। वर्दी, पुस्तकें, स्टेशनरी, चिकित्सीय सहायता और

अन्य आकस्मिक खर्चों को भी योजना से पूरा किया जाता है। अध्यापक और अन्य कर्मचारियों जैसे अकाउंटेंट, डॉक्टर और अन्य सहायक कर्मचारियों को भी सहायता अनुदान से मानदेय दिया जाता है। गैर-आवासीय विद्यालय परियोजनाओं का संचालन करने वाले संगठन इनका संचालन अपने स्वयं के भवनों या किराए के भवनों में भी कर सकते हैं जिनमें पर्याप्त संख्या में कमरे तथा टॉयलेट सुविधाएँ हों। इन परियोजनाओं से अनुसूचित जनजाति के लड़के और लड़कियाँ दोनों लाभान्वित हो रहे हैं। वर्ष 2015-16 (31.12.2015 तक) के दौरान एक राज्य में संचालित 1 गैर-आवासीय विद्यालय को निधिपोषित किया गया जिनसे 180 अनुसूचित जनजाति के विद्यार्थियों को लाभ पहुँचा।[11]

3. छात्रावास : इस परियोजना का उद्देश्य ऐसे आदिवासी छात्रों को छात्रावास की सुविधाएँ प्रदान करना है जिन्होंने अपनी प्राइमरी या मिडिल शिक्षा अपने गाँव के पास के स्कूलों से पूरी की हो लेकिन वे शहरों में रहन-सहन की उच्च लागत की वजह से बाहर शिक्षा प्राप्त नहीं कर सकते और उनके अपने गाँवों के नजदीक महाविद्यालय की सुविधाएँ नहीं हैं। ये छात्रावास उन शहरों और नगरों में चलाए जाते हैं, जहाँ शिक्षा की अच्छी सुविधाएँ होती हैं। 2015-16 (31.12. 2015 तक) के दौरान 06 राज्यों में 10 छात्रावासों को निधिपोषित किया गया जिनसे 933 अनुसूचित जनजाति के विद्यार्थियों को लाभ पहुँचा।

4. सचल औषधालय : सचल औषधालयों/क्लीनिकों के जरिए अलग-थलग गाँवों/बस्तियों में रहने वाले जनजातीय लोगों को निःशुल्क चिकित्सा सुविधाएँ प्रदान करने वाले संगठन को सहायता प्रदान की जाती है। वैन, जीप, दवाइयों और उपकरणों की खरीद की लागत को वहन करने के साथ-साथ डॉक्टरों एवं अन्य कर्मचारियों तथा दवाइयों के आवर्ती खर्चों को पूरा करने के लिए वार्षिक सहायता अनुदान मंजूर किया जाता है। वर्ष 2015-16 (31.12.2015 तक) के दौरान 7 राज्यों में 16 सचल औषधालयों को निधिपोषित किया गया जिनसे 131784 अनुसूचित जनजाति के लाभार्थियों को फायदा पहुँचा।

दस अथवा उससे अधिक बिस्तर वाले अस्पताल—इस परियोजना को चलाने के पीछे विशिष्ट उद्देश्य स्वैच्छिक एजेंसियों को जनजातीय क्षेत्रों में, जहाँ सरकार ऐसी सुविधाएँ उपलब्ध नहीं करा सकी है, दस अथवा उससे अधिक बिस्तरों वाले अस्पताल चलाने के लिए सहायता देना है। इन छोटे अस्पतालों में ज़्यादातर बाह्य रोगियों का इलाज किया जाता है लेकिन अन्तरंग रोगियों के इलाज की सुविधाएँ भी हैं। फर्नीचर, उपस्कर, अस्पताल उपकरणों, एम्बुलेंस, एक जेनरेटर सेट तथा डॉक्टरों, नर्सों और अन्य कर्मचारियों को मानदेय प्रदान करने के लिए

आवर्ती खर्चों तथा दवाइयों की अधिप्राप्ति, भवन किराया शुल्क इत्यादि के लिए भी सहायता प्रदान की जाती है। वर्ष 2015-16 (31.12.2015 तक) के दौरान 4 राज्यों में 68 अस्पताल चलाने के लिए निधियाँ प्रदान की गयीं, जिनसे 124521 अनुसूचित जनजाति के लाभार्थियों को लाभ पहुँचा।

5. कम्प्यूटर प्रशिक्षण केन्द्र : कम्प्यूटर प्रशिक्षण केन्द्रों में 30 छात्रों को प्रशिक्षण देने की व्यवस्था है। इस परियोजना का विशिष्ट प्रयोजन कम्प्यूटर हार्डवेयर और सॉफ्टवेयर, प्रोग्रामिंग आदि का ज्ञान बढ़ाना और उन्हें सार्वजनिक, निजी क्षेत्रों में रोजगार पाने की क्षमता प्रदान करना है। इन केन्द्रों में आयोजित पाठ्यक्रमों की मान्यता सुनिश्चित करने और इन्हें मान्यता प्राप्त प्रमाण पत्र/डिप्लोमा के साथ जोड़ने के लिए मन्त्रालय ने इस बात पर बल दिया है कि संगठन अपने कम्प्यूटर पाठ्यक्रम इलेक्ट्रॉनिक्स प्रत्यायन विभाग (डीओईएसीसी) द्वारा मान्यता दिलवाए और मन्त्रालय द्वारा मान्यता के लिए भी वित्तीय सहायता दी जा रही है। वर्ष 2015-16 (31.12. 2015 तक) के दौरान 1 राज्य में 1 कम्प्यूटर प्रशिक्षण केन्द्र को निधिपोषित किया गया जिससे 30 अनुसूचित जनजाति के विद्यार्थियों को लाभ पहुँचा।[12]

6. अनुसूचित जनजातियों के लिए कोचिंग : अनुसूचित जनजातियों को कोचिंग (पूर्ववर्ती कोचिंग और सम्बद्ध) योजना चौथी पंचवर्षीय योजना से प्रचलनरत हैं इस योजना को वित्तीय वर्ष 2007-08 में संशोधित किया गया है। आवेदन-पत्र इत्यादि सहित योजना के दिशानिर्देश जनजातीय मन्त्रालय की वेबसाईट www. tribal.nic.in पर उपलब्ध है। वंचित परिवारों और उपेक्षित परिवेश की अनुसूचित जनजातियों के लिए सामाजिक और आर्थिक रूप से सुदृढ़ पृष्ठभूमि से आये लोगों के साथ प्रतियोगिता करना कठिन होता है। समान अवसर प्रदान करने तथा अनुसूचित जनजाति के प्रत्याशियों को परीक्षाओं में सफलता के बेहतर अवसर प्रदान करने के लिए जनजातीय कार्य मन्त्रालय द्वारा गुणवत्ता कोचिंग संस्थानों मे वंचित अनुसूचित जनजाति के प्रत्याशियों को कोचिंग प्रदान करने की एक योजना को बढ़ावा दिया जाता है ताकि वे प्रतियोगी परीक्षाओं में बैठ सकें और सिविल सर्विस तथा सार्वजनिक क्षेत्र में उपयुक्त नौकरी पा सकें।

कम साक्षरता वाले जिलों में अनुसूचित जनजाति की लड़कियों की शिक्षा के सुदृढ़ीकरण की योजना—

कम साक्षरता वाले क्षेत्रों में अनुसूचित जनजाति की लड़कियों हेतु महिला-पुरुष आधारित विशिष्ट योजना की शुरुआत 1993-94 में की गयी थी। इस योजना को वर्ष 2008-09 में संशोधित किया गया जो। अप्रैल, 2008 से प्रभावी हुई।

उद्देश्य

इस योजना का उद्देश्य अभिज्ञात जिलों या ब्लॉकों में जनजातीय लड़कियों का अधिकाधिक संख्या में नामांकन सुनिश्चित करके, विशेषकर नक्सल प्रभावित क्षेत्रों या पीटीजी (पूर्व में आदिम जनजातीय समूह के रूप में ज्ञात) द्वारा निवास क्षेत्रों में, तथा शिक्षा के लिए अच्छा माहौल बनाकर प्रारम्भिक स्तर पर बीच में ही पढ़ाई छोड़ने वालों में कमी करके सामान्य महिला जनसंख्या तथा जनजातीय महिलाओं के बीच साक्षरता स्तर के अन्तर को पूरा करना है। इस योजना में वैसे क्षेत्रों जहाँ 5 कि.मी. की दूरी के भीतर विद्यालय नहीं है, वहाँ विद्यालय एवं छात्रावास की सुविधा उपलब्ध करा कर अनुसूचित जनजाति की लड़कियों हेतु विद्यालय शिक्षा सुलभ कराए जाने हेतु बल दिया गया है। सामाजिक-आर्थिक विकास में प्रभावी रूप से भाग लेने हेतु समर्थ बनाने के लिए जनजातीय लड़कियों की साक्षरता दर में सुधार करना अतिआवश्यक हैं।

कवरेज-योजना के कवरेज निम्नानुसार है–

(क) योजना का क्रियान्वयन देश के उन 54 विशिष्ट जिलों में किया जा रहा है जहाँ वर्ष 2001 की जनगणना के अनुसार अनुसूचित जनजातियों की जनसंख्या 25 प्रतिशत या इससे अधिक है तथा अनुसूचित जनजाति की महिला साक्षरता दर 35 प्रतिशत से कम है।

(ख) उपरोक्त 54 अभिज्ञात जिलों की अपेक्षा जिले में कोई अन्य जनजातीय ब्लॉक जिसमें जनगणना 2001 के अनुसार अनुसूचित जनजाति की जनसंख्या 25 प्रतिशत या इससे अधिक है तथा जनजातीय महिला साक्षरता दर 35 प्रतिशत से कम है को भी कवर किया गया है।

(ग) इसके अतिरिक्त, इस योजना में ऐसे ब्लॉक स्तर से नीचे के क्षेत्रों (ग्राम पंचायतों) को भी शामिल किया जाता है जहाँ विशेष रूप से कमजोर जनजातीय समूह (पीटीजी) निवास करते हैं।

(घ) उपरोक्त सभी क्षेत्रों में से नक्सल प्रभावित क्षेत्रों को प्राथमिकता दी जाती है।

कार्यान्वयनकारी अभिकरण

इस योजना का क्रियान्वयन स्वैच्छिक संगठनों/ग़ैर-सरकारी संगठनों और स्वायत्तशासी समिति/राज्य सरकार के संस्थानों/संघ राज्यक्षेत्र प्रशासनों के माध्यम से किया जाता है। विभिन्न राज्यों/संघ राज्यक्षेत्रों द्वारा गठित बहु-विषयक 'स्वैच्छिक प्रयासों को

समर्थन हेतु राज्य समिति' (एससीएसवीई) इस योजना के तहत ग़ैर-सरकारी संगठनों की परियोजनाओं की छानबीन तथा पहचान करने के लिए जिम्मेदार है।

'अनुसूचित जनजातियों के कल्याण के लिए स्वैच्छिक संगठनों को सहायता अनुदान' की योजनाओं को 12वीं योजना अवधि के दौरान जारी रखने के लिए संशोधित किया जा रहा है। 'कम साक्षरता वाले जिलों में अनुसूचित जनजाति की लड़कियों में शिक्षा के सुदृढ़ीकरण', 'अनुसूचित जनजातियों के लिए कोचिंग', 'अनुसूचित जनजातियों के लिए व्यावसायिक प्रशिक्षण' की विद्यमान योजनाओं को एक सिंगल विंडो योजना 'अनुसूचित जनजातियों के कल्याण के लिए कार्यरत स्वैच्छिक संगठनों को सहायता अनुदान' में मिला दिया गया है। तथापि, ये पूर्व योजनाएँ संशोधित योजना के घटक के रूप में जारी रहेंगी।[13]

लोकतान्त्रिक व्यवस्था का मूल तत्व है कि सभी को समानता का अवसर मिले एवं यहीं से बात उठती है आदिवासियों के अधिकारों की। भारत जैसे विकासशील देश में सरकार एवं विभिन्न स्वैच्छिक संगठन इनके कल्याण हेतु निरन्तर प्रयासरत है। यद्यपि आदिवासी कल्याण का कार्य स्वतन्त्रता के बाद से ही प्रगति पर हैं तथापि अभी हमें जनजातियों के समावेशी विकास हेतु अधिक गम्भीर प्रयास करने की आवश्यकता है। इससे ही सम्पूर्ण समाज में संवेदनशीलता, सक्रियता, एकरूपता एवं समरसता की भावना का प्रसार हो पाएगा।

सन्दर्भ

1. जॉन लॉक के अनुसार मनुष्य प्राकृतिक दशा में भी स्वभाव से प्राकृतिक विधियों का पालन करता है।
2. वन अधिकार अधिनियम 2006 एवं नियम 2008 तथा संशोधित नियम 2012, भारत सरकार
3. जनजातीय कार्य मन्त्रालय, भारत सरकार, इण्टरनेट मुख्यपृष्ठ
4. सभ्य समाज (सिविल सोसायटी) आन्दोलनों ने ग़ैर-सरकारी क्षेत्र की भूमिका को बढ़ाने पर जोर दिया है।
5. जिडेन बेकर, सिविल सोसायटी एण्ड डेमोक्रेटिक थ्योरी : अल्टरनेटिव व वोइसेज, लन्दन
6. दुबे, अशोक कुमार, 21वीं शताब्दी में लोक प्रशासन, टाटा मैक्ग्राहिल, नयी दिल्ली, पृ. 171
7. वार्षिक प्रतिवेदन, जनजातीय कार्य मन्त्रालय, भारत सरकार, 2015-16, पृ. 88
8. उपर्युक्त, पृ. 89
9. उपर्युक्त, पृ. 90
10. उपर्युक्त, पृ. 92
11. उपर्युक्त, पृ. 93
12. उपर्युक्त, पृ. 93
13. उपर्युक्त, पृ. 97

भारत में आदिवासियों की स्थिति

आशा मीणा

भूमिका

इस पत्र के द्वारा संक्षेप में आदिवासी महिला की स्थिति व दशा एवं पूर्वी मध्य और भारत के दक्षिणी भागों में आदिवासी महिलाओं के संघर्ष को चित्रित करने की कोशिश करता है। पूर्वोत्तर के ज़्यादातर राज्यों में आदिवासी जनसंख्या राजनीतिक रूप से आत्मनिर्णय के लिए अपने अधिकारों के लिए संघर्ष कर रही है जो राष्ट्रीयता के रूप में तब्दील कर दिया है। उनकी स्थिति, अनुभव और संघर्ष से अलग से गहराई के साथ निपटा जाना चाहिए। इसलिए इस पत्र में हम अस्मिता और सरकार के वर्गीकरण में अनुसूचित जनजाति के हैं, जो उतर पूर्व से महिलाओं को कवर करने का प्रयास नहीं किया है।

अपने पारम्परिक समाजों में आदिवासी महिलाओं की स्थिति, अस्मिता के साथ सौदा कानूनों और नीतियों के साथ दूसरा हिस्सा सौदा औपनिवेशिक और वर्तमान सरकारों और आदिवासियों विशेष रूप से महिलाओं के द्वारा छेड़ा गया संघर्ष के बारे में दर्शाया गया है।

आदिवासियों द्वारा सामना की जा रही समस्याओं को पुरुषों और महिलाओं दोनों को प्रभावित कर रहे हैं। गरीबी, शोषण, विस्थापन, भूमि अलगाव की भावना, निर्भरता, स्वास्थ्य सुविधाओं आदि की कमी के कारण इस तरह की समस्याएँ हैं। इन समस्याओं का एक लिंग कोण है हालाँकि सामान्य प्रभाव एक पूरे समाज के रूप में आदिवासियों पर है। यह न तो एक महिला कोण से ही उन्हें देखने के लिए और न ही सिर्फ सामान्य समस्याओं के रूप में उन्हें देखने और महिलाओं की समस्याओं के रूप में पितृसत्ता और लिंग भेद की ही समस्याओं पर विचार करने के लिए सही होगा, इसलिए हम महिला की अस्मिता, स्थिति और आदिवासी लोगों के द्वारा किये गये संघर्ष को इसमें पेश कर रहे हैं और एक ही समय में हम भी एक आदिवासी महिला की समस्याओं व स्थिति को दर्शा रहे हैं। इस

प्रकार हम अपने समाज में यह सब और नहीं बस पितृसत्तात्मक परम्पराओं को बदलने के लिए आदिवासी महिलाओं और उनके द्वारा सामना की गयी समस्या एवं संघर्ष, अस्मिता व अस्तित्व की व्यापक तस्वीर पेश करना चाहते हैं।

आदिवासी भारत के सबसे वंचित और शोषितों में है। लिंग भेद और लिंग उत्पीड़न आदिवासी महिलाओं को बुरी तरह से प्रभावित कर रहे हैं। मतलब यह है कि आदिवासियों का भारत में जनसंख्या भारत म्यांमार और मेक्सिको के बाद दुनिया में देशों के बीच आदिवासियों की संख्या सबसे अधिक (स्वदेशी लोग) हैं फिर भी कई मामलों में आदिवासी जनसंख्या कम हो रही है और कुछ जनजातियाँ विलुप्त होने के कगार पर हैं।

हालाँकि 1991 में 972 लोगों के बीच अनुसूचित जनजाति (एसटी) का लिंग अनुपात 972 था, जो आम जनता की तुलना में अधिक था, अभी तक यह गिरावट का रुख दिखाना शुरू कर दिया। इस प्रतिकूल लिंग अनुपात और 1991 में 1971-1972 में 1982 से महिलाओं के बीच उच्च मृत्यु दर में गिरावट आयी और स्वास्थ्य सेवाओं तक उनकी सीमित पहुँच के लिए उसे जिम्मेदार ठहराया जा सकता है। इस तरह आदिवासी महिलाओं की स्थिति और संघर्ष व उनकी अस्मिता व अस्तित्व पर और अधिक ध्यान देने की जरूरत है।

गतिविधियाँ इस तरह हैं। मामूली वन उपज से ही वे व्यापार करके अपना व परिवार का भरण-पोषण करते हैं। निर्माण और लघु वनोपजों पर आधारित उत्पादों की बिक्री इन गतिविधियों के तौर पर कम आय मौसमी गतिविधियों और अर्थव्यवस्था के लिए सीमांत है। आदिवासी क्षेत्रों में शराब व्यापार आदिवासी महिलाओं की एक विशेषता है। पुरुष शराब के कारण आदिवासी महिलाओं को पेश आ रही समस्याओं के सन्दर्भ में देखे जाने पर यह एक तेज विरोधाभास लग सकता है। इसे अधिक विकल्प और अस्तित्व के मुद्दों की सीमित उपलब्धता के सन्दर्भ में देखा जाये लेकिन जब इस तरह का व्यापार महिलाओं द्वारा किया जाता है तो यह शायद कम आश्चर्य है। कुछ मामलों में सरकार और ठेकेदारों द्वारा मज़दूरी में लिंग आधारित भेदभाव उसके विभागों से ही पुरुषों की तुलना में महिलाओं को कम मज़दूरी का भुगतान करती है।

भूमि अधिकार : आदिवासी लोगों के पास भूमि अधिक नहीं है। वे कुछ भूमि के मालिक हैं जब तक कि ज़्यादातर मामलों में वे केवल सीमांत हो सकता है। 1991 की जनगणना के अनुसार अनुसूचित जनजाति की जनसंख्या का 42 फीसदी मुख्य कार्यकर्ता थे इनमें से 54.5 प्रतिशत किसान और 32.9 प्रतिशत खेतिहर मज़दूर हैं। इस प्रकार आदिवासी मुख्य कार्यकर्ताओं की अधिक से

अधिक 81 फीसदी कृषि पर निर्भर है, इसके अलावा आदिवासियों का परिचालन होल्डिंग्स का प्रतिशत 42.9 है। जबकि कम से कम हेक्टेयर के साथ सीमान्त किसानों की श्रेणी के वे हैं। 24.11 प्रतिशत से 2 हेक्टेयर के साथ छोटे किसानों की श्रेणी के हैं और केवल 2.2 प्रतिशत अनुसूचित जनजाति के 10 से अधिक हेक्टेयर के साथ बड़े परिचालन स्रोत हैं। इसके अलावा अनुसूचित जनजातियों के बीच गरीबी की घटनाएँ हैं, सरकारी आँकड़ों 42.86 और क्रमशः 1999-2000 में ग्रामीण और शहरी क्षेत्रों में गरीबी रेखा से नीचे 34.75 फीसदी दिखा, इसकी तुलना में आम जनता के लिए आँकड़े क्रमशः 27.09 प्रतिशत और 23.63 थे आदिवासियों की प्रति व्यक्ति आय सबसे कम है।

भारत में आदिवासियों की स्थिति व दशा

आदिवासी महिलाएँ अपने समाज की अर्थव्यवस्था के लिए केन्द्रीय हैं। वे मज़दूरी, श्रम करना, वनोपज इकट्ठा करना, कृषि उत्पादन में भाग लेने के लिए जहाँ उपलब्ध हैं और सरकार या वन विभाग, तेंदू पत्ता और सड़क ठेकेदारों के पास काम करती हैं। आदिवासी महिलाएँ एकदम घरेलू काम, बच्चों के लालन-पालन, पशु-पालन के पूरे बोझ को सहन कर रही हैं। पशुधन, अपनी उपज बेचने के लिए बाजार जाना वे सब काम करना उनके लिए वर्जित हैं जो उन कार्यों को छोड़कर उनके परिवारों के लिए विपणन करते हैं। लेकिन उनकी केन्द्रीय भूमिका निर्विवाद है, वे महिलाएँ अपने बच्चों के साथ दिन-रात अपने घर-परिवार से दूर रहकर परिश्रम कर रही हैं। आदिवासी पुरुष समुदायों में पुरुष एक से अधिक महिला से शादी करते हैं। उसे भी आदिवासी महिला सहन करती है।

गरीबी : आदिवासी महिलाओं को आमतौर पर लकड़ी इकट्ठा करने और विभिन्न स्थितियों के माध्यम से मीलों दूर काम करने भेजा जाता है। पत्ते उठा कर शराब पकाने और उन्हें बेचने, चारा सभा, आदिवासी महिलाओं के काम की विशेषता आइटम सभी एकरसता कठिन शारीरिक श्रम उत्पीड़न और शोषण की विशेषता हैं। वे मुख्य रूप से वन उपज में संलग्न मामूली व्यापार की महत्त्वपूर्ण बात यह है कि अधिकांश जनजातीय क्षेत्रों में आदिवासी महिलाओं को भूमि पर कोई सम्पत्ति अधिकार नहीं है।

आदिवासी परिवारों की महिलाओं के काम के कारण मुख्य रूप से जीवित रहने के लिए पूर्ण रूप से उपयोगी भूमि और अन्य संसाधनों पर अन्य का अधिकार है। उन्हें सिर्फ कुछ भूमि पर ही अधिकार दिया जाता है। प्रथागत कानून कुछ हद तक महिलाओं को अधिकार की अनुमति देता है।

1922-1935 के दौरान सन्थाल परगना पर ब्रिटिश शासक Gautzer द्वारा तैयार एक रिपोर्ट के मुताबिक केवल कुछ पुरुषों के बेटों ने संयुक्त रूप से अपने पिता, जहाँ सफल भूमि वारिस बन सकते हैं। एक अविवाहित बेटी का अचल सम्पत्ति पर कोई अधिकार नहीं है। एक विधवा औरत पुरुष रिश्तेदारी द्वारा अगर वहाँ उसे उसके मृत पति की सम्पत्ति पर अधिकार नहीं मिलता है। और एक विधवा पुनर्विवाह नहीं करती है तो रखरखाव के लिए उसको अधिकार मिल सकता है। सन्थाल आदिवासियों के लिए कोई समान प्रथागत कानून है और यह अवसर गाँवों में बदलता है और क्षेत्रों के बीच काफी अलग हो सकता है। कुछ संगठन हैं जहाँ बहुविवाह अवैध बन गया है और महिलाएँ भी सम्पत्ति की वारिस हो सकती हैं। हिन्दू व्यक्तिगत कानूनों ने आदिवासियों के लिए लागू करने की माँग की है। लेकिन आज प्रचलित राजनीतिक परिस्थितियों में इसमें हिन्दू आदिवासियों का अभियान कुछ हद तक खत्म हो जायेगा। आदिवासी महिलाएँ को सीमा शुल्क में सुधार के लिए संघर्ष कर रही हैं और वे इस प्रक्रिया के जरिये अपने अधिकार हासिल कर सकती हैं।

शिक्षा : ज़्यादा सर्व शिक्षण Abhiyyans, आश्रम, स्कूल मध्याह्न भोजन योजनाओं से स्कूल जाने वाले आदिवासी बच्चों की संख्या और कम से कम प्राथमिक स्कूलों में संख्या कम है। प्रचार के बावजूद स्कूल में अनुसूचित जनजाति की लड़कियों की संख्या भी कम है। 1991 में आदिवासियों के बीच महिला साक्षरता दर (39.21) देश के लिए समग्र महिला साक्षरता की तुलना में (18.2) काफी कम थी। नवीनतम 2001 की जनगणना के आँकड़ों के अनुसार अनुसूचित जनजातियों के बीच महिला साक्षरता की तुलना में यह एक धीमी गति अभी भी है। 11 पूर्वी राज्यों के 136 पहचान जिलों में आदिवासी महिला साक्षरता 1991 की जनगणना के अनुसार 10% नीचे थी लेकिन कुल आँकड़े विशेष क्षेत्रों में वास्तविक तस्वीर नहीं दे सकती हैं, दूसरी तरफ उनकी साक्षरता दर अन्य राज्यों से काफी कम है। जबकि एक तरफ उत्तर-पूर्वी राज्यों में अनुसूचित जनजाति महिला साक्षरता दर बहुत अधिक है। उदाहरण के लिए अनुसूचित जनजाति महिला साक्षरता दर के 0.6 प्रतिशत के रूप में कम से कम राजस्थान के जालौर जिले में मिजोरम के आइजोल में 85% के रूप में उच्च महिला साक्षरता दर है।

आदिवासी महिलाओं को व्यावसायिक पाठ्यक्रमों सहित उच्च शिक्षा के लिए दी जाने वाली संख्या बहुत है। पूरे भारत में 2001 में एक लाख से ऊपर स्नातक हैं जिनमें 90 हजार आदिवासी महिलाएँ थीं। 1990-1991 और 1999-2000 के बीच मध्यम स्तर पर दोनों अनुसूचित जनजाति के लड़के और लड़कियों के

नामांकन की प्रगति की गति काफी प्रभावशाली रही है और छोड़ने वाले बच्चों की समस्या दोनों सामान्य और अनुसूचित जनजाति के छात्रों के लिए एक आम बात होती है। दोनों श्रेणियाँ 1998-99 के लिए वर्ष 1990-91 के दौरान एक घटते रुझान को दिखा दिया गया है। वही समस्या अभी भी अनुसूचित जनजातियों के सम्बन्ध में सबसे खराब प्रतीत होती है।

संस्कृत पर करोड़ रुपये खर्च : जबकि आदिवासियों की दिशा में केन्द्रीय और विभिन्न राज्य सरकारों का रवैया आदिवासी भाषाओं में भी प्राथमिक शिक्षा शुरू करने के लिए उनकी अनिच्छा देखी जा सकती है। राज्य सरकार राज्य की आधिकारिक भाषा में अध्ययन करने के लिए पहले से ही विमुख लोगों को मजबूर आदिवासी भाषाओं में अध्यापन का आयोजन नहीं कर रहे हैं। आज तक लाखों में गोण्ड, सन्थाल, भील आदि की तरह मुख्य रूप से आदिवासी समुदायों की जनसंख्या अधिक होने के बावजूद वे आज भी अशिक्षित हैं।

स्वास्थ्य : स्वास्थ्य अच्छी तरह से किसी भी समूह के होने का एक महत्त्वपूर्ण सूचक है। भारत में आदिवासी महिलाओं के स्वास्थ्य की स्थिति पर साहित्य व्यापक नहीं है। अधिकांश स्वास्थ्य सम्बन्धी अध्ययनों में आदिवासी महिलाओं की स्थिति को प्रभावित करता है। लिंग अनुपात, महिला साक्षरता, विवाह प्रथाओं, शादी की आयु, माँ बनने की आयु कवर नहीं है। आन्ध्र प्रदेश में उदाहरण के लिए जनजातीय लोगों की अधिक से अधिक 50 प्रतिशत गाँवों तक पहुँचने के लिए सड़क नहीं है और 75 लोगों के घरों में बिजली कनेक्शन नहीं है। पीने के पानी के लिए भी 70% उपयोगी नहीं है, 50 करोड़ आदिवासी शिक्षा और स्वास्थ्य के लिए निजी ठेकेदारों को आवंटित की गयी थी हालाँकि जनजातीय लोगो में हजारों कुपोषण, भूख और बीमारी से प्रभावित हो रहे हैं। उड़ीसा में जनजातीय विकास के लिए आवंटित राशि 880 करोड़ रुपये जो खर्च नहीं की गयी थी। गरीबी, अभाव और अब बुनियादी चिकित्सा स्वास्थ्य सुविधाओं पर सरकारी खर्च में कमी आदिवासी महिलाओं और बच्चों के बिल्कुल लिए स्वास्थ्य की स्थिति खराब दिखाई देती है। अभी भी 21वीं सदी में इसका असर औरत के जीवन के लिए भी एक जोखिम है। अल्पसंख्यक महिलाओं के लिए सामान्य स्थिति है और कुपोषण व्याप्त है। इस प्रकार कुपोषण से होने वाली मौतें अधिक हैं। 2005 में महाराष्ट्र में आदिवासी क्षेत्रों में शिशु मृत्यु दर 80 हजार थी। इन मौतों के 50% से अधिक थीं इस तथ्य से अवगत कराया कि इसके अलावा 23,500 बच्चे राज्यों के आदिवासी क्षेत्रों में हर साल मृत्यु के शिकार हो रहे हैं और एम.पी. में भी ITD क्षेत्रों में प्रसव 80% घर पर किया जाता है। आम

जनता के लिए 92 प्रति 1000 में जन्मे लोग हैं, जबकि शिशु मृत्यु दर 165 प्रति 1000 जन्म पर है। ITD क्षेत्रों में बच्चों की 55% है। यहाँ तक कि पलाकड़ जिले की एक आदिवासी ब्लॉक में केरल में शिशु मृत्यु दर के तथाकथित उन्नत राज्य में प्रति एक हजार पर 66 था। उत्तर प्रदेश के सोनाबदर जिले में एक महीने में अकेले 19 अनुसूचित जनजाति के बच्चों की भोजन की कमी के कारण मृत्यु हो गयी। कुपोषण के कारण ये मृत्यु हुई थीं।

आदिवासी आबादी के स्वास्थ्य की स्थिति पर उपलब्ध अल्पडेटा और जानकारी स्पष्ट रूप से (1000 प्रति 8-25 के बीच) मातृ मृत्यु दर अधिक उन्नत क्षेत्रों में भी दोगुनी से भी अधिक है। मातृ मृत्यु दर विभिन्न जनजातीय समूहों के बीच उच्च होने की सूचना है लेकिन कोई सटीक डाटा उपलब्ध नहीं हो पाया। मातृ मृत्यु दर के प्रमुख कारण प्रसव के लिए अस्पतालों की कमी व आदिम प्रथाएँ रूढ़ियाँ भी इसका प्रमुख कारण हैं। इन प्रतिकूल स्वास्थ्य संकेतक पौष्टिक खाद्य पदार्थ और स्वाथ्य देखभाल की सेवाओं के लिए उपयोग की कमी के कारण अपर्याप्त उपयोग करने के लिए बड़े पैमाने पर होने वाली हैं। अण्डमान और निकोबार द्वीप समूह की पहले से ही मामूली आदिवासी जनसंख्या के वर्गों के बीच में हेपेटाइटिस बी संक्रमण के उच्च स्तर के कारण चिकित्सा और सामाजिक चिन्ताओं को बढ़ाया है। भारत की सामान्य आबादी में औसत 4 से 5 प्रतिशत की दर की तुलना में इन आदिवासी आबादी में व्यापकता दर 20 प्रतिशत से ज़्यादा है। यहाँ तक कि सार्वजनिक वितरण प्रणाली में खाना खरीदने के लिए क्रय शक्ति की कमी दर और खाद्य अधिशेष मौजूद है जो कि संकट बिक्री कालाहांडी, बोलांगीर कोरापुट (केसीके) क्षेत्रों में भुखमरी से होने वाली मौतों के लिए मुख्य कारण है। पश्चिम बंगाल में कोयला माफिया परित्यक्त ओपन कास्ट खदानों से अवैध रूप से कोयला निकालने के लिए गरीब सन्थाली आदिवासी पुरुषों और महिलाओं का रोजगार है। यह गम्भीर स्वास्थ्य खतरा प्रस्तुत कर रहा है। दुर्घटनाओं और मौतें यहाँ आम बात हैं।

सार्वजनिक वितरण प्रणाली के माध्यम से खाद्य आपूर्ति की कमी के कारण आदिवासियों के भोजन की एक किस्म के साथ उन्हें प्रदान करने लिए प्रयोग किया जाता है। उनका जंगलों पर कोई अधिकार नहीं है। इस तथ्य ने अधिक फसलों के लिए भोजन की कम उपलब्धता के लिए प्रेरित किया जबकि शिकार पर स्वास्थ्य मांस की कम आपूर्ति का मतलब है वनों की कमी के कारण अत्यधिक कटाई करने के लिए आदिवासी महिलाओं व लड़कियों को वनोपज एकत्र करने के लिए बहुत दूर जाना पड़ता है। यहाँ तक कि गर्भावस्था में महिलाओं के

उन्नत स्वास्थ्य की ना सोचकर उन्हें कड़ी मेहनत व लम्बे दूर वनों में जाना पड़ता है, इस तरह उनके काम का बोझ बढ़ गया है। आदिवासी क्षेत्रों में भूख और कुपोषण की समस्या स्पष्ट रूप से इन क्षेत्रों में दिखाई देती है। आजीविका के लिए असमानताओं और खतरों से जूझना पड़ता है।

आदिवासी महिलाएँ आज भी अपनी अस्मिता को बचाने के लिए संघर्ष कर रही हैं।

विस्थापन की समस्या के कारण आज आदिवासी महिलाओं को वनों से निकाला जा रहा है, उनका घर-परिवार बिखर रहा है क्योंकि जंगल ही उनका सब कुछ है अगर उनसे यह भी छीन लिया गया तो उनके पास रहेगा क्या, उनका तो अस्तित्व ही खत्म हो जायेगा। इसलिए आज भी आदिवासी महिलाएँ अपनी अस्मिता व अस्तित्व को बचाने के लिए कठिन से कठिन समस्या का सामना कर रही हैं।

बालंटयरी रिटायरमेंट योजना के तहत कोई भी व्यक्ति, महिला मज़दूर जो कि अधिकांश दलित थी उनका दामाद बन कर पैसे के बल पर उनकी नौकरी हथिया लेता था।

दूसरे ज़मीन के बदले नौकरी माँगने का बहाना बना कर कोल इण्डिया का प्रसिद्ध ग्रामीण विस्थापितों को नौकरी नहीं देता था। हमारा कहना है कि स्वैच्छिक सेवानिवृत्ति से तो कभी छुट्टी होगी ही नहीं यह तो पुश्तैनी नौकरी हो गयी।

तब स्थानीय लोगों और ज़मीन वाले विस्थापितों को कैसे नौकरियाँ मिलेंगी। हर किसान महिला को ज़मीन के बदले ज़मीन दी जाये और विस्थापन के चलते उन्हें चूल्हा परती नौकरी दी जाये।

कई बार लक्ष्य एवं जीवन-यापन के दोहरे संघर्ष व्यक्ति को कुंठित, हताश एवं उदेश्यहीन बना देता है जबकि इक्कीसवीं सदी के भारत में बिना बैवाहिक लाइसेंस प्राप्त किये किसी भी स्त्री का प्रतिबद्ध मार्ग पर चलना जोखिम भरा बना हुआ है।

सरकार ने अनेक योजनाओं के नाम पर व हर पैमाने पर प्राकृतिक संसाधनों का अधिग्रहण करना शुरू कर दिया। विभिन्न नदी परियोजनाओं पर विशाल बाँध-निर्माण करने का कार्य, जिसके तहत एक बड़ी जनसंख्या को अपने घर-परिवार, ज़मीन एवं जीविका के साधनों से वंचित होकर विस्थापन के लिए मजबूर होना पड़ा है। विकास के लिए संसाधनों के वैकल्पिक उपयोग के सन्दर्भ में संसाधनों पर अधिकार का दूसरा पहलू विस्थापन है। मूलतः विस्थापन एक ऐसी भारतीय समस्या है जिससे कि एक घर-परिवार का, उनके रोजी-रोटी के संसाधनों से पीढ़ियों

से जहाँ जैसे हैं ऐसे क्षेत्र से उनके सामाजिक-आर्थिक रिश्ते-नाते के इलाके से टूटना वस्तुतः उन्हें बहुत ही हादसा देनेवाली बात होती है। मानसिक तनाव से लेकर आर्थिक समस्या तक उन्हें कई कठिनाइयों से जूझना पड़ता है। विकासजन्य विस्थापन नहीं होगा यह तो कहा नहीं जा सकता है इसे रोकना होगा।

समुदाय के भीतर पितृसत्ता : इस कारण अर्थव्यवस्था में उनकी केन्द्रीय भूमिका के लिए कुछ पहलुओं में जातिवादी-सामन्ती भारतीय समाज में आदिवासी महिलाओं के आदिवासी समाज में बेहतर स्थिति का सच है। हालाँकि यह कोई एक आदर्श तस्वीर की तरह है। इसके अलावा वे बाहरी समाज की पितृसत्तात्मक प्रभावों के अधीन किया गया है। व्यापारियों, ठेकेदारों, सरकारी कर्मचारियों की तरह 'बाहरी' पुलिस के द्वारा महिलाओं का यौन शोषण किया जाता है। अब क्रान्तिकारी आन्दोलनों और अन्य जन आन्दोलनों से आदिवासी महिलाओं को अपने हाथों में अपने जीवन की डोर उठा रहे हैं उनके क्षेत्रों में उग्र और जानबूझकर अपने समाज के अन्दर पितृसत्तात्मक संरचना को बदलने की कोशिश के साथ मध्य भारत एक बार आत्महत्या के लिए प्रतिबद्ध कुछ हिस्सों में आदिवासी महिलाएँ भी आत्महत्या कर रही हैं जिससें उनके पुरुष सदस्यों के रूप में अच्छी तरह इन बुराइयों के बचाव में बाहरी प्रभावों से लड़ने की क्षमता कम हो गयी है।

सामाजिक उत्थान : आजादी से पूर्व आदिवासी समाज की महिलाओं की स्थिति, उनकी अस्मिता, अस्तित्व की स्थिति शोचनीय है। बहुपत्नी प्रथा के कारण उनकी स्थिति बेहद चिन्ताजनक थी। एक पुरुष की 5-6 पत्नियाँ हुआ करती थीं। आजादी के पूर्व आदिवासी समाजों में वैवाहिक बन्धन एक कच्चे धागे के समान हुआ करता था क्योंकि स्त्री-पुरुष विवाह को विवाह की दृष्टि से नहीं देखते थे और शादी के दूसरे-तीसरे दिन स्त्री हो या पुरुष अपना नया हमसफर चुन लेते थे। यदि औरत किसी मर्द के साथ भाग जाती थी तो पकड़े जाने पर दण्डित कर (पिटाई, पेर पर लटकाना, धूप में सिर पर छोटा कंकर रखकर भारी पत्थर रखना) भी होती थी। आज ये प्रथाएँ पूर्ण रूप से समाप्त हो गयी हैं।

पितृसत्ता के कार्य : आदिवासियों की विभिन्न जनजातियाँ हैं और उनके रीति-रिवाजों में भिन्नता है तो पितृसत्ता के रूपों को भी बदला जा सकता है। असल में सबसे अधिक जनजातियों में भूमि अधिकार और समुदाय में सार्वजनिक गतिविधि में उनकी सीमित भूमिका और धार्मिक पूजा से इन्कार महिलाओं के खिलाफ भेद-भाव है। आमतौर पर पितृसत्ता भी वर्ज्य के रूप में अभिव्यक्ति पाता है। कुछ समस्याओं जैसे चुड़ैल शिकार बहुविवाह और शराब की खपत आदि समुदायों के बीच पाए जाते हैं।

झारखण्ड में जंगली जानवरों और गहरे जंगलों में शिकार के अलावा महिलाओं के लिए वर्जित है। मासिक धर्म के दौरान महिलाएँ शिकार, जाल और औजार स्पर्श नहीं कर सकती हैं क्योंकि पितृवंशीय है (कुछ महिलाएँ तो पीतल के बर्तनों को काम में लेती हैं)। मुण्डा, हो, उराँव और अन्य जनजातियों में पुरुषों के एक नियम के रूप में सफाई, खाना पकाने और चाइल्डकेयर के घरेलू श्रम में भाग लेते हैं। महिला बीमार या काम करने में असमर्थ हैं, अगर वे नौकरियाँ करते हैं (पुरुष) तो वे महिला की सहायता नहीं करते। हो और मुण्डा जनजाति में महिला हल को भी स्पर्श नहीं कर सकती है। गलती से अगर मासिक धर्म के दौरान हल छू भी लिया तो उसे घर के बाहर कर दिया जाता है, सन्थाल, उराँव और ख़ाँसी में ऐसी कोई पाबन्दी नहीं है। सन्थाल, हो, मुण्डा आदि जनजातियों में महिला तीर, गोली मार, रेजर का उपयोग छेद, छेनी रेखा और हुक्का के साथ कुल्हाड़ी या मछली काटा और खाट भी छू नहीं सकती है।

भेदभाव : मध्य प्रदेश के गोण्ड के अलावा, छत्तीसगढ़ और महाराष्ट्र में शिकारी जानवरों और अण्डे के व्यंजन खाने पर महिलाओं पर वर्ज्य कर रहे हैं (वे नहीं खा सकती) वे जुताई तथा सभी कृषि काम करती हैं लेकिन वे डंठल, बंडल या खलिहान की ज़मीन पर कदम नहीं रख सकतीं। वे अनाज भंडार के कमरे में प्रवेश नहीं करतीं, उन्हें प्रवेश करने नहीं दिया जाता जो पिता शराब पीता है तो लड़की के विवाह के लिए बहुत बड़ी समस्या है। पिता शादी में बेटी को देने के लिए स्वीकार करता है। कुछ युवक लड़की का अपहरण करके उससे जबरदस्ती शादी कर लेता है। कुछ लड़कियाँ तो दूर चली गयी या जाती हैं अपने माँ-बाप से उन्हें अलग कर दिया जाता है उन बेबस महिलाओं की अस्मिता की चिन्ता किसी को नहीं। उन बेबस महिलाओं के लिए जीवन जीना बहुत मुश्किल हो जाता है। मासिक धर्म के दौरान उनके साथ भेद-भाव, उनका अपमान किया जाता है, उन्हें गाँव या घर से दूर रख जाता है, झोंपड़ियों में रखा जाता है, टूटे-फूटे बर्तनों में खाना दिया जाता है। यह सब उनका अपमान नहीं तो क्या है, यह सब भी इक्कीसवीं सदी में भी कई जगह हो रहा है। लड़के व लड़कियों के बीच यह ही नहीं बल्कि आधुनिक शिक्षा में भेद-भाव किया जाता है। लड़कों को पढ़ने की हर सुविधा दी जाती है, कोई रोक-टोक नहीं और लड़कियों को घर के काम भी करवाये जाते हैं इसलिए महिला साक्षरता आदिवासी क्षेत्रों में कम है।

बाहरी लोगों के साथ सम्पर्क की प्रक्रिया में सांस्कृतिक मापदण्डों में कोई विरोध भी नहीं है। ग़ैर-आदिवासियों के द्वारा आदिवासी महिलाओं का यौन शोषण किया जाता है।

शादी का हवाला देकर उनका शोषण किया जाता है जिससे उन्हें बच्चा पैदा हो जाता है और उन महिलाओं को ऐसी स्थिति में छोड़कर पुरुष भाग जाता है। और महिला को गाँव व समाज से बहिष्कृत कर दिया जाता है।

आदिवासी समाज (विशेष रूप से ऊपरी सोपानक) ऊपर की ओर सामाजिक गतिशीलता पर एक प्रयास में अपने मूल्यों की आकांक्षा दुल्हन की कीमत अभी भी शादी वार्ता का एक महत्त्वपूर्ण हिस्सा है। हालाँकि दहेज की प्रथा तेजी से अपनायी जा रही है। एक विवाहित महिला को भी दहेज के लेन-देन के लिए पति द्वारा मार दिया जाता है। या फिर तलाक दे दिया जाता है। और पुरुष पुनर्विवाह कर लेता है। आदिवासियों में बहुविवाह अभी भी प्रचलित है। सन्थाली प्रथागत कानून के अनुसार एक आदमी एक समय में अधिकतम पाँच पत्नियाँ रख सकता है। अगर एक आदमी अपनी पत्नी से किसी भी तरह से असन्तुष्ट है तो वह अपनी पत्नी को आसानी से घर से बाहर फेंक सकता है। अपने पतियों द्वारा महिलाओं को छोड़ना बेहद आम बात है। जहाँ पुरुषों के पलायन की घटना, एक से अधिक पत्नी रखना, भूमि और अन्य उत्पादक संसाधनों पर महिलाओं के अधिकारों के अभाव होने का विकल्प सब एक माहौल बनाने के लिए संयुक्त हैं। अन्य बलों के संयोजन में है। भूमि तक पहुँच आदिवासी महिलाओं को प्रभावित करने वाले आर्थिक कारक की तुलना में बहुत अधिक है लेकिन इसके मजबूत सामाजिक निहितार्थ हैं।

चुड़ैल शिकार : चुड़ैल शिकार का महिलाओं को खत्म करने और उसे ज़मीन से दूर ले जाने की इच्छा है। चुड़ैल का शिकार पति के पुरुष रिश्तेदारों के पक्ष में भूमि को विधवा के अधिकारों से दूर ले जाने की तत्काल आर्थिक उद्देश्य को दर्शाता है इसमें पुरुषों और महिलाओं दोनों हो सकते हैं। इसमें मुण्डा, उराँव और हो भी शामिल हैं। जबकि विधवाओं का भूमि पर अधिकार ही एक मजबूत संक्रमण है। जहाँ सन्थाल के अलावा चुड़ैलें विशेष रूप से महिलाएँ ही हैं।

चुड़ैल शिकार साथियों के रूप में आदिवासी लोगों की भर्ती से मालदार वर्गों द्वारा इस्तेमाल एक वर्ग के साधन के रूप में अच्छी तरह से लिंग उत्पीड़न है। जादू-टोना का अभ्यास कर सन्दिग्ध महिलाओं को मार दिया जाता है। हालाँकि बहुत गरीब दलित आदिवासी महिलाओं को बच्चों के बिना एकल जीवन जीना पड़ता है। विधवा विकलांग महिलाओं यानी जिनके संरक्षण व समर्थन की कमी है वे महिलाएँ सबसे कमजोर हैं। कई अध्ययनों से पता चला है कि चुड़ैल का शिकार आर्थिक अधिक है और भूमि के चारों ओर यह घूमता है। अर्थात् उस गरीब बेसहारा महिला की भूमि हथियाने के लिए यह सब किया जाता है।

डायन प्रथा, चुड़ैल शिकार आदि प्रथाओं के नाम पर महिलाओं का खूब शोषण किया जाता है उन पर अत्याचार किया जाता है। समाज में ऐसी अनेक कुप्रथाएँ पनप रही हैं। जिनका शिकार केवल महिलाओं को ही होना पड़ता है।

अन्धविश्वास : आज भी महिलाएँ अन्धविश्वास की बेड़ियों में जकड़ी हुई हैं। आर्थिक, राजनीतिक और सामाजिक बीमारियाँ आम हैं और बात करने के लिए सार्वजनिक स्वास्थ्य और देखभाल प्रणाली के बाद आदिवासियों के लिए अनिवार्य रूप से अन्धविश्वास के परामर्श का अन्त करते हैं। कुछ असहाय विधवा महिला परम्पराओं और बीमारी के कारण के बारे में जाने बिना और किसी वैज्ञानिक ज्ञान की कमी के कारण उसे आसानी से विश्वास कर लेती हैं। अन्धविश्वास ही उनका विश्वास बन गया है और इसका फायदा जमींदार उठाते हैं। पुलिस भी जमींदारों का ही पक्ष लेती है। प्रशासन एक मामूली भूमिका निभाता है।

राज्य और केन्द्र सरकारों ने इस बुराई पर अंकुश लगाने के लिए कुछ भी नहीं किया है। महिलाओं और लोकतान्त्रिक संगठनों ने चुड़ैल आचरण अधिनियम 1999 की रोकथाम के लिए प्रयास किया था। यह भी समस्या का अनुपात इंगित करता है। अकेले झारखण्ड में लगभग 200 महिलाओं को हर साल मारा जाता है। इस अन्धविश्वास के चलते पता नहीं कितनी महिलाओं को अपनी जान गँवानी पड़ती है।

पटना में एक समारोह में 22 सितम्बर 2003 को संजय पासवान, मानव संसाधन विकास के मन्त्री ने 51 चुड़ैल डॉक्टर और जादूगरों को सम्मानित किया।

बुरी आत्माओं से ग्रामीणों की रक्षा की जो इस जादू टोने से जुड़ी चिकित्सकों के अनुभव के आधार पर स्कूल पाठ्यक्रम में नया कोर्स शुरू करने की सोच रहा था। घोषणा करने की हिम्मत की थी। इसमें कोई शक नहीं राज्य सरकार जनजातीय क्षेत्रों में अपने मुख्य भागीदार भाजपा को ड्राइव करने के लिए अनुकूल होगा इसलिए ऐसे अन्धविश्वास आज भी जारी हैं।

1991 के बाद सरकारों के उदारीकरण की नीतियों में स्वास्थ्य परिदृश्य खराब हो गया है और लोगों को एक मृगतृष्णा के जरिये स्वास्थ्य सेवाएँ मिल गयीं। इसके लिए शासक वर्ग सीधे जिम्मेदार है और दावा करने के लिए सच्चाई से दूर नहीं होगा।

रोजगार : अब तक अधिकांश आदिवासी महिलाएँ मज़दूरी, खेती, खनन कार्य एवं वन उत्पादों पर आश्रित थी। विगत एक-दो दशकों से सहरिया व अन्य आदिवासी महिलाओं में जागरूकता काफी बढ़ गयी है। मनरेगा के अन्तर्गत 200 दिनों की मज़दूरी से सहरिया व अन्य आदिवासी महिलाओं की रोजगार की

समस्या थोड़ी कम हो गयी है और रोजगार बढ़ा है। राजस्थान के बाँरा जिला के आदिम सहरिया देश की एकमात्र ऐसी जनजाति है जिन्हें अभी भी कुछ दिनों से मनरेगा के अन्तर्गत 200 दिनों का रोजगार प्राप्त हुआ है। कुछ पढ़ी-लिखी सहरियाँ महिलाएँ तृतीय श्रेणी की अध्यापिका, पुलिस विभाग, चिकित्सा विभाग में ए.एन.एम. के पद पर पदस्थ हैं।

2008-2009 में पुलिस विभाग बांरा में 110 पदों में 25 पद सहरिया महिलाओं के लिए आरक्षित थे किन्तु इनमें एक भी सहरिया महिला उत्तीर्ण नहीं हुई।

17 अक्टूबर 2010 को वन-मित्र हेतु विज्ञापित—40 पदों में 18 पद सहरिया वर्ग हेतु आरक्षित थे जिनमें पाँच सहरिया महिलाएँ वन-रक्षक पद पर पास हुईं। इस प्रकार कहा जा सकता है कि आजादी के बाद सहरिया व अन्य आदिवासी महिलाओं ने शैक्षिक, राजनीतिक, सामाजिक एवं रोजगार की दृष्टि से अवश्य कुछ न कुछ हासिल किया है। हालाँकि वह सन्तोषजनक नहीं है। परन्तु स्वास्थ्य एवं आर्थिक रूप से अभी भी उनमें आशानुकूल प्रगति, विकास, स्वावलम्बन तथा आत्मनिर्भरता का पूर्णतः अभाव है। वे अन्य जनजातियों की तुलना में बेहद पीछे की कतार में खड़ी हैं।

द्वितीय कानूनों और नीतियाँ और उनके प्रभाव—आदिवासियों की प्रशासनिक उपेक्षा की गयी है वे संसाधन समृद्ध क्षेत्रों में रहते हैं। क्षेत्रों के जंगल, पानी, खनिज और उपजाऊ भूमि से समृद्ध होती है। लगभग 70 देशों के जंगलों और 90 कोयला खानों की तुलना में आधे से अधिक उनके द्वारा बसे हुए क्षेत्रों में स्थित हैं अर्थात् उनका जंगलों से अधिकार छीना जा रहा है।

दमन और आदिवासियों का शोषण और वन संसाधनों का शोषण ब्रिटिश औपनिवेशिक शासन की तारीख और वन संसाधन का उपयोग करते हुए आदिवासियों पर लगाए गये प्रतिबन्ध से दमनकारियों को ठेकेदारों का प्राकृतिक अधिकारों के रूप में मजा आया। आदिवासियों के अधिकार छिन कर जंगल ब्रिटिशों की सम्पत्ति माना जाता है और सब कुछ पर कर लगाया। भूमि, पानी, लकड़ी और अन्य वन उपज पर। यह आदिवासी क्षेत्रों के लिए ग़ैर-आदिवासियों के प्रवास के एक बड़े पैमाने पर शुरू किया गया। ब्रिटिश शासन के दौरान भूमि कर का संग्रह नकद में किया गया था। वे ब्रिटिश सम्पदा या खानों में ऐसी सड़कों और रेलवे के रूप में विभिन्न निर्माण योजनाओं में इसे बेचने के लिए किया था। इससे भी खराब स्थिति समुदायों के कुछ अपराध ब्रांडेड थे और क्रूर शब्द आपराधिक जनजातियों हमारे शासकों की बेशर्मी का उपयोग करने के लिए जारी रखा जो इस्तेमाल किया गया था।

भारतीय बड़े जमींदारों और बड़े पूँजीवादी वर्ग को 1947 में सत्ता का हस्तान्तरण ही उन्हें और साम्राज्यवादियों द्वारा अधिक शोषण में मदद की कई कानून नीतियाँ या तो लागू नहीं की गयीं, जिससे आदिवासियों की स्थिति खराब हो गयी। जो शासक वर्ग द्वारा अपनाया गया है। अदालतों, जमींदारों, बड़े पूँजीपति और साम्राज्यवादियों के लाभ के लिए इन कानूनों की व्याख्या में शासक वर्ग के द्वारा बेईमानी की गयी है।

1980 के वन संरक्षण अधिनियम मनमाने ढंग से किसी भी सरकार के रिकार्ड में जंगल के रूप में दर्ज क्षेत्रों सहित वन संरक्षण के लिए लगभग 22% भूमि सील कर दी।

आदिवासियों की तेजी से माइग्रेशन आदिवासियों को संरक्षण देती है जो कानूनों को खत्म करने के लिए कोशिश कर रहा है। केवल इस तरह का प्रतिरोध लोगों के साथ था।

इतना ही नहीं सरकार यह साम्राज्यवादियों के हितों की सेवा करने के लिए बनाता है। बहुत खनन पट्टों जनजातीय लोगों की सुरक्षा के सभी कानूनों और सिद्धान्तों के खिलाफ निजी कम्पनियों को दे दी गयी हैं। वे उदाहरण के लिए पर्यावरण संरक्षण अधिनियम 1986 और वन संरक्षण अधिनियम 1980 के तहत जनजातीय लोगों को गिरफ्तार किया गया। विरोध व अवैध रूप से उल्लंघन करने वालों को घरों से बेदखल करते हैं। कम्पनियाँ अनिवार्य पर्यावरण प्रभाव आकलन के बिना क्षेत्र की खान के लिए शुरू करने के लिए किया। मई 2002 में पर्यावरण एवं वन मन्त्रालय सभी पर कब्जा करने वालों को तुरन्त बेदखल करने के लिए उन्हें सभी राज्यों को एक परिपत्र जारी किया है। एक बड़े पैमाने पर बेदखली ड्राइव बल्कि वास्तव में वनों के विनाश के लिए नेतृत्व किया है जो वाणिज्यिक और माफिया के हितों में वन समुदायों को निशाना बनाया है वह शुरू हो गयी है। यह पहले ही गरीब लोगों के बीच भारी अर्थव्यवस्था और पीड़ा के लिए प्रेरित किया गया। अकेले असम में कई रूप में 40000 परिवारों...घर से बेघर हो गये हैं और अत्यधिक हिंसा के कई मामले दर्ज हो रहे हैं। बड़े पैमाने पर निष्कासन भी 2004 में पीछा किया और चुनावी वादों के अनुसार बड़े पैमाने पर विरोध प्रदर्शन के जवाब में यूपीए सरकार द्वारा अनुसूचित जनजातियों और वन वनवासी विधेयक 2005 लाया गया।

आदिवासी महिलाओं की तस्करी और प्रवासन : गरीब आर्थिक बाहरी जमींदारों द्वारा उनकी भूमि का अपहरण, रोजगार के अवसर, विस्थापन और गरीबी के कारण कम है। शहरी क्षेत्रों के लिए या क्षेत्रों की ओर पलायन करने के लिए आदिवासी

पुरुषों और महिलाओं को मजबूर कर रहे हैं। इससे पहले केवल पुरुष शहरी केन्द्रों के लिए चले जाते थे। लेकिन हाल के वर्षों में महिलाओं का बड़े पैमाने पर पलायन सभी क्षेत्रों से हो रहा है। जनजातीय परिवारों में अविवाहित बेटियों को बेचने के लिए विवश है। इन एकल महिलाओं और आदिवासी लड़कियों का नियोक्ताओं द्वारा शोषण किया जाता है। यह उनकी एक कमजोर स्थिति है। महिलाएँ असामाजिक तत्वों के हमलों का शिकार होती जा रही हैं।

सुन्दरगढ़ जिले की कई आदिवासी लड़कियों को रुपयों के लिए अलग-अलग क्षेत्रों में बेच दिया गया। दिल्ली और अन्य बड़े शहरों के वेश्यालयों में बेच दिया जाता है। 8000 और 20000 सामाजिक प्रभाव विनाशकारी साबित हो रहे हैं। प्रवासी आदिवासी लड़कियों के लोगों को वह एचआईवी पॉजिटिव का संक्रमण है। आदिवासी समाज के भीतर शादी करने के लिए यह मुश्किल लगता है। यहाँ तक कि मामूली बीमारियों से यह रोग होने की आशंका कर रहे हैं और लड़कियों का सामाजिक बहिष्कार किया जाता है। उसके परिवार को भी सामाजिक अलगाव का सामना करना पड़ता है। कुछ उदाहरणों में आदिवासी लड़की परिजनों की अनुमति के बिना चली गयी।

आदिवासी लड़कियों के अपहरण भी हो रहे हैं और इसके लिए वे सबसे अधिक सम्भावित जगह दिल्ली और मुम्बई के वेश्यालयों हैं। सुन्दरगढ़ जैसे सेक्स बाजारों में लड़कियों को लाने के लिए थोक बाजार बन गया है। प्लेसमेंट एजेंसियों में भी लड़कियों को लाया जाता है। लड़कियाँ रोजगार से पहले अत्यन्त दुखद स्थितियों में रहती थीं। अत्यन्त छोटे और गन्दे कमरे में रहने के लिए मजबूर किया जाता है। उन्हें पूर्ण वेतन का भुगतान नहीं किया जाता है। उनके वेतन का आधा भाग प्लेसमेंट एजेंसियों द्वारा लिया जाता है। उन बेबस महिलाओं का शोषण भी रोजगार देने के बाद जारी रखा जाता है। ये एजेंसियाँ अक्सर ग़ैर-आदिवासियों और अपंजीकृत, सहारा, धोखाधड़ी और छल से चलाए जा रहे हैं।

ताजा रिपोर्ट में झारखण्ड, उड़ीसा और पश्चिम बंगाल की लगभग दो लाख आदिवासी युवा महिलाएँ वर्तमान में सम्पन्न वर्गों के घरों में नौकरानियों के रूप में काम कर रही हैं।

दिल्ली, कोलकाता में 42000, मुम्बई में 36000, बेंगलुरु में 13000 और में 26000 युवा पुरुषों और महिलाओं को ठेकेदारों और ईंट भट्ठा मालिकों के लिए पशुओं की तरह बाहर ले जाया जाता है। झारखण्ड में सबसे अधिक आदिवासी महिलाओं का शोषण किया जाता है और कई जगह महिलाएँ सरकार की नयी-नयी योजनाओं से लाभान्वित भी हो रही हैं।

सांस्कृतिक और धार्मिक हमले : पश्चिम बंगाल बहुराष्ट्रीय कम्पनियों द्वारा प्राकृतिक संसाधनों की लूट में प्रवेश के लिए खोला जा रहा है। सामाजिक और राजनीतिक परिदृश्य पर ग़ैर-सरकारी संगठनों की बाढ़ है। उनमें से अधिकांश बहुराष्ट्रीय फंडिंग एजेंसियों के माध्यम से अमेरिका, यूरोपीय संघ और जापान साम्राज्यवादियों को बहाल करने प्राकृतिक संसाधनों के लिए अनर्गल पहुँच पाने का एकमात्र उद्देश्य है।

इसके अलावा जंगलों को पर्यटन को बढ़ावा देने के नाम पर निजी उद्यमियों के लिए खोला जा रहा है। पारिस्थितिकी पर्यटन राज्य सरकारों द्वारा आदिवासी क्षेत्रों में पदोन्नत किया गया है। यह केवल पारिस्थितिकी के लिए खतरे पैदा करते हैं और स्वदेशी संस्कृतियों को नष्ट करते हैं लेकिन यहाँ भी सेक्स पर्यटन का खतरा बढ़ता जा रहा है। पर्यटन भी अपनी भूमि से आदिवासियों के अलगाव की भावना पैदा करने में एक महत्त्वपूर्ण निभाता है।

मुआवजे के रूप में लिंग भेद भी है। पर्याप्त भूमि अक्सर काम के स्वामित्व वाले और यहाँ तक कि कई मामलों में महिलाओं द्वारा विरासत में मिला लेकिन मुआवजा परिवार के मुखिया को या पुरुषों के लिए प्रदान किया जाता है। एक समान राज्य विनियमित पितृसत्ता इस प्रकार विभिन्न संस्कृतियों पर मजबूर है। विस्थापितों को मुआवजा भूमि खिताब है। जो व्यक्ति ज़मीन मालिकों तक सीमित है। परमाणु परिवार का आधार है।

ग़ैर-सरकारी संगठनों के द्वारा एक भाग संरक्षणवादियों की तरह खुले तौर पर जनविरोधी वनवासियों द्वारा जंगलों से बेदखल किया जाता है। पशुओं और पेड़ों को संरक्षित करने की माँग पर हाथ खड़े कर लिए जाते हैं। संघ और राज्य सरकार भी इन सभी का वास्तविक उद्देश्य वैकल्पिक वन नीति, घास की जड़ें, लोकतन्त्र के विकास में भाग लेने वाले वैकल्पिक विकास आदि की तरह हर वैकल्पिक समस्या को हटाने के लिए किया जाता है। स्थानीय ग़ैर-सरकारी संगठनों, वित्त पोषित बड़े जमींदारों, बड़े पूँजीपतियों और साम्राज्यवादीयों संगठनों के लिए लोगों का ध्यान ग़ैर-सरकारी संगठनों के आदिवासी क्षेत्रों में गठित देखा है। उनके दृष्टिकोण के साथ उन्होंने वास्तविकता समझने में कठिन और आतंकवादी मोड़ से लोगों का प्रतिरोध करना बन्द कर दिया। धन की विशाल राशि केवल स्थानीय स्तर पर सत्ता के दलालों का एक सेट बनाने में मदद करती है।

तृतीय फोर में आदिवासी महिलाओं का संघर्ष

आदिवासी महिलाओं का ज़्यादा से ज़्यादा समुदाय के संघर्ष में हिस्सा रहा है। वे

सामन्ती रूप में जाति आधारित कृषि समाजों के लिए मजबूत एकीकरण का विरोध करने के लिए संघर्ष का हिस्सा थी। औपनिवेशिक शासन के द्वारा भी ब्रिटिश अधिकारियों के विद्रोह और बगावत में महिलाओं ने सक्रिय भूमिका निभायी।

भूमि अलगाव की भावना के खिलाफ संघर्ष : 1996 के अध्ययन में सबसे अधिक संख्या आदिवासियों (जनसंख्या का 47%) की थी। दलितों को अच्छी और उपजाऊ भूमि का विनिवेश किया गया है और सीमान्त किसान मज़दूर हो गये। यह पता चलता है। इसके विपरीत उच्च उत्पादकता और उपजाऊ भूमि से कम भूमि ग़ैर-आदिवासियों के पास अनुपस्थित है जिनमें से ज्यादातर लोग कम से कम 10 फीसदी तक नियंत्रित कर रहे हैं।

निष्कर्ष

यहाँ प्रस्तुत आदिवासी महिलाओं की अस्मिता व अस्तित्व के लिए संघर्ष में व उनकी स्थिति में कम से कम सुधार किया जा रहा है। भारत में लाखों आदिवासी भाग्य पीड़ित हैं। उनके जीवन में परिवर्तन कठोर हो गया है। उनके लिए आजादी का कोई मतलब नहीं है। बिना किसी शक की स्थापना, आदिवासियों को विशेष रूप से महिलाओं का सबसे अधिक शोषण किया जा रहा है और वे हाशिए के रूप में जी रहे लोगों में से एक हैं। अन्य गरीब दीन वर्गों की स्थिति तो बहुत अलग नहीं है।

सन्दर्भ

1. आदिवासी कौन, रमणिका गुप्ता, राधाकृष्ण प्रकाशन, प्रथम संस्करण, 2008
2. आदिवासी लोक, रमणिका गुप्ता, शिल्पायन प्रकाशन, प्रथम संस्करण, 2012
3. आदिवासी स्वर और नयी शताब्दी, रमणिका गुप्ता, वाणी प्रकाशन, प्रथम संस्करण, 2012
4. आदिवासी दस्तक, रमेश चन्द्र मीणा, अलख प्रकाशन, प्रथम संस्करण, 2013
5. जंगल जंगल जलियाँवाला, हरिराम मीणा, शिल्पायन प्रकाशन, संस्करण, 2013
6. आदिवासी लेखन, रमणिका गुप्ता, वाणी प्रकाशन, नयी दिल्ली
7. युद्धरत आम आदमी, रमणिका गुप्ता, रमणिका फाउंडेशन, नयी दिल्ली
8. आदिवासी विमर्श, रमेश चन्द्र मीणा, अलख प्रकाशन, जयपुर
9. उपन्यास में आदिवासी भारत, रमेश चन्द्र मीणा, अलख प्रकाशन, प्रथम संस्करण, 2014

आदिवासी समाज : बदलते परिवेश में चुनौतियाँ एवं समाधान

धनवन्ती चंचल, डॉ. सतप्रिया बंसल, डॉ. अरुणा त्रिपाठी

भारत विविध समाजों-भाषाओं संस्कृतियों और रहन-सहन की शैलियों का देश है, किन्तु इसकी विशेषता विविधता में एकता के शाश्वत सूत्र में निहित है। भारत मूलतः हिन्दू राष्ट्र रहा है। आर्यों के देश पर आक्रमण, यवनों तथा बाद में व्यापार के बहाने शासक बन बैठे अंग्रेज़ जाति यहाँ बस गयी। इस प्रकार भारत में मिश्रित समाज की स्वाभाविक रचना हुई। मानव समाज ने अपने विकास के बाद आचार की दो अवधारणाओं को आधार बनाया, एक ईश्वर के प्रति निष्ठा के साथ जीवन जीना, दूसरा यथार्थ तथ्यों पर आधारित जीवन, अर्थात् आदर्श जीवन की कल्पना के साथ यथार्थ पर आधारित व्यावहारिक जीवन पद्धति।

भारतीय संविधान ने शैक्षणिक, आर्थिक और सामाजिक दृष्टि से पिछड़े वर्ग को अनुसूचित जाति और अनुसूचित जनजाति के रूप में परिभाषित किया। अनुसूचित जाति से तात्पर्य ऐसी जातियों, मूलवंशों अथवा जनजातियों के ऐसे समूहों से है जो अनुच्छेद 341 के अन्तर्गत अनुसूचित जाति मानी जाती है।

अनुसूचित जनजातियों से तात्पर्य ऐसी जनजातियों या जनजातीय समुदायों के भीतर के समूहों से है, जिन्हें इस संविधान के प्रयोजन के लिए अनुच्छेद 342 में अनुसूचित जनजाति माना गया है। अनुच्छेद 341 (1) का उद्देश्य अनुसूचित जनजातियों को उनके आर्थिक और शैक्षणिक पिछड़ेपन के कारण उन्हें अतिरिक्त संरक्षण प्रदान करना था। भारतीय समाज में जनजातियों व आदिवासियों का महत्त्वपूर्ण योगदान है। अनेक मानवशास्त्री इन्हें वन जातियाँ या वनवासी कहते हैं। इसका प्रमुख कारण है कि ये प्रायः वनों में रहते हैं। रिजले, राबर्ट मार्टिन, ए.वी. ठक्कर सैजविक आदि विद्वान इन्हें आदिवासी के नाम से बुलाते हैं, जिसका मूल कारण है ये समूह सर्वप्रथम बसने वाले समूह

हैं। जे.एच. हटन इन्हें आदिम जातियाँ कहते हैं। जिसका आशय यही है कि यह समूह बहुत प्राचीन हैं।

डॉ. जी.एस. घुरिये इन्हें तथाकथित आदिवासी या पिछड़े हुए हिन्दू का नाम देते हैं जिसे बाद में भारतीय संविधान में अनुसूचित जनजातियाँ नाम प्रस्तावित किया गया। बी.एन. मजूमदार के अनुसार एक जनजाति परिवारों या परिवारों के समूहों का संकलन है जिसके सदस्य एक निश्चित भू-भाग पर निवास करते हैं। एक विशेष बोली का प्रयोग करते हैं तथा विवाह व्यवसाय के विषय में कुछ निषेधाज्ञाओं का पालन करते हैं जिन्होंने एक आदान-प्रदान सम्बन्धी तथा पारस्परिक कर्तव्य विषयक एक निश्चित व्यवस्था का विकास कर लिया है।

घुरिये ने भारतीय जनजातियों को तीन वर्गों में विभाजित किया है। पहला वे आदिवासी जिन्होंने सफलतापूर्वक युद्ध लड़ा और हिन्दू समाज के अन्दर भी पर्याप्त उच्च स्तर वाले माने जाते हैं। दूसरे वे आदिवासी समुदाय जो आंशिक रूप से हिन्दू समाज के अंग बन गये हैं, तीसरे पर्वतीय प्रदेशों में रहने वाली जनजातियाँ जिन्होंने ऐसी बाहरी संस्कृतियों का विरोध किया है जिन्होंने उनकी सीमाओं में दख़ल दिया है। इसका उपयुक्त उदाहरण ही जिनकी बुनियाद प. बंगाल के दार्जिलिंग जिले में स्थित नक्सलबाड़ी गाँव में रखी गयी और आज ये धीरे-धीरे पूरे आदिवासी क्षेत्रों में फैल गयी। भारत में हर 13वाँ आदमी जनजातीय है। वर्ष 2011 की जनगणना के अनुसार देश की कुल आबादी में 8.6 आवादी आदिवासी हैं जो लगभग 104.28 मिलियन है और देश के क्षेत्र का लगभग 15 प्रतिशत भाग पर स्थापित है। आदिवासी तांगों पर इसकी भयानकता का अन्दाजा इस तथ्य से लगाया जा सकता है कुल आबादी की 52 प्रतिशत जनसंख्या गरीबी रेखा से नीचे है तथा 54 प्रतिशत आदिवासियों के पास यातायात और दूरसंचार के रूप में कोई साधन नहीं है।

उनके यौन-जीवन और रीति-रिवाज के बारे में गुदगुदाने वाले सनसनीखेज ब्योरे तो खूब मिलते हैं, पर उनके पारिवारिक जीवन की मानवीय व्यथा नहीं। उनके अलौकिक विश्वास, जादू-टोने और अनुष्ठानों के बारे में पता चलता है। उनकी जिन्दगी का हर पहलू संघर्ष की बहुरूपी और प्रामाणिक तस्वीर नहीं। वे आज भी वंचित हैं। नस्ल के रूप में अजूबा की तरह पेश किये जाते हैं। विचित्र वेशभूषा में आदिम और जंगली आदमी की मानिन्द।

जनजातियों की सांस्कृतिक परम्परा और समाज-संस्कृति पर विचार की एक दिशा विचारणीय है। मानवशास्त्रियों ने विभिन्न जनजातीय समुदायों का सर्वेक्षण किया है और उसके आधार पर विभिन्न जनजालियों के विषय में बताया, लेकिन

ऐसे मानवशास्त्रियों का यह मानना है कि अध्ययन का संकट तब खड़ा हो जाता है जब हम ज्ञान को ज्ञान के लिए नहीं मानकर उसकी सामाजिक संगति की तलाश खोजना शुरू करते हैं। ये सारी सूचनाएँ हमें एक अनजानी दुनिया से हमारा साक्षात्कार कराती हैं।

किसी भी समाज का अतीत बहुत महत्त्वपूर्ण होता है। जनजातियों के सन्दर्भ में विचार करें तो यह सवाल और गम्भीर हो जाता है कि क्या उन्हें आदिम मानव-सभ्यता के पुरात्तात्विक पुरावशेष के रूप में पुरातन जीवन-स्थिति में ही अलग-थलग छोड़ दिया जाये या विज्ञान और तकनीकी प्रगति की आधुनिक व्यवस्था में समायोजित होने का अवसर भी दिया जाये। क्या उनके विकास के नाम उन्हें आधुनिक जटिल राज्य तन्त्र और समाज-व्यवस्था के सामने टूटकर बिखरने के लिए छोड़ दिया जाये या उन्हें नये परिवेश में सहज गतिशील होने के लिए पर्याप्त अवसर दिया जाये?

आज जब खनिज, सम्पदा और जंगल राष्ट्रीय अर्थव्यवस्था के लिए अनिवार्यतः उपयोगी माने जा रहे हैं और ये सारी सुविधाएँ इन्हीं आदिवासी अंचलों में सुलभ हैं तो क्या क्षेत्रीय या राष्ट्रीय हितों के लिए 10 प्रतिशत आदिवासियों को विस्थापित कर उनकी अपनी जीवन-शैली, समाज-संरचना, सांस्कृतिक मूल्यों से उन्हें वंचित कर दिया जाये। विकास की मौजूदा अवधारणा की एक बार फिर समीक्षा की जाये और नयी आधुनिक व्यवस्था में जनजातीय समूहों के मानवीय अधिकारों की समुचित अभिरक्षा की जाये। तभी जनजातीय संस्कृति या उसकी परम्परा के विषय में हमारी चिन्ता को एक वास्तविक आधार सुलभ होगा।

आदिवासियों के आख्यान, उनके मिथक, उनकी परम्पराएँ आज इसलिए महत्त्वपूर्ण नहीं हैं कि वे बीते युगों की कहानी कहती हैं, बल्कि उनकी अपनी संस्थाओं और संस्कृति के ऐतिहासिक तर्क और बौद्धिक प्रासंगिकता के लिहाज से भी महत्त्वपूर्ण हैं। उनकी कलात्मक अभिव्यक्तियाँ, सौन्दर्यात्मक चेष्टाएँ और आदिवासी भू-भागों में खनिजों का दोहन एक विकाराल समस्या के रूप में आ रही है। शिक्षित न होने पर आदिवासी समाज में कुशल कार्य के लिए उपलब्ध नहीं हो पा रहे हैं।

फिर भू-अर्जन की प्रक्रिया के कारण आदिवासी अपने क्षेत्रों से पलायन करने के लिए बाध्य हो जाते हैं। इस पर ध्यान देने की आवश्यकता है न कि मुआवजा देने की, यही कारण है कि विकास के उपक्रमों को लेकर आदिवासी विरोध बहुत प्रखर हुआ है। छोटे, मंझोले या वृहद् किसी भी विकास के उपक्रमों पर भरोसा नहीं जताया जाता है और जहाँ कहीं भी ज़मीन देने की बात आती है विरोध के

स्वर उठने लगते हैं। इसका कारण भू-माफिया और सरकारी प्रक्रिया है। अतः न्याय प्रणाली को सुगम बनाने की आवश्यकता है।

एक अन्य समस्या जो आदिवासी समाज में मुख्य रूप से पायी जाती है वह है मानव व्यापार एवं महिला शोषण। इस कारण आदिवासी समाज में विरोध का स्वर और तेज हो जाता है।

मनरेगा जैसी योजनाओं के माध्यम से यह उम्मीद की गयी थी कि आदिवासी महिलाएँ अपनी आर्थिक स्थिति ऊँची कर पायेगी परन्तु इन योजनाओं को संचालित करने वाले सरकारी अधिकारियों ने इनका पूर्ण लाभ, इन तक नहीं पहुँचने दिया, जिस कारण से उनकी स्थिति अधिक रूप से और कमजोर हो गयी है। रोजगार के अन्य साधनों के लिए ये शहरों की ओर पलायन कर रही हैं।

अन्य संस्कृतियों के सम्पर्क के कारण क्रान्तिकारी समाज में बदलाव आ रहा है, मुख्यतः ईसाई मिशनरियों के प्रभाव के कारण आदिवासी लोग अपने सामाजिक जीवन के विभिन्न पहलुओं पर पाश्चात्य संस्कृति का अनुकरण कर रहे हैं। फलस्वरूप ये अपने जीवन, कला, नृत्य, संगीत व शिल्प के विभिन्न प्रकारों को छोड़ रहे हैं और यह इनके पतन का मुख्य कारण है। हमारा तथाकथित समाज चाहे वह समाजशास्त्री हो, पत्रकार, सैलानी या आम आदमी ये सभी उन्हें एक मनोरंजक वस्तु के रूप में देखते हैं। जिनमें कुछ अद्‌भुत एवं विलक्षण होगा न कि सभ्य समाज के अंग के रूप में जब कि आवश्यकता यह है कि हम उन्हें सभ्य समाज का भागीदार समझें।

स्थानीय स्तर पर उपलब्ध संसाधनों के आधार पर आजीविका सृजन गतिविधियों की आवश्यकता की जरूरत के संकेतकों को रेखांकित करते हैं ताकि लाभदायक रोजगार के अवसरों को आदिवासी लोगों के दरवाजे पर लाया जा सके। ऐसी आजीविका की शुरुआत लगातार सुचारु तरीके से आवश्यक है जो गतिविधियाँ पैदा करने की आवश्यकता को ध्यान में रखते हुए किया गया है। कल्याण मन्त्रालय जिन्होंने ग़ैर-इमारती लकड़ी उत्पाद के लिए विपणन विकास गतिविधि के क्रियान्वयन के लिए एक संस्था की स्थापना की है, जिस पर आदिवासी लोग अपना अधिक समय खर्च करते हैं और इससे अपनी आय का प्रमुख हिस्सा प्राप्त कर सकते हैं। आदिवासी उत्पादों के विपणन के क्रियान्वयन के लिए पेशेवर लोकतान्त्रिक एवं स्वायत्त तरीके से सामाजिक, आर्थिक विकास के जरिये आदिवासी समुदाय का हित हो, जिससे वह आत्मनिर्भर बन सके एवं आर्थिक सम्पन्नता की श्रेणी में आ सके।

इस तथ्य से इन्कार नहीं किया जा सकता कि आदिवासी समाज में जिस

परिवर्तन के लिए कई शताब्दियाँ लग गयीं वह परिवर्तन वर्तमान दो दशकों में हो गया। आज आदिवासी भी आधुनिक कृषि के क्षेत्र में अग्रसर हो रहे हैं। छोटी जोतों से लगातार अधिक पैदावार लेने की कोशिश कर रहे हैं। मात्र कृषि व अन्य स्रोतों पर निर्भर रहने वाले आदिवासी आज जीविकोपार्जन के लिए अन्य रास्तों को अपनाने लगे हैं। जीविकोपार्जन में अन्य उपाय अपनाने का मुख्य कारण यह भी है कि मुख्य धारा की शिक्षण प्रणाली आदिवासी के अनुरूप नहीं है। उसका दुष्परिणाम यह हुआ है कि शिक्षित आदिवासी जीविकोपार्जन के लिए शहर की ओर पलायन करने लगे हैं। शिक्षा व्यवस्था ने गाँव को केन्द्र में रखकर विकास की अवधारणा नहीं रखी। गाँव व्यवस्था में स्थित मानव, पशु, जल, जंगल, ज़मीन, पहाड़, नदी आदि के बेहतर प्रबन्ध के बारे में सोचा नहीं गया। अपने क्षेत्र के संसाधनों पर नए दृष्टिकोण से विकास की बातें न करें तो इसका दूरगामी परिणाम समाज को पूरी तरह से विखण्डित कर देगा। आदिवासी समाज की कुछ प्रमुख समस्याएँ रही हैं। आदिवासियों की कुछ समस्याएँ प्राकृतिक थीं तो कुछ मानव ने उत्पन्न कीं।

नृजातीय अध्ययनों से यह सिद्ध होता है कि ठेकेदारों व अन्य लोगों के हस्तक्षेप से पूर्व यह जनजातियाँ आर्थिक रूप से समृद्ध थीं परन्तु आर्थिक विचार आने से इनकी स्थिति बेकार होती गयी। प्रशासन के संगठित समाज की उपस्थिति में तथाकथित सभ्य लोगों ने इन जनजातियों की संवेदनशीलता का भरपूर लाभ उठाया। समय के साथ-साथ ये जनजातियाँ कठिन स्थितियों में पहुँच गयीं। लगभग 90 प्रतिशत जनजातियाँ कृषि पर निर्भर हैं। जल, ज़मीन, जंगल की लड़ाई लड़ने वाले आदिवासियों को अपनी ज़मीन से बहुत लगाव होता है। जनसंख्या बढ़ने पर भूमि की माँग अधिक हुई। संचार व यातायात के साधन बढ़ने पर बाहरी लोगों का आवागमन यहाँ अधिक बढ़ गया। सीमित संसाधनों में रहने वाले आदिवासी बाहरी समाज के प्रभाव में विवाह, उत्सव के लिए साहूकारों और दुकानदारों से ऋण लेने लगे। कर्ज न चुकाने की स्थिति में भूमि हस्तान्तरण आम हो गया। गरीब आदिवासी भूमिगत रोजगार के साधनों के कारण पलापन करने को मजबूर हुए, इस कारण उनमें गहरा असन्तोष उत्पन्न हुआ। दूरदराज के आदिवासी क्षेत्रों में सुविधाएँ नाममात्र की हैं। आर्थिक विपन्नता के कारण शहरी अस्पतालों में चिकित्सालयों में इलाज कराने में असमर्थ हैं। जहाँ अस्पताल होना चाहिए वहाँ सी.आर.पी.एफ. का कैम्प लगा हुआ है। मदिरा बनाना आदिवासियों का सदियों पुराना कार्य है। कुछ असामाजिक तत्व इनके इस कार्य में दखल देकर मुश्किल पैदा करते हैं। आर्म फोर्स स्पेशल पावर फोर्म ने भी आदिवासियों में गलत सन्देश

दिया है। इरोम शर्मिला नामक महिला ने यह संघर्ष शुरू किया। यह संघर्ष तब प्रारम्भ हुआ जब एक बस स्टाप पर असम राइफल्स के जवानों की गोलीबारी में एक 62 वर्षीय महिला एवं बहादुरी पुरस्कार प्राप्त 18 वर्ष के लड़के की मृत्यु हो गयी। ये घटनाएँ इस बात का प्रतीक हैं कि आदिवासी समाज में आर्म फोर्स स्पेशल पावर फोर्म का गलत प्रयोग किया जा रहा है।

अगर हम अपने नागरिकों पर इस तरह का प्रयोग करते रहेंगे तो आम लोगों व जनजातीय समाज के बीच खाई बढ़ती जायेगी। जनजातीय विकास सम्बन्धी नीतियों, योजनाओं और कार्यक्रमों का विश्लेषण किया जाये तो ऐसा प्रतीत होता है कि जनजाति उपयोजना नीति के नतीजे बेहतर रहे हैं लेकिन इन्हें प्रयासों और निवेश के अनुकूल नहीं कहा जा सकता। स्वतन्त्रता प्राप्ति के 50 वर्ष पश्चात् भी इनके पुनर्वास की कोई उपर्युक्त नीति तैयार नहीं की गयी तथा यह दुर्भाग्यपूर्ण रहा है कि जनजातीय उपयोजना नीति के जो भी कार्यक्रम बनाये गये उसका प्रभाव दिनोदिन क्षीण होता जा रहा है। इसे समुचित और पर्याप्त रूप में बढ़ावा देकर जनजातीय विधान की व्यापक सम्भावनाएँ उजागर की जा सकती हैं। जवाहर लाल नेहरू ने प्रत्येक जनजातीय समुदाय को एक बेजोड़ प्रतिभा का नाम दिया तथा उसमें यह प्रयास किया गया कि सभी जनजातीय क्षेत्रों के लिए समन्वित विकास या दृष्टिकोण योजना जाना चाहिए। जनजातीय विकास के लिए निवेश के बावजूद पंचवर्षीय योजनाओं के दौरान भी इनकी समस्याओं कर समाधान नहीं किया गया।

जनजातियों के विकास के लिए जनजातीय उपयोजना 1974-75 लागू की गयी जो कि पाँचवीं पंचवर्षीय योजना का पहला वर्ष था। जनजातीय उपयोजना के लिए उसे पहचान दी गयी कि जनजातीय क्षेत्रों और जनजातीय समुदाय की समस्याओं का समाधान एक समान नहीं है। इसलिए उनकी स्थिति के अनुसार नीति कार्यक्रम और योजना बनाने की आवश्यकता है। इनके विकास के लिए एक उपर्युक्त दायरा सुनिश्चित किया गया जिसमें राष्ट्रीय और राज्य-स्तर पर उपयोजना के माध्यम से जनजातीय लोगों पर ध्यान केन्द्रित किया गया। इस राज्य और केन्द्र की योजना के अन्तर्गत धन की व्यवस्था तथा उसके सदुपयोग के लिए बजटीय प्रबन्ध किया गया तथा जनजातीय लोगों का शोषण समाप्त करने के लिए संरक्षणात्मक उपायों को उच्च प्राथमिकता दी गयी। प्रशासनिक और संस्थागत तन्त्र का पुनर्गठन किया गया ताकि उसे स्थानीय लोगों की आवश्यकताओं और आकांक्षाओं के अनुकूल बनाया जा सके। जनजातीय उपयोजना 16 राज्यों में लागू की गयी तथा 179 जनजातीय विकास परियोजना शामिल की गयीं। 52

समुदायों की पहचान आदिम जनजातीय समुदाय के रूप में की गयी तथा आज के समुदाय में कोई भी नहीं। ये समुदाय वर्तमान समय में भी पराजित हैं।

सन्दर्भ सूची

1. शशि, एस.एस., ट्राइबल वुमन ऑफ इण्डिया
2. एस.सी. वर्मा, द भील्स
3. सी.वी. मामोरिया, ट्राइबल डेमोग्राफी इन इण्डिया
4. दास, शिवतोष, विश्व आदिवासी जनजातियाँ
5. मिश्रा, यू.एस., भारत के आदिवासी
6. जी.एस. घुरिये, द शिड्यूल ट्राइब्स

झाबुआ जिले के भीली लोकगीत, नृत्य व गायन

डॉ. सीमा शाहजी

झाबुआ जिला : एक परिचय

मध्य प्रदेश के दक्षिण-पश्चिम अंचल में स्थित झाबुआ जिले में आदिवासी समाज की एक जनजाति 'भील' निवास करती है। विन्ध्यांचल की पर्वत शृंखलाओं के बीच बसा है, 'आदिवासी अंचल' दूर-दूर फैले जंगल खेतों के पास बनी टपरिया, कठिन श्रम से उगाई फसलें, महकते महुआ, रसीले आम, लम्बे-लम्बे ताड़ के वृक्ष, कहीं हरियाली का विस्तार तो कहीं पथरीले बड़े-बड़े पठार, यहाँ की जनजाति की जीवटता के आधार हैं।

यूँ तो आदिवासी वर्ग व हमारी सभ्यता में तालमेल उनकी बहादुरी का सिलसिला राम युग में वानरसेना के रूप में, कृष्ण युग में एकलव्य के रूप में, राजसी युग में राणाप्रताप के राजचिह्न के रूप में, सम्प्रति काल में टांटिया भील तक सहजता से चला आता है। इनके समुदाय में राष्ट्रीय जागरण के अनेक क्रान्तिकारी थे।

इक्कीसवीं शताब्दी में झाबुआ जैसे भीली क्षेत्र में कई योजनाएँ विकास के नये-नये आयाम रच रही हैं। शिक्षा के उच्च पायदानों पर पहुँचकर इस जनजाति के युवाओं ने कीर्तिमान स्थापित किया है। अनेक साहित्यकारों ने इनकी परम्पराओं, संस्कृति को लिपिबद्ध किया है। वाचिक भाषा का इनका अनूठा संसार कई लोकगीतों, लोक कथाओं, रूपकों में सँजोए हैं जो एक पीढ़ी से अगली पीढ़ी में हस्तान्तरित होता हुआ इनका परम्परागत प्रेरणा पुंज बना हुआ है। सचमुच ही इनका संसार अध्ययन का एवं इनकी संस्कृति से रू-ब-रू होने के नये आयाम खोलता है।

झाबुआ जिले के भीली लोकगीत

नृत्य व गायन

"जब हम संस्कृति की बात करते हैं, तब हमारे सामने दो संस्कृतियों के विशाल फलक खुलते हैं—एक आदिम संस्कृति दूसरी लोक संस्कृति। लोक में वह सब कुछ शामिल है, जो दृश्य और अदृश्य जगत् में है। इसलिए जनजाति संस्कृति वह मूल आदिम संस्कृति है जिस पर लोक संस्कृति का विशालतम स्वरूप खड़ा है।"[1]

झाबुआ जिले के लोकगीत, नृत्य, गायन स्वतःस्फूर्त प्राकृतिक हैं। इसमें रचयिता, रचनाकाल व उत्पत्ति का प्रश्न महत्त्वपूर्ण नहीं होता है। उसका महत्त्व तो सहज रसोद्रेक की शक्ति तथा सरल सौन्दर्य में रहता है। इसमें व्यक्ति की अनुभूति की अपेक्षा लोक हृदय की अनुभूति ही अधिक रहती है।

भीली लोकगीत सामान्य बोलचाल की भाषा, उस अंचल की भाषा से सम्बद्ध रचित काव्य है जो सदियों से वाचक परम्परा के निर्वहन द्वारा पीढ़ी-दर-पीढ़ी उसी लोकगीत की परम्परा के साथ चलता रहता है। ये गीत पीड़ा-अभाव-मार्मिकता-राष्ट्रीय भावना, प्रणयता आदि दृष्टि लिए हुए रहते हैं। लोकगीतों को विभिन्न अवसर पर गाया जाता है। विवाह, भगोरिया पूजा, बारात, विदाई, उत्सवों, त्योहारों, जन्म व मृत्यु आदि के विभिन्न गीत होते हैं, जो सम्बन्धित अवसर पर गाए जाते हैं। भीलों में संवाद गीत गाए जाते हैं। जो बड़े रोमांचक, प्रणय-प्रधान, स्निग्ध माधुर्य और शृंगार लिए होते हैं। इनमें स्फुट गीतों का भी पर्याप्त चलन है, ये गीत कृषि, टोना-टोटका, पूजा-पाठ, दुर्भिक्ष, भक्ति भावना, प्रकृति चित्रण आदि से सम्बन्धित होते हैं। इन लोकगीतों में प्रणय गीत, जातरा गीत, वन्दना गीत, संवाद व भक्ति गीत भी होते हैं।

भीली गीतों के प्रमुख विद्वान श्री एल. जुंग ब्लट (1943) का मानना है कि "अधिकांश लोकगीतों में तनाव को हटाने के सकारात्मक दृष्टिकोण का पक्ष प्रतीत होता है। किसी भी एक विचार से भीली गीत बह निकलता है। जैसे-तैसे आँख देखती है...मस्तिष्क सोचता है वैसे-वैसे गीत की कड़ियाँ जुड़ती जाती हैं।"[2]

लोकगीत व्यक्तिहीन रचना होती है, जो विशुद्ध रूप से मौखिक परम्परा में जीवित रहती है। इसी क्रम में आगे कहा गया है कि लोकगीत जंगल के वृक्ष के समान है, जिसकी जड़ें भूतकाल की ज़मीन में गहरी धँसी हुई हैं। पंख जिसमें निरन्तर नयी-नयी डालियाँ पल्लवित और फल आते रहते हैं।[3]

भीली लोकगीतों में स्वस्थ कला परम्पराजनित उमंग और प्रकृति का वैभव

मिलता है। इनका कोई भी पर्व-उत्सव, संस्कार गीतों और नृत्य संगीत से जुड़ा है। भील-भीलांगनाएँ संगीत के विशेष प्रेमी होते हैं। दिन भर काम करने के बाद भी ये थकावट महसूस न करते हुए पूरी-पूरी रात नाचते और गाते रहते हैं। सुरा और संगीत, नाच और नशा इनके दैनिक जीवन का प्रमुख अंग हैं, चिन्ता तो इनके पास फटकने ही नहीं पाती जो मिला उसी में खा-पीकर मस्त, सायंकाल इनमें शराब तो पीने का चलन है, उसी की खुमारी में ये ढोलकी थाप पर थिरकने लगते हैं। ढोल, थाली, माँदल और कुंडी बजाने वाले व्यक्ति गीतों की लय में रस घोलते हैं। गीतों के बोलों में संगीत का विशिष्ट संस्कार शामिल होकर लोकगीतों की सांस्कृतिक गरिमा को लय-ताल से आबद्ध कर देता है।

स्त्री-पुरुष समूह रूप में झूम-झूमकर गाते व नाचते हैं। पाँच-सात पुरुष एक पंक्ति में बाँहों से बाँहें मिलाए आगे-पीछे चलते गाते-नाचते हैं। इसी प्रकार स्त्रियाँ भी पांच-सात की संख्या में बाँहों में बाँहें डाल आगे-पीछे पुरुषों के समानान्तर नाचती गाती हैं। ढोल बजाने वाला व्यक्ति बीच में रहता है। गोले में स्त्री-पुरुष दोनों समूह गान करते हैं। समूह गान इन्हें विशेष प्रिय हैं।

थके हुए उबाऊ जीवन या एकाकीपन अथवा समूह में जब मानव गुनगुनाता है, दुःख और एकाकीपन पर शीत बूँदों की फुहारें नैसर्गिकता के साथ आभा-मंडल में चेतन बनकर मन और तन को स्वतःफूर्त बनाने का अन्तर्धानी प्रयास करती हैं या सुख की स्पर्शमयी अन्तरअनुभूति से स्वतः ही उसके कंठ से गीतों की लड़ियों में पिरोने और फिर वातावरण को रिझाने की अन्तरतम की कोशिश ही लोकगीत की कड़ियाँ बन जाती हैं जो धीरे धीरे संस्कृति का हिस्सा बनकर लोकगीतों की धरोहर में शामिल हो जाती हैं।

लोकगीत का रचयिता अज्ञात ही रहता है, कब कौन-सी कड़ी...कौन से शब्दों की भावनाएँ...गीतों की लड़ी बनकर होठों पर ताल और लय के साथ स्वरों में नाचने लगती हैं वही लोकगीत है। मौखिक परम्परा होने के कारण लोकगीतों में परिवर्तन-परिवर्धन होते रहते हैं। लोकगीतों में सामूहिक भाव एवं सामूहिक मूल्यों की अभिव्यक्ति होती है। जब लोकगीत गेयता में ढल जाता है तो मौखिक परम्परा के गायक उसमें शब्दों को जोड़ते-घटाते हैं इसलिए वह समूह की रचना हो जाती है।

भीली लोकगीतों में अभिव्यक्ति की भंगिमाओं, भावनाओं और विचारों की विलक्षणता मिलती है। इससे सम्बन्धित क्षेत्र की सभ्यता, संस्कृति और परम्परा की सच्ची झाँकी प्राप्त होती है। इसमें सुदूर अंचल ग्रामों में बसने वाले भारतीय जीवन की अन्तरंग भावना प्रवाहित होती है।

इनके गीतों में दुःख भूल जाने की संजीवनी है, तभी तो ये इतने कष्टों-अभावों में रहकर भी सदैव थिरकते रहते हैं।

कुछ लोकगीतों की बानगी

"बच्चे के जन्म पर एक लोकगीत हमें ग्राम धमणी की सोनल डामोर ने गाकर सुनाया–

आलु कुँवर नो बायो कुण छे रे आलु कुँवर जल्मियों।
आलु कुँवर नो बायो रूपसिंगरे, आलु कुँवर जल्मियों।
आलु कुँवर नो माडी कुण छे रे, आलु कुँवर जल्मियों।
आलु कुँवर नी माडी काली रे आलु कुँवर जल्मियों।
आलु कुँवर नो बाबों कुण छे रे, आलु कुँवर जल्मियों।
आलु कुँवर नो बाबो रणसिंग रे आलु कुँवर जल्मियों।"[4]

राष्ट्र के प्रति इनका असीम प्रेम अतीत से अब तक अबाध गति से रहा है और सदैव रहेगा। रूपल, सोनल और कोदरिया ने 26 जनवरी को मंचीय प्रस्तुति के दौरान यह राष्ट्रगीत गाया था। जो थाँदला के जनमानस पर छा गया और कई बार इस गीत को गुनगुनाते देखा। इस गीत में देश का सुन्दर चित्र खींचा गया है–

"मारू देश ते रूपालूरे सकूँ सरवर।
मारू देश के वाण भील देश सकूँ सरवर।
मारा देश माँ ते डूंगरा रे मोटा-मोटा रे।
इन डूंगरा माँ उजाड़ें रे बड़ी-बड़ी रे।
इनी उजाड़ँ माँ पाखेरू डाले-डाले रे।
याँ ते पाखेरू पंखवाए रे बड़ी मोज्या रे
इनी उजाड़ूँ माँ जंगली जनावरा पण रे,
मारू देश ते रूपालु रे सकूँ सरवर।"

अर्थात्

हमारा देश सुन्दर है सकू सरोवर
हमारा देश भील देश कहलाता सकू सरोवर
हमारे देश में बड़े-बड़े पर्वत हैं
पर्वतों पर घने जंगल हैं
जंगलों की डाली पर पक्षी करते कलरव
ये पक्षी सुख से करते परस्पर प्यार
इन जंगलों में भरे जंगली जानवर मेरा देश

ग्राम धामणी जो थाँदला से पास ही है, वहाँ एक भीली विवाह में सोनल डामोर ने गणेश जी पर गीत गाया जो इस प्रकार था–

"तमे वेला-वेला आवे नी गणेश
म्हारों काम फते करो नी गणेश
लाड्या वऊ पैरां पडे तमु ने सितारे नी गणेश
थमने मुकेश भई ने मनाया हो गणेश....."

शादी-ब्याह में शीतला माता पूजन पर गाया जाने वाला लोकगीत-मातागीत कुछ इस तरह था–

"साली-साली ने दुःखे म्हारा पग माँ
थ्हतला माता केतरे के दुरां
लाया कंकु-बाती वो सीतला माता केतरे के दुरा'''

शादी के समय 'भील' हल्दी का लेप भी लगाते हैं जो हमारे परिचित छात्र रुफीन भावी ने बताया–शादी के समय न्योता (नोत्रा) भेजने का गीत इस लोकगीत में है–

''पील्ली है हल्दी हरियौच है चौकी।
पील्ली है हल्दी हरियौच है चौकी।
तू जाजे रे ममेरा नातरिये।
तू जाजे रे ममेरा नातरिये।
ना जाणु नाम ना जाणु नाम हुक्कां जाई नातरियों
ना जाणु नाम ना जाणु नांम हुक्कां जाई नातरियों''

कितनी भोली-भाली अनभिज्ञता इस लोकगीत में समाविष्ट की गयी है। ग्राम तलावली में कुछ भीली महिलाओं ने 'वर गीत' गाकर सुनाया–

''साड़ियों रे रामा तारों बेटों झरमरिया लाल.....
काली रे काठी नो राईवर साड़ियों.....
सड़ियों रे मैना तारों बेटों.....
लाढ गोढलिया नो बेटो.....
कसूमर रे पांगा नो वीरों सड़ियों.....
लावो रे लखनऊ री मोजड़िया.....
आलो रे नवलाखिया हार
काली रे काठी नो राईवर सड़ियों झरमरिया लाल.....''

शादी-ब्याह में हल्दी चढ़ाने का गीत–

''हल्दी हठली रे लाडा सड़ाव देगा पीठी।
आवेगा थारो बापों सडाव देगा पीठी।
आवेगा थार माता.....
आवेगा थार वीराजी.....
आवेगा थार जोडीयों सडाव.....
तेल, इतर, जडी नाखी ने सडाव देवी पीठी।
हल्दी हठेली रे लाडा सडाव दाहा पीठी।"[5]

दुल्हन के विवाह में चूड़ीवाले का लोकगीत कुछ बहनों ने यूँ सुनाया—

"मेरा थाँदला नगर का रेणा वो म्हारी बाई बेना
मैं तो असल लखारा रो बेटो वो म्हारी बाई बेना
बेना अच्छा अच्छा चुड़िला लायो.....
पाकों पैरे गुलालयो.....
नहीं जमें तो सोना-चाँदी का सुडा पैरो ओ म्हारी बेना....."

देवी-देवताओं एवं पूर्वजों को शादी का निमन्त्रण दिया जाता है, उसे दोहरा नोतरना कहते हैं—

"जाओ जाओ रे भमरा नौतरिया.....
जमी माता ने नौतरी लाओ।
जाओ जाओ रे भमरा नौतरिया.....
चांद सुरज ने नौतरी लाओ।"

दुल्हन के लिए एक लोकगीत खाँदण की सरपंच वन्दना बहादुर ने कुछ यूँ सुनाया—

"बनी लांबा पियर टुकी हादेरी
बनी माँ-बापा ना खोला सोडिया
सासु-ससरा ना खोला झेलिया
बेना-भाई-भाभीना खोला सौडिया
जेठ-जिठानी रा खोला झेलिया
नंनद-बहु साजना खोला झेलिया।"[6]

भील जनजाति में लड़की को शिक्षा दिलाना बहुत कठिन काम है। घर के कामों की जो लिस्ट लड़की के लिए है वह कौन पूरा करेगा। ग्राम क्षेत्र की लड़की पढ़ने के लिए यह गीत गाती है—

''म्हारो भणवा हरको जीव वो भाभी भणवा जावादे
तारा रोटिला करी आलू रे.....

तारु वाहिदू नाखी आलू रे.....
तारा बोकडा सारी आलू रे.....
तारु पाणी भरी आलू रे.....
भणी लखी ने मोटी थऊ रे.....
भाभीं भणवा जावा दे....."

बेटी को ससुराल भेजते समय का विदाई गीत जो खोरिया खाँदवा ग्राम की नानी भूरिया ने हमें सुनाया–

"औ सासु दुःखडला मती दीजे
औ सासु माडी दूध पायी ने मोटी करी
औ सासु सुगो दईने मोटी करी
औ सासु दुःखडला मत दीजे।"

इस तरह हम ग्रामवासी महिलाओं से जब-जब भी मिले लोककला और लोकगीत का एक अलग ही संसार पाया जो परम्पराओं की संस्कृति में गुँथा हुआ है। लोकगीतों के वैभव का विस्तार हमें और अधिक जानने की उत्सुकता और मनोरंजकता से परिचय कराता है। इनके गीतों का भरपूर संसार है। मनीषा अहिरवार कहती हैं–"लोकगीतों में ये अपने अभावों को भूलकर नाचने, गाने और झूमने लग जाते हैं। लोकगीतों की श्रृंखला में प्रणय गीत, कृषि जीवन के गीत, गृहस्थ जीवन के गीत, भक्ति गीत, विवाह गीत, जातरा गीत, सुधारवादी गीत, वन्दना गीत, संवाद गीत, समूहगीत, देशभक्ति गीत आदि होते हैं। सभी गीतों को ये अपनी भीली भाषा में ही गाते हैं।"

"झाबुआ के वनांचल में भीलों के पास लोकगीतों के मिथक, लोकनृत्यों व लोककला की अच्छी विरासत है। हर दस गाँव के बाद भाषा और बोली बदल जाती है इसलिए इनके लोकगीतों व लोककलाओं का मूल भाव संवेदना व प्रेषित करने का भाव जगत भावनाओं में ऐक्यता होने के बावजूद भी हर क्षेत्र में अलग ही पारम्परिक नव्यता के साथ मौजूद हैं।"[7]

"लिपि न होने के बावजूद, झाबुआ की भील जनजाति के पास साहित्य का वन आधारित भीली बोली में आज भी सम्पन्न एवं सशक्त धरोहर है। इनकी लोककथाएँ व लोकगीत जीवन के सभी पक्षों को अभिव्यक्त करते हैं।"[8]

"इनकी कला में महत्त्वपूर्ण है लोकगीत, लोकनृत्य जिसके बिना इनका कोई पर्व या त्योहार शायद ही पूरा होता है। गरबा, पाली व घोर तीनों प्रकार के नृत्य प्रायः इनके पर्व एवं त्योहारों में देखे जा सकते हैं। इन नृत्यों में प्रायः समूह नृत्य ही होते हैं, जिसमें आदिवासी नवयुवतियाँ पुरुषों से होड़ करती हुई मस्ती में

नाचती एवं गाती देखी जा सकती हैं। मस्ती का एक अनोखा आलम माला के सूत्र की भाँति सदैव बना रहता है।"[9]

भीली भाषा साहित्य और संस्कृति पुस्तक के लेखक विद्वान डॉ. नेमिचन्द, भीली चेतना लोकगीत के साहित्यकार श्री महीपाल भूरिया एवं पत्रिका 'चौमासा' के सम्पादक कपिल तिवारी, झाबुआ के कवि-साहित्यकार रामशंकर चंचल की रचनाओं में लोकगीतों की वृहद् बानगियाँ देखने को मिलती हैं।

सन्दर्भ

1. वसन्त निरगुणे—आदिवर्त मध्य प्रदेश की जनजातियाँ, पृष्ठ 75 से।
2. जुंग ब्लट एल, 'मैजिक सांग्ज ऑफ द भील्स झाबुआ स्टेट' (लन्दन 1943)।
3. इनसाइक्लोपीडिया ब्रिटेनिका से।
4. ग्राम धामणी की सोनल डामोर से की गयी बातचीत के आधार पर।
5. ग्राम तलावली की भीली महिलाओं से प्राप्त वर गीत।
6. ग्राम खालखण्डवी की सरपंच वन्दना बहादुर से प्राप्त लोकगीत।
7. सम्पर्क संस्था ग्राम रामपुरिया, जिला झाबुआ के निदेशक निलेश देसाई से की गयी बातचीत के आधार पर।
8. डॉ. कोमल जैन शोध अध्ययन पृष्ठ 117 से, भील जनजाति में सामाजिक एवं सांस्कृतिक स्तर पर महिलाओं की स्थिति : एक अध्ययन, झाबुआ आलिराजपुर जिले के सन्दर्भ में।
9. डॉ. रामशंकर चंचल, आलेख 'आदिवासी कलाएँ' से।

(लेखिका भारत सरकार संस्कृति मन्त्रालय की सीनियर फेलोशिप के अन्तर्गत 'आदिवासी महिलाएँ : विकास की ओर बढ़ते कदम' विषय पर कार्य कर रही हैं।)

पेसा एक्ट की आदिवासी समाज में महत्ता

डॉ. तेजवीर चौधरी

प्रस्तावना

आदिवासी समुदायों के स्थानीय लोग जहाँ वे निवास करते हैं उस क्षेत्र से उनका सम्बन्ध जितने नजदीकी रहे हैं उतने ही चर्चा एवं विवादों से घिरे हुए भी रहे हैं क्योंकि आदिवासी या मूलवासी लोगों का जीवन पूर्णतः पर्यावरण पर आधारित होता है। अतः उनके लिए आसपास के क्षेत्र से अपनत्व की भावना स्वाभाविक है, परन्तु यह अपनापन जब तक एक अधिकार के रूप में परिवर्तित नहीं होता तब तक यह संशय बना ही रहता है कि कब सरकार द्वारा कोई नयी नीति की घोषणा हो और स्थानीय आदिवासी समुदाय को अपनी ज़मीन, अपना घर, अपना पर्यावरण छोड़कर निर्वासित होना पड़ जाये। पिछले कुछ वर्षों में इस तरह के कई मुद्दे उठे हैं जहाँ आदिवासी समुदाय के साथ इस तरह की ज्यादती देखी गयी है। आदिवासी समुदाय तथा ज़मीन के साथ उनके रिश्तों की विवेचना करने से पूर्व इन दोनों शब्दों का अर्थ जान लेना मुनासिब होगा।

आदिवासी या मूलवासी वे लोग हैं जो प्राचीन काल से पर्यावरण के साथ अच्छा तादात्म्य बनाते हुए अपनी अलग संस्कृति एवं समाज के साथ दूरस्थ एवं दुर्गम वन्य क्षेत्रों में निवास करते रहे हैं। संयुक्त राष्ट्र संघ (1983) ने इस मूलवासी शब्द की व्याख्या कुछ इस प्रकार से की है–"किसी भू-भाग पर प्राचीन काल से रहने वाले मानव समुदाय के वंशज हैं जो नस्ल एवं संस्कृति के स्तर पर विशिष्टता रखते हैं। इनमें से काफी लोग राष्ट्र-समाज की मुख्यधारा से अलग-थलग अपने पुरखों की परम्परा एवं रीति-रिवाजों का संरक्षण करते हुए जीते आ रहे हैं और विकसित राष्ट्रीय, सामाजिक एवं सांस्कृतिक परिवेश को यह बाहरी (एलियन) मानते हैं।"

इस प्रकार यह स्पष्ट है कि आदिवासी लोगों की अपनी अलग दिनचर्या तथा

अलग रिवाज होते हैं जो अन्य विकसित समाज से भिन्न हैं तथा उसे अपनाना भी पसन्द नहीं करते, उसके बजाय ये लोग एकदम परम्परागत रूप से चलते हुए अपनी ही परम्पराओं तथा संस्कृति को चलायमान रखना चाहते हैं जो इन्हें विकसित समाज से अलग दर्शाती है।

सरकार ने आदिवासी समुदाय को 'जनजातीय' समुदाय का दर्जा देते हुए इसे आरक्षण की श्रेणी में रखा है तथा इनके विकास हेतु कुछ विशेष उपबन्ध भी किये गये हैं। राज्य नीति निर्देशक तत्त्वों के अन्तर्गत अनुच्छेद 46 राज्यों को आदिवासी हितों को बढ़ावा देने की जिम्मेदारी सौंपता है। इसी प्रकार संविधान की पाँचवीं अनुसूची में आदिवासी अधिकारों को विशेष तौर से दर्शाया गया है। पेसा कानून-1996 भी एक ऐसा कानून है जो इन वनवासियों के लिए किसी वरदान से कम नहीं है। वन सुरक्षा कानून-2006 द्वारा भी आदिवासी समुदाय के वनों पर अधिकारों की पुष्टि होती है। ज़मीन स्वामित्व तथा उनकी ज़मीन की अहस्तान्तरणीयता भी आदिवासी अधिकारों में प्रमुख हैं।

संवैधानिक प्रावधान के अन्तर्गत ग्रामीण, क्षेत्रीय तथा जिला तीनों स्तर की पंचायतों की संरचना में महत्त्वपूर्ण परिवर्तन हुए हैं जो सामाजिक न्याय की दिशा में एक महत्त्वपूर्ण कदम है। महिलाओं एवं अनुसूचित जातियों एवं जनजातियों के लिए प्रत्येक स्तर की पंचायतों में पर्याप्त सीटों के आरक्षण का प्रावधान करके उन्हें उचित सम्मान प्रदान कर उन्हें मुख्यधारा से जोड़ने का प्रयास किया गया है।

पंचायती राज व्यवस्था की अवधारणा कोई नयी बात नहीं है, यह राष्ट्रपिता महात्मा गाँधी का सपना था। पंचायती राज लोकतन्त्र की जड़ है, जो दूरदराज के गाँवों में रहने वाले लोगों को जो मूल सुविधाओं से वंचित हैं, उन्हें मुख्य धारा से जोड़ने में अहम भूमिका निभा रहा है। इसके माध्यम से समाज में आर्थिक और सामाजिक परिवर्तन की प्रक्रिया में लोगों की भागीदारी सुनिश्चित की जा सकती है। पंचायतों में गरीबी उन्मूलन कार्यक्रमों, स्वास्थ्य एवं परिवार कल्याण, शिक्षा और संस्कृति के प्रति दायित्व के निर्वहन की बात कही गयी है। कमजोर और विकलांग वर्गों के लिए सामाजिक कल्याण कार्यक्रम में पंचायतों की जिम्मेदारी होगी। अनुसूचित जातियों एवं जनजातियों के आरक्षण सुनिश्चित करने की जिम्मेदारी प्रासंगिक पंचायत क्षेत्र में राज्य विधान सभाओं की होगी। 73वें संविधान संशोधन अधिनियम के माध्यम से पंचायती राज व्यवस्था में एक महत्त्वपूर्ण क्रान्तिकारी परिवर्तन लाकर भारत में लोकतन्त्र की इस मूल भावना को सशक्त किया गया है कि पंचायतीराज व्यवस्था के अन्तर्गत सही मायने में शक्ति ग्रामीण जनता में निहित है।

आदिवासी जीवन संघर्ष

आदिवासी समाज के जीवन संघर्ष की बात करते समय पूरे भारत का असंख्य आदिवासी स्वरूप सामने आ जाता है, जो अपने अस्तित्व और अस्मिता के लिए संघर्षरत है। तथाकथित मुख्यधारा की संस्कृति और सभ्यता ने उनके सामने दो ही रास्ते छोड़े हैं, कि या तो वे अपनी अस्मिता, अपना इतिहास, अपनी परम्परा को मिटाकर मुख्यधारा की वर्चस्ववादी संस्कृति को स्वीकार कर लें या फिर भौतिक रूप से अपना अस्तित्व मिट जाने के लिए अभिशप्त हो जायें।

भू-स्वामित्व : आदिवासी समुदाय अपने जीवन-यापन हेतु पर्यावरण पर पूर्णतः निर्भर होने के कारण स्थानीय ज़मीन पर वह वर्षों से अपना स्वामित्व मानते आये हैं तथा किसी बाहरी तत्त्व द्वारा वहाँ पर छेड़छाड़ करना उनको कभी भी रास नहीं आया, फिर चाहे वो बाहरी तत्त्व स्थानीय सरकार हो या कोई निजी कम्पनी, जो अपनी महत्त्वाकांक्षा को पूर्ण करने के लिए आदिवासी बाहुल्य प्रचुर वन सम्पदा के धनी वन्य क्षेत्रों की तरफ हमेशा लालायित रहते हैं।

भारत में भू-स्वामित्व से सम्बन्धित सामान्य एवं सर्वमान्य सिद्धान्त यही रहा है कि जो जिस ज़मीन पर निवास करता है तथा लम्बे समय तक उसका खेती या अन्य कार्य हेतु उपयोग करता है उसे उस ज़मीन का स्वामी मान लिया गया। इसी सिद्धान्त को अपनाते हुए आदिवासी समुदाय ने खुद को उस ज़मीन (वन्य क्षेत्र) का स्वामी बताया जहाँ वे लोग एवं उनके पूर्वज सैकड़ों वर्षों से निवास करते आये हैं। अतः सरकार द्वारा भी उनके स्वामित्व को मान्यता प्रदान करना एक उचित कदम था। जैसे कि ब्रिटिश सरकार द्वारा पारित छोटा नागपुर काश्तकारी अधिनियम, 1908 (TNC Act 1908) जिसके द्वारा छोटा नागपुर क्षेत्र के मूल निवासियों, वहाँ के वनों से आच्छादित ज़मीन का स्वामी मान लिया गया तथा साथ ही अनुसूचित जाति होने के कारण उनकी ज़मीन बिना उपायुक्त की अनुमति के अहस्तान्तरणीय मान ली गयी। इसी प्रकार अन्य क्षेत्रों में भी समय-समय पर पारित कानूनों के साथ आदिवासियों को वनभूमि पर विशेषाधिकार प्रदान किये गये जो जनजातीय विकास का एक हिस्सा रहा।

आदिवासी भू-स्वामित्व को चुनौती : आदिवासी समुदाय के साथ विडम्बना यह रही है कि ये लोग सघन तथा दुर्गम वन्य क्षेत्रों में निवास करते हैं जहाँ पर वन सम्पदा प्रचुर मात्रा में उपलब्ध होती है, इन क्षेत्रों के वनोत्पाद जहाँ आदिवासी समुदाय के जीवन के आधार हैं तो वहीं दूसरी ओर यहाँ की प्रचुर खनिज सम्पदा सरकार, निजी कम्पनियाँ, निवेशकों इत्यादि को आकर्षित करती हैं तथा इसके

साथ ही शुरू होता है एक अलग प्रकार का संघर्ष जो आदिवासी के लिए अपने अस्तित्व को बचाने की लड़ाई है तो दूसरी तरफ सरकार के लिए विकास की गति को बढ़ाने का उपाय है। सरकार विकास का हवाला देकर आदिवासी अधिसूचित क्षेत्रों से खनिज तथा अन्य वन सम्पदा प्राप्त करना चाहती है। अतः ज़मीन अधिग्रहण के लिए विभिन्न प्रकार की नीतियाँ तैयार की जाती हैं, अशिक्षित आदिवासी समाज को ना तो विकास की परिभाषा से कोई सरोकार होता है ना ही सरकार की नीतियों को समझने की इच्छा, उन्हें तो वन्य क्षेत्रों से सरकार द्वारा किया गया कोई भी हस्तक्षेप अपने अस्तित्व पर किया गया हमला मालूम होता है जिसका वे कभी छिटपुट तो कभी पुरजोर विरोध करते रहे हैं। यही विरोध कई स्थानों पर व्यापक हिंसक रूप में नक्सलवाद के रूप में देखा जा सकता है।

आदिवासी समाज को मुख्यधारा के नाम पर राजनीतिक और आर्थिक ताकतें आन्तरिक उपनिवेश स्थापित करके उनके संसाधनों को लूट रही हैं।

स्वरूप एवं समस्याएँ

भारत की जनसंख्या का एक बड़ा हिस्सा आदिवासियों का है। पुरातन लेखों में आदिवासियों को वनवासी भी कहा गया है। भारत के प्रमुख आदिवासियों के लिए अनुसूचित जनजाति शब्द का प्रयोग किया गया है। भारत के प्रमुख आदिवासी समुदायों में सन्थाल, गोण्ड, मुण्डा, बोडो, भील, खासी, सहरिया, मीणा, आदि हैं।

आदिवासी मुख्य रूप से भारतीय राज्यों उड़ीसा, मध्य प्रदेश, छत्तीसगढ़, राजस्थान, गुजरात, महाराष्ट्र, आन्ध्र प्रदेश, बिहार, झारखण्ड, पश्चिम बंगाल में हैं।

आदिवासियों का अपना धर्म है। ये प्रकृति के पूजक हैं और जंगल, पहाड़, नदियों एवं सूर्य की आराधना करते हैं। आधुनिक काल में बाह्य सम्पर्क में आने से उन्होंने हिन्दू, ईसाई एवं इस्लाम धर्म को भी अपनाया है। रामायण के रचयिता महर्षि वाल्मीकि भी एक भील आदिवासी थे।

चन्दा समिति ने सन् 1960 में अनुसूचित जातियों के अन्तर्गत किसी भी जाति को शामिल करने के लिए 5 मानक निर्धारित किये।

1. भौगोलिक एकाकीपन
2. विशिष्ट संस्कृति
3. पिछड़ापन
4. संकुचित स्वभाव
5. आदिम जाति के लक्षण

भारत में 461 जनजातियाँ हैं तथा ये विभिन्न समस्याओं से ग्रसित हैं।

मुख्यतः इनकी समस्याएँ समाज में अलग-थलग जीवन जीने की पहचान के रूप में जानी जाती हैं। इनके पास प्राकृतिक संसाधनों की उपलब्धता के बावजूद सामन्तों के दबाव के कारण ये गरीबी के शिकार हैं। इनकी सामाजिक-आर्थिक प्रस्थिति अपेक्षाकृत निम्न है, जिसका कारण इनका घुमन्तू होना भी है। कृषि व्यवस्था से वंचित होने के कारण ये अपने भरण-पोषण के लिए एक स्थान से दूसरे स्थान पर पलायन करने के आदी हो जाते हैं। बँधुआ मज़दूर के रूप में भी इन्हें उपयोग किया जाता है। नियमित शिक्षा से वंचित होने के कारण भी इनके जीवन में आर्थिक समस्या बनी रहती है। स्थानीय शासन व्यवस्था द्वारा स्वार्थपूर्ण निर्णयों के कारण इनके सामने पुनर्वास की समस्या बनी रहती है। इनका जीवन रीति-रिवाजों एवं कठोर परम्पराओं के बन्धन में बँधा हुआ है, जिससे ऊपर उठकर सोचना भी इनके लिए पाप-पुण्य के परिकल्पना के बराबर होता है।

प्रचुर वन्य सम्पदा वाले क्षेत्रों पर आदिवासी समुदाय के पुश्तैनी अधिकार अक्सर सरकारों, उद्योगपतियों, निवेशकों एवं तीव्रतम विकास के समर्थक बुद्धिजीवियों को अखरते हैं, वे चाहते हैं कि इन क्षेत्रों में उपलब्ध प्रचुर वनों तथा खनिजों का अधिकतम उपभोग करते हुए विकास की गति को तीव्र किया जाना चाहिए तथा बदले में अगर कुछ आदिवासी समुदाय विस्थापित होते हैं तो यह कोई बड़ा मुद्दा नहीं है। बड़ा मुद्दा यह है कि कुछेक आदिवासी समुदायों के विस्थापन का फायदा अधिकांश जनता को हो रहा है जो लगातार तीव्र विकास की राह देख रहे हैं। इसी प्रकार दूसरा वर्ग जो आदिवासी एवं उनके समर्थक हैं वो किसी भी कीमत पर यह नहीं चाहते कि उनके चिरकालीन आवास स्थानों को कोई बाहरी व्यक्ति आकर उजाड़ दे क्योंकि ऐसा होने से उनका अपनी ज़मीन, पर्यावरण, परम्पराओं, संस्कृति आदि से बनाया हुआ वर्षों पुराना रिश्ता टूट जायेगा तथा साथ ही लगातार ऐसा होने से सम्पूर्ण आदिवासी समाज का अस्तित्व संकट में आ जायेगा। इस प्रकार यहाँ एक संघर्ष महत्वाकांक्षा बनाम अस्तित्व के रूप में देखा जा सकता है।

यहाँ तक तो बात पर्दे के सामने की है, सच तो कुछ ऐसा भी है जो पर्दे के पीछे होता है, पूँजीपति लोग अपनी महत्वाकांक्षा पूर्ण करने के लिए आदिवासियों की ज़मीन हथियाने हेतु बहुत तरह के अलग-थलग हथकंडे अपनाते हैं, जैसे कि पैसों के लालच से ज़मीन खरीदना, लीज पर लेना, अपने घर में किसी आदिवासी को नौकर बनाकर उसके नाम किसी अन्य आदिवासी व्यक्ति की ज़मीन नामजद करवाना तथा फिर उस पर अपना आधिपत्य जमाकर रखना, इस प्रकार के और भी अनेको तरीके हैं जिनके माध्यम से पूँजीपति लोग गरीब तथा अनपढ़

आदिवासी लोगों की ज़मीन का ग़ैर-कानूनी तरीकों से नाजायज फायदा उठाते हैं तथा इसकी भनक भी शोषित वर्ग को लगने नहीं देते हैं। यहाँ जिम्मेदारी स्थानीय सरकार की बनती है कि वह सम्बन्धित व्यक्ति को उसके अधिकार दिलाये एवं अधिकारों के प्रति जागरूक करे जिससे भविष्य में उसके साथ दुबारा ऐसा ना हो।

इतनी समस्याओं से जूझ रहे आदिवासी वर्ग का एक बड़ा समूह न्याय से वंचित जीवन जीने को मजबूर है। सरकार ने पंचायती राज व्यवस्था में इनके लिए न्याय की स्थापना हेतु पेसा एक्ट 1996 पारित किया जो इनके लिए वरदान साबित हुआ है।

पेसा एक्ट 1996 : स्वरूप एवं व्यवस्था

पेसा (पंचायत का अनुसूचित क्षेत्रों तक विस्तार अधिनियम) 1996 भारतीय संविधान में अनुसूचित जाति को सक्षम बनाने की दिशा में अत्यन्त महत्त्वपूर्ण प्रयास है। उनके लिए 1996 में संसद में विशेष तौर पर पंचायती राज का एक अलग कानून बनाया गया, जिसे संक्षेप में पेसा कानून कहा जाता है। इस कानून में आदिवासी क्षेत्रों की विशेष जरूरतों का ध्यान रखते हुए यहाँ ग्रामसभा को मजबूत करने पर विशेष ध्यान दिया गया है। आदिवासी मामलों में अधिकांश विशेषज्ञों ने यह माना है कि यदि इस कानून को पूरी ईमानदारी से लागू किया जाये तो इनसे आदिवासियों को राहत देने व उनके असन्तोष को दूर करने में महत्त्वपूर्ण योगदान मिल सकता है। अनावश्यक विस्थापन, पर्यावरण विनाश, वन कटाव आदि समस्याओं को रोकने में यह कानून अपना विशेष महत्त्व रखता है। आजीविका के आधार को मजबूत बनाने के लिए भी यह कानून रामबाण के रूप में साबित हो सकता है। राजस्थान में कुछ ग़ैर-सरकारी संगठन जैसे आस्था, राजस्थान आदिवासी अधिकार मंच व अन्य संगठन कानून को मजबूती से लागू करने के लिए प्रयासरत हैं। पेसा कानून से आदिवासी समाज को बहुत उम्मीदें रही हैं। यह जरूरी है कि मूल भावना को बनाए रखा जाये।

पेसा एक्ट की मुख्य विशेषताएँ

1. आदिवासी समाज की आर्थिक एवं सामाजिक विकास की योजनाओं, कार्यक्रमों और परियोजनाओं का क्रियान्वयन ग्राम सभा के माध्यम से होगा।
2. ग्राम सभा गरीबी उन्मूलन एवं अन्य कार्यक्रमों के तहत लाभार्थियों के रूप में व्यक्तियों की पहचान करने का दायित्व का निर्वहन करेगी।

3. हर ग्राम पंचायत सम्बन्धित ग्राम सभा से योजनाओं, कार्यक्रमों और परियोजनाओं के लिए संसाधनों के उपयोग का प्रमाण-पत्र प्राप्त करेगी।
4. हर पंचायत में अनुसूचित क्षेत्रों में सीटों का आरक्षण पंचायत में समुदायों की आबादी के अनुपात में होंगे।
5. अनुसूचित क्षेत्रों में जल निकायों का प्रबन्धन पंचायतों को सौंपा जायेगा।
6. मादक पदार्थ की बिक्री पर निषेध लागू करने की शक्ति।
7. भूमि अलगाव को रोकना।
8. ग्रामीण बाजार प्रबन्धन की शक्ति।
9. कर्ज पर नियन्त्रण।
10. लघु वन उत्पादन का स्वामित्व।

पेसा अधिनियम के अन्तर्गत गाँव और ग्राम सभा

पेसा अधिनियम के अन्तर्गत (अनुच्छेद 4(ख)), आमतौर पर एक बस्ती या बस्तियों के समूह या एक पुरवा या पुरवों के समूह को मिलाकर एक गाँव का गठन होता है, जिसमें एक समुदाय के लोग रहते हैं और परम्पराओं और रीति-रिवाजों के अनुसार अपने मामलों का प्रबन्धन करते हैं।

पेसा अधिनियम, (अनुच्छेद 4(ग)) के अन्तर्गत उन सभी व्यक्तियों को लेकर हर गाँव में एक ग्राम सभा होगी, जिनके नाम ग्राम स्तर पर पंचायत के लिए मतदाता सूची में शामिल किये गये हैं।

पेसा ग्राम सभा को निम्न के लिए विशेष रूप से शक्ति प्रदान करती है–

(i) (क) लोगों की परम्पराओं और रिवाजों, और उनकी सांस्कृतिक पहचान बनाए रखना, (ख) समुदाय के संसाधन, और (ग) विवाद समाधान के परम्परागत तरीके की रक्षा और संरक्षा।

(ii) निम्न कार्यकारी कार्यों को पूरा करना।

1. सामाजिक और आर्थिक विकास के लिए योजनाओं, कार्यक्रमों और परियोजनाओं को मंजूरी देना।

2. गरीबी उन्मूलन और अन्य कार्यक्रमों के अन्तर्गत लाभार्थियों के रूप में व्यक्तियों की पहचान करना।

(ग) पंचायत द्वारा योजनाओं, कार्यक्रमों और परियोजनाओं के लिए धन के उपयोग का एक प्रमाण पत्र जारी करना।

पेसा उपयुक्त स्तर पर ग्राम सभा/पंचायतों को निम्नलिखित की शक्ति प्रदान करता है–

1. भूमि अधिग्रहण, पुनर्वास और विस्थापित व्यक्तियों के पुनर्वास में अनिवार्य परामर्श का अधिकार।
2. एक उच्च स्तर पर पंचायत को लघु जल निकायों की योजना और प्रबन्धन का कार्य सौंपा गया है।
3. एक उच्च स्तर की ग्राम सभा या पंचायत द्वारा खान और खनिजों के लिए सम्भावित लाइसेंस पट्टा, रियायतें देने के लिए अनिवार्य सिफारिशें करने का अधिकार।
4. मादक द्रव्यों की बिक्री/खपत को विनियमित करना।
5. लघु वनोपजों का स्वामित्व।
6. भूमि हस्तान्तरण को रोकना और हस्तान्तरित भूमि की बहाली।
7. गाँव बाजारों का प्रबन्धन।
8. अनुसूचित जनजाति को दिये जाने वाले ऋण पर नियन्त्रण।
9. सामाजिक क्षेत्र में कार्यकर्ताओं और संस्थानों, जनजातीय उप योजना और संसाधनों सहित स्थानीय योजनाओं पर नियन्त्रण।

पेसा का महत्त्व

पेसा का प्रभावी क्रियान्वयन न केवल विकास लाएगा बल्कि यह पाँचवीं अनुसूची के क्षेत्रों में लोकतन्त्र को भी गहरा करेगा। पेसा के कई फायदे हैं।

इससे निर्णय लेने में लोगों की भागीदारी में वृद्धि होगी। पेसा आदिवासी क्षेत्रों में अलगाव की भावना को कम करेगा और सार्वजनिक संसाधनों के उपयोग पर बेहतर नियन्त्रण होगा। पेसा से जनजातीय आबादी में गरीबी और बाहर पलायन कम हो जायेगा क्योंकि प्राकृतिक संसाधनों पर नियन्त्रण और प्रबन्धन से उनकी आजीविका और आय में सुधार होगा। पेसा जनजातीय आबादी के शोषण को कम करेगा, क्योंकि वे ऋण देने, शराब की बिक्री खपत एवं गाँव बाजारों का प्रबन्धन करने में सक्षम होंगे। पेसा के प्रभावी कार्यान्वयन से भूमि के अवैध हस्तान्तरण पर रोक लगेगी और आदिवासियों की अवैध रूप से हस्तान्तरित ज़मीन को बहाल किया जा सकेगा और सबसे महत्त्वपूर्ण बात यह कि पेसा परम्पराओं, रीति-रिवाजों और जनजातीय आबादी की सांस्कृतिक पहचान के संरक्षण के माध्यम से सांस्कृतिक विरासत को बढ़ावा देगा।

पंचायती राज मन्त्रालय की पहल

पेसा के महत्त्व को स्वीकार करते हुए भारत सरकार राज्य सरकारों के साथ

साझेदारी में पेसा का प्रभावी कार्यान्वयन सुनिश्चित करने का प्रयास कर रही है। कार्रवाई में शामिल कुछ बिन्दु हैं—

1. 21.05.2010 को पाँचवीं अनुसूची के क्षेत्रों वाले सभी राज्यों को पेसा के कार्यान्वयन पर समेकित दिशा निर्देश जारी किये गये थे।
2. राज्यों के दौरे, पत्राचार और बैठकों/कार्यशालाओं के माध्यम से अनुसूचित क्षेत्रों वाले राज्यों में पेसा अधिनियम के कार्यान्वयन की लगातार समीक्षा करना।
3. राज्यों में पेसा के कार्यान्वयन की प्रगति और ऐसा करने में सामने आने वाले मुद्दों और चुनौतियों की समीक्षा करने और आगे का मार्ग तय करने के लिए 4-5 फरवरी, 2016 को नयी दिल्ली में एक राष्ट्रीय कार्यशाला आयोजित की गयी थी।
4. आरजीपीएसए के अन्तर्गत, पाँचवीं अनुसूची क्षेत्रों वाले राज्यों को ग्राम पंचायत स्तर पर ग्राम सभा संघटक और राज्य, जिला और ब्लॉक स्तर पर पेसा समन्वयक तैनात करने के लिए आर्थिक सहायता प्रदान की जा रही है।
5. पाँचवीं अनुसूची के क्षेत्रों में 'सामुदायिक लाभबन्दी' पर एक पुस्तिका प्रकाशन।
6. पेसा से सम्बन्धित विषयों पर विभिन्न शोध अध्ययन और कार्यवाही अनुसन्धान प्रायोजित करना।
7. राज्यों को पेसा के प्रावधानों के कार्यान्वयन के लिए नियम बनाने और राज्य पंचायती राज अधिनियम और विषय कानूनों में संशोधन कर उन्हें पेसा के अनुकूल बनाने के लिए सहमत करना।
8. केन्द्र सरकार के मन्त्रालयों/विभागों से केन्द्रीय कानूनों में पेसा के प्रावधानों के अनुरूप संशोधन के लिए अनुरोध।

सुझाव

किसी भी अधिनियम की सफलता तभी है जब उसके तहत आने वाले प्रावधानों की जानकारी आमजन को हो। पेसा कानून अधिनियम का जनजाति क्षेत्र में प्रभावी क्रियान्वयन तभी सम्भव है जब एक्ट के तहत आने वाले नियमों, कानूनों तथा प्रावधानों की आमजन को जानकारी हो। इसके लिए पंचायत स्तर पर जागरूकता शिविर का आयोजन करना चाहिए। ग़ैर-सरकारी संगठनों के माध्यम से जागरूकता फैलाने का प्रयास होना चाहिए। स्थानीय बुद्धिजीवी वर्ग द्वारा इसे

प्रोत्साहन मिलना चाहिए। स्थानीय प्रशासन को आगे आना चाहिए। राष्ट्रीय स्तर पर टी.वी., समाचार-पत्र एवं साहित्य आदि के माध्यम प्रचार-प्रसार का प्रयास होना चाहिए तथा समाज के सक्षम व्यक्तियों द्वारा प्रभावी तरीके से क्रियान्वयन का प्रयास होना चाहिए।

सन्दर्भ सूची

1. डॉ. आर पी जोशी एवं रूपा मंगलानी (2003), भारत में पंचायती राज, प्रिंट 'ओ' लैण्ड, जयपुर
2. डॉ. आर पी जोशी एवं रूपा मंगलानी (1998), पंचायती राज के नवीन आयाम
3. आदिवासी साहित्य यात्रा (http://books.google.co.in)
4. कर्ण, कुमार, निर्भय (2014), आदिवासियों को विकास की मुख्यधारा से जोड़ने की चुनौतियाँ, हाशिये की आवाज, अक्टूबर 2014, पृ. 11-12
5. श्रीवास्तव, सुखपाल डॉ. (2010), जनजातीय विकास की चुनौतियाँ, कुरुक्षेत्र, नवम्बर 2010, पृ. 4-7
6. http://rural.nic.in
7. http://tribal.nic.in
8. http://www.inclusion.in
9. http://pesadarpan.gov.inè

आदिवासी साहित्य : अस्मिता का संकट और प्रतिरोध के स्वर

बिरमदेव

"कहाँ तो तय था चराग़ हर एक घर के लिए
कहाँ चराग़ मयस्सर नहीं शहर के लिए
''यहाँ दरख़्तों के साये में धूप लगती है
चलो यहाँ से चलें और उम्र भर के लिए.....।"

दुष्यन्त कुमार की पंक्तियाँ जहाँ आजादी के लिए सँजोए गये सुखद स्वप्नों को यथार्थ स्थिति के साथ पूरी तरह ख़ारिज करते हुए अन्तर्मन में घनीभूत पीड़ा को जिस सजीव और मार्मिकता से व्यंजित करती हैं, वहाँ मोहभंग, निराशा, अत्याचार और प्रतिशोध के परिणामस्वरूप हिन्दी साहित्य में स्वातन्त्र्योत्तर प्रकाश में आये दलित और स्त्री-विमर्श के समकालीन अपने आक्रोश के साथ प्रस्फुटित जनान्दोलन का नया रूप है—आदिवासी विमर्श। इस दृष्टि से विचार करने पर आदिवासी विमर्श एक ऐसा विषय है जिसमें आदिवासी समाज के रहन-सहन, संस्कृति, परम्पराएँ, अस्मिता, साहित्य और अधिकारों एवं उसके विस्थापन के बारे में विस्तृत चर्चा की जाती है।

आदिवासी लेखन की उभरती चेतना को इंगित करती हुई रमणिका गुप्ता लिखती हैं—"देखो! हमारा एक ऐसा समाज है, जिसके मूल्यों का न ह्रास हुआ है, न ही उनमें विकृति आयी है। हम सामूहिक जीवन प्रणाली में जीते रहे हैं, समाज और समूह में रहते हैं, तुम्हारे द्वारा दी गयी कठिन ज़िन्दगी को हम अपने गीतों और नृत्यों से भुलाते हैं तुमने हमें अपनी सभ्यता से दूर ठेला-विस्थापित किया, हमने बाँसुरी और नगाड़े के माध्यम से अपना आपसी संवाद जारी रखा। अब यह संवाद, नाद बनकर फूट पड़ा है। बाँसुरी को हमने 'मशाल' बना लिया

है। अब देश और भाषाओं की सीमाएँ और कबीलों के दायरे लाँघकर, हम समूचे को रोशन करने के लिए संकल्पबद्ध हो गये हैं। हमारी भाषाओं ने अब कलम थाम ली है, हम लिखने लगे हैं, अब हमने अपनी अस्मिता पहचान ली है। हमें वनवासी कहकर 'भुलाओ' मत, हम तो प्रकृति के संग पैदा हुए, उसके साथ विकसित और पनपने वाले आदिम मनुष्य हैं, जो प्रकृति को बचाए रखने में उसके साथ सहयोग और सहभागिता से जीने में विश्वास करते हैं, हम प्रकृति पर कब्ज़ा नहीं करना चाहते, हम सह अस्तित्व में विश्वास करते हैं, विनाश में नहीं... अब हम लिख रहे हैं, तुम्हारे द्वारा थोपे गये विस्थापन के विरुद्ध।" आदिवासी साहित्य को विद्रोही साहित्य या जीवनवादी साहित्य कहा जाना चाहिए क्योंकि अन्य साहित्य की तुलना में आदिवासी साहित्य अपनी साहित्य ऊर्जा आदिवासी चेतना एवं विद्रोह की परम्परा से लेता है।

समाज का दर्पण परिभाषित किया जाने वाला साहित्य फिर वह चाहे देशी हो या विदेशी, सम-सामयिकता को दर्शाना ही तो उसका मूल अभिप्रेत रहा है। हमारे सभ्य समाज के अप्रत्यक्ष अंग आदिवासी समाज के भौतिक-सांस्कृतिक-आर्थिक प्रत्येक क्षेत्र के परिप्रेक्ष्य में चिन्तन और मनन का साहित्य में सदैव अभाव दृष्टिगोचर होता है। यही कारण है कि भारत के विभिन्न प्रान्तों में निवास कर रहे आदिवासियों ने अपनी अस्मिता, पहचान को बचाने के लिए अंग्रेज़ों, महाजनों, जमींदारों और गैर-आदिवासियों के द्वारा किये जा रहे अन्याय, अत्याचार और विस्थापन के विरुद्ध अपने हक, अधिकारों और अस्तित्व के लिए व्यापक विद्रोह किये। इनमें छत्तीसगढ़, मध्य प्रदेश, झारखण्ड, महाराष्ट्र आदि राज्यों में हुए सन्थाल तथा बस्तर का विद्रोह जैसे विभिन्न आन्दोलन प्रमुख रहे हैं। आदिवासी समाज की चिन्तनशीलता की प्रखरता और दृढ़ इच्छाशक्ति का प्रमाण यह साहित्य आदिम युग से उत्तरोत्तर अब अधिक मुखर और परिपुष्ट हो रहा है। आदिवासी साहित्य की नवोदित नागा कवयित्री 'मोनालिसा चंककिजा' लिखती हैं—

"मत करो बरबाद तुम अपना समय
फरमान जारी करने और निर्देश देने में
कि कैसे लूँ मैं अपनी ज़िन्दगी के
निजी और राजनीतिक फैसले?
तुम नहीं जान पाओगे क्योंकि
तुम नहीं जानते ए.के. 47 के आगे का सच।"

आदिवासी साहित्य में बिरसा मुण्डा, सिद्धों-कानू, तिलका माँझी, झलकारी बाई जैसे व्यक्तित्व प्रेरणा के स्रोत रहे हैं।

प्राचीनकाल से ही यह आदिवासी समाज वर्ण-व्यवस्था, जातिगत भेदों, विदेशी आक्रान्ताओं तथा वर्तमान में सभ्य कहे जाने वाले समाज अर्थात् तथाकथित मुख्यधारा के लोगों (गैर-आदिवासियों) द्वारा अपनी ज़मीनों एवं जंगलों से विस्थपित होते हुए उत्पीड़ित किया गया है। अब तब उपेक्षिता का दंश झेल रहे आदिवासी समाज की उपेक्षा का एक प्रमुख कारण रहा है—पिछड़ापन। दूसरा हमारे हिन्दी साहित्यकारों का पूर्वाग्रहग्रस्त दृष्टिकोण। यह दृष्टिकोण भारतीय समाज के सबसे उत्पीड़ित और पदाक्रान्त समुदायों के प्रति कभी अधिक उदारवादी नहीं रहा है। यह विकास वंचित समाज जो प्रगतिविहीन, तिरस्कृत तो है ही आदिवासी भी है। आज वह सुविधाभोगी पूँजीपति वर्ग के लिए उपभोग की वस्तुओं को संग्रहित करने का निमित्त-मात्र बन कर गया है। यही कारण है कि इन लोगों ने अपनी हाशिए की स्थिति का प्रमुखता से उठाने के लिए सिर्फ़ राजनीतिक या सामाजिक स्तर ही नहीं बल्कि साहित्यिक क्षेत्र में भी अपना दबाव बनाने के पक्ष में विद्रोह का रास्ता अपना लिया। आदिवासी साहित्य को दलित साहित्य से तुलनात्मक दृष्टि से आँकने से ज्ञात होता है कि दलित साहित्य को मुख्यधारा से जोड़ने के लिए साहित्यकारों ने जिस प्रकार भरपूर लेखनी चलायी इसके विरुद्ध आदिवासी साहित्य अपनी अपेक्षित उपस्थिति को हिन्दी साहित्य के वैचारिक पटल पर दर्ज नहीं करा पाया है। इसे रेखांकित करते हुए रमणिका गुप्ता लिखती हैं कि इसका कारण दोनों समाजों की राजनीतिक, सामाजिक चेतना, जीवन-दर्शन, आर्थिक स्थिति और भाषा-भूगोल की भिन्नता भी प्रधान है। यहाँ इसका अभिप्राय हमें किंचित भी यह नहीं ग्रहण करना चाहिए कि इस समाज में सामाजिक-राजनीतिक चेतना शून्य है वरन् इतिहास साक्षी है कि स्वतन्त्रता के लिए प्रथम प्रतिरोध की आवाज बुलन्द करने वाला समाज आदिवासी समाज ही था।

यह सर्वविदित है कि साहित्य में आदिवासी समाज पर उतना लेखन नहीं हुआ है जितना होना चाहिए तथापि यहाँ हम सन्थाली साहित्य को विस्मृत करने की भूल नहीं कर सकते। इसने अपनी भाषा एवं साहित्य का तो विकास किया ही साथ हमें भारतीय आदिवासी समाज की सांस्कृतिक झलक देखने का एक सुनहरा अवसर उपलब्ध करवाया। आदिवासियों की लोककला एवं साहित्य सदियों से मौखिक परम्परा के रूप ही रहा है। उनकी भाषा, व्याकरण, लिपि के विकसित न होने के कारण साहित्य में आदिवासी रचनाकार और उनका साहित्य गैर-आदिवासी साहित्य की तुलना में कम दिखता है। आदिवासी समाज का यह दुर्भाग्य ही माना जायेगा कि अब तब इस समाज में साहित्यकार कम ही जन्मे हैं, यदि एकाध पुरुष-महिला रचनाकारों को न गिना जाये तो इनकी संख्या

नगण्य ही है। हिन्दी साहित्यकारों द्वारा भी इनकी भाषा एवं संस्कृति के रक्षार्थ इस गम्भीर अभाव को महसूस नहीं किया गया। परिणामस्वरूप यह लुप्त होने के कगार पर आ गये हैं।

वर्तमान में सबसे बड़ा खतरा अगर कोई है तो वह इनकी अस्मिता एवं अस्तित्व का है। कुछ लोगों का मानना है कि आदिवासियों के बाह्य संसार से अधिकाधिक सम्पर्क से उनकी मूल संस्कृति की विशेषताएँ समाप्त हो जायेंगी। यह सच है कि भौतिकता की अनुगूँज में वे यन्त्रवत होते चले जायेंगे परन्तु इतिहास साक्षी है कि संसार की बड़ी-बड़ी संस्कृतियों का भी यही हश्र हुआ है। किसी भी आदिवासी जनजाति का इतिहास भी यही स्थिति दर्शाता है। अतः आदिवासियों की पुरानी संस्कृति नष्ट हो जायेगी, इस बात पर हाय-तौबा मचाने का कोई औचित्य नहीं है। विशेष बोली साहित्य की सामग्री प्रायः सामुदायिक जीवन की वास्तविकता को चित्रित करती है और यदि उसका व्यवस्थित रीति से अध्ययन किया जाये तो वह जाति विशेष के भौतिक और मानसिक जीवन को अद्‌भुत रूप देकर उजागर करती है। आदिवासी साहित्य में प्रयुक्त बोली-भाषा के शब्द, वाक्य, मुहावरे, कहावतों, लोकगीतों आदि ने हमारे हिन्दी साहित्य को व्यापकता से प्रभावित किया है। इसलिए आज के युग में आदिवासी तथा आदिवासी साहित्य के अध्ययन की अपनी प्रासंगिकता है। कविवर वाहरू सोनवणे ने अपनी 'स्टेज' शीर्षक कविता में आदिवासी लेखन की इस महती आवश्यकता पर एक अलग ढंग से, लेकिन एकदम सटीक और सही प्रकाश डाला है–

"हम (उस) स्टेज पर गये ही नहीं
जो हमारे (ही) नाम पर बनाई गयी थी
(लेकिन) हमें (मंच पर) बुलाया भी नहीं गया...
...और 'वे' स्टेज पर खड़े होकर
हमारा ही दुःख हमें ही बताते रहे
हमारा ही दुःख (हमारा) अपना ही रहा
जो कभी उनका हुआ नहीं"

इस प्रकार जागरूक और सचेत होकर आदिवासी रचनाकारों ने अपने लोकसाहित्य की परम्परा को आधार बनाकर वर्तमान आदिवासी साहित्य को अभिव्यक्ति दी। आदिवासी कवियों में निर्मला पुतुल, वाहरू सोनवणे, अनुज लुगुन, हरिराम मीणा, डॉ. मंजु ज्योत्स्ना, सरिता बड़ाइक का नाम विशेष रूप से लिया जाता है। आदिवासी साहित्य के मर्म को उद्‌घाटित करने में 'कविता' की विधा आदिवासी साहित्य की दृष्टि से महत्त्वपूर्ण रही है। आरम्भिक आदिवासी साहित्य

गीत या कविता के माध्यम से हमारे सामने आता है। आदिवासी कविताओं के माध्यम से अपने भोगे हुए सत्य के साथ विभिन्न सामाजिक वैयक्तिक जीवन-संघर्ष, अस्तित्व, शिक्षा और विस्थापन जैसी समस्याओं पर प्रमुख रूप से लेखनी चलायी गयी है। आदिवासी कविताओं के माध्यम से समाज की प्रताड़ित महिलाओं की चीख पुकार के शब्द पहाड़ों, जंगलों और घाटियों में नगाड़े की तरह बजने लगते हैं। सन्थाली कवयित्री निर्मला पुतुल के मन का आक्रोश उनकी कविता में मुखर हो उठता है—

"जो कुछ देखा-सुना, समझा, लिख दिया
बिना किसी लाग-लपेट के
तुम्हें अच्छा लगे, न लगे, तुम जानो
चिकनी-चुपड़ी भाषा की उम्मीद न करो मुझसे
जीवन के ऊबड़-खाबड़ रास्ते पर चलते
मेरी भाषा भी रूखड़ी हो गयी है।"

आदिवासी कलम में आज विश्वास भर गया है इसलिए महादेव टोप्पो कहते हैं—

"वह धनुष उठाएगा प्रत्यंचा पर कलम चढ़ाएगा
साथ में बाँसुरी और माँदर भी जरूर उठाएगा
जंगल के हरेपन को बचाने की खातिर
जंगल का कवि माँदर बजायेगा
चढ़ा कर प्रत्यंचा पर कलम।"

इसी प्रकार उपन्यास आधुनिक काल की सर्वाधिक शक्तिशाली एवं लोकप्रिय विधा है, जो साहित्य की समस्त सृजनात्मक विधाओं की तुलना में निरन्तर प्रवाहमान एवं गतिशील रहा है। हिन्दी के आदिवासी जीवन से सम्बन्धित उपन्यासकारों ने समसामयिक आदिवासी समाज के विविध पक्षों, प्रणालियों तथा मान्यताओं को अपनी लेखनी से साहित्य में प्रतिबिम्बित किया है। आदिवासी समाज से सम्बन्धित उपन्यास लिखा। मन्नन द्विवेदी का 'रामलाल' (1904) आदिवासी जीवन परिवेश से सम्बन्धित एक सफल उपन्यास है। 'जहाँ बाँस फूलते हैं' के माध्यम से लुशेइयों की समस्याओं को उनके जीवन सन्दर्भों में उभार कर श्री प्रकाश मिश्र ने हिन्दी साहित्य और आदिवासी अस्मिता को रेखांकित किया है। अल्मोड़ा जिले की गहरी घाटियों में बसे आदिवासियों के जीवन को दर्शाने वाला 'महक ठाकुरों का गाँव' एक सशक्त केन्द्रीय उपन्यास है। भगवानदास मोरवाल का 'काला पहाड़', संजीव का 'जंगल जहाँ शुरू होता है', मैत्रेयी पुष्पा का 'अल्मा कबूतरी' आदि उपन्यास भी महत्त्वपूर्ण उपलब्धि है।

हिन्दी नाटक साहित्य भी आदिवासी लेखन पर प्रभाव से अछूता नहीं रहा हैं। डॉ. शंकर शेष का 'पोस्टर' नाटक आदिवासियों के शोषण तथा विद्रोह का यथार्थ एवं आदिवासियों के प्रति उनकी संवेदनशीलता की उपज है। इस नाटक में आदिम जाति के लोगों पर वन अधिकारियों तथा जमींदारों के द्वारा होने वाले अन्याय एवं अत्याचार का चित्रण किया गया है। विभु कुमार का नाटक 'हवाओं का विद्रोह' मध्य प्रदेश के पातालकोट इलाके के आदिवासियों की शिक्षा को विषय-वस्तु बनाकर लिखा गया है। आदिवासी साहित्य को प्रोत्साहन देने में साहित्यिक पत्र-पत्रिकाओं ने भी अहम योगदान दिया है। युद्धरत आम आदमी (दिल्ली, सम्पादक—रमणिका गुप्ता), अरावली उद्घोष (उदयपुर, सम्पादक—बीपी वर्मा 'पथिक'), झारखण्डी भाषा साहित्य (रांची, सम्पादक—वन्दना टेटे), आदिवासी सत्ता (छत्तीसगढ़, सम्पादक—के. आर. शाह) तथा बड़ी संख्या में मुख्यधारा की पत्रिकाओं ने भी आदिवासी विशेषांक निकालकर आदिवासी विमर्श को आगे बढ़ाने में सक्रिय रही हैं। जैसे—समकालीन जनमन (2003), दस्तक (2004), कथाक्रम (2012)।

निष्कर्ष रूप में कह सकते हैं कि 20वीं सदी के आख़िरी दशकों में भारत में नये सामाजिक आन्दोलनों का उभार हुआ। आदिवासी साहित्य विमर्श अभी निर्माण-प्रक्रिया में है, इसलिए अभी इसके मुद्दे भी आकार ले रहे हैं। स्त्रियों, किसानों, दलितों, आदिवासियों और जातीयताओं की एकजुटता ने ऐसी माँगें और मुद्दे उठाए हैं जो स्थापित सैद्धान्तिक व राजनीतिक मुहावरों के माध्यम से आसानी से समझे और सुलझाए नहीं जा सकते। उदारीकरण की नीतियों से तेज हुई आदिवासी शोषण की प्रक्रिया के प्रतिशोधस्वरूप आदिवासी अस्मिता की रक्षा के लिए राष्ट्रीय स्तर पर पैदा हुई रचनात्मक ऊर्जा ही आदिवासी साहित्य है। आज यह कहना बिल्कुल तार्किक होगा कि आदिवासी जीवन पर केन्द्रित लेखन जरूर हुआ है अथवा हो रहा है किन्तु उसकी मूल संवेदना को लेकर सशक्त समीक्षा अभी बाकी है, इस दिशा में हमें ध्यान देने की जरूरत है। उपर्युक्त कविताओं, उपन्यासों, नाटकों में अभिव्यक्त आदिवासी समाज की चेतना के आधार पर यह मानना तर्कसंगत प्रतीत होता है कि ये न सिर्फ़ आदिवासी समुदाय के सामाजिक, राजनीतिक, आर्थिक, शैक्षणिक तथा सांस्कृतिक समस्याओं को सच्चाई के साथ चित्रित करने में पूरी तरह सफल और समर्थ हैं बल्कि व्यवस्था-परिवर्तन के लिए भी संघर्षरत हैं।

"इतिहास तुम्हारा, इतिहास के पन्नों पर
गढ़ा नहीं शब्दों ने, ना ही हो सका दर्ज ग्रन्थों में

तुम्हारी विजय-गाथाओं और संघर्षों के गवाह
पेड़ हैं, नदियाँ हैं, चट्टानें हैं, तुम्हें अपने आदमी होने की
तलाशनी होगी परिभाषा और रचने होंगे स्वयं अपने ग्रन्थ।"

—महादेव टोप्पो

सन्दर्भ

1. आदिवासी लेखन : एक उभरती चेतना—रमणिका गुप्ता, सामयिक प्रकाशन, नयी दिल्ली, 2013, पृ. 16-17
2. आदिवासी विमर्श : अवधारणा और आन्दोलन—कुमार कमलेश, तेज प्रकाशन, नयी दिल्ली, 2014, पृ. 93
3. वही, पृ. 108
4. नगाड़े की तरह बजते शब्द—निर्मला पुतुल, भारतीय ज्ञानपीठ प्रकाशन, दिल्ली, 2005, पृ. 91
5. आदिवासी स्वर और नयी शताब्दी—सं. रमणिका गुप्ता, वाणी प्रकाशन, नयी दिल्ली, 2008, पृ. 47
6. आदिवासी साहित्य : विद्या-शास्त्र और इतिहास—डॉ. बापूराव देसाई, गरिमा प्रकाशन, कानपुर, 2013
7. आदिवासी साहित्य : विविध आयाम—सं. डॉ. रमेश संभा कुरे, मालती धोड़ोपन्त, प्राचार्य प्रवीण अनन्तराव शिन्दे, विकास प्रकाशन, कानपुर, 2013
8. अन्य विभिन्न पत्र-पत्रिकाएँ

जनजातीय क्षेत्र किन्नौर में महिलाओं की सामाजिक स्थिति

डॉ. स्नेहलता नेगी

किन्नौर की कुल जनसंख्या 2011 की जनगणना के अनुसार 84298 है जो कि हिमाचल प्रदेश की कुल जनसंख्या का 1.23 प्रतिशत हिस्सा है। वर्ष 2001 से 2011 के बीच यहाँ की जनसंख्या में 7.61 प्रतिशत की वृद्धि हुई है। जिले का कुल क्षेत्रफल 6401 किमी है। पुरुषों की संख्या 46364 है जबकि महिलाओं की संख्या 37,934 है। यहाँ हजार लड़कों पर 818 लड़कियाँ हैं।

किन्नौर की कृषि-बागवानी और घरों में महिलाएँ महत्त्वपूर्ण भूमिका निभाती हैं।

किन्नौर में 5 तरह के विवाह संस्कार प्रचलित हैं जनेकड़ तथा जनेरड़ सामान्य तरह के विवाह हैं जिनमें दोनों पक्षों में माता-पिता की सहमति होती है। जनेरड़ विवाह मुख्यतः सम्पन्न घरों के लोग करते हैं। माता-पिता अपनी बेटी को दहेज के रूप में उपहार देते हैं। न्योरड़/मीरंड विवाह में भी माता-पिता की सहमति होती है परन्तु आर्थिक कारणों से केवल दो व्यक्ति ही बारात में शामिल होते हैं ताकि बारात की आवभगत का खर्च न पड़े। दमचलशिश प्रेम विवाह है जिसमें लड़का और लड़की भागकर प्रेम विवाह करते हैं। वर पक्ष की ओर से माजोमी (मध्यस्थता करने वाला व्यक्ति) शराब की बोतल लेकर लड़की के घर जाता है। और लड़के की ओर से माता-पिता और मामा को 'इजित' के रुपये देता है।

दारोश और डबडब विवाह संस्कार लाहुल स्पिति में प्रचलित कुजी प्रथा की ही तरह प्रचलित है। दारोश का अर्थ है बलपर्वूक, डबडब का अर्थ है घसीटना।

इस प्रकार के विवाह में लड़की की इच्छा का बहुत कम ध्यान रखा जाता है। इस प्रथा के अन्तर्गत लड़की को बलपूर्वक उसकी इच्छा या अनिच्छा से भगाया जाता है। प्रायः लड़की को यह पता ही नहीं होता कि किस लड़के की उस पर नजर है। लड़का प्रायः अपने दोस्तों की टोली के साथ लड़की को उठाने आता है। लड़की को खेत-खलिहान या रास्ते पर अकेला पाकर यह टोली उसका अपहरण कर लेती है। ऐसा माना जाता है कि जो व्यक्ति सबसे पहले लड़की

को भगाने हेतु लड़की पर हाथ रखेगा, वही उसका भावी पति होगा। कई बार यह सब इतनी जल्दी हो जाता है कि लड़की को पता ही नहीं चलता कि उसका भावी पति कौन है। इस प्रथा को राक्षस विवाह के अन्तर्गत रखा जा सकता है। किन्नौर के ऊपरी हिस्सों में विवाह के अवसर पर ससुराल पक्ष की ओर से शर्तनामा (वीथोपोनो) लिखा जाता है जिसमें लड़के का पिता द्वारा ठुकराये जाने की स्थिति में लड़की को मकान का हिस्सा और खेत का हिस्सा देने का प्रण लेता है। लाहुल-स्पिति की ही तरह हारी प्रथा किन्नौर में भी प्रचलित है। यहाँ भी इस प्रथा को सामाजिक मान्यता प्राप्त है। इसे हेय दृष्टि से नहीं देखा जाता है। अगर कोई किन्नर स्त्री किसी अन्य पुरुष के साथ विवाह करना चाहती है तो उस पुरुष को महिला के पति को मँगनी और विवाह पर खर्च 'इजित' के रूप में देना पड़ता है। हारी की रकम पहले पति पर निर्भर करती है। हारी में पहले विवाह के दौरान लिखा गया शर्तनामा (वीथोपोनो) समाप्त समझा जाता है। जबकि महिला अपना दहेज का सामान ले जा सकती है। परन्तु सन्तान होने की दशा में न तो सन्तान भेजी जाती है और न ही दहेज का सामान वापिस किया जाता है। किन्नौर में भी बहुपति प्रथा और जोमो प्रथा मौजूद है। अविवाहित महिलाएँ जोमो बनती हैं जबकि पुरुष जो लामा पहनते हैं वे विवाहित जीवन जी सकते हैं।

बहुपति प्रथा प्रधान समाजों में स्त्रियों को परिवार में विशेष स्थान प्राप्त होता है। इस प्रकार की समाज-व्यवस्था में सारा परिवार स्त्रीरूपी धुरी के गिर्द घूमता है और स्त्री का कर्त्तव्य हो जाता है कि वह प्रत्येक पति, पुत्र अथवा पुत्री को यथाशक्ति प्रसन्न रखे तथा उनकी देखभाल करे। इस क्षेत्र की स्त्रियाँ बहुत अधिक भावुक होती हैं और आत्म सम्मान को प्रमुख स्थान देती हैं। वे जिस व्यक्ति से विवाह अथवा प्रेम-सम्बन्ध स्थापित कर लें उसे जीवन भर का साथी बनाने की इच्छा रखती हैं परन्तु दूसरा विवाह करने की अपेक्षाकृत स्वतन्त्र सामाजिक-व्यवस्था के कारण उन्हें विपरीत परिस्थितियों में किसी प्रकार के बन्धन में रहने की अधिक आवश्यकता नहीं रहती।

परिवार की सबसे बड़ी स्त्री 'गोयने' (गृहिणी) कहलाती है। गोयने के पास सारे भण्डार तथा सम्पत्ति-गृह की चाबियाँ रहती हैं। यहाँ मूल्यवान सम्पत्ति तथा अनाज को घर से बाहर एक छोटे से लकड़ी के मकान (कोठार) में रखा जाता है। कोठार की चाबी एक ही व्यक्ति के पास रहती है तथा जो भी वस्तु घर में लायी जाती है अथवा बाहर दी जाती है वह गोयने की सहमति अथवा जानकारी के बिना नहीं होती। परिवार के सबसे बड़े व्यक्ति को 'गोरतेस' अथवा 'गृह

स्वामी' कहा जाता है। 'गोरतेस' सारी गृह-सम्पत्ति का हिसाब गोयने की सहायता से रखता है। गोयने को अनेक गाँवों में 'गोयन' भी कहा जाता है।

गृह-स्वामी की आज्ञा से परिवार के सब छोटे-बड़े व्यक्ति परिवार की समृद्धि के लिए कार्य करते हैं और जो भी धन किसी व्यक्ति के द्वारा कमाया जाता है, उसे गोयने के पास दिया जाता है।

स्त्री अपने सारे पतियों को बराबर समझती है और किसी प्रकार का पक्षपात नहीं करती। इस प्रकार की समाज-व्यवस्था में जो बात खटकती है वह यह है कि दाम्पत्य-सुख स्वतन्त्र नहीं रह पाता। पत्नी एक पति के साथ एकाधिकार पूर्ण सम्बन्ध नहीं बना सकती। अतः जीवन केवल पारिवारिक-सम्बन्धों तथा श्रम-विभाजन के ही साथ सम्बन्धित रह जाता है। पति घर की उन्नति के लिए कार्य करते हैं परन्तु उनमें भी मनोमालिन्य होने की दशा में अनेक बार वे अलग विवाह करने की धमकी देते रहते हैं, जिस कारण ऐसी दशा में मनोवैज्ञानिक रूप से पारिवारिक विघटन आरम्भ हो जाता है। यही कारण है कि इस प्रकार के परिवारों में अधिकांशतः स्त्रियों को वही बातें बताई जाती हैं जो सीधे तौर पर सम्बन्धित होती हैं और पुरुष घर के बाहर ही सारी बातों को स्वयं ही निपटाते हैं।

पुरुषों में वैमनस्य के भाव प्रायः कम होते हैं क्योंकि वे इकट्ठे बहुत कम रहते हैं और जब इकट्ठे हों, शराब के दौर चलते हैं जिससे उन्हें आपसी तनाव के लिए अपेक्षाकृत कम समय रह जाता है। जो बातें गोयनों के कार्य क्षेत्र में पड़ती है उनमें पुरुषः प्रायः हस्तक्षेप नहीं करते। जैसे यदि वर्षा न हो तो गोयने देवता के मन्दिर में इकट्ठी हो कर देवता से प्रार्थना करती हैं कि वह उनके बच्चों को भूखा मरने से बचाए। पुरुष इस सम्बन्ध में अलग प्रार्थना करते हैं। यह विश्वास किया जाता है कि स्त्रियों की प्रार्थना पर देवता शीघ्र ध्यान देगा। सुङ्रा गाँव में तो गोयने वर्षा न होने की दशा में देवता के मन्दिर में प्रार्थना करने के पश्चात् देवता को धमकी देने के लिए सतलुज नदी में डूब मरने के लिए निराश होकर चल पड़ती हैं और देवता के कारदार उन्हें रोक कर तथा मना कर लाते हैं।

किन्नर लोक-गीतों में इस प्रकार के अनेक उद्धरण मिल जाते हैं जिनमें पारिवारिक कलह, पत्नी का सब पतियों से प्रेम, एक पति को छोड़ कर दूसरा विवाह करना, पत्नी का सब से अप्रसन्न होना तथा घर में घुटा-घुटा अनुभव करना आदि बातें वर्णित हैं। असफल प्रेम-सम्बन्धों तथा अतिशय भावुकता के कारण इस क्षेत्र की स्त्रियों में आत्म-हत्या की प्रवृत्ति सामान्यतया अधिक है।

यहाँ स्त्रियाँ पुरुषों से अधिक कार्य करती हैं और स्वभाव से हँसमुख होती हैं। उनके मुख्य कार्य निम्नलिखित हैं—

1. खाना बनाना।
2. खेतों में कार्य करना।
3. चूहली आदि के फलों को सुखा कर तथा ओखली में कूट कर तेल निकालना।
4. कण्ढे की भूमि से अनाज आदि लाना।
5. भेड़-बकरियाँ चराने में पति/पतियों की सहायता करना।
6. मेलों में नृत्य-गायन करना।

इन सब कार्यों के कारण किन्नर-स्त्री इतनी अधिक व्यस्त रहती है कि उसका जीवन एक मशीन की भाँति हो जाता है। उनका जीवन हँसी-खुशी से भरा होता है। दिन भर कार्य करने के पश्चात् भी युवतियाँ रात को लोगों के घरों में मेला लगाती हैं तथा हँस-खेल कर अपने मन को बहलाती हैं। जलवायु की शीतलता के कारण इस क्षेत्र में रहते हुए शारीरिक-श्रम के पश्चात् भी वैसी थकावट नहीं होती जैसी कि गर्म क्षेत्रों में होती है। उनके जीवन-दर्शन को 'जिन्दगी रङ् जिन्दगी' गीत के बोल भली प्रकार दर्शाते हैं। इस गीत में कहा गया है कि 'अपने कर्म का फल भुगतने के लिए प्रारब्ध का दोष है। यदि पुरुष का दुःख बढ़ जाये तो वे एक वाटिच (प्याला) शराब पीते हैं अथवा एक घूँट तम्बाकू लेते हैं परन्तु स्त्रियाँ दुःखी होने पर या तो एक शब्द गीत गाती हैं अथवा गंगा (सतलुज) में छलाँग लगा लेती हैं।

किन्नर समाज में प्रेम सम्बन्ध स्थापित करने का अर्थ विवाह से होता है। बलपूर्वक भगा कर विवाह करने की प्रथा के कारण विवाह से पूर्व लड़कियों के भविष्य का निर्णय कठिन होता है। इस प्रथा के कारण पारिवारिक जीवन अनेक लड़कियों के लिए तनिक भी सुखदायी नहीं रह जाता और वे शेष जीवन मानसिक कठिनाइयों में काटती हैं परन्तु सब दशाओं में ऐसा नहीं होता। अच्छा परिवार मिल जाने की दशा में लड़कियाँ सुखी हो जाती हैं और बलपूर्वक भगाये जाने की बात को साधारण घटना मानती हैं।

अपने मायके को प्रत्येक किन्नर-बाला 'सुनहरी' समझती है। विवाह के उपरान्त भी सर्दियों के दिनों में तीन अथवा चार मास तक प्रायः प्रत्येक किन्नर-युवती अपने मायके में रहती है। जिन परिवारों में ऐसी सुविधा न हो वहाँ भी मायके के लोग 'बान्ठो' (बाँट, भाग) लड़की के ससुराल में भेजते हैं। बान्ठो में एक किल्टा भर पोल्टू अथवा बकरे का शिकार दिया जाता है।

यह कहा जा सकता है कि जीवन की कठिनाइयाँ होने की दशा में भी किन्नर-समाज में स्त्रियाँ मुख्य आकर्षण हैं और अनेक बार ऐसा प्रतीत होता है कि सुरा तथा सुन्दरी के आकर्षण के कारण ही मनुष्य ने सर्वप्रथम इस क्षेत्र को अपना निवास-स्थल बनाया होगा।

स्त्री के लिए यहाँ 'छेच़' अथवा 'छेच़ मी' अर्थात् 'स्त्री मनुष्य' (छेच़-स्त्री, मी-मनुष्य) शब्द प्रचलित हैं। किन्नर भाषा के अनुसार जिन शब्दों के पीछे 'च़' का प्रयोग होता है उन्हें 'छोटा' समझा जाता है अतः ऐसा प्रतीत होता है कि स्त्री के जन्म को ही पुरुष के जन्म की भाँति उच्च नहीं माना जाता। तिब्बत में भी स्त्री को पुरुष से घटिया प्रकार का प्राणी माना जाता है। वहाँ स्त्री के लिए 'छये-मी' अर्थात् 'घटिया जन्म का मनुष्य' शब्द प्रचलित है। पत्नी के लिए 'नार' शब्द का प्रयोग भी इस क्षेत्र में होता है जो पहाड़ी भाषा का शब्द है।

डॉ. इरावती कर्वे ने अपने प्रसिद्ध ग्रन्थ 'किनशिप ऑरगेनाइजेशन इन इण्डिया' में अनेक उद्धरण देकर यह सिद्ध किया है कि बहुपति प्रथा वैदिक काल में भी प्रचलित रही है। उनके अनुसार छोटे भाइयों को बड़े भाई की पत्नी के साथ यौन-सम्बन्ध अधिकार प्राप्त थे और यदि छोटे भाई विवाह करते थे तो बड़े भाई के विरुद्ध पाप करते थे।

लेकिन डॉ. शिवराज शास्त्री अपने शोध-प्रबन्ध 'ऋग्वैदिक काल में पारिवारिक सम्बन्ध' में इस मत से सहमत नहीं हैं। उनका कथन है कि देवर शब्द 'द्विवर' के अर्थ में प्रयुक्त नहीं हुआ है बल्कि प्राचीन काल में छोटे-बड़े का भेद किये बिना पति के प्रत्येक भाई को देवर कहा जाता था। विलियम ग्राहम सुमनेर भी बहुपति विवाह प्रथा का प्रचलन जीवन के लिए संघर्ष तथा सम्पत्ति को न बाँटने की भावना के कारण मानते हैं। वे लिखते हैं कि मालाबार तट के नायरों में बहुपति प्रथा निर्धनता के कारण नहीं है बल्कि इसलिए है कि वे सम्पत्ति को बाँटना पसन्द नहीं करते हैं। पंजाब के कुछ क्षेत्रों में प्रचलित बहुपति-प्रथा के सम्बन्ध में ब्रिफाल्ट का कथन है कि यह प्रथा यहाँ हिन्दुकुश के निवासियों के कारण आयी है क्योंकि आक्रमणकारी उसी मार्ग से भारत में प्रवेश करते रहे हैं। कुछ विद्वान बहुपति प्रथा को इन पहाड़ी क्षेत्रों में पहले से बसी आदिम जातियों, यथा, डोम तथा अन्य हरिजनों के कारण मानते हैं। उनका कहना है कि जब आर्य जाति इन निवासियों के सम्पर्क में आयी होगी तभी उसने यह प्रथा अपनाई होगी। प्राचीन काल में चीन तथा तुर्किस्तान में भी बहुपति प्रथा प्रचलित रही है। डॉ. इरावती कर्वे के अनुसार बहुपति विवाह प्रथा खशों में सम्भवतः पहले में विद्यमान थी।

किन्नर-क्षेत्र में प्रचलित बहुपति प्रथा यहाँ के रीति-रिवाजों की भाँति बहुत प्राचीन है। यह तो निश्चित है कि इस क्षेत्र में खशों का ऐसा वर्ग अति प्राचीन काल से निवास कर रहा था जिसे इस पर्वतीय भाग की दुर्गमता, सम्पर्क-सूत्रों के अभाव तथा हिमालय की पवित्रता के कारण 'किन्नर' कहा जाने लगा। यह

विचारणीय विषय है कि यह प्रथा इस वर्ग में पर्याप्त समय से प्रचलित रही है। सम्भव है हिमालय में आर्यों के निवास से पूर्व यहाँ के मूल निवासियों में इस प्रथा का प्रचलन रहा हो। इस क्षेत्र में निवास करने वाले हरिजन जाति की संस्कृति व भाषा का प्रभाव यहाँ के सवर्णों की संस्कृति पर पड़ा हो और उन्होंने यह प्रथा हरिजनों (जिन्हें 'काली' शब्द से अभिहित किये जाने के कारण कई विद्वानों ने 'कोल' जाति से सम्बन्धित माना है) से अपनाई हो, ऐसा प्रतीत नहीं होता। इसका सबसे सशक्त प्रमाण है कि हरिजनों की बोली आर्य-भाषाओं के समीप है जबकि स्वर्ण तिब्बती-बर्मी भाषा परिवार से सम्बद्ध भाषा प्रयोग में लाते हैं। साथ ही हरिजनों की संख्या इतनी कम है कि उनके द्वारा सवर्ण संस्कृति को प्रभावित करने का प्रश्न ही नहीं उठता। यह ऐतिहासिक तथ्य है कि जब आक्रमणकारी विजित क्षेत्रों से बसते हैं तो वे उस क्षेत्र में बसने वाले लोगों की संस्कृति की अनेक बातों को अपनी संस्कृति में मिला लेते हैं ताकि सांस्कृतिक खाई को कम किया जा सके। इसी प्रकार विजित वर्ग नयी संस्कृति की अनेक बातें अपना लेता है अतः बहुत सम्भव है कि किन्नर-क्षेत्रों में आने वाले वर्ग ने यहाँ के निवासियों के रीति-रिवाजों को ग्रहण किया होगा जिसमें बहुपति विवाह प्रथा भी सम्मिलित रही होगी। खशों में बहुपति विवाह प्रथा का प्रचलन रहा है, ऐसे प्रमाण भी अनेक विद्वानों ने प्रस्तुत किये हैं।

पुराणों में वर्णित पाण्डवों की कथा से यह भी प्रतीत होता है कि आर्यों के एक बड़े वर्ग में बहुपति प्रथा प्रचलित रही है। मैदानों में बसने वाले वर्ग की समस्याएँ पर्वतवासियों की समस्याओं से भिन्न थीं और उनके पास प्रत्येक प्रकार के साधन अधिक थे अतः उनके यहाँ प्रचलित प्रथाओं में परिवर्तन अपेक्षाकृत शीघ्रता से हो गये। बहुत सम्भव है कि आदिम मानव ने एकता की भावना के वशीभूत होकर इस प्रकार की प्रथा को अपनाया हो। पर्वतीय क्षेत्रों में रहने वाले लोग दैनिक जीवन की कठिनाइयों के कारण अधिक भावुक तथा सहयोगी वृत्ति के होते हैं अतः इस प्रकार की प्रथा का प्रचलन पारिवारिक सन्तुलन को जन्म देता है, इसी कारण इस प्रथा का वर्तमान समय तक इन क्षेत्रों में प्रचलित रह पाना आश्चर्य की बात नहीं है।

निर्धनता के कारण बहुपति प्रथा के प्रचलन का तर्क सबल भूमिका पर आधारित नहीं है। निर्धन जातियाँ तथा समाज संसार के अनेक भागों में हैं परन्तु सब में यह प्रथा प्रचलित नहीं हुई। बड़े भाई के प्रति आदर-भाव के कारण यह प्रथा प्रचलित हुई हो, ऐसा प्रतीत नहीं होता परन्तु परिवार के बीच नैतिकता तथा अनैतिकता का ज्ञान होने से पूर्व ही इस प्रथा का आरम्भ हो गया होगा।

पारिवारिक एकता की भावना का सबल होना बहुपति प्रथा की रीढ़ की हड्डी का काम देता है। सम्पत्ति के कारण बँटवारे से बचने के लिए इस प्रकार के रिवाज का प्रचलन आरम्भ में भले ही इस प्रथा के मूल में रहा हो परन्तु वर्तमान समाज में सम्पत्ति का बँटवारा इसका मुख्य आधार नहीं है। किन्नर-क्षेत्र में श्रम विभाजन की दृष्टि से इस प्रथा का प्रचलन माना जा सकता है। एक परिवार के सदस्यों को जितने अधिक कार्य करने आवश्यक होते हैं, उन्हें पूरा करने के लिए बहुत अधिक सदस्यों की आवश्यकता रहती है, साथ ही पारिवारिक एकता का भी ध्यान रखना पड़ता है अतः सभी भाइयों के अलग-अलग विवाह नहीं किये जा सकते क्योंकि बाद में झगड़े उठ खड़े होने की आशंका रहती है। इस क्षेत्र में बालिकाओं की हत्या के कारण बहुपति प्रथा का प्रचलन नहीं माना जा सकता क्योंकि यहाँ लड़की तथा लड़के का जन्म एक जैसा ही माना जाता है। पतियों का एक-दूसरे के प्रति ईर्ष्यालु होना तथा मातृ-सत्तात्मक परिवार की सी व्यवस्था जिसके अन्तर्गत परिवार में माता का दर्जा महत्त्वपूर्ण माना जाता है, इसके आवश्यक कारण माने जा सकते हैं।

चम्बा, किन्नौर और लाहुल-स्पिति में महिलाओं की सामाजिक स्थिति मिलती-जुलती है। महिलाएँ कृषि, बागवानी, पशु-पालन और घरों में महत्त्वपूर्ण भूमिका निभाती हैं। समय के साथ बहुपति प्रथा और दारोश, कुंजी, डबडब, सट्टा, वट्टा जैसी विवाह प्रथाएँ लुप्त हो रही हैं तो यहाँ मौजूद हारी प्रथा ने महिलाओं को पुनर्विवाह की स्वतन्त्रता भी दी है। कानूनी तौर पर पैतृक सम्पत्ति में महिलाओं को अधिकार न होना जनजातीय क्षेत्र की महिलाओं को सामाजिक और आर्थिक असुरक्षा से घेर रहा है। इस अन्याय के खिलाफ इन जनजातीय क्षेत्र की महिलाएँ लामबन्द होने लगी हैं और पिछले 4-5 वर्षों में इन महिलाओं ने अपनी आवाज उठाई है। 57 वर्षीय रत्न मंजरी किन्नौर के रिब्बा गाँव की हैं। 'वाजिब उल अर्ज' में महिलाओं को पैतृक सम्पत्ति में अधिकार दिलाने के लिए उन्होंने 'महिला कल्याण परिषद्' का गठन किया है। इस संगठन से जुड़ी महिलाएँ कृषि और बागवानी से जुड़ी हैं। परिषद् ने किन्नौर में इस कानून में बदलाव के लिए हस्ताक्षर अभियान चलाया जिसमें किन्नौर की 37,934 महिलाओं में से 22800 महिलाओं ने हस्ताक्षर किये हैं।

महिला कल्याण परिषद् ने इस सम्बन्ध में प्रदेश के मुख्यमन्त्री और राज्यपाल को ज्ञापन भी दिया है। जिला किन्नौर में महिला कल्याण परिषद् की 10,000 महिलाएँ सदस्य हैं। परिषद् लाहुल-स्पिति, पांगी और भरमौर की महिलाओं को इस संघर्ष के लिए संगठित कर रहा है। किन्नौर के कमरुगाँव की सुमीरा का कहना है कि प्रायः माता-पिता की मृत्यु के बाद भाई अविवाहित बहनों से बुरा

बर्ताव करते हैं। पहले लोगों में नैतिक मूल्य होते थे वे बहन, बहू और माँ को अपनी जिम्मेदारी समझते थे। परन्तु आज स्थिति उलट है।

पुरुष अपने हाथ से सत्ता महिलाओं के हाथ में नहीं जाने देना चाहते। जनजातीय क्षेत्रों में महिलाएँ यहाँ की आर्थिकी की रीढ़ हैं। अगर महिलाओं को पैतृक सम्पत्ति में अधिकार दे दिया जाये तो पुरुषों का वर्चस्व समाप्त हो सकता है। आज भी पुरुषों को यही डर सता रहा है। बदलाव की लहर चल पड़ी है और जनजातीय महिलाओं ने अपने हक के लिए आवाज उठा ली है।

सन्दर्भ ग्रन्थ

1. माला श्रीलाल और सुकृता पॉल कुमार, चम्बा-अचम्भा, साहित्य अकादेमी, दिल्ली
2. एस.एस. शशि, द ट्राइबल वुमेन ऑफ इण्डिया, सन्दीप प्रकाशन, दिल्ली
3. सर्व दमन सिंह, पोलिएण्डरी इन एन्शिएन्ट इण्डिया, मोतीलाल बनारसीदास, दिल्ली
4. वी.वी. वर्मा, वन-गुज्जर-ए नोमेडिक ट्राइब इन हिमाचल
5. के.आर. भारती, चम्बा हिमालय एमैजिंग लैण्ड यूनिक कल्चर, इण्डस पब्लिशिंग कम्पनी
6. मानिस कुमार राह और सत्य नारायण माहतो, द किन्नौरीज ऑफ द हिमालयाज
7. आर.एन. सक्सेना, सोशल इकोनामी ऑफ पोलिएण्डरस पीपुल
8. शिवराज शास्त्री, ऋग्वैदिक काल में पारिवारिक सम्बन्ध

लेखक सम्पर्क-सूत्र

डॉ. जनक सिंह मीना	:	सम्पादक, अरावली उद्‌घोष एवं सहायक प्रोफेसर, राजनीति विज्ञान विभाग, जयनारायण व्यास विश्वविद्यालय, जोधपुर (राज.), मो. 09672751940 ई-मेल : jsmeena2020@rediffmail.com
डॉ. कुलदीप सिंह मीना	:	सहायक प्रोफेसर, हिन्दी विभाग, जयनारायण व्यास विश्वविद्यालय, जोधपुर (राज.)
कृष्ण कुमार यादव	:	निदेशक, डाक सेवाएँ, राजस्थान पश्चिमी क्षेत्र, जोधपुर-342001 (राज.), मो. : 09413666599, ई-मेल : kkyadav.t@gmail.com
हरिराम मीणा	:	सेवानिवृत्त आई.पी.एस., 31, शिवशक्तिनगर, किंग्स रोड, अजमेर हाई-वे, जयपुर-302019 (राज.) मो. : 09414124101
प्रो. श्रवण कुमार मीना	:	प्रोफेसर, हिन्दी विभाग, जयनारायण व्यास विश्वविद्यालय, जोधपुर-342005 (राज.)
डॉ. रमेश चन्द्र मीणा	:	वरिष्ठ व्याख्याता (हिन्दी), राज. महाविद्यालय, बूँदी
डॉ. नाथूलाल गुर्जर	:	प्राचार्य, टैगोर लोक विधि महाविद्यालय, कोटपुतली, जयपुर (राज.)
सुश्री माया गुर्जर	:	संस्कार भारती पी.जी. महाविद्यालय, बगरू, जिला–जयपुर (राज.)

चन्दनमल नवल	:	सेवानिवृत्त अतिरिक्त पुलिस अधीक्षक, जटिया कॉलोनी, नागोरी गेट के बाहर, जोधपुर-34200 (राज.), मो. : 09660368118
रतनपाल डोडियार	:	व्याख्याता—हिन्दी, हरिदेव जोशी राजकीय कन्या महाविद्यालय, बांसवाड़ा-327001 (राज.) ई-मेल : rpdodiyar@gmail.com. मो. : 09414725388
डॉ. सियाराम मीणा	:	व्याख्याता—हिन्दी, राजकीय महाविद्यालय, सांगोद, जिला कोटा (राज.), मो. : 09413129093
माया मीना	:	शोधार्थी, हिन्दी विभाग, जयनारायण व्यास वि.वि., जोधपुर (राज.)
संजय कुमार	:	पीएच.डी. शोधार्थी, शिक्षा विद्यापीठ, वर्धमान महावीर खुला विश्वविद्यालय, कोटा-324021 (राज.), ई-मेल : skumared@vmou.ac.in, मो. : 09012896409
डॉ. जे.एन. शास्त्री	:	24, सम्राट नगर, बामरोली रोड, गोधरा-389001, जिला—पंचमहाल (गुजरात), मो. : 09825029657 ई-मेल : jns_14@yahoo.in
शहिदुल इस्लाम ख़ान	:	शोधार्थी, हिन्दी विभाग, पांडिचेरी विश्वविद्यालय, मो. : 07598608795 ई-मेल : khanshahidulislam49@gmail.com
वन्दना मीणा	:	शोध छात्रा, राजनीति विज्ञान विभाग, वनस्थली विद्यापीठ, टोंक (राज.) ई-मेल : vandana.meena1990@gmail.com
डॉ. दिनेश कुमार वर्मा	:	व्याख्याता, चित्रकला विभाग, राजकीय महाविद्यालय, सांगोद, जिला कोटा (राज.), मो. : 09829747471 ई-मेल : dineshvrm503@gmail.com

डॉ. सुनीता मीणा	:	व्याख्याता—राजनीति विज्ञान, बाबू शोभाराम राज. कला महाविद्यालय, अलवर (राज.) मो. : 09413065488 ई-मेल : drsunita2003@gmail.com
डॉ. अनिल कुमार पारीक	:	व्याख्याता—लोक प्रशासन, राजकीय महाविद्यालय कोटा (राज.) ई-मेल : dr.anil.pareek@gmail.com
आशा मीणा	:	शोधार्थी, हिन्दी, राजकीय महाविद्यालय बूँदी, कोटा विश्वविद्यालय, कोटा (राज.)
धनवन्ती चंचल	:	प्रवक्ता—समाजशास्त्र, गर्वमेंट पीजी कॉलेज, फतेहाबाद, आगरा (उ.प्र.)
डॉ. सतप्रिया बंसल	:	एसोसिएट प्रोफेसर, राजनीति विज्ञान, गवर्नमेंट पीजी कॉलेज, फतेहाबाद, आगरा (उ.प्र.)
डॉ. अरुणा त्रिपाठी	:	एसोसिएट प्रोफेसर, समाजशास्त्र, गवर्नमेंट पीजी कॉलेज, फतेहाबाद, आगरा (उ.प्र.)
डॉ. सीमा शाहजी	:	325 म. गा. मार्ग, थाँदला, जिला—झाबुआ (म.प्र.) ई-मेल : seemashahji07@gmail.com
डॉ. तेजवीर चौधरी	:	एच.आर.डी. सलाहकार, राष्ट्रीय ग्रामीण पेयजल कार्यक्रम, नागौर
बिरमदेव	:	शोधार्थी, हिन्दी विभाग, राजस्थान केन्द्रीय विश्वविद्यालय, अजमेर, मो. : 09413653626
डॉ. स्नेहलता नेगी	:	असिस्टेंट प्रोफेसर, हिन्दी विभाग, दिल्ली विश्वविद्यालय, दिल्ली, मो. : 08586066430

❑❑